泰禹慈善基金全程资助文化项目

中華老學

第六辑

大音希声

——第三届道德经文化及应用博士学术论坛论文集锦

主编 詹石窗 宋崇道 谢清果

九州出版社 JIUZHOUPRESS 全国百佳图书出版单位

图书在版编目（CIP）数据

中华老学. 第六辑, ／ 詹石窗，宋崇道, 谢清果主编.
—— 北京 ：九州出版社，2021.9
　ISBN 978-7-5225-0496-4

　Ⅰ．①中… Ⅱ．①詹… ②宋… ③谢… Ⅲ．①道家②
《道德经》—研究 Ⅳ．①B223.15

　中国版本图书馆CIP数据核字 (2021) 第183183号

中华老学・第六辑

作　者	詹石窗　宋崇道　谢清果　主编	
责任编辑	郝军启	
出版发行	九州出版社	
地　址	北京市西城区阜外大街甲 35 号 (100037)	
发行电话	(010)68992190/3/5/6	
网　址	www.jiuzhoupress.com	
印　刷	北京九州迅驰传媒文化有限公司	
开　本	720 毫米 ×1020 毫米　16 开	
印　张	19	
字　数	370 千字	
版　次	2021 年 10 月第 1 版	
印　次	2021 年 10 月第 1 次印刷	
书　号	ISBN 978-7-5225-0496-4	
定　价	76.00 元	

大音希声

本辑主题词：“大音希声”——《道德经》

中华老学编委会

大音希声 *（代序）

宋崇道

　　"一个文明，能够在漫漫历史长河中生存演化，绵延不绝，必定具备某种意义上的文化基因与底层代码，总结这种基因和代码的，可以叫作元典。"[①] 黄明哲博士这句话所谈的"元典"与我日常喜欢谈的代表一个民族文明的母体文化的经典——"原典"，二者虽一字之差，但若权衡此两者的本质区别和积极意义，我更赞成黄明哲博士的这个定义。

　　的确，纵观世界四大古文明，只有我们的中华文明尚完整存续，它的养分正是聚集在中华优秀传统文化的"元典"中，《道德经》就是这样的"元典"之一。

　　众所周知，曾经一段时间以来，"中国社会正面临文化危机，文化内涵的空洞化，让迅速积累的物质财富犹如沙上之塔，越高越重，越容易崩塌。中华民族正在不知不觉中丧失自己的民族文化身份。"[②]

　　习近平总书记说，"文明特别是思想文化是一个国家、一个民族的灵魂"[③]；"优秀传统文化是一个国家、一个民族传承和发展的根本，如果丢掉了，就割断了精神命脉"[④]；"在学习、研究、应用传统文化时坚持古为今用、推陈出新，结合新的实践和时代要求进行正确取舍"[⑤]；"努力实现传统文化的创造性转化、创新性发展，使之与现实文化相融相通，共同服务以文化人的时代任务"[⑥]。

　　《道德经》的作者老子，作为中国伟大的哲学家、理论家、甚至后来发生的制度道教将它奉为三清道祖之太上老君来供奉，这说明他留给后人的精神财富是巨大的、

　　* 本文所引《道德经》版本均出自［魏］王弼《老子〈道德经〉注本》。

　　① 黄明哲：《黄明哲正确〈道德经〉》，北京：中华书局，2020 版，"绪论"，第 1 页。

　　② ［美］熊玠：《传统文化是独特战略资源——〈习近平时代〉选载》，引用网址：http://theory.people.com.cn/n1/2016/0617/c376186-28453910.html，刊载时间：2016 年 06 月 17 日，引用时间：2021 年 6 月 18 日。

　　③ 文化自信——习近平提出的时代课题》，引用网址：http://www.xinhuanet.com/politics/2016-08/05/c_1119330939.htm，刊载时间：2016 年 08 月 05 日，引用时间：2021 年 7 月 1 日

　　④ 人民网－人民日报：《习近平在纪念孔子诞辰 2565 周年国际学术研讨会暨国际儒学联合会第五届会员大会开幕会上的讲话》（2014 年 9 月 24 日），引用网址：http://cpc.people.com.cn/n/2014/0925/c64094-25729647.html，刊载时间：2014 年 09 月 25 日，引用时间：2021 年 6 月 18 日。

　　⑤ 同上。

　　⑥ 同上。

无价的、无法超越的。故而，围绕《道德经》，诠释好、研究好、应用好老子文化和老子思想正是在这样伟大的时代所赋予学者的使命。

《中华老学》这本学术集刊已经顺利走到第六辑，这的确是件让学人们非常欣喜的事。

《道德经》第七章言："后其身而身先，外其身而身存，非以其无私邪，故能成其私。"随着每届《道德经》文化及应用博士学术论坛的成功举行，加上编辑部老师们厚植中华优秀传统文化与社会主义相适应的情怀和无私的奉献与付出，《中华老学》也慢慢由国内学者到国际学者都在知晓，同时也得到社会各界的大力支持和赞助，这对于一个寂寞的、纯公益的学术研究领域来讲是非常难能可贵且令人开心的事。

诚然，"九层之台，起于累土"，"千里之行，始于足下"①，《中华老学》还是要奉行《道德经》"慎终如始，则无败事"②的理念继续坚定坚实地走下去，围绕《道德经》、老子文化及思想研究与应用夯实新时代"四个自信"③的基础，让规范、理性的研究、思考以及表达具备全公益、更纯净、更规范、更有活力的学术集刊发布平台。

作为学术发表平台，《中华老学》希望是学者百家争鸣、学术百花齐放的思想表达平台，我们着重培养营造"各美其美，美人之美"④的学术氛围，帮助学者在《道德经》相关学术领域呈现"美美与共，天下玄同"的格局。

当然，《中华老学》同时也希望用心收录的每一篇学术论文，都有"大音希声"之妙！

"大音希声"，语出《道德经》第四十一章："上士闻道，勤而行之；中士闻道，若存若亡；下士闻道，大笑之，不笑不足以为道。故建言有之：明道若昧，进道若退，夷道若纇，上德若谷，大白若辱，广德若不足，建德若偷，质真若渝；大方无隅，大器晚成，大音希声，大象无形，道隐无名。夫唯道，善始且善成。"

何谓"大音希声"，王弼注曰："听之不闻名曰希，不可得闻之音也。有声则有分，有分则不宫而商矣。分则不能统众，故有声者非大音也。"⑤有声非大音，最美的声音是无声，从"大音希声"的注释中，我们如果延伸到《道德经》相关学术研究和应用而言，可以体悟三层含义：

一、可控声量大小者，必是精通者

《道德经》虽短短五千言，从不同视角，发现不一样，对于不同的领域、环境、

---

① 《道德经》，第六十四章。
② 同上。
③ 四个自信：即中国特色社会主义道路自信、理论自信、制度自信、文化自信。
④ 1990年12月，在就"人的研究在中国——个人的经历"主题进行演讲时，著名社会学家费孝通先生总结出了"各美其美，美人之美，美美与共，天下大同"这一处理不同文化关系的十六字"箴言"。
⑤ （魏）王弼注；楼宇烈校释：《老子道德经注》，北京：中华书局，2011年版，第116页。

条件、时代，则是"横看成岭侧成峰，远近高低各不同"。所以它对学者的学术素养要求也是不一样的，如果不精通者，是很难"取长补短、择善而从，讲求兼收并蓄"①，在自己发音的时候，张弛有度，发声大小，调控有无，呈现无声胜有声的状态。

二、言以大音呈现者，必自信有成

能发大音者，一定是勤行上士，"上士闻道，勤而行之；中士闻道，若存若亡；下士闻道，大笑之，不笑不足以为道"。可以想象，一个已经做过大量文献研究、各种方向思考、无数次创新尝试、不同音调探索，最后才会找到这个最适合、最有力、最美的表达，从某种意义上讲，此学者一定自信、有所成就，且颇有建树。

三、既大音且希声，必为学界大象

要在《道德经》相关学术领域发现"大音"，可能是一条最艰苦、最寂寞的探索之路，但如果视角独特，文献精准，观点创新，规律透彻，逻辑严密，言辞顺理，才会接近"希声"，这样的学者也应该正是我们所言之"学界大象"！要成就一位"大音学者"，于前述《道德经》四十一章而言也是有前置条件的，首先他要是勤行上士，有若谷之德，若渝之质真。其次要有若昧、若退、若纇之建言。最后一定是耐得住寂寞，守得住初心，放得下名利之人。

"多言数穷，不如守中。"②从《中华老学》第六辑录稿论文中，我已经从众多学者文字里体悟到"大音希声"的感觉，也希望越来越多的学者都能在《中华老学》里越近"希声"，谈出"大音"，"系统梳理传统文化资源，让收藏在禁宫里的文物、陈列在广阔大地上的遗产、书写在古籍里的文字都活起来"③。

最后，想和学者们共勉的是，我们不要忘记为什么选择做学术的初心，因为"道隐无名，善始且善成"。

是为本书序。

（作者系维多利亚大学管理学院工商管理博士，《道德经》文化国际交流促进会会长、华夏老学研究会常务副会长、《中华老学》集刊主编、中国宗教学会理事、宜春学院宗教文化研究中心兼职研究员、宜春市袁州区道教协会会长、宜春市崇道宫住持）

---

① 人民网—人民日报：《习近平在纪念孔子诞辰 2565 周年国际学术研讨会暨国际儒学联合会第五届会员大会开幕会上的讲话》（2014 年 9 月 24 日），引用网址：http://cpc.people.com.cn/n/2014/0925/c64094-25729647.html，刊载时间：2014 年 09 月 25 日，引用时间：2021 年 6 月 18 日。

② 《道德经》，第五章。

③ 人民网—时政频道：《习近平谈文物保护工作的三句箴言》，引用网址：http://politics.people.com.cn/n1/2016/0413/c1001-28273470-3.html，刊载时间：2016 年 4 月 13 日，引用时间：2021 年 6 月 18 日。

目　录

特稿

《道德经》中关于"生"的范畴和命题

张思齐*

内容提要:"生活道"是当代中国道学和国际道学中的一项重要的内容,这一范畴来源于老子。在老子《道德经》一书中,虽然没有"生活道"这样一个现成的词语,但是与之相互关联的语词却很多。其中,"生"是在《道德经》中得到了充分论述的一个范畴。依据其主要含义,这里讨论了七组涉及生的范畴。在《道德经》中还有不少命题围绕着生这一范畴而展开,这里讨论了其中的主要命题。《道德经》产生于轴心期的中国,道教成立奉之为主要的经典。随着中国的发展和昌盛,《道德经》日渐具有辐射至全世界的影响力。《圣经》是犹太教和基督宗教的正式经典,它也产生于轴心期,也具有广泛的世界影响。《道德经》中的生范畴和生命题具有比较研究的价值。在广阔的国际比较视域中研究《道德经》中的生范畴和生命题给我们带来许多启迪。

关键词:道德经 生活道 生范畴 生命题

生,这是一个在《道德经》中的出现频度很高的词。张震点校《老子·庄子·列子》一书,将道教的三部经典合刊为一册,它使用方便,流传较广。张震对《老子》中出现的重要词汇,编有索引。根据张震的统计,"生"出现在《老子》中的章数,一共为十六章,见该书《老子》部分后面所附的"重要词汇索引"。[1] 不过,这只是一个较为粗略的统计,不够准确。准确地说,老子著《道德经》八十一章,其中有十九章包含"生"这一范畴。它们是第二章(2见)、第七章(2见)、第十章(2见)、第十五章(1见)、第二十五章(1见)、第三十章(1见)、第三十四章(1见)、第三十九章(2见)、第四十章(2见)、第四十二章(4见)、第四十六章(1见)、第

---

* 张思齐(1950—),武汉大学文学院教授、博士生导师,四川大学老子研究院客座教授、《中华续道藏》监修委员。主要研究方向:宋以来的中国历史文化。

① 张震点校:《老子·庄子·列子》,长沙:岳麓书社,1989年,第23页。

五十章（4见）、第五十一章（3见）、第五十五章（1见）、第五十九章（1见）、第六十四章（1见）、第七十二章（1见）、第七十五章（2见），以及第七十六章（3见）。在《道德经》一书中，含有"生"一词的章数，占据总章数的23.5%。由此可知，"生"的确是老子着力论述的一个重要的范畴。

生，这是老子的思维之网上的组结，它概括性强，含义深邃。在老子那里，"生"显然已经不是一个普通的词语了，而是一个重要的范畴。这是因为，老子的许多重要的思想都围绕着"生"而展开。那么，老子是怎样展开其有关"生"的思想的呢？语言往往反映一个民族最基本的思维特征。这是因为，人的思维毕竟是借助语言来进行的。语言哲学的认识方法有助于我们考察老子有关"生"的思想之形成路径。老子在多种语义上论述他对"生"的看法。笔者按照"生"出现在各个命题中的具体情况，将之区分为以下七组。

第一组：

有无相生。

生而不有。（以上二章）

生之蓄之。

生而不有。（以上四章。这是老子第二次说"生而不有"）

孰能安以动之徐生。（十五章）

道生一。

一生二。

二生三。

三生万物。（以上四十二章）

道生之。

故道生之。

生而不有。（以上五十一章。这是老子第三次说"生而不有"）

在以上十二个命题中，"生"的基本含义是"产生"。道门中人常说，老子重生。重，其含义是重视、注重、看重。老子重生，意即老子认为生是很重要的存在而认真地对待。生，其含义有多重，它首次出现在《道德经》二章之中。按照古人的思维习惯，往往将重要的东西放在前面来加以言说。我们按照"生"在《道德经》中出现的顺序，可知其第一重含义便是其重要的含义。那么这第一重含义是什么呢？那就是：产生。

重生，这本来是老子的一贯思想，但是人们却渴望在老子的《道德经》中寻找出更加直接的证据。于是，在我国文献史上便发生了一桩公案，即有人悄悄地改动《道德经》中的原话。本来，《道德经》二十五章是这样说的："故道大，天大，地大，王亦大。域中有四大，而王居其一焉。"①这一段话，在早期道教经典《老子想尔注》中被改了两处，即将两个"王"之均改为"生"字。这样一来，老子的话就成为以下的样态了：故道大，天大，地大，"生"亦大；域中有四大，而"生"居其一焉。其实，这样的改动意义不大。这是因为，老子并非把"生"看作与"道""天""地"这三者并列的义项，而是把道放在各个义项的首位。在老子看来，道的基本功能就是产生一切。道，不仅产生万物，而且也产生万事。道，不仅产生万事万物，而且还产生万事万物赖以存在的空间和时间这两个维度。

要言之，在老子看来，道是造化工程的主体。这与基督宗教神学颇为类似。圣经《创世纪》中写道："起初，神创造天地。地是空虚混沌，渊面黑暗；神的灵运行在水面上。神说：'要有光'，就有了光。神看光是好的，就把光暗分开了。神称光为昼，称暗为夜。有晚上，有早晨，这是头一日。"②在这里，空间有了，时间也有了。空间和时间都是物质存在的基本形式，空间指物质存在的广延性，时间指物质运动过程的持续性和顺序性。上帝做的第一件事就是产生一切，上帝的功能与道的功能极其相似。只不过，在基督教的圣经中，道已然改换了一个名称，道被称为神或上帝了。圣经的中译本，素来有两个系统，即上帝本和神本。我们先看上帝本，《新旧约全书》版权页："本圣经采用'上帝'版，凡是称呼'上帝'的地方，也可以称'神'。"③我们再看神本，《圣经》（金边拇指索引）本版权页："本圣经采用'神'版，凡是称呼'神'的地方，也可以称'上帝'。"④我们欣然看到，在 20 世纪 70 年代初，基督教的圣经有了第三个系统，即大道本的出现。从来都称为 The Bible 的基督教《圣经》，现在径直称为 The Way 了。⑤The Way 不是别的，就是"道"。大道本《圣经》的封面、书脊和版权页都赫然写着 The Way。大道本圣经在 1972 年 7 月、8 月、9 月和 10 月连续印刷了四次，每次印刷 250000 册，一共印行了 1000000 册。此后，大道本圣经又多次印行，至今畅行不衰。以基督教之视角而观之，既要产生一切，就必有源泉。源泉在哪里呢？在上帝那里，"在你那儿就有源泉"（Bei Dir ist die Quelle）⑥。以道学之视角而观之，既要产生一切，就必有源泉。源泉在哪里呢？在大

———————

① 王弼注，楼宇烈校释：《老子道德经注》，北京：中华书局，2011 年，第 66 页。

② 《圣经·中英对照》（和合本·新标准修订版），北京：中国基督教两会，2000 年，第 1 页。

③ 《新旧约全书》，南京：中国基督教两会，1982 年，第 2 页。

④ 《圣经》（金边拇指索引本），北京：中国基督教两会，2009 年，第 2 页。

⑤ *The Way*, Weaton, Illinois: Tyndale House Publishers, 1972, p.2.

⑥ *BEI DIR IST DIE QUELLE, BIBELWORTE FÜR JEDEN TAG, AUSGEWAHLTE TEXTE MIT LIEDSTROPHEN*, Stuttgart: Deutsche Bibelgesellschaft, 1987, p.1.

道那里，在大道里就有源泉。

生，在道教教义中具有突出的重要的地位。《云笈七签》卷五六《元气论·序》："且天地溟滓之后，天经地纬，五罗二曜，黄赤交道，五岳百川，白黑昼夜，产生万物，亭育万汇，其为羽毛鳞介，各三百六十之数，凡一千八百类。人为躶虫之长，预其一焉。"① 元气的本质是什么呢？就是物质的力量（the material force）。老子注重虚无，虚无的意涵等同于无。尽管如此，虚无或曰无，并不是没有任何东西。《道德经》四十章："天下万物生于有，有生于无。"② 显然，在老子提出来的宇宙生成的序列中，无或曰虚无，较之于有，明显地高了一个层级。无，这是宇宙生成序列中的最高层级。这个无，不是别的，就是道用以产生一切的原初的基质。这个无，就是道的本体。尽管道无形，无名，无声，无色，无极，但是道化生万物。

老子在论述生的第一重意义产生的时候，三次谈到"生而不有"。由此可知，在老子看来，"生而不有"是一个尤为重要的命题。生而不有，一本作"生而弗有"③，二者意思相同。在论述了大道产生万物之后，老子写道："万物作焉而不辞，生而不有，为而不恃，功成而不居。"④ 原来，老子采用了拟人的手法，他把道看作一位伟大的人格神。道这位人格神就是这样，他产生万物而不夸耀，养育万物而不据为己有，产生和养育万物而不自恃有功。老子所讲的，本来是道这位人格神的超然态度。不过在这里，老子也向我们昭示了一条养生学的法则，那就是，养生之人必须秉持初心。那么，我们不禁要问，这初心何在呢？初心，可以由今而往上溯。追本溯源，初心不在别处，就在道的造化工程刚刚起始的那个时候。创立一番事业的时候，那创立者的心就是初心。参加一项事业的时候，那参加者当时的心境就是初心。小学生未必都有明确的志向。高中生或许已经受到了社会的熏染。至于初中生，则大都淳朴。我们每个人大都记得初中时期那青青的岁月。倘若一个人能够终身秉持他做初中生时的志向，那么何愁事业不成？至于投身终身为之奋斗的事业，那就更加需要永远秉持初心了。《白氏长庆集》卷七一《画弥勒上生帧记》所云："不忘初心而必果本愿。"⑤ 初心之不可须臾而忘却，白居易对此深有体会。这是因为，初心是事业成功的保证。唯有不忘初心，才能最终达成无上之道。

① 张君房编：《云笈七签》，北京：书目文献出版社，1992年，第401页。
② 王弼注，楼宇烈校释：《老子道德经注》，第113页。
③ 陈鼓应：《老子注译及评价》，北京：中华书局，1984年，第64页。
④ 王弼注，楼宇烈校释：《老子道德经注》，第7页。
⑤ 白居易著，朱金城笺注：《白居易集笺注》（六），上海：上海古籍出版社，1988年，第3804页。

第二组：

先天地生。（二十五章）

万物持之以生。（三十四章）

在以上两个命题中，"生" 的基本含义是 "存在"。我们不妨比较一下西方哲学家的相关论述。德国哲学家海德格尔（Martin Heidegger, 1889—1976）著《存在与时间》（*Sein und Zeit*），以探讨存在的意义。海德格尔认为，当西方传统本体论哲学把存在当作范畴来看待的时候，实际上已经把存在变成存在者了，而这样一来存在的问题就被遗忘了。对此，海德格尔是不满意的。海德格尔认为，存在是存在者是其所是的一个逐渐显现的过程，而这一过程与人意识到万物的过程联系在一起，人是在展开自己的生存过程中显现万物的。是其所是，这一命题是理解海德格尔存在观的一把钥匙。这个看似非常深奥的问题，其实早就在圣经中讲得分明。《出埃及记》："上帝对摩西说：'我是自有永有的。'"[①] 这是《圣经》的中文和合本（Chinese Union Version）的译文。《圣经》的中文和合本是在中国基督教的各个教堂中实际使用的《圣经》。就教徒人数和影响而言，英格兰教会是英国最大的教会。英格兰教会亦称英国圣公会、安立甘教会、英国国教会。在英国国教会的 14400 个堂区（parish church）里，[②] 人们实际使用的《圣经》是修订标准本（*The Holy Bible, Revised Standard Version*），简记为 RSV。在美国的基督教教堂中，人们实际使用的也是修订标准本《圣经》。这是因为，修订标准本《圣经》本身就是英美两国《圣经》学者合作的产物。Exodus 3:14: God said to Moses: "I AM WHO I AM."[③] 这句经文哲理深奥，故而有注释曰：Or I AM WHAT I AM or I WILL WHAT I WILL BE.[④] 从英文看，无论是经文还是注释，都相当不容易懂。

那么，这句经文的切入点究竟在哪里呢？马丁·路德所作《圣经》的德文版有助于我们的理解。Gott sprach zu Mose: "I werde sein, de rich sein werde."[⑤] 马丁·路德所翻译成德文的那部《圣经》，奠定了现代德语的基础。他不愧是伟大的《圣经》学家，其德译文的胜义在于，把存在表现为具有强烈主体意识的动态过程。马丁·路德的《圣经》德译文启迪了后来的德国存在主义哲学家海德格尔。我们看到，在海德格尔

---

① 《圣经》（金边拇指索引本），第 56 页。

② 宗教研究中心编：《世界宗教总览》，北京：东方出版社，1993 年，第 773 页。

③ *The Holy Bible, Containing the Old and New Testaments, Revised Standard Version*, New York and Glasgow: William Collins Sons & Co., Ltd., 1971, p.49.

④ *The Holy Bible, Containing the Old and New Testaments, Revised Standard Version* p.49.

⑤ *DIE BIBEL nach der Übersetzung Martin Luthers*, Stuttgart: Deutsche Bibelgesellschaft, 1994, p. 61.

所著《存在与时间》（*Sein und Zeit*）的标题中，第一个关键词 Sein（存在）取自马丁·路德所译的经文中，而第二个关键词 Zeit（时间）也演绎自马丁·路德所译的经文，它从 werde 演变而来。原来，I werde sein, de rich sein werde. 这句话使用的是第一将来时。德语的第一将来时，有两重作用。一是时间概念，用以表示将来。一是意志概念，用以表示强烈的主观愿望。华宗德、肖刚《现代德语语法》第 4 章："第一将来时与其他时态的不同之处在于，它不仅是表示时间的语法形式，同时还表示一定的情态意义。在语言实践中，它的情态功能强于时态功能。"① 同章又云："表示说话人的许诺或决心，用第一人称。"② 上引经文正是第一人称。"我是自有永有的"，这句话出于上帝之口。"我是自有的"，这是强烈的意志之表现。"我是永有的"，这是对动态过程的描述。二者合在一起，就完美地表现了这样一个判断：存在是存在者是其所是的一个逐渐显现的过程。那么，我们不仅要追问：最高的存在者是谁呢？最高的存在者不是别人，正是上帝。上帝是昔在，君不见创世之初是多么遥远的往昔！上帝也是今在，君不见圣灵一直在工作！上帝还是将来永远的临在。这是因为，任何事物的存在，都离不开时间，不会消失。对于活着的人们来说，过去的事物已经过去，现在的事物瞬息而飞逝，人们唯一能够经营的其实唯有将来。

养生者尤其如此，他现在的修炼，为的是将生命延续到将来。"存在与时间"这一对范畴，对于养生者来说实际上是"存在与将来"。不断地将自己的生命向将来延伸，这就是养生者的目标。要而言之，养生的目的就是延长生命。从理论上说，这个将来可以无限地延伸。只不过，每一个人，受到其自身条件和客观条件的制约，只能够延伸到某一个长度罢了。马丁·路德对《圣经·出埃及记》中"自有永有"的诠释性的翻译，将存在（动词 sein，名词 das Sein → das Dasein）与将来（助动词 werde，名词 das Werden）联系起来。他利用德语的语言特点逼近了《圣经》的本义。换言之，由于人类思维的一致性，马丁·路德事实上接近了道学的一个要义：生命是一个过程。经过中西语境的转换之后，我们也可以说，最高的存在者不是别人，正是道，而道的人格化就是老子。

第三组：
荆棘生焉。（三十章）

在以上命题中，"生"的基本含义是"生长"。

---

① 华宗德、肖刚编著：《现代德语语法》，上海：上海外语教育出版社，2003 年，第 88 页。
② 华宗德、肖刚编著：《现代德语语法》，第 89 页。

晋代葛洪撰《神仙传》卷八左慈："慈数日委表，东去入吴。吴有徐随者，亦有道术，居丹徒。慈过随门，门下有客车六七乘，客诈慈云：'徐公不在。'慈便即去，宿客见其牛皆在杨柳树杪行，适上树即不见，下即复见牛行树上。又车毂皆生荆棘，长一尺，斫之不断，摇之不动。宿客大惧，即报徐公说：'有一眇目老公至门，吾欺之，言公不在，此人去后，须臾使车牛皆如此，不知何意。'徐公曰：'咄咄！此是左公过我，汝曹那得欺之。'急追之，诸客分布逐之，及慈，罗列叩头谢之。慈意解，即遣还去。及至，见车牛如故，系在车毂中，无复荆木也。"①葛洪撰《神仙传》，在"左慈"一条中记载了左慈会见曹操（155—220）、刘表（142—208）、徐随、孙权（182—252）等事，通过真实发生的历史事迹，以暗传的手法记述了道教的圣迹。葛洪故意将圣迹与史迹纠合在一起，其目的在于提升人们对于神仙的信仰。曹操，东汉末期沛国谯县（今安徽亳州）人，字孟德，小名阿瞒。曹操之子曹丕代汉称帝后，追尊曹操为魏武帝。刘表，东汉末山阳高平（今山东邹城西南）人。刘表年少即知名天下，为"八俊"之一。刘表官至镇南将军、荆州牧，封成武侯。当刘备投奔荆州的时候，刘表心胸狭小，使刘备屯兵新野。孙权，即吴大帝，三国时吴国的创立者。黄武二年（223），孙权派遣将军卫温、诸葛直率领将士万余人，乘船浮海，抵达夷洲（今台湾），得夷洲数千人还。孙权对于开发祖国的宝岛台湾甚有功劳，谥大皇帝，庙号太祖。在左慈所见的四人中，唯有徐随一人事迹不显，无法确考其生卒年。这就为车毂中生长出荆棘留下了巨大的想象空间。在汉魏本《神仙传》中，徐随作徐堕。在《太平广记》卷十一"左慈"条中，徐随亦作徐堕。随和堕，字形相近。中国的神仙传、列仙传一类的书，与基督教和伊斯兰教的"圣传类"著作类似。在圣传类著作中，往往因形近而制造出另一个神灵的名字。这就为圣迹的记载打开了一扇方便之门，让人们无从考索真伪，从而只能相信其记载。

荆棘，这是一个重要的意象，多次出现在基督教的圣经中。比如，《以赛亚书》写道："你们必欢欢喜喜而出来，平平安安蒙引导；大山小山必在你们面前发声歌唱，田野的树木也都拍掌。松树长出，代替荆棘。番石榴长出，代替蒺藜。这要为耶和华留名，作为永远的证据，不能剪除。"②这是上帝赐予人们幸福的形象化的说明。松树成才，荆棘不成材。番石榴是美味的水果，蒺藜之根，虽可咀嚼，然其汁液略带涩味。在这里，荆棘是作为负面的形象而出现的，不过这也从一个侧面说明，荆棘具有顽强的生命力。蒺藜与荆棘是同类的植物，它们在贫瘠而干旱的地方也容易成活。荆棘种类繁多。不少荆棘，其嫩枝可以用来饲养牲畜。荆棘的枝条可以用来编

---

① 葛洪撰，胡守为校释：《神仙传校释》，北京：中华书局，2010年，第277页。
② 《圣经·中英对照》（和合本·新标准修订版），第1171页。

织篱笆，环绕村庄和家宅，防止野兽和坏人进入。因此，在圣经中荆棘的正面用例也不少。比如，《出埃及记》写道："耶和华的使者从荆棘里火焰中向摩西显现。摩西观看，不料，荆棘被火烧着，却没有烧毁。"[①]摩西想过去一看究竟。这时，耶和华从荆棘里呼唤摩西。耶和华说，他就是其父亲的上帝，是亚伯拉罕的上帝、以撒的上帝、雅各的上帝。《圣经旧约·出埃及记》这几句经文被称为《荆棘篇》，它在《圣经》《新约·马太福音》和《马可福音》中得到了进一步的申说。那么，我们不禁要问，在《圣经》中为什么有那么多关于荆棘的记载呢？原因在于，基督教的本旨乃是一种生命哲学。道路、真理、生命这三者是统一的。这一点在新约《约翰福音》第十四章中有明确的论述。《圣经》提倡上帝爱人，人爱上帝，还教导人们要相互关爱。爱这种美德是生命的升华。信、望、爱，这是基督教所提倡的三大美德，它们都是生命本体在社会生活中合乎人性的展开。

人的生命本来是可以很长的，因为种种原因才导致人的生命大打折扣而缩短。欧阳修《居士集》卷十五《秋声赋》："嗟乎！草木无情，有时飘零。人为动物，惟物之灵。百忧感其心，万事劳其形。有动乎中，必摇其精。"[②]《秋声赋》作于嘉祐四年（1059），时欧阳修年五十三岁。在《秋声赋》中，欧阳修表现了出旷达为怀的人生态度，与道家的人生观相契合。从道学的角度看，这几句话揭示了人必须养生的道理。人与其他动物的不同之处在于，人是万物的灵长，因而人特别敏感，以至于有思想。人有思想，并且能够把思想付诸改造客观世界和自身存在体的实践行动。在外在物体的作用下，人的心力受到消耗。在外在事情的作用下，人的形体受到损耗。人的精神元气耗尽的时候，其生命也就结束了。以是之故，道家提倡养生，提倡坐忘。欧阳修累官至翰林学士、枢密副使、参知政事，一生事巨务殷，但是他懂得忙里偷闲，闹中取静，颇得"生活道"的旨趣。

第四组：

万物得一以生。

万物无一生。（以上三十九章）

天下万物生于有。（四十章）

生于毫末。（六十四章）

在以上命题中，"生"的基本含义是"出现"。那么，我们不禁要问，"出现"意

---

① 《圣经·中英对照》（和合本·新标准修订版），第86页。

② 欧阳修著：《欧阳修全集》（上册），北京：中国书店，1986年，第111页。

味着什么呢？出现意味着在场、临在、不空位、不缺席。有趣味的是新约《约翰福音》开宗明义将"道"与"在"放在一起论述。《约翰福音》云："太初有道，道与上帝同在，道就是上帝。这道太初与上帝同在，万物是藉着他造的。凡被造的，没有一样不是借着他造的。生命在他里头。这生命就是人的光。"[①] 这一番道理，基督教将它概括为一个命题：道成肉身。所谓道成肉身，最直接的理解就是：大道通过人而得到了体现。体现，这个词的原初含义就是肉身化。英文 incarnation（肉身化）一词，由拉丁文形容词 incarnatus 变来，而形容词 incarnatus 是动词 incarnari 的过去分词。动词 incarnari，即 in（使得）+ carnis（caro 肉，属格），意即使之成为肉身了。体现这一概念，还有一个源自英文的单词 embodiment。这个词的含义更为明显，因为其核心部分就是 body（身体）。出现，乍一看这似乎是一个现代汉语中的词，其实不然。《云笈七籖》成书于北宋时期，其卷九五"梦喻虚妄"条云："天尊谓正见，童子曰：十方天尊出现于世，为欲断诸众生虚妄，说此妙经深邃之法。"[②] 天尊出现于世，意即，天尊在场于世间。天尊临在于世间。在芸芸众生忙忙碌碌的世界上，天尊从来不曾空位。在熙熙攘攘的世间里，天尊从来没有缺席过。天尊，这是道教对最尊贵的天神的称谓。比如，道教的三清，即元始天尊、灵宝天尊、道德天尊。道德天尊，就是老子。老子，又叫太上老君，从古至今的道教徒都相信太上老君是"无上大道"的化身。

第五组：

戎马生于郊。（四十六章）

在以上命题中，"生"的基本含义是"引起、唤起"。《道德经》四十六章云："天下有道，却走马以粪。天下无道，戎马生于郊。"[③] 当国家政治上轨道的时候，人们便驱使马来耕田。当国家政治不上轨道的时候，连怀胎的母马也被征用来作战，曾经发生过母马在战地的郊野生小马驹之事。战事太紧急，居然引起了母马在战地郊野下崽这样的怪事。这是"生"的一个负面的例子。春秋无义战，诸侯互相攻伐。频频发生的战争，不仅引起大量的民众死亡，而且连牲畜也不得安宁。

第六组：

以其不自生。

① 《新旧约全书》，南京：中国基督教两会，1982 年，第 113 页。
② 张君房编：《云笈七签》，第 684 页。
③ 王弼注，楼宇烈校释：《老子道德经注》，第 129 页。

故能长生。（以上七章）

出生入死。

人之生，动之于死地。（以上五十章）

在以上命题中，"生"的基本含义"活着、生存"。人要活着，方能有所作为。人要生存，方能实现其人生的价值。这不禁使我们联想到道家的生死观。道家的生死观是由其价值观决定的，道家的价值观是由其人生观决定的，而道家的人生观是由其世界观决定的。道家的世界观认为，世界是大道衍化的产物。因为人是世界的一部分，所以人的生存必须与道合一。在道家看来，唯有与道合一的人生才是有价值的人生。我们看到，历史上的著名道士大多都是热爱祖国，心系民瘼的人物。他们之所以被称为高道，乃是因为他们的道德品质高洁。道家讲究养生延年，然而却未必畏惧死亡。值得注意的是，道家的入世态度毕竟与一般的儒家略有不同。儒家一系的历史人物对忠孝强调得较多，而道家更加注重从历史进程的大方向上去做出取舍。丘处机（1148—1227）就是一个典型的例子。丘处机是生活在金元之际的道士。金贞祐二年（1214）秋，山东大乱，丘处机主动请命讨平登州和宁海，为金朝立下了大功。这件事情引起了南宋、金朝和蒙古三个并立政权的注意，宋宁宗、金宣宗和成吉思汗均派出使者邀请他入朝做大官。丘处机审时度势，谢绝了南宋朝廷和金王朝的邀请，于1220年率领弟子十八人行程万里，前往大雪山（兴都库什山）面见成吉思汗。1222年，丘处机抵达大雪山，向成吉思汗陈述了一套治国和治身的道理。《元史》卷二零二《丘处机传》："太祖时方西征，日事攻战，处机每言欲一天下者，必在乎不嗜杀人。及问为治之方，则对以敬天爱民为本。问长生久视之道，则告以清心寡欲为要。太祖深契其言，曰：'天锡仙翁。以寤朕志。'"[1] 显然，丘处机向成吉思汗陈述的那一套道理，究其实质，就是"身国共治"的一整套方略。丘处机把养生之道用活了，用到了以高明的手段来治理国家的宏大境界。在丘处机看来，金朝贵族有不仁之恶；南宋朝廷有失政之罪。在历史的交合点上，金朝和南宋，皆为丘处机所不欲依附，他毅然决然地选择了即将兴起的元朝。丘处机的选择避免了易代之际的战争和杀戮，他保全了大量中国民众的生命。可以说，丘处机在宏大的人生基盘上做到了为大多数人民的利益而"出生入死"。

第七组：

以其生生之厚。（第一个"生"是动词。第二个"生"是名词。）

---

[1] 中华书局编辑部编：二十四史简体字本《元史》第三册，北京：中华书局，2000年，第3026页。

善摄生者。(以上五十章)

益生曰祥。(五十五章)

长生久视。(五十九章)

无厌其所生。(七十二章)

以其上求生之厚。(七十五章。这是老子第二次言及"生之厚"。)

夫无以生为者,是贤于贵生。(七十五章)

人之生。

草木之生。

生之徒。(以上七十六章)

在以上命题中,"生"的基本含义是"生命、生活"。生物学认为,生命是蛋白质存在的一种形式,蛋白质通过新陈代谢不断地与周围环境进行物质交换,以维持生命的延续和发展。生命是生物所具有的存在和活动的能力。《战国策》卷五《秦策》三"蔡泽见逐于赵"条:"富贵显荣,成理万物,万物各得其所,生命寿长,终其年而不夭伤。"[①]生物的存在表现在时间的维度上,生物的活动能力表现在空间的维度上。有了时间,有了空间,加上适当的条件,生命便得以展开。不过,各种生物在时空中展开的幅度是不一样的,蜉蝣生命短暂,昙花仅仅一现,龟鹤生命绵长,松柏傲霜雪而不凋零。就人类而言,生命是人的物质性的存在形式。人最奇妙的特性就在于有思想,思想是大脑的主要功能,而人的大脑本身也是蛋白质进化的产物。

由于人有思想,因而人便渴望其生命长久。这种愿望在上古时期逐渐演变为一些东方民族的神仙观念。神仙是不死的,不死即不朽,不朽就是生命最为长久。在英语中没有神仙这个词,于是操英语的民族就借用"不朽"(the immortal)来指称神仙。就人单纯的物质性存在而言,我们说生命。就人的存在和活动的能力而言,我们说生活。在中文的语境中,生活和生命是两个不同的范畴。然而,并非所有的语言都像汉语那样具有强烈的分析性。值得注意的是,与世界上的许多语言一样,"生命"和"生活"这两个词在多数情况下是交合在一起的。比如,在英语中就是如此。动词 to live 有两种含义。名词 life 也有两种含义。这是因为,它们本来就难于分开。人要生存,这时人主要考虑生命的保有。人要发展,这时人主要考虑各种活动,而为生存和发展而进行的各种活动就是生活。道家注重养生,当然把生命放在首位。然而,道家所珍视的生命并非一堆肉的简单的存在。历史上的高道,大多是积极的社会活动家。以采药行医为主要生活的道士,似乎并未介入社会、介入政治、介入

---

① 刘向集录:《战国策》(上册),上海:上海古籍出版社,1985 年,第 212 页。

权力。其实不然，在疫疠面前，医家已然深刻地介入了社会、介入了政治、介入了权力。当大规模的疫疠爆发的时候，这一点表现得至为明显。

（本文系《从〈道德经〉看生活道的发展历程与当代实践》之一部分）

老子章句研究

《老子》"自然"的概念探析

——基于"道法自然"章

张婉婷[*]

内容提要： 老子哲学的诸多范畴中，非比寻常且至今都未能获得确切解释的莫过于"自然"。即便如此，在对《老子》进行注释与研究的诸多学者中，仍然形成了一个相对集中的观点：自然，即自己如此、自然而然，强调的或是针对道创生万物这个过程而言的无目的、非意志[①]；或是针对万物本身而言的本质属性、存在状态、活动方式[②]；或是通过确立"自然"之于"道"的原则性地位，进而主张将"自然"定义为中心价值[③]。本文认为以上这几种解释，无论就其论证思路，乃至观点主张等方面，对于准确且全面地把握《老子》的"自然"思想，都是不足够的。基于此，本文尝试运用一种整体性的"纲领—结构"视角，本着随文释义的原则，希望能够对《老子》的"自然"思想做出更进一步的尝试性解读。

关键词： 自然 德 自化 王

---

[*] 张婉婷（1996—），北京师范大学哲学学院伦理学硕士研究生主要研究方向：老子思想。

[①] 像是冯友兰所理解的"道法自然"，"自然"并非是形容词，它只是在形容道生万物的这个过程，即"无目的、无意识的程序"。参见冯友兰：《中国哲学史新编试稿》，载《三松堂全集》（第七卷），郑州：河南人民出版社，2001年，第254页。此外，还有张岱年所列举的《老子》二十五章、十七章、五十一章、六十四章等，皆谓自然即自己如此之意。参见张岱年：《中国古典哲学概念范畴要论》，载《张岱年全集》（第四卷），石家庄：河北人民出版社，1996年，第534页。

[②] 此类观点，具体参见曹峰：《从因循万物之性到"道性自然"——"自然"成为哲学范畴的演变历程》，《人文杂志》2019年第8期；王中江：《道和事物的自然——老子"道法自然"实义考证》，《哲学研究》2010年第8期；叶树勋《道家"自然"观念的演变——从老子的"非他然"到王充的"无意志"》，《南开学报》（哲学社会科学版）2017年第3期等。

[③] 刘笑敢：《老子古今——五种对勘与析评引论》（上卷），北京：中国社会科学出版社，2006年，第290页。

一、方法论省思与文献综述

《老子》的"自然"，在文本的内容与结构上是散落而不连续的，但这并不妨碍人们对其进行思想层面上的合理的体系化呈现与完整性理解。基于此，本文尝试：首先，通过确立起《老子》"自然"思想的总纲领，即"道法自然"章，进而开辟出理解《老子》"自然"思想的路径和场域。其次，鉴于"道法自然"章所涉及的问题性质之多样、层次之丰富，避免呈现不相关的内容，故专取其中"大曰逝，逝曰远，远曰反"与"人法地，地法天，天法道，道法自然"二句做具体分析，因为此二句在一定程度上可视作是建构了理解《老子》的"道—物"关系①的基本结构。

在明确运用"纲领—结构"视角去理解《老子》的"自然"之后，对"道法自然"这句话的理解就显得尤为关键，为此我们必须试着弄明白三个词：道、法、自然。

首先，关于"道"的表述经常出现在《老子》的其他章节中，总的来说可以形成三点把握：其一，十四章中形容——"道"视之不见、听之不闻、搏之不得，以致不可致诘、不可名状，终"复归于无物"，此"无物"说明了"道"是超乎人的主观经验感觉的。其二，二十五章言"有物混成，先天地生"，所谓"有物"则说明的是"道"在一定意义上是客观存在的。其三，又言"道者，万物之奥""渊兮似万物之宗"，则说的是道乃天地万物之端始、依据，即道为"域中四大"之最初、最高、最普遍。上述三点确立起了"道"作为《老子》思想体系中最高形上概念的地位，而这一地位的确立，对于"自然"在"法"的秩序等级中究竟做何理解则造成了困扰。

那么，破除这一困扰的关键在于什么呢？该关键就是"法"。对于"法"的理解，有着词性、文法方面的考虑，主要有两种含义：一方面，它可能作为动词，取"效法"之义。另一方面，它可能作为名词，取义"不变之法式、准则"②。

第一种含义可见于王弼关于该句的注解：

法，谓法则也。人不违地，乃得全安，法地也。地不违天，乃得全载，法天也。天不违道，乃得全覆，法道也。道不违自然，乃得其性，（法自然也。）法自然者，

---

① 此处所言的"道—物"关系，即道与事物（物、万物、器）的关系，是作为老子哲学的根本问题而言的，这种性质的关系比天人关系更为全面、普遍。关于"道—物"关系的进一步分析，具体可参见王中江：《道与万物的三重关系——老子世界观的构造》，载《道家文化研究》（第三十一辑），北京：中华书局，2017年，第1—29页。

② "道法自然"之"法"，运用以老校老的原则，取意：常也、式也。《尔雅·释诂上》："法，常也。"郝懿行《尔雅义疏》引《管子》："当故不改曰法。"此外，《说文》："式，法也。"基于此，法、常、式，互训，取意：不变之法式、准则，而"道法自然"，亦"道之法，自然也"。

在方而法方，在圆而法圆，于自然无所违也。自然者，无称之言、穷极之辞也。①

　　这种理解保持了"道法自然"与前三句在语词性质、句子结构方面的一致性。从王弼的注解来看，所谓"法则"仍然是"效法"之义，沿着他注解的思路来理解"自然"，我们可能会推测"自然"指的是一个高于"道"的客观范畴，且此范畴在王弼看来是同"道"一般不可言说、不可几及的②。但联系前句"域中四大"之论，我们发现此种理解是不符合《老子》本身的言路与理路的。于是，之后的学者做了进一步的理解，即"自然"并不作为"道"所需去取法的上位者，而是"把'自然'视为'道'的内在法则、根本存在方式，肯定'道'的本性是纯任自然——即自己如此"（王中江）③。而此种理解也与"法"的第二种含义，即"道之不变法式、准则是自然"相汇通，关于此观点的依据则在很大程度上根源于河上公所注解的"道性自然，无所法也"④，即道的本性就是自然，它无须通过效法他者来实现自身。此后，基于对"将'自然'直接相关于'道'"这一论断的怀疑，又有学者做了进一步的考证，认为"自然"这一范畴在《老子》的文本中是一个表示万物属性、存在状态的词，即道以万物的自己如此、自然而然为法，莫不遵循而非违背。以上的诸多解释可以做进一步的理解：一是说道的本性是自然的；二是说万物的本性是自然的，只是其实现则需要道的存在做保障，而在百姓层面，其自然之实现则需假圣人无为以化成。

　　然而，我们可以合理地怀疑，在各自的解释范式之下以上两种理解是否都言中了《老子》"自然"思想的全部或关键，也就是说将"自然"不加分别、笼而统之地归结为道之自然或万物之自然是否全面？联系《老子》中的五处"自然"，我们将会发现这样的理解方式是存在问题的。除"道法自然"外，另有"功成事遂，百姓皆谓我自然"（十七章）、"希言自然"（二十三章）、"道之尊，德之贵，夫莫之命而常自然"（五十一章）、"以辅万物之自然，而不敢为"（六十四）。结合各自的语境文脉，我们发现"自然"在不同的语境之中具有不同的针对性（专门的分析将随行文思路之必要而展开，此处不做集中分析），并无放之各处而皆准的道理，也正是这样的表

---

①　王弼注，楼宇烈校释：《老子道德经注》，北京：中华书局，2019 年，第 66 页。

②　亦如钱钟书所解："人、地、天、道四者累叠而取法乎上，足见自然之不可几及。一、五、六、七、一六、二三、四二章等以'道'为究竟，此则以'法自然'为'法道'之归极焉。"参见钱钟书：《管锥编》，北京：生活·读书·新知三联书店，2001 年，第 55 页。

③　王中江：《道家形而上学》，上海：上海文化出版社，2001 年，第 194 页。此外，张岱年《中国古典哲学概念范畴要论》，以及陈鼓应《老子注译及评介》（北京：中华书局，2009 年）亦持此论。

④　河上公注，王卡点校：《老子道德经河上公章句》，北京：中华书局，2019 年，第 103 页。另《老子道德经想尔注》也将"自然"与"道"之间关联，谓"自然者，与道同号异体"。载《中华道藏》第 9 册，北京：华夏出版社，2004 年，第 179 页。

达使得《老子》的"自然"始终没有上升到理论层面的自觉。因此，刻意地追求其概念在文本当中的一致与稳定，则难免会落入削足适履的窠臼。

这样看来，我们似乎需要通过一种完全不同的视角来重新理解《老子》的"自然"。正如本文开篇所言，通过一种"纲领—结构"的尝试性解读，基于一种理路的需要，故专取其中"大曰逝，逝曰远，远曰反"与"人法地，地法天，天法道，道法自然"二句做具体分析。所谓"大、逝、远、反"，此言道之运作行进。"远"谓与道背离，即"宇宙历史演进愈久，则民智愈进、奸伪愈多，故去真愈远"①（蒋锡昌）。"反"假"返"，即"夫物芸芸，各复归其根"之意，此"反"是反乎道，尤其在人的层面上需假圣人之无为以化成。而对于"人法地，地法天，天法道，道法自然"的理解，首先需要明确的是，作为"域中四大"的人、地、天、道，在形上层面具备着或同构，或贯通，或感应等不同性质、层面关系；其次，在"道之远"与"反乎道"的问题上，对人的理解是尤为关键的，即人是道之"远"的原因，而人"反"乎道则取决于"法自然"。

在"法自然"的问题上，上文已经说明了不宜对《老子》"自然"的相关文本做一致而稳定的界定，关于这一点唐代李约在其《道德真约新注》则提供了一种颇为合理的解读，李注云："盖王者'法地''法天''法道'之三自然而理天下也。天下得之而安，故谓之'德'。"②基于他的理解，"法自然"的这种可能含义可以进一步导出对《老子》"自然"的三重解读。

二、"道法自然"：确立对"自然"本身的理解

首先，需要确立起对"自然"本身的理解。关于"自然"，学术界所形成的一个相对集中的观点认为：自然，即自己如此、自然而然，强调一种无目的性与无意识，进而将此意与《老子》文本当中的不同主体相关联。可问题在于，解释"自然"为"自己如此、自然而然"的这两个词，其本身就有着细微但极为关键的差别，即对"自然"的理解，存在着倾向于"自然之自"或倾向于"自然之然"的不同情况，例如王夫之所分析的："自然"不仅是"然"，而且是"然"之所出，"自然者，绷缊之体，健顺之诚，为其然之所自"③。前者表达了自觉、自主，而后者则说明的是自发，

---

① 高明:《帛书老子校注》，北京：中华书局，1996年，第351页。
② 同上，第353—354页。其句读未必可取，但其理解路径却对本文有着极大的启发性，基于此，本文进行了三个方面的思索：一、对"道法自然"章之"自然"本身的理解；二、对"德"的思索；三、对"王"的强调。
③ 王夫之:《张子正蒙注·天道篇》，北京：中华书局，2009年，第58页。

前者是一种自为存在，后者是一种自在存在①。

这种反映在“自性”上的差别②，不仅是《老子》文本中重要的思想内容，同样也是理解老子之后何以发展出不同道路，以及现当代学者之间何以产生理解分歧的关键。例如，《庄子·应帝王》所言："无名人曰：'汝游心于淡，合气于漠，顺物自然而无容私焉，而天下治矣。'"③意思是说“至人”所达的“顺物自然”之境界，便是最高意义上的自觉性的实现。而在《庄子·缮性》中有言："古之人，在混芒之中，与一世而得澹漠焉……人虽有知，无所用之，此之谓至一。"④同样反映出了对自性之自觉义的反思。而之后的郭象，则另辟路径生发出了全然不同的意味，诸如《庄子注·齐物论》："物各自然，不知其所以然而然。"以及《庄子注·知北游》："既明物物者无物，又明物之不能自物，则为之者谁乎哉？皆忽然而自尔也。"⑤其所言的“不知所以然而然”“忽然而自尔”说的正是不可意料的、无目的的、不由自主的自在、自发。此外，王充在其《论衡·自然》中有云："天地合气，万物自生，犹夫妇合气，子自生矣……天动不欲以生物，而物自生，此则自然也"⑥，借夫妇嫁娶、父子之亲“论其本意，实为情欲发耳"⑦，此借天地、万物各自活动的无目的与无意识，同样说明的是自在、自发的问题。至于现当代的学者，王中江对“自然”作“万物、百姓高度自主和创造性活动"⑧的理解，以及王博——即便是关注到了道家传统中“自”所反映的不同含义——做出了对“道作为万物本原的自觉”与“万物之‘自’”的区分理解，但仍然也是将自主、自觉的理解未加区别地赋予了万物⑨；除此之外，叶树勋则主张的是“‘自然’作为万物或民众自发性状态的意义"⑩。

但无论是笼统地将“自然”理解为万物、百姓之自主、自觉，抑或是自在、自发，在根源上都面临着同样的问题，即对《老子》文本中的“万物—百姓”究竟该做何理解，一概而论式的自发义或自觉义的解读对于理解《老子》文本本身是否足

---

① 不同于后世黄老学将“自为”概括为：人情的趋利避害、好生恶死，即为自己考虑。此处对“自在存在”“自为存在”理解是偏黑格尔式的。

② 《老子》的“自”有着丰富的层次，在思考自由与秩序、普遍与差异等相关问题上，有着很大的理论空间，例如尝试做一些“自性”的伦理学分析、问题域的拓展——对个休之自性与百姓整体之自性的解读，联系西方民主，甚至尝试思考与他者伦理学能不能进行沟通，来解决《老子》，乃至道家在道德哲学方面所存在的困境，此仅作为一个初步的、尝试性的想法。

③ 郭象注，成玄英疏：《庄子注疏》，北京：中华书局，2019 年，第 161 页。

④ 同上，第 299 页。

⑤ 同上。

⑥ 黄晖撰：《论衡校释》，北京：中华书局，1990 年，第 775—776 页。

⑦ 黄晖撰：《论衡校释》，北京：中华书局，1990 年，第 144 页。

⑧ 参见王中江：《道与万物的三重关系——老子世界观的构造》。

⑨ 参见王博：《“然”与“自然”：道家“自然”观念的再研究》，载《老子学集刊：中国的“自然”思想（二）》，北京：中国社会科学出版社，2019 年，第 29—50 页。

⑩ 参见叶树勋：《老子“自然”观念的三个问题》，同上，第 188-211 页。

够？而对于这个问题，当我们尝试通过"纲领—结构"式的整体视角去重新审视《老子》的"自然"时，我们将尤其能够体会到其思想层次之丰富、深刻，也就明白了不仅将"自然"进行主体上的统一界定是草率的，而且无视"自然"在不同语境中所反映的"自性"的不同性质与层次同样是不可取的。

在"大、逝、远、反"与"人法天、地、道之自然"所构建的"道—物"关系中去理解"道法自然"，我们发现将"道"与"自然"的相关联，有其必然性与合理性，但需注意的是，这仅仅是理解《老子》"自然"的关键，而非全部。"自然"隐含着多重倾向与张力，对概念做分析式的理解，更能够相对准确地把握到《老子》"自然"的不同层面。

《说文·王部》云："自，始也。"① 另《庄子》几见"若然者"，成玄英多疏"如此、如是"②，基于此，"自然"取义"如始且是"，在《老子》文本的理路中显得极为妥当。在与"道"相关联的前提条件下，对"自然"做"如始且是"的理解实质上是对"自然之自"的倾向性，也就是"道之自"，所进行的必要呈现。正如王弼在《老子指略》中对《老子》的评价："老子之文……论太始之原以明自然之性，演幽冥之极以定惑罔之迷……又其为文也，举终以证始，本始以尽终；开而弗达，道而弗牵。"③ 而所谓"如始且是"之"始"，即指的是"无名天地之始"（一章）、"天下有始"（五十二章）之"始"，亦作"昔之得一者"（三十九章）与"道生一"（四十二章）之"一"。由此，需明确的是，"如始且是"有两层意蕴：一是本体义，二是生成义。言其"本体"，并非言说"自然"是一个客观实体（否则将是域中有五大），而是在"道"作为域中四大之一的客观实在的基础上，而进一步通过"自然"说明"道"之大化流行贯穿于整个域中。言其"生成"，则说明的是那个作为天地开端的"始"、为道所生的"一"，并非是彼岸性的、变动不居的，所谓的道之"大、逝、远、反"不外乎是言说"道"出乎万物之间，无处不往、无所不在。

如此大化流行之道在《老子》的文本中还有更为具体的呈现与说明，即"道生德畜"章（五十一章），基于此，我们可以进一步导出对《老子》"自然"的第二重解读，即从"德"的视角来看，《老子》形上层面的生成性"自然"将呈现的是一幅动态运转着的世界图景。

---

① 此处存疑，即对"自然"做词源分析的时候，很少见学者论及"自，始也"的这一层意思，但他们相关的论述当中却皆含这一层理路。不过，从"始"这一角度来理解"自然"，王弼多有论及。

② 见《庄子》的《人间世》《德充符》《至乐》《山木》等，资料收集的来源：见《故训汇纂》释"然"。

③ 王弼注，楼宇烈校释：《老子道德经注》，第203—204页。

三、"德"：形上层面的动态"自然"

同"道法自然"章一样，此章在形上层面对"道—物"关系做了进一步的说明，主要探讨的是"道何以促成万物之生成"。在这一章节中，同样能够明确万物皆为"道"所创生，更具体地呈现了"道"不离乎万物之生成变化始终的全过程。其间，值得注意的是"德"，它在作为《老子》之最高实体的"道"向具体实体"物"落实、呈现的过程中，发挥着至关重要的作用。王弼注曰："道者，物之所由也；德者，物之所得也。"[①] 即"德"是得之于道、具之于物的，所以在"道—物"关系的结构中，"德"可视作道、物之间的过渡，是进行形上层面由外而内、由上而下的转化的一个必不可少的环节，而此过程，不外乎"自然"二字。在《庄子·骈拇》的注解中，林希逸有言"与生俱生曰性，人所同得曰德"[②]。其言"同得"并非意指所得之相同，而说的是其"德"皆得乎道，也就是说，此"同"取形式义理解，而非内容义。对"同得"做内容义理解的，我们不得不提到儒家，如《孟子·告子上》云："口之于味也，有同嗜焉；耳之于声也，有同听焉；目之于色也，有同美焉。至于心，独无所同然乎？心之所同然者何也？谓理也、义也。"[③] 而其所谓"同然"说明的是先验层面的、类性上的相同，表现在人性层面上，就是人之为人的本质所在，而这在孟子看来，人性之同然无外乎是"理、义"。不同于儒家"同然"在人性内容上做美德意义上的普遍必然性的理解，道家的"同得"仅确定了道之于万物在实现其生成方面的存在，此外，在《庄子·徐无鬼》中有言："德总乎道之所一……道之所一者，道不能周也。"[④] 则进一步说的是德由乎道，却不完全同乎道，如此，普遍与差异的问题也就自然而然地出现了，正所谓"朴散则为器""失道而后德"是也。在道家看来，这种万物在其所得层面上的差异性并不妨碍其形上层面的统一性，这是道家世界观的基础，同时也是其在人事方面所认为的——即那些旨在促成整体性秩序得以实现的看法——的价值观根由。

只不过，我们需要进一步追问的问题是：在由道而物的过程中，面对着差异性的必然出现，道如何通过"德"去促成万物的生成呢？正如上文所言，我们已经理解了形上层面的"德"是同得乎道的，那么在形下的、经验的层面，"德"何以具乎物呢？问题追问到这一地步，对"道生德畜"章"自然"的理解也就进入了最为关

[①] 王弼注，楼宇烈校释：《老子道德经注》，第141页。道家将"德"理解为支持万物存在状态与活动方式的内在属性，一定程度上可视为道家早期的"性"，不同于儒家更侧重于美德意义上的理解。

[②] 林希逸著，周启成校注：《庄子鬳斋口义校注》，北京：中华书局，1997年，第138页。

[③] 朱熹：《四书章句集注》，北京：中华书局，2010年，第330页。

[④] 郭象注，成玄英疏：《庄子注疏》，第447页。原文作"周"，但本有作"同"，即"道之所一者，德不能同也"。成玄英疏"言德有优劣，未能同道"，但笔者认为此处"德"之于"道"的比较不是显乎为优劣的，而更偏向于是在特殊与普遍、有限与无限的意义上而言的。

键的部分，至此我们需要回到文本：

> 道生之，德畜之，物形之，势成之。是以万物莫不尊道而贵德。道之尊，德之贵，夫莫之命而常自然。故道生之，德畜之：长之，育之，亭之，毒之，养之，覆之。生而不有，为而不恃，长而不宰，是谓玄德。（五十一章）①

在该章节中，对于"道之尊，德之贵，夫莫之命而常自然"的理解，同样有着不异于"道法自然"的争议性，即因主语不明，也面临着究竟是道（德）之自然，还是万物之自然的歧义②。然而本文无意于对之做先行的选择判断，因为我们会发现，在本章所呈现出的——道、德创生万物的过程——这一整体的语境当中，"自然"同样被赋予了动态的、过程性的色彩。结合"道法自然"章一同观之，这两章节实质上展现的是整个世界图景的两个方面：其一，言说的是世界的原初与生成；其二，展现的是关乎天地、万物各种状态的演替与周期性的变化。在一切开始之前，"道"是浑然不二的，然而一旦"道生一，一生二，二生三，三生万物"的过程开始展开，"道"将由无入有、下落为"德"，进而内在于万物、从内部为万物所持有，并使之得以自然而然地生成变灭，乃至最终归乎幽冥，如此反复直至永恒。一方面是万物皆同得乎道的"道之自"，一方面是万物得以生成自身的"物之然"，如此这般，皆是自然。而此等过程性的"自然"，与《老子》的文本中的"自化"不妨看作同出而异号、同谓而异名：

> "道恒无名，侯王若能守之，万物将自化。化而欲作，吾将镇之以无名之朴。镇之以无名之朴，夫将不辱（欲）。不欲以静，天地将自正。"（三十七章）③

另：

> 以正治国，以奇用兵，以无事取天下。吾何以知其然也哉？夫天下多忌讳，而民弥贫。民多利器，而国家滋昏。人多知巧，而奇物滋起。法物滋彰，而盗贼多有。是以圣人之言曰：我无为而民自化，我好静而民自正，我无事而民自富，我欲不欲

---

① 王弼注，楼宇烈校释：《老子道德经注》，第141页。帛书本，"命"作"爵"，鉴于二字在词义上的差别不构成对本文理解上的关键，暂不做分析。覆，败也。

② 详见叶树勋：《老子"自然"观念的三个问题》。

③ 高明撰：《帛书老子校注》，第421—428页，取帛书版本的表达。

而民自朴。（五十七章）①
·　·　·　·

　　如果说，"道法自然"章与"道生德畜"章对"自然"的考察是形上层面的，那么在这两章（即"道恒无名"章与"以正治国"章）中，则提供了理解形下之"自然"的秘钥。由此，我们也就进入了对《老子》"自然"的第三重解读，即"王"的存在对于"自然"而言，无论在万物层面，还是在百姓层面，都有着要求其存在的客观必然性。

　　四、"王"：形下"自然"的客观要求

　　"王"主要是就"道法自然"章"域中有四大，而王居其一焉"之"王"而言的，此处王弼的注解不失精妙，曰："天地之性人为贵，而王是人之主也，虽不职大，亦复为大。"② 只是，从另一角度来看，我们会发现对"王"的说明，实质上显示出了"自然"在形下化过程中的困境。上文言"道法自然"章的"大、逝、远、反"与"人法地、天、道、自然"二句建构了理解《老子》的"道—物"关系的基本结构。基于此，尤其明确了在"道之远"的问题上，"人"虽贵为万物之最灵，与天、地、道并立而为"域中四大"，但仍然是道之"远"的主要原因③。相较于人，万物并不存在远乎道的情形，此等人、物之别也同样是理解上文所提到的——不可将隐含在《老子》文本中的"自性"思想做等量齐观——的关键所在。

　　反观上文所谈到的"自化"二章，我们不难发现：此两章不仅在结构、内容等方面皆呈现出很高的契合度，而且章节之间更是存在着义理方面的紧密勾连，现为表直观，另引《老子》"始制有名"章做补充说明，并列式于下：

　　道恒无名，朴虽小，而天下弗敢臣。侯王若能守之，万物将自宾。天地相合以俞（雨）甘洛（露），民莫之令而自均焉。始制有名，名亦既有，夫亦将知止。知止

---

　　①　高明撰：《帛书老子校注》，第101—106页。取帛书版本的表达。
　　②　此章自古以来多有"人、王"之惑，诸如范应元、陈柱、段玉裁等人疑《老子》文本当作"人亦大"，而今据帛书本正，实是作"王亦大"。另本章其下有言"人法天"句，而前后所存在的这种表达上的不一致性，在笔者看来，实质上并非是作同一性的理解，而应当作归属性解读，即"人"为"域中四大"之一，而"王"属人中之最大。如此来理解，当属王弼的注解最为精妙。基于此，我们便能够进一步明确，可法乎自然之人，并不专属于人中之主，如此，上文对于"自性"的明确，则具备了实现其现实普遍性的可能性。《老子道德经注》，第66页；《帛书老子校注》，第352页。
　　③　对于"人"与"道"的关系而言，相较于明确了"人"是"道之远"的原因，人之于"道"的复归才是更具意义的一面。基于此，王弼将《老子》之"自然"在人事层面多做"应当因循之自然"的理解，有一定的局限性，即"可反之自然"与"可因（循）之自然"在"自性"的层面有着截然不同的意涵。

所以不殆。譬道之在天下也，犹小浴（谷）之与江海也。（三十二章）①

"道恒无名"章	体：道恒无名（无名之朴）、	用：侯王之守、不欲以静；万物自化、天地自正	
"以正治国"章		手段：圣人之言、以正治国（无为、好静、无事、欲不欲）	目的：民自化（自正、自富、自朴）
"始制有名"章	体：道常无名（朴小）	用：侯王之守、万物自宾（自均）	
		手段：始制有名、知止不殆	目的：民自均（自归）

　　所谓"自化"提供了理解形下之"自然"的秘钥，恰恰在于其对于"道—万物""圣人—百姓"两个层次的明确，更提供了对二者做出进一步理解的关键：侯王与圣人。以往学者多对侯王、圣人做不加区别的理解，而此种理解恰恰是其以对《老子》"自然"之"自性"的理解同样不加区别为前提的。关于这个表格，便能够说明诸多问题：

　　1. 不同于传世本"道常无为而无不为"，帛书本三十七章作"道恒无名"，如此表达，恰与章节内"无名之朴"相关联，且一定程度上，可将"道""朴"视为同一。对于本体之"道"的言明，以及在"用"的层面确立了"侯王之守、不欲以静"与"万物自化、天地自定"过程的同一性。总的来讲，这一章节是仅就"道—万物"而言的。

　　2. "以正治国"章更多的是在"圣人—百姓"的层面展开的，一定程度上，可视为是对"道恒无名"章在"用"的层面上的进一步说明。基于此，有两点值得注意：一则说的是"圣人之言"是法乎"侯王之守"而得的，于是乎才确立起诸多无为之举，希望借以辅成民之自然。其二，在"用"的层面，"我欲不欲而民自朴"之"朴"实质上是圣人法乎"侯王之守"、行无为之为之后，进而实现的百姓对"道（朴）"的复归。

　　3. "始制有名"章的意义则在于，它基于《老子》文本本身，在统合、沟通了"道恒无名"章与"以正治国"章的意义上，证明了"道—万物"与"圣人—百姓"这两个结构层次的关系，不失为对广义层面上的《老子》"道—物"关系的进一步说明。

　　如果细细分析，我们将会进一步发现，三十七章所提及的"侯王若能守之，万

---

　　① 高明撰：《帛书老子校注》，第397—402页，取帛书版本的表达。

物将自化"。其侯王之守、万物之自化，是处在"欲"之不存的情形，抑或是"欲"之未现的阶段中的，而此等"欲"之不发或未发，显然不是本于万物而言的[①]，这里的"万物将自化"表达的实际上是万物生成之自发性。而五十七章圣人所言"我无为而民自化"，一方面是明确了此"自化"是针对"民"的，且是作为圣人无为之结果而言的；另一方面，民之自化不同于万物之自化的关键在于对"欲"之存在的强调，即在民的层面，圣人需有一个"欲不欲"的潜移默化，而此等"欲不欲"的无为之举的一个基本前提便是"欲"在民之本然层面的存在与现实层面的欲发或已发，以此为前提，经由圣人的无为之为，民之自化是有别于，甚至是超越于万物之自化的。基于此，我们现在来逐一分析另外三处"自然"的相关文本，首先是：

慎终如始，则无败事，是以圣人欲不欲，不贵难得之货；学不学，复众人之所过，以辅万物之自然，而不敢为。（六十四章）[②]

基于前文对"道之远"，以及"自然"之"如始且是"义的说明，"圣人之辅"章则进一步呈现了《老子》"自然"在价值层面的意涵。毋庸置疑的是，此价值义是基于"道法自然"章与"道生德畜"章派生出来的，即经由圣人之"慎终若始"，亦即"抱一而为天下式"，形上层面的"自然"便在人事层面转化出了一层应然性质的价值义，正如"道"在面对万物之同得乎自身却各具殊异之性的过程中，仍保有"生而不有，为而不恃，长而不宰"之"玄德"，圣人法之而明无为之无不为，于是乎以百姓各得乎道的内在之本然为首要，施息欲绝学之治，而辅成万物之自然。对"希言自然"章的理解，同样是将"自然"作为一种价值层面的应然，说明的是作为道的人格化的圣人，通过效法天地而知长久之道在于"行不言之教"。也恰是在这个方面，诸多学者所认为的《老子》之"自然"与万物、百姓相关，或作为万物、百姓之存在状态、活动方式，或作为万物、百姓之本性、内在根据等，进而与圣人之无为建立起因果关系的解读才不失为正确。

明确了"自然"在"圣人—百姓"层面的价值性，此处还需要注意的是对"谓我自然"章的理解。钱钟书言："浑者画，简者繁，所以示人为'圣'为'大'之须工夫，明'我自然'之谈何容易，非谓地、天、道亦如职官之按班分等、更迭仰承

---

① 所谓的"此'欲'之不发或未发"并非"本于万物"，说的是"化而欲作"之"欲"是就人而言的。在没有人欲的情形中，万物可始终保有一种纯粹的生成之自发性，而伴随人的介入，则可能会带来对此种平衡的干扰，乃至打破。比如，一个树林，在未被猎人介入之前，其物种数量和种类是有其恒定的限度的，而在猎人介入之后，经由他主观地选择猎杀，此树林的生成之自发性则受到了破坏，即所谓"化而欲作"。

② 王弼注，楼宇烈校释：《老子道德经注》，第171页。

而不容超资越序以上达也……无已，法天地间习见常闻之事物。"① 此番言论对于理解本章"功成事遂，百姓皆谓我自然"句是很有启发性的。联系王弼关于此句的注解："自然，其端兆不可得而见也，其意趣不可得而睹也……故功成事遂，而百姓不知其所以然也。"② 私认为王弼对百姓作"不知其所以然"的理解是不甚妥当的，确切之意并非是认为百姓"知其所以然"③，而是认为百姓所谓之"我自然"实质上是百姓针对自己所实现的"功成事遂"的事实，而发表的对自身的评价与肯定，此处的"自然"是一种价值层面的判断，即其功何以成、其事何以遂，皆是百姓之自己如此，非靠外力而成。如此，反观钱钟书所言：明"我自然"之不易，以及为"大"之工夫可成于"法天地间习见常闻之事物"，诸如"上德若水""不欲琭琭如玉、珞珞如石"等等。

此外，能够明确的是"百姓皆谓我自然"是形成于"下知有之"的最好之世的，此等理想境界中的百姓，是经历了"道之远"之后，得以最终"反乎道"的百姓，其所谓之"自然"，在其现实实现层面可能看似与上文所言的"万物生成之自发"相同，但实质却是截然不同的，"百姓皆谓我自然"表达的是百姓自觉的、自主的自我实现、自我成就。基于此，我们也能够理解上文所提到的"圣人与侯王不可等而齐观"，原因就在于《老子》文本中所提到的圣人"辅"万物之自然与侯王"守"之万物自宾（化）的区别，即"圣人之辅"存在于百姓在现象层面与万物的自发性相似的发展阶段，而"侯王之守"则对应的是百姓已经突破其盲目地自发性进而实现自觉、自主的阶段。前一阶段可能还需要假圣人之无为以化成，但后一阶段则强调的是，只要有那么一个人存在就足矣了④。只是在百姓实现其自觉性对自发性的超越的整个过程，始终是需要保持着虚位君主的政治要求的，这似乎恰是另一种意义上的"以无为用"吧。

五、结语

以上，围绕《老子》的具体文本，通过运用一种"纲领—结构"性的角度，沿着从形上转入形下的思路，我们不断推进了对《老子》"自然"思想的思考，也尝试性地分析、推论出了三重可能的解释——这也说明了即便理解《老子》是如此的困难，但我们仍然有路可走：

---

① 钱钟书：《管锥编》，北京：生活·读书·新知三联书店，2001年，第55页。
② 王弼注，楼宇烈校释：《老子道德经注》，第43页。
③ 对于那"端兆不可得而见、意趣不可得而睹"的形上之"自然"，百姓无疑是"不知其所以然"的，只是此语境未言及那形上层面的事情，而仅是就人事而论的。
④ 我们甚至可以大致确定——在境界与能力层面，"圣人"无疑是远高于"侯王"的。

首先，确立起了对"道法自然"章"自然"本身的理解，即"如始且是"义。

其次，从"德"的角度来看，《老子》形上层面的生成性"自然"实质上呈现的是一幅动态发展着的世界图景。

最后，强调了"王"的存在对于"自然"而言，无论在万物层面，还是在百姓层面，都有着要求其客观存在的必然性。

围绕以上三个角度而展开的其他诸多问题的讨论，某些方面也许《老子》的文本并没有做出直接而明确的表达，这也许就是《庄子·天下》在言及老聃时，所形容的——"以本为精，以物为粗""以深为根，以约为纪"，然而在论及其后的庄周却说的是——其理"应于化而解于物"[①]，二者的差别便是相比于庄周的体用兼具、互通有无，老聃则只是知本而未达于用。一定程度上，这一论断是很中肯的，但问题的关键在于，《老子》文本的言路不确，并不必然意味着其理路不存，有些问题也许是作为一种隐含的张力而客观存在着的，进而有所不同的发用，如此看来，这也似乎恰是某种意义上的"以无为用"吧。

---

① 郭象注，成玄英疏：《庄子注疏》，第566—570页。

浅析《老子》中的动物设喻

付瑞珣　汪明章*

内容提要:《老子》一文中对动物有着十分丰富、多元的记载，其中有鱼、马、犀牛、猛虎、鸡犬等具体的动物，也有牝、牡或谓"毒虫""猛兽""凶鸟"之类的泛称，还有"刍狗"这样的"拟动物"。《老子》以动物为设喻，阐发其深刻之思想，因此，对《老子》所载动物进行总结研究对进一步探究《老子》思想尤有意义。

关键词:《老子》动物 设喻 玄牝 刍狗

《老子》五千言说尽宇宙、人生大道，可谓中华上古原生文典中最富哲理的一部。正因如此，《老子》五千言，却不止"五千万言"的注疏、释读、发挥与创作。《老子》本文及其衍生作品是中华文明、东亚文明乃至人类文明的重要构成。面对如此卷帙浩繁的学术史，我们很难做到"面面俱到"。目力所见，学界对《老子》中的某些动物有所涉及，却鲜有以"《老子》所载动物"为专题的研究。有鉴于此，特撰斯文，求教方家。

一、《老子》所载动物之文献疏证

在对《老子》所载动物之设喻进行分析前，系统整理相关文献尤有必要。该内容以王弼注《老子》为主要依据，参考马王堆帛书、郭店楚简以及近年公布的北大汉简等出土文献，[①]分具体动物的记载、动物的泛称和"拟动物"三部分内容进行整理。

---

　　* 付瑞珣(1990—)，辽宁本溪人，历史学博士，青海师范大学副教授。入选青海省高端创新千人计划拔尖人才，藏区历史与多民族繁荣发展研究省部共建协同创新中心研究员，研究方向是先秦史、思想史。汪明章（2001—），青海互助人，青海师范大学历史学院本科生。

　　① 本文所用王弼注本传世《老子》、马王堆帛书《老子》甲、乙本均引于高明:《帛书老子校注》，北京：中华书局，2016 年版；所用郭店楚简《老子》引于陈鼓应:《老子注译及评介》，北京：中华书局，2009 年版；所用北大汉简《老子》引于北京大学出土文献研究所:《北京大学藏西汉竹简》（二），上海：上海古籍出版社，2012 年版。后文所引相关内容不再列举具体出处。

（一）具体动物

1.马

《老子》全篇凡言马者两处，文献如下：

（1）王弼本：天下有道，却走马以粪。天下无道，戎马生于郊。（第四十六章）

帛书甲本：天下有【道，却】[①]走马以粪。天下无道，戎马生于郊。

帛书乙本：【天下有】道，却走马【以】粪。无道，戎马生于郊。

北大简本：天下有道，却走马以粪。天下无道，戎马生于鄗。

（2）王弼本：道者万物之奥，善人之宝，不善人之保。美言可以市，尊行可以加人，人之不美，何弃之有。故立天子，置三公，虽有拱璧以先驷马，不如坐进此道。（第六十二章）

帛书甲本：【道】者万物之注也，善人之宝也，不善人之所保也。美言可以市，尊行可以贺人。人之不善也，何【弃之】有。故立天子，置三卿，虽有共之璧以先四马，不善坐而进此。

帛书乙本：道者万物之注也，善人之宝也，不善人之所保也。美言可以市，尊行可以贺人。人之不善，何【弃之有】。【故】立天子，置三卿，虽有【拱之】璧以先四马，不若坐而进此。（乙本）

北大简本：道者，万物之奥也，善人之宝，不善人之保。美言可以市，奠行可以加人，人之不善，何弃之有。故立天子，置三公，唯有拱璧以先驷马，不如坐而进此。

学界关于（1）的争议较多，[②]结合《老子》文本、各家注疏、出土简帛，其意思为"天下有道，退却马匹用于农田；天下无道，战马在交锋的战场诞生"，大致不差。[③]战争与否的"马之用"，其实就是百姓的状态——和平之时，百姓安心耕种，作战之时人人都有死伤于战场的风险。《老子》以"马之用"设喻，比喻人的不同状态，以反对战争。该句之后，《老子》说道："祸莫大于不知足，咎莫大于欲得"，进一步指出战争乃源于"不知足""欲得"，这都是有危害于百姓的。

（2）中先"拱璧"后"驷马"是古代的献礼，《老子》认为这样的"立天子，置三卿"之大礼，不如"道"重要——道是善人的宝物，也是不善者的保障。《老子》从功利角度论述道的重要性，只是一种宣传的方式。在《老子》的观念中，"道"既不是善人的宝物，也非不善人的保护伞，而是"不可言""无名""不能认知"的存在预设。

---

① 【 】内，为马王堆帛书《老子》甲、乙本互补的内容。

② 高明：《帛书老子校注》，第47—48页。

③ 陈鼓应：《老子注译及评介》，第238—239页。

除了（1）的"马之用"，（2）之"驷马"，《老子》四十三章记载："天下之至柔，驰骋天下之至坚。无有人人无间。吾是以知无为之有益。不言之教，无为之益，天下希及之"，其中，"驰骋"是描述马奔跑状态的，亦与马相关。

2. 鱼

《老子》中对鱼的记载仅见于第三十六章，其文载：柔弱胜刚强。鱼不可脱于渊，国之利器不可以示人。帛书甲本作：𫗠弱胜强。鱼不【可】脱于潚，邦利器不可以视人。帛书乙本作：柔弱朕强。鱼不可说于渊，国利器不可以示人。北大简本作：耎弱胜强。鱼不可说于渊，国之利器不可以视之。

《老子》为何说"鱼不可脱于渊"呢？因为鱼离开深渊，游到浅水之地就容易被捕获，以此比喻"国之利器不可以示人"。"国之利器"是强大的，当国人或外敌了解了"强"，时间久了反而会失去畏惧，因此统治者应"守虚"、要"柔弱"，这反而可以胜过"刚强"。

3. 兕与虎

兕，即犀牛；虎为猛虎，《老子》五十章记载："出生入死，生之徒十有三；死之徒十有三；人之生动之死地之十有三。夫何故？以其生生之厚。盖闻善摄生者，陵行不遇兕虎，入军不被甲兵。兕无所投其角，虎无所措其爪，兵无所容其刃。夫何故？以其无死地。"

帛书甲本：【出】生【入死。生之徒十】有【三，死之】徒十有三；而民生生，动之于死地，亦十有三。夫何故？以其生生也。盖【闻善】执生者，陵行不【避】矢虎，入军不被甲兵。矢无所椯其角，虎无所昔其蚤，兵无所容【其刃，夫】何故也？其无死地焉。（甲本）

帛书乙本：【出】生入死，生之【徒十有三，死】之徒十又三；而民生生，僮皆之于死地之十有三。【夫】何故也？以其生生。盖闻善执生者，陵行不辟？虎，入军不被兵革。緊无【所投其角，虎无所措】其蚤，兵【无所容其刃，夫何故】也？以其无【死地焉】。（乙本）

北大简本：出生入死。生之徒十有三；死之徒十有三；而民生生焉，动皆之于死地十有三。夫何故也？以其生生也。盖闻善摄生者，陵行不遇兕虎，入军不被兵革。虎无所错其蚤，兕无所投其角，兵无所容其刃。夫何故也？以其无死地焉。

《老子》认为极少数的人，不会被犀牛的角伤害，不会被猛虎的利爪伤害，因为他们没有进入死的范畴。《老子》将人分成十份：十分之六的人生死随命，十分之三的人妄想长寿却失败了，只有十分之一的人循着道的规律得以安然长寿。[①]

_____

① 陈鼓应：《老子注译及评介》，第 253 页。

4.鸡与犬

关于鸡、犬的记载，仅见于《老子》八十一章，其文载："甘其食，美其服，安其居，乐其俗，邻国相望，鸡犬之声相闻，民至老死不相往来。"

帛书甲本：甘其食，美其服，乐其俗，安其居，鄰邦相望，鸡狗之声相闻，民至【老死不相往来】。

帛书乙本：甘其食，美其服，乐其俗，安其居，鄰国相闻，鸡犬之【声相】闻，民至老死不相往来。

北大简本：甘其食，美其服，乐其俗，安其居，邻国相望，鸡狗之声相闻，民至老而死不相往来。

《老子》以"鸡犬相闻"比喻"民老死不相往来"的"小国寡民"社会，这是《老子》政治思想的重要内容。

（二）动物的泛称

1.猛兽、攫鸟

《老子》第五十五章记载："含德之厚，比于赤子。蜂虿虺蛇不螫，猛兽不据，攫鸟不搏。"其中"攫鸟"与猛兽相似，泛指凶残的鸟类。蜂，指毒蜂；虿，是毒蝎；虺蛇，是毒蛇，这些动物均为有毒的蛇虫，与猛兽、攫鸟对应。

帛书甲本；【含德】之厚【者】，比于赤子。逢楋蝍地弗螫，攫鸟猛兽弗搏。

帛书乙本：含德之厚者，比于赤子。蜂疠虫蛇弗赫，據鸟孟兽弗捕。

北大简本：含德之厚，比于赤子。蜂虿虺蛇不赫，猛兽攫鸟不薄。

郭店甲组：畲（含）悳（德）之厚者，比于赤子，蟲（蝺）蠆蠆它（蛇）弗蚕，攫鸟酞（猛）兽弗扣。

《老子》所列举的毒虫、猛兽、凶鸟都是侵害人类生命之动物，但是"含德之厚者"可以避免这些凶害。

2.牝、牡

牝为雌性动物，牡为雄性动物，《老子》关于牝、牡的记载凡三处：

（1）谷神不死，是谓玄牝，玄牝之门，是为天地根。（第六章）

（2）骨弱筋柔而握固，未知牝牡之合而全作，精之至也。（第五十五章）

（3）大国者下流，天下之交，天下之牝。牝常以静胜牡，以静为下。（第六十一章）

（1）见于传世《老子》第六章，马王堆帛书、北大简本《老子》对其都有相应记载。帛书甲本作：浴神【不】死，是胃玄牝，玄牝之门，是胃【天】地之根。帛书乙本作：浴神不死，是胃玄牝，玄牝之门，是胃天地之根。北大简本作：谷神不死，是谓玄牝，玄牝之门，是为天地之根。

（2）见于传世《老子》第五十五章，马王堆帛书、郭店楚简《老子》、北大简本《老子》对其都有相应记载。帛书甲本作：骨弱筋柔而握固，未知牝牡【之会而朘怒】，精【之】至也。帛书乙本作：骨筋弱柔而握固，未知牝牡之会而朘怒，精之至也。郭店简甲组作：骨溺堇𥷤而捉固。未智牝戊之合然惹，精之至也。北大简本作：骨弱筋搉（握）固。未智（知）牝牡之合而狻（朘）怒，精之至也。

（3）见于传世《老子》第六十一章。帛书甲本作：大邦者，下流也，天下之牝。天下之郊，牝恒以靓胜牡。为其靓【也故】宜为下。帛书乙本作：大国【者，下流也，天下之】牝。天下之交也，牝恒以静朕牡。为其静也，故宜为下也。北大简本作：大国者下游也，天下之牝也。天下之交也，牝恒以静胜牡。

关于《老子》牝、牡的讨论，涉及《老子》思想的核心——道，下文详论。

（三）"刍狗"

《老子》所载动物中，有一种"动物"十分特殊——刍狗，《老子》第五章记载："天地不仁，以万物为刍狗；圣人不仁，以百姓为刍狗。"

帛书甲本：天地不仁，以万物为刍狗；声人不仁，以百省【为刍】狗。

帛书乙本：天地不仁，以万物为刍狗；口不仁，【以】百姓为刍狗。

北大简本：天地不仁，以万物为刍狗；圣人不仁，以百姓为刍狗。

对"刍狗"的解释，学界大致有两种说法，一为"草和犬"（王弼注），一为"束刍为狗，以谢过求福"[1]。我赞同后一种说法，因为《庄子·天道》中也有"夫刍狗之未陈也""亦取先王已陈刍狗"的记载，因此"刍狗"更像一个专有名词，而非草与狗的并列组合。若此，"刍狗"就是草编织的狗，为祭祀之用。

狗是人类最早驯化的动物之一，在早期的社会生活中十分重要。因此，狗也是殉葬与祭祀时重要牺牲之一。史前时期以狗殉葬便十分普遍。

殷商时期，以狗为殉葬品以及用狗作为牺牲祭祀神祇更为普遍了，且数量远远超过牛、羊等其他牲畜。这一礼俗至两周时期仍有沿用。各类传世文献中提到的犬牲并不少，如《逸周书·世俘解》"用小牲羊犬豕于百神水土、于誓社"[2]、《国语·楚语上》"士有豚犬之奠"[3]、《墨子·法仪》"此以莫不犓羊、豢犬猪，洁为酒醴粢盛，

① 朱谦之撰：《老子校释》，北京：中华书局，1984年，第22页。
② 黄怀信、张懋镕、田旭东：《逸周书汇校集注》，上海：上海古籍出版社，2007年，第442页。
③ 徐元诰：《国语集解》，北京：中华书局，2002年，第488页。

以敬事天"① 等等。

先民从未放弃用狗作为殉葬与牺牲。作为殉葬，是彼岸世界的陪伴；作为牺牲，是彼岸世界的美食。狗在人类的生活中也正是扮演着这样的角色。不仅如此，先民还制造很多不同材质的"狗"用来把玩、殉葬或祭祀。

陶狗　　　　　　　　玉狗　　　　　　　　青铜狗

上图分别是新石器时代河姆渡遗址中的陶狗、殷商妇好墓中的玉狗以及西周晚期的青铜狗。老庄所谓的"刍狗"也是它们的同类，只是材质是草。

《老子》以"刍狗"为喻，说明"天地""圣人"对待万物百姓都是一样的"放任"，即"无为"的政治主张。

以上，通过梳理《老子》所载马、鱼、兕、虎、鸡、犬等具体动物，猛兽、攫鸟、牝、牡等动物的泛称，以及特殊的"拟动物"——刍狗，可知《老子》常以动物设喻，以表达其思想，这可能与动物的"通俗性"不无关系。从这个角度言，《老子》也试图以简易的方式宣传深奥的"道"之思想。下文对其中最为重要的作为道之喻的"玄牝"进行深入分析。

二、道之喻："玄牝"

据上，《老子》言及牝、牝牡共三处，这些文献形象地比喻了"不可言""不知其名"的"道"之属性及其特征。

《老子》或谓早期道家的"道"具有双重属性。其一为"常道"，也谓"恒道"，具有形而上的属性；其二为"非常道"，是世间万物的道理，东郭子问庄周道在哪里，庄子回答说道无所不在，在东郭子一再追问下，庄子答道在蝼蚁，在稊稗，在瓦甓，在屎溺。（《庄子·知北游》）我们讨论的道为前者。

作为本体论、宇宙生成论的道是神秘莫测的。《老子》第四章说："道冲而用之或不盈，渊兮似万物之宗"，说的是孕育万物的"道"如深渊一样，神秘莫测。此外《老子》还在第十四章、第二十一章中分别对"道"体进行描述：

视之不见，名曰夷；听之不闻，名曰希；搏之不得，名曰微。此三者，不可致

① 孙诒让：《墨子闲诂》，北京：中华书局，2001年，第22页。

诘，故混而为一。其上不皦，其不下昧，绳绳兮不可名，复归于无物。是谓无状之状，无物之象，是谓惚恍。迎之不见其首，随之不见其后。（第十四章）

孔德之容，惟道是从。道之为物，惟恍惟惚。惚兮恍兮，其中有象；恍兮惚兮，其中有物；窈兮冥兮，其中有精；其精甚真，其中有信。（第二十一章）

可见，《老子》之"道"确乎难以捉摸，也正因此，道是不为人所认知的。《老子》第四章提及"道"说："吾不知谁之子，象帝之先。"又《老子》第二十五章载："有物混成，先天地生。寂兮寥兮，独立而不改，周行而不殆，可以为天地母。吾不知其名，字之曰道，强为之名曰大。"《老子》也无法准确认知"道"之体，便以"无名"命名之。而这正是《老子》本体论哲学思想的一大智慧。古今哲学家面对本体论或谓"第一哲学"时，都无法描述其"名"，奥地利哲学家维特根斯坦说："对于不可说的东西我们必须保持沉默。"①

那么，面对这样难以认知的"道"体，《老子》要将之论述便需要诸多比喻，玄牝正是其中最具特质的一个设喻。《老子》第六章记载："谷神不死，是谓玄牝，玄牝之门，是为天地根。""谷神"，帛书写作"浴神"，学界争议颇多，据陈鼓应先生解读，"谷神"就是虚空、变化不测的意思，②《老子》的"道"体正具有虚无、变化不测的性质。"谷神"是谓玄牝，那么玄牝就是"道"体的比喻。在《老子》思想里，"玄"是道的性质之一，《老子》第一章谓："此两者同出而异名，同谓之玄，玄之又玄，众妙之门"，两者分别指代"一"与"万物"，都是"有"的范畴，两者"同出"于无，即道，在此语境里，《老子》以玄——道的性质之一，来比喻"道"体。③牝，指雌性动物，《尚书·牧誓》载"牝鸡"，《周易·坤卦》载"牝马"均是其指。这里需要说明的是，牝虽然在一些语境中有"阴""雌"等含义，如《老子》五十五章载"牝牡之合"就是"阴阳之合"的意思，但是，当《老子》以牝比喻"道"体时，牝更具有本义的意象，即雌性动物。"玄牝之门"所指的雌性动物的生殖器官，正与"众妙之门"对应。《老子》之"道"也正如"玄牝"生育幼崽一样生育万物，这就是《老子》"道生一，一生二，二生三，三生万物"的宇宙生成论。牝的另一特质便是甘于居下、守静、不居功，《老子》六十一章说："大国者下流，天下之交，天下之牝。牝常以静胜牡，以静为下"，正是其道理。

综之，玄牝符合"道"体的虚空而变化莫测之特性，符合"道"体孕育万物的

① 维特根斯坦：《逻辑哲学论》，贺绍甲译，北京：商务印书馆，2010年，第105页。

② 陈鼓应：《老子注译及评介》，第80页。

③ 付瑞珣、王思齐：《传世本〈老子〉首章"此两者"指正》，《中华老学》第3辑，北京：九州出版社，2020年。

功能，符合"道"体甘于居下、不居功、守虚守静的品质。《老子》以"玄牝"设喻，将难以名言的"道"形象地展现出来，彰显了《老子》动物设喻的巧妙与通俗。

三、结语

综上所述，《老子》一文中对动物有着十分丰富、多元的记载。具体而言，以"马的不同作用"比喻人在和平与战争状态下的不同处境，进而倡导反战，反"欲得"的思想。以"鱼不可脱于渊"比喻"国之利器不可以示人"，主张统治者应该"守虚"、要"柔弱"，这是《老子》尚"虚""弱"的一个表现。兕、虎、猛兽、攫鸟等均对人有害，但是只要人遵循"道"，便可避免这些灾祸，与之相似，《老子》认为"拱璧驷马"这些献礼都不如"道"珍贵——这些都是《老子》宣传道的一种通俗表达。《老子》以"鸡犬相闻"的状态比喻"民老死不相往来"的"小国寡民"的政治理想，以"刍狗"表达天地、圣人对万物百姓的"放任"式治理，这与其主张的"无为"的政治理念也是一致的。《老子》以"玄牝"比喻道体，形象地比喻了"不可言""不知其名"的"道"之属性及其特征。

总之，《老子》所引动物，均是时人经验中的动物，《老子》以这些动物为设喻，阐发其深刻之思想，具有一定的通俗性，这是利于思想传播的。通过对《老子》所载动物进行总结研究对进一步探究《老子》思想尤有意义。

简帛《老子》中的恒字

——兼说道可道章

汪登伟 *

内容提要：简帛《老子》中的恒字，通常解读为恒常不变之意。但从出土文献来看，楚地简书中恒字多有"极"意。从词源来说，恒，本作亘，原来就有极、竟之意，有平常、恒常之意。至于郭店楚简《老子》中表示极、竟之意的恒字，我们不知何时何因改作极。而简帛《老子》中表示常意的恒字，都可以用平常、迳常之意解读。用平常之意解读《道可道》章之恒字，更能让人了解那个时代的背景，更能符合《老子》比、赋的文风，更能接近老子本意。

关键词：恒 极 常 恒道

郭店楚简《老子》有"至虚，恒也""莫知其恒"[①]等句，马王堆帛书《系辞》有"易有太恒"句，马王堆帛书《老子》有"道，可道也，非恒道也。名，可名也，非恒名也"句，诸恒字，通行本或作极字，或作常字。此等句中之恒字，读起来颇觉费解，但不少学者从中读出许多新意，连劭名《郭店楚简〈老子〉中的"恒"》[②]一文也给我们带来不少启发。不过，要了解简帛书中的恒字，笔者觉得还是从文字分析入手更有说服力。

恒，本作亘。甲骨文为 ，从 二 从 ，像弧形物两端中绷直之线，有极、竟、

* 汪登伟（1969—），现供职于中国道教协会研究所，主要从事丹道研究。

① 本文所引郭店楚简《老子》之文，综合了以下几种资料。原简图像及隶定部分：1. 荆门市博物馆编著：《郭店楚墓竹简 老子甲》，及《郭店楚墓竹简 老子乙·丙》，北京：文物出版社，2002年。2.《郭店楚简》编辑委员会：《郭店楚简》卷上，深圳：深圳市高凡印刷有限公司，2008年。释文部分：1. 谢佩霓：《郭店楚简〈老子〉训诂疑难辨析》（增订本），《中国语言文字研究辑刊》四编第2册，新北市：花木兰文化出版社，2013年。2.彭裕商：《郭店楚简老子集释》，成都：巴蜀书社，2011年。

② 《郭店楚简国际学术研讨会论文集》，武汉：湖北人民出版社，2000年，第462—465页。

紧之义。而 ☾ 又像半月之形，因有月弦之义。☾后加弓形意符，即为 ☽。或增加了其他符号，变成亟（亟）、亟。亟讹作亟（悟），演变成恒字。表示极、竟之意的，后增加木旁写作亟（桓）。表示紧、急之意的，后增加纟旁写作亟（緪）。宋代戴侗《六书故》解释恒字时说："月弦也。工声。诗云：'如月之恒。'引而申之，凡引之弦直者，皆曰恒。楚辞所谓'恒瑟'是也（原注：别作緪、緪）。又，引之则竟两端曰恒，去声（原注：别作悟、桓。非）。"① 已经分析出其字义。上海博物馆有藏战国竹书《亘先》，"亘先"之亘，通常释作"恒"，而裘锡圭以为应该释为"极"②。可见，亘、恒有极、竟之义。从极、竟之义说，"易有太恒"与"易有太极"是同一意思（极，本作亟。甲骨文作 亟，《甲骨文字典》说"象侧视之人形立于地上，顶部加一横画以表示人之顶极，为亟之初文"③）。

因其如月弦，引申如月一样遵循度数，进退有常，所以恒又有常意。日月度数，如《鹖冠子·泰鸿》说："日，信出信入，南北有极，度之稽也；月，信死信生，进退有常，数之稽也。"④《大戴礼记》载曾子说："圣人慎守日月之数，以察星辰之行，以序四时之顺逆，谓之历。"⑤《阴符经》说："日月有数，大小有定，圣功生焉，神明出焉。"⑥ 常，有平常、通常、长久诸义。而恒也有寻常、经常（如《孟子》说"人恒过"）、永恒之义。

于是可知恒有极、竟之意，有平常、恒久之意，因此读《老子》，应该根据上下文及其旨趣分析研究，而不能只用一种意思进行解释。

郭店楚简《老子》甲本云"至虚，亟（恒）也。兽（守）中（冲），笆（笃）也"，上下两句互文，虚、冲同义，恒、笃同义。此恒为专笃之义，从其极、紧的本义引申而来。故通行本作极，于义无乖。

又云"[无]不克则莫智（知）其亟（恒）。莫智（知）其亟（恒），则可以又

---

① 戴侗：《六书故》，《文渊阁四库全书》台北：台湾商务印书馆，1986年，第226册，第26页。
② 裘锡圭：《是"恒先"还是"极先"？》。http://www.gwz.fudan.edu.cn/Web/Show/806。张峰总结"亘"用作"亟"的形近讹书情况，仍然"倾向于将'亘先'读为'恒先'"。张峰：《楚文字讹书研究》，上海：上海古籍出版社，2016年，第317页。不过，从本文分析，亟（极）、亘（恒）在多数时候是义同通用，而不是形近讹书。谢佩霓说"无论从训诂、声韵、字形关系任一角度来看'亘''亟'关系，均不是如整理小组所认为误写关系这般简单"（《郭店楚简〈老子〉训诂疑难辨析》，第138页），其说在楚系简帛书中也普遍适用。
③ 徐中舒主编：《甲骨文字典》，成都：四川辞书出版社，2014年，第1447页。
④ 鹖冠子撰，陆佃解：《鹖冠子》，《道藏》，文物出版社，上海书信、天津古籍出版社联合出版，1988年，第27册，第216页。
⑤ 戴德：《大戴礼记》，《文渊阁四库全书》台北：台湾商务印书馆，1986年，第128册，第459页。
⑥ 李筌：《黄帝阴符经疏》，《道藏》第2册，第741页。

（有）賊（国）"，此恒字，是极尽之意，同样从其本义引申而来。通行本也作极。

楚简《老子》丙本云"人之败也，死（恒）于虚（且）其成也败之"，此恒字，是常常、经常之义。楚简《老子》甲本云"智（知）足之为足，此死（恒）足矣"，又"（道）死（恒）无为也，侯王能守之，而万勿（物）牆（将）自愙（化）"，又"道死（恒）无名，仆（朴）唯妻（稺），天陛（地）弗敢臣"，这三个恒字，与其解释成永恒、长久，还不如解释成平常、通常。

可见，郭店楚简《老子》的恒字，有两种意思，一同极，竟极之义，一同常，经常之义。从出土文献可知，楚地简帛书中恒字多有极字意，学者已有不少论述①，至于《老子》中表示竟、极之意的恒字，却不知何时何因改成了极字。

马王堆《老子》有"故知足之足，恒足矣""取天下，恒无事""圣人恒无心，以百姓心为心""夫莫之爵，而恒自然也""牝恒以静胜牡。为其静也""民之从事也，恒于其成事而败之""民之从事也，恒于其成事而败之"等等，大体说来，都是平常、经常、常常之意，与永恒之意无关。而"道可道，非恒道也"之恒字，似乎可以作永恒之意解。早在战国时，就已有解释作恒久不变的了，如《韩非子·解老》说："凡理者，方圆短长、粗靡坚脆之分也，故理定而后可得道也。故定理有存亡，有死生，有盛衰。夫物之一存一亡，乍死乍生，初盛而后衰者，不可谓常。唯夫与天地之剖判也具生，至天地之消散也不死不衰者谓'常'。而常者，无攸易，无定理。无定理，非在于常所，是以不可道也。圣人观其玄虚，用其周行，强字之曰'道'，然而可论，故曰'道之可道，非常道也'。"②其中的"常"字，原本大致作"恒"（表示经常之义的恒字，一般认为因避汉文帝刘恒之讳而改）。韩非以为天地万物俱非恒常，只有生于天地之先，老于天地之后，玄虚而周行的，才是不变之恒常。但是，我们将"恒道"解释作平常之道、庸常之道也能说通。③

帛书甲本云："道，可道也，非恒道也；名，可名也，非恒名也。无名，万物之始也；有名，万物之母也。故恒无欲也，以观其眇（妙）；恒有欲也，以观其所噭（徼）。两者同出，异名同胃（谓）。玄之有（又）玄，众眇（妙）之门。"④首句后世通常解释为：可被称道的，不是恒常之道；可被命名的，不是恒常之名。我们的解

① 谢佩霓：《郭店楚简〈老子〉训诂疑难辨析》（增订本），第136—138页。
② 韩非：《韩非子》，《道藏》第27册，第340页。
③ 在笔者做此解读之前，早有前贤将"常道"之"常"解读为平常、泛常之意了。如李荣说："非常道者，非是人间常俗之道也。"司马光说："道亦可言道耳，然非常人之所谓道也。"汪光绪说："可道非常道，谓道虽可言，而非习闻习见寻常之道。"参考李若晖：《老子集注汇考》第1卷，上海：上海辞书出版社，2015年，第147页。只是，做此解读者甚少。
④ 裘锡圭主编，湖南省博物馆、复旦大学出土文献与古文字研究中心编纂：《长沙马王堆汉墓简帛集成》，北京：中华书局，2014年，第4册，第40页。

读是：道可以被称道（"字之曰道"），但不是通常的道（"道之出口，淡乎其无味，视之不足见，听之不足闻，用之不可既"）；它可以被命名（"强为之名"），却不是一般的名。为什么我们可以如此解读呢？一是因为如上字义的分析。二是因为老子要将其所体知的大道同众家学说之道分别开来，其道不是在事中求理，不是韩非解老那样所说的哲思道理，也不会像后来的名家、佛教那样在言意之间纠缠。

春秋礼崩乐坏后，所谓"道术将为天下裂"之时，社会制度和文化秩序遭遇重大变局，亟须内圣外王之人改进，于是诞生道家、儒家、墨家等新的思想，追寻新的"道"。人们讨论最多的道，不外乎人道、神道、天道（如刘康公有"国之大事，在祀与戎"之语，子产有"天道远，人道迩"之说）。老子在传承前代道术及内证经验之上，提出了一个和以往及诸家学说不一样的道，以为身心、社会、神灵、万物都有一个根本，即大道。道不仅是身心、社会、神灵、万物的根源，也是其最终归宿，还是其最基本的推动力与规律。治人事天，只要把握了道这个根本，就能"无为无不为"。退一步说，即使没有得道，但若能明道，在处理具体事件时，便不强恃己见、己能而为，大多依乎天理，因其固然，也就能顺其自然地处理事情（相生相成、或载或隳的诸物中，需要机变时也不得不运用机变，需要引领时也不能不带头引领，而不是一味地守雌守弱、不敢为先，这样才能更好地"辅万物之自然"）。这个道，不是人们意识所知的理、法的思辨之物，也不是天地神明，而是视之不见、听之不闻、搏之不得的象帝之先的实存，虽不可致诘，但可以体证，故与诸家之道不同。

在说大道不是通常诸家之道后，老子接着说，我体证的那个无形东西，以前没有人给它取名，相对于通常事物之名来说，可以称为无名。无形无名，是恍惚杳冥之际，乃天地万物生发之始。我给它取个名，称之为大道（未知其名，字之曰道，吾强为之名曰大），于是它有了名。有名之道，能演生出万物，是天地万物之母。所以说大道即有虚无的一面（惟恍惟惚），也有能够生发的一面（其中有精）。只要我们常常保持无欲无作的冲虚寂静（致虚守静），就能体会到它的微妙；经常自然而然地起心作为（道法自然），便能观览到它的无边功用（观见万物之生、观见万物之富、观见万物之复）。不管有名也好，无名也好，妙也好，微也好，都来源于同一个东西（道），是同一个东西不同功用的称谓。妙微境界非常深幽精微，故称之为玄。其境深幽难晓，乃至不可知不可识（深不可识），如是，宇宙间一切的玄妙都由此而通达。

如上平铺直叙的语译，不做思辨性论说，我们同样解读了这一章，不敢说比宋代以后许多人强调有、无而将文句点断在有、无之后的"无，名天地之始；有，名万物之母。故常无，欲以观其妙，常有，欲以观其微"的解读更有思辨深意，但至少也能自圆其说。

　　虽然现今流传的《老子》文本经过了后人不少的增益变改，但我们还是可以看清其主旨，老子所说，以道德为本，"言有宗，事有君"，而不是战国名家的同异坚白之辩，也不是"开口即错"的佛教式表述。"道，可道也，非恒道也"中的恒字，解释为通常比解释为恒久不变更能让人了解那个时代的背景，更能符合《老子》比、赋的文风，更能接近老子的本意。

"见"的三重面向

——以《道德经》《坛经》《论语》为例

郝　鑫[*]

内容提要：在中国古代哲学的视域下，"见"作为高频现身的概念，具有独特品格，其内涵既不限于个体日常的感知功能，又不为抽象神秘的存在方式所框定，而是展开为于本体、直觉、思想三者间游走的灵活运作模式。总体而言，见本具三重面向。从实然面向出发，表现为认知结构中的见，以"纯粹观照"作为自身特质；追溯到本然面向，即本体以颇具生命力的面貌于无待中自发呈现——"自见"，牵引着个体视域的走向；以"见解"形象现身的应然之见，借助实然之见回归或偏离本然之见。见的三重面向以本然为主、实然为中介、应然为结果。在《道德经》中可诠释成"保持"以"无为"之见趋向"自然"之见；在《坛经》里意味着凭借般若智慧之"能见"觉察"自性"之自见；在《论语》中应理解为"义"承担的内省之见呼应内心"仁"散发的活力之见。以见作为研究中心，并兼顾现象的原初特质与个体行为积极的伦理导向，以此试图表征中国哲学注重直觉体验与义理践行的思维倾向。

关键词：见　道德经　坛经　论语

一、纯粹观照——实然之"见"

"见"的实然层面聚焦于其运行特征，以视觉功能为依托，表现为观察的认知活动，旨在为思想的萌生提供前提，"耳属目接之感触的直觉之为认知的呈现原则"[①]。牟宗三将"见"界定为"感触的直觉"直指"见"纯粹导向于洞察，这与甲骨文中

---

　　* 郝鑫（1992—），南京大学哲学系·宗教学系博士研究生，文化哲学专业，主要研究方向为先秦思想、禅宗文化。

　　① 牟宗三：《智的直觉与中国哲学》，台北：联经出版公司，2003年，第237页。

"见"之生动的形象特征不谋而合，后者呈现为一人半跪着向前方平视。其中，"跪"是对精神专注的隐喻，"平视"象征着视觉的不偏不倚、体验，即只是缓缓观看。要之，看见什么是不重要的，关键在于只是去"见"，以无限延展的视线来连接每一个瞬间之"见"。"见"囊括的是整体，并非拘泥于某一具体的事物，而是通过完整、平均的目光来观照当下。"见"运行的总体特征大致如此，且在《道德经》《坛经》和《论语》中各自体现出相互呼应又有显著间距的形态。

实然维度下的"见"，在《道德经》中即于"无为"框架的引导下，对一切现象中"自然"流转之循环模式的觉察，老子将之命名为"见素抱朴"。[①]具体而言，"'素'是没有染色的丝；朴是没有雕琢的木。'素''朴'在这里是异字同义"[②]。没有染色和雕琢的本质是自然而然、无人为修饰。"素"和"朴"诠释出万事万物均归附于现象自身无穷无尽的变换形态，"万物并作，吾以观复。夫物芸芸，各复归其根。归根曰静，静曰复命。复命曰常，知常曰明。"[③]个体在此背景中得以觉解："将欲歙之，必固张之；将欲弱之，必固强之；将欲废之，必固举之；将欲取之，必固予之。是谓微明。"[④]"见"以平滑的姿态现身，毫无痕迹，完全沉浸在眼前的场景中。"见"带出现象自身规律性运作的轨迹，并予以耐心观照。"见"凭借"无为"观看现象而不惊扰，因"自然"是现象繁殖出新鲜事物的依托。池田知久进一步比较"无为"和"有为"的内在区别："'无为'的态度将唤起万物的自律的产生、成长与成功……'有为'正是阻碍万物的自律性活动的罪魁祸首。"[⑤]"见"只发生在当下，每"见"一物，均统摄着正反两极。譬如"见"到花开时，已蕴含着对花落的觉察。"见"以"无为"的面貌不断趋向于"自然"，两者关系诚如刘笑敢所说："'自然'是老子思想的中心价值，'无为'则是实现这一价值的行为原则或方法。"[⑥]"见"自身侧重于体验而非把握，虽领会到了现象中的有无相生、正反相依，但并未形成概念去进行归纳。这是由于"见"的实然层面归属于感知、体会，还未形成完整的认识。无疑，"见"俨然觉察到现象整体的规律性变化，却尚未对规律本身进行命名。"见"终不与欲望相互维系，后者聚焦于对"自然"进行干扰和扭转，局限和侵占事物的一端。"见"虽也沉浸在一端中，却不会滞留，灵活地向任何方位移动，以此窥探事物自身变化

---

① 陈鼓应：《老子注译及评介》，北京：中华书局，2019年，第446页。

② 陈鼓应：《老子注译及评介》，第135页。

③ 陈鼓应：《老子注译及评介》，第445页。

④ 陈鼓应：《老子注译及评介》，第452页。

⑤ 池田知久：《问道：〈老子〉思想细读》，王启发等译，桂林：广西师范大学出版社，2019年，第278页。

⑥ 刘笑敢：《试论老子哲学的中心价值》，《中州学刊》1995年第2期。

的多重可能，进而不为某物所限，乃至维护精神的平静，"不见可欲，使民心不乱"①。

在《坛经》中，"见"的实然层面以般若智慧开启"无相"为彰显。钱穆认为："六祖所要指点人追求的，是一种纯粹知见与纯粹观照。即是越离于外在对象所局限的自在知见与自在观照。"②"纯粹知见"以固定的运行结构作为自身的在场方式，本不涉及任何内容，而是意味着形式、结构、方法。为此，慧能明言："般若无形相，智慧性即是。"③"见"栖居在般若智慧中，只是不断经历善法、恶法，而不加干涉。"见"本无固定凝结的形相，丝毫没有染着。"见一切人及非人、恶之与善、恶法善法，尽皆不舍，不可染着，犹如虚空，名之为大。"④"大"非现实世界中的范围之大，而是能做到时时皆见、处处皆见，一通百通。如洪修平曾强调："'见'不是一般意义上的知见，而是一种证悟，是佛教所特有的'现观''亲证'，它是不以任何语言概念或思维形式为中介的直观。"⑤"见"作为形式结构的存在意义直指对"无相"的开启，后者具体表现为"见过便不再见"，只是"见"了而已，并不执着，"何名为相无相？于相而离相。"⑥更进一步，"见"的实然面向可表述为见→无相→见性。慧能如此界定"见性"，即"用智慧观照，于一切法不取不舍，即见性成佛道"⑦。般若智慧附着在任意时刻，并从中无声无息地逸离。因觉察到此刻的不真，故不再将眼前的一切当作具有价值性的捕捉对象。般若智慧又可被理解为圆满包容的"正见"，而非狭窄冷漠的"邪见"，"只本觉性，将正见度。既悟正见般若之智，除却愚痴迷妄"⑧。一方面，"见"与"正见"本是同义词，"正"刻画出"见"回归到自身之中，而非将自身降格为一相。印顺便说："正见即明慧，是修行的摄导，如行路需要眼目，航海需要罗盘一样。"⑨另一方面，个体于"见"中并未察觉出"正"与"邪"的对立，亦未获得"无相"的概念，只是纯粹专注地体验"无相"。作为形式结构的"见"，是"纯粹"和"自在"的观照，是以自身的清净和实际的体验为着眼点。

"见"的实然面向在《论语》中直指"内省"，外界如何千变万化绝非根本要素。个体凭借"见"考察其行为是否切实符合于"义"。"见"首先作为"行"的前奏，是"行"的范导，"见义不为，无勇也"⑩。与之相吻合，见亦可表现为"见利思义，

① 陈鼓应：《老子注译及评介》，第440页。
② 钱穆：《中国思想史》，台北：台湾学生书局，1988，第164页。
③ 杨曾文校写：《新版敦煌新本六祖坛经》，北京：宗教文化出版社，2001年，第31页。
④ 《新版敦煌新本六祖坛经》，第30页。
⑤ 洪修平、孙亦平：《慧能评传》，南京：南京大学出版社，2000年，第293页。
⑥ 杨曾文枋写：《新版敦煌新本六祖坛经》，第19页。
⑦ 杨曾文枋写：《新版敦煌新本六祖坛经》，第32页。
⑧ 杨曾文枋写：《新版敦煌新本六祖坛经》，第26页。
⑨ 印顺：《佛法概论》，上海：上海古籍出版社，2001年，第120页。
⑩ 朱熹：《四书章句集注》，北京：中华书局，2018年，第60页。

见危授命。"①看似"见"俨然对"利"和"义"进行了评判与取舍,仿佛"见"的实然层面触及了主体的思想,不再作为形式结构本身。恰恰相反,作为直观的"见",总是先于作为思想的"见",这是由于个体对"义"的采纳和对"利"的轻视,取决于内心的自觉意识,而非刻意为之。"见"的"内省"特质即"见贤思齐焉,见不贤而内自省也"②。"贤"者,乃道德自觉者。"见贤思齐焉"即向贤人看齐,共同为"贤"所收集,并逐渐向四方扩散"贤"。"见贤"印证着个体之"见"本等同于"贤"。"见"是以"善意的目光"进行自我观照,防止精神走向异化。"见不贤而内自省也",其中的"不贤"即偏离于"贤",无外乎"见利忘义"或"见义不为"。"内省"旨在以"贤"作为依托不为"不义"之事、不存"不正"之念。"内省"实则是不断守护内心的纯然之"义"。在这途中,个体尚无"义"与"不义"的区分,而是完全凭借直觉不思而得、不虑而知。放在具体的生活中,处处皆能窥见"义"泛出的光泽,"子见齐衰者、冕衣裳者与瞽者,见之,虽少必作"③。更进一步,"见"之"内省"层面表现为:"君子之过也,如日月之食焉;过也,人皆见之;更也,人皆仰之。"④"过也"与"更也"统属于"内省"中,后者意味着以直觉召唤德性。"仰"强调并供奉着"义"之尊贵性、合理性。此外,"观"是"见"的同义词,突出着考察,即"内省"之意蕴,以他人之"见"烘托"内省"之"见",如"父在,观其志;父没,观其行"⑤。

总体而言,"见"的实然面向在《道德经》中侧重于以"无为"之"见"感知"自然"的存在;在《坛经》中以"般若智慧"之"见"开启"无相"的本性;在《论语》中以"内省"之"见"管窥其自身"义"的纯正。上述三者的共通之处源自"见"作为直觉、作为结构、作为方法,产生于思想概念之先,完全凝聚在体验中。独树一帜处表现在,《道德经》中的"见"关注现象的过程,从而推导至整体,兼顾细节的多元性与整体的规律性;《坛经》里的"见"并不将视域置于现象的变化中,唯独将注意力汇聚在不动摇的智慧中。前者倾向于过程与整体的统一,后者导向于"智慧"在全局中的无碍。与此同时,《论语》内的"见"似乎有预设性和合目的性,以"义"为范导。实则与《道德经》的共鸣处在于"见"的自然而然,以无目的性趋向于义;与《坛经》的相似性实乃将"义"作为通行于生活各个角落的准则。故《论语》中"见"的实然特征综合了《道德经》与《坛经》中"见"的上述特征。

---

① 朱熹:《四书章句集注》,第 152—153 页。
② 朱熹:《四书章句集注》,第 73 页。
③ 朱熹:《四书章句集注》,第 111 页。
④ 朱熹:《四书章句集注》,第 193 页。
⑤ 朱熹:《四书章句集注》,第 51 页。

二、内在牵引——本然之"见"

"见"的实然面向依托其本然之性得以生成、运作，为个体视域的展开提供支撑与活力。本然之见与其实然形象——结构、感官、直觉，显著的差异在于后者侧重于对本体的体验；前者则直指本体自身。见的本然特质在于其本体的自发呈现，即"自见"，不依赖任何外在的事物而自成一体。只有在见的本然面向为个体所把握时，才能真正明晰和延续其实然面向与应然面向。《道德经》中的"自然"、《坛经》中的"自性"、《论语》中的"仁"一并作为本体之自见而现身出场。

"自然"是《道德经》的核心命题，其两重特征可揭示为本体的"不可名"与变化的规律性。"不可名"直指变化的无穷繁复，达至语言无法涉及的区域；规律是对变化形态的概括。就"自然"之"不可名"而言，"视之不见，名曰夷……其上不皦，其下不昧……是谓无状之状，无物之象，是谓恍惚……迎之不见其首，随之不见其后"①。谈到"自然"的规律性，则是有无、高下、长短的互相依存。"自然"思想的落脚点和实践方式在于，"是以圣人之治，虚其心，实其腹"②。"虚心"是"实腹"的前提，后者作为前者的实现标志。"虚心"呈现出个体对"自然"特征的收藏与吸纳。"虚"唯从内心中升起方能契合于外境，而非随意看看，无关乎本己。把握"虚"不在于增添、弥补、创造任何成分，取决于对心境繁杂氛围的净化，"涤除玄鉴，能无疵乎？"③譬如朱谦之所说："'玄鉴'犹云妄见。涤除妄见，欲使心无目也。"④"心无目"并不牵涉对外物的妄见，亦非取消掉"心"本身的直觉之"见"。在此基础上，"不出户，知天下；不窥牖，见天道。其出弥远，其知弥少。是以圣人不行而知，不见而明，不为而成"⑤。"虚化"中的内在之"见"，非平常的感觉器官在起作用，因为"不出户就能够知晓天下诸物，这显然不是一种普通的五官认知方式，而是心灵之直觉；至于不出牖而'见天道'，就更是一种内心的精神把握了"⑥。"虚"如仅停留在思想的直觉中，则不免在具体的生活状态中有所不适，故应转化为"实"——实腹。"实腹"与禅宗中的"穿衣吃饭"一般，具有鲜活的隐喻色彩。通过生命的平稳来隐喻"自然"本身的自足。陈鼓应说："事物本身就具有潜在性和可能性，不必由外附加的。因而老子提出'自然'观念，来说明不加一毫勉强作为的成分而任其自由伸展的状态。"⑦进而发现，"实腹"归根结底仍是"虚心"的另一重形式而已。王弼对

---

① 陈鼓应：《老子注译及评介》，第443—444页。
② 陈鼓应：《老子注译及评介》，第440页。
③ 陈鼓应：《老子注译及评介》，第442页。
④ 朱谦之：《老子校译》，北京：中华书局，2019年，第41页。
⑤ 陈鼓应：《老子注译及评介》，第458页。
⑥ 詹石窗：《道教文化十五讲》，北京：北京大学出版社，2019年，第129—130页。
⑦ 陈鼓应：《老子注译及评介》，第30页。

"自然"的双重性也进行了诠释，要在突出了"无"的普遍性、流通性，"无状无象，无声无响，故能无所不通，无所不住"①。王弼发现本然之"见"——自然，具有无规定的特质，"有形则有分，有分者，不温则凉，不炎则寒。故象而形者，非大象"②。实际上，提起"见"对自身的"亲证"本就是不必要的，只是为了勉强说明"自然"的无待性。换句话说，"自然"只承认自身，每一个行为都是对"自然"的召唤，典型如："'日出而作，日入而息，凿井而饮，耕田而食，帝力何有于我哉！'此即自然之谓也。"③

"自性"在《坛经》中要义有二，无穷生发出"念"与本性清净。两个要义互为表里，前者可理解为细微的、动态的；后者则凝聚成整体的、静态的。"识心见性"作为《坛经》的主题，是以"性"的自明性、自证性为前提，"性"自我彰显、自见。既然念头完全由心而发，那么"自性"也就只能从心中去寻找。故"识自本心，是见本性。悟即元无差别"④。心念完全由"自性"开启，又处处以"自性"为真理。"自性"是源头，不断向四处扩散，而不停滞，不在任何一处驻足，"无念者，于念而不念。无住者，为人本性，念念不住，前念、今念、后念，念念相续"⑤。"见性"是以般若智慧去呈现，般若智慧"附着"在当下，又无确切内容。"自在"偏向于内心的无瑕、放松，更深一层表明"自性"凭借自己而在，挺立自身。"无念"的诞生一并携带着"无相"和"无住"，后两者是对"无念"的不同诠释，"无相是性体清净——体；无住是本性无缚，心无所住——相；无念是真如起用，不染万境——用"⑥。"无相"即念非一相；"无住"说明"念"本性的不滞留；"无念"指"念"的瞬息万变。就"见"自我亲证的特质而言，牟宗三认为："见是亲自见到，照到，亦即证到。"⑦如前文所述，这里的"见到"应有两层含义，"自性"的"自见"与般若智慧的"所见"。两者的关系即"在能照、能见的一方面是正智（般若），所照，所见的一面是法身"⑧。小川隆在《禅思想史讲义》中诠释着"自性"的生"念"义和清净义，就前者而言，"本性，犹如虚空一般无穷尽无分节，所以不存在有个别的'相'。正是由于它的无穷尽无分节，所以可以从中生出无穷尽的万有的作用，也就是'用'。'见'，也就是自觉发现，对这样的'体'和'用'的自觉发现，也就是'慧'"⑨。后者意味

① 王弼注，楼宇烈校释：《老子道德经注》，北京：中华书局，2019 年，第 35 页。
② 王弼注，楼宇烈校释：《老子道德经注》，第 116 页。
③ 朱谦之：《老子校释》，第 74 页。
④ 杨曾文校写：《新版敦煌新本六祖坛经》，第 19 页。
⑤ 杨曾文校写：《新版敦煌新本六祖坛经》，第 19 页。
⑥ 印顺：《中国禅宗史》，北京：中华书局，2019 年，第 338 页。
⑦ 牟宗三：《佛性与般若》，台北：联经出版公司，2003 年，第 1060 页。
⑧ 吕澂：《中国佛学源流略讲》，北京：中华书局，2017 年，第 379 页。
⑨ 小川隆：《禅思想史讲义》，彭丹译，上海：复旦大学出版社，2017 年，第 33 页。

着"不要成为将焦点对准每个对象的镜头,而要成为没有聚焦作用的镜子"①。杨慧南亦认为:"自性是泯除一切概念对立之坚实、精微的心体;自性的本质是清净的、常住不变的;自性隐藏在众生的身心当中,而被烦恼所覆盖;自性生起一切的众生和众生所依的山河大地。"② 故"见性"率先预设并呈现出"性"之"自见"——本然之"见"。其次才有实然之见,以般若智慧去"见性"。"见"是悟的前提与指南,甚至消解掉个体内心中怀有能否成佛的顾虑,因佛与"自性"是同义词,"'见性',即发现自心本具佛性,自性本来是佛"③。

在《论语》中,"见"的本体为"仁"所彰显,后者的内涵如梁漱溟所言:"'仁'就是本能、情感、直觉。"④ 个体在"仁"的激发下,以本能去焕发和培养"仁"。"仁"亲证自身的方式即人之直觉发生作用的过程。孔子首先认为"仁"不可企及,需要韧性去不断靠近,"我未见好仁者,恶不仁者"⑤。其次,"仁"的活力性表现在不可框定,"仰之弥高,钻之弥坚;瞻之在前,忽焉在后"⑥。再次,"仁"的现身方式虽为外界氛围所影响,但其内在的力量却总处于储备中,如"有道则见,无道则隐"。由此可见,"隐"遮蔽着"仁"的时效性,却保存着"仁"内在的完整性。最后,"仁"能够游离到任何情境下考验自身。子张问明。子曰:"浸润之谮,肤受之愬,不行焉,可谓明也已矣。浸润之谮,肤受之愬,不行焉,可谓远也已矣。"⑦ 更进一步,"仁"的"自见"性将直觉作为行动指南,既不会瞻前顾后,又不会担心沦为"不仁",而是在任何情境下全方位地保持自身的独立。"美德要真自内发的直觉而来才算。非完全自由活动则直觉不能敏锐而强有力,故一入习惯就呆定麻痹,而根本把道德摧残了。"⑧ "仁"的内在韵味积极地向外扩散,纯任直觉地游走在自我与他者之间,旨在实现个体间的通达性、互融性,如张岱年所言:"'己欲立而立人,己欲达而达人',乃是仁的本旨。'立'是有所成而足以无倚;'达'是有所通而能显于众。"⑨ 综上,"仁"的"自见"性是在直觉的运用下,呈现出德性自身的自我保存性和溢出性。

将"见"的本然面向作为研究内容,发现在《道德经》《坛经》《论语》中,它们的共通性均彰显出本体(自然、自性、仁)于动静结合中呈现出的"自见"。差异性分别体现为"自然"从现象整体出发,是规律性和自足性的结合;"自性"从心念

---

① 小川隆:《禅思想史讲义》,第40页。
② 杨慧南:《慧能》,台北:东大图书公司,1993年,第107页。
③ 王月清:《中国佛教伦理研究》,南京:南京大学出版社,2000年,第105页。
④ 梁漱溟:《东西文化及其哲学》,北京:商务印书馆,2018年,第155页。
⑤ 朱熹:《四书章句集注》,第70页。
⑥ 朱熹:《四书章句集注》,第111页。
⑦ 朱熹:《四书章句集注》,第135页。
⑧ 梁漱溟:《东西文化及其哲学》,第159页。
⑨ 张岱年:《中国哲学大纲》,北京:商务印书馆,2017年,第397页。

间的共性出发，强调无染污性。前者侧重于以外驭内，后者突出以内观外。反观《论语》，从个体品格中的"仁"出发，描绘出"仁"的自我培养与释放，试图寻求内与外的和谐。上述路径各具特色的原因是，"自然"本身侧重对具体生活的引导；"自性"为自我从妄念中解脱提供依据；"仁"以主体之"仁"与他者之"仁"的相互依存为存在根基。

三、二重思想——应然之"见"

实然之"见"作为认知结构，在纯粹观照的体验中回溯到无规定、无待的"自证"——本然之"见"。前者在凝神专注的背景下尚未触及概念，后者则完全超越概念，凭借自身挺立。以本然之"见"作为开启者，实然之"见"形成中介，那么应然之"见"则于两者的催动下导向于具体的概念，旨在向本然之"见"回归。这一途中，应然之"见"亦有可能因个体的私欲而偏离于本然之"见"。这完全取决于思想本身固有的二重性——回返或迷离，所导致的结果。三者关系如成中英所言："何为'观'？按系辞的解释，观察就是我们通过长期从大的方面或小的方面，自下而上或自上而下、由远处或由近处对实际事物的了解来弄清在实在呈现的完整体系中它们相互间的存在关系。在'观'的过程中，我们能看得见并感觉得到事物的本质，从而得到对事物、对世界的直接理解。正是在这个意义上，我们开始懂得变化的过程、变化中的事物以及它们同我们的关系，给我们的冲击。"[1] 在这其中，事物间相互的"存在关系"显然就是指本然之"见"；"观察"即"见"的方法——实然之"见"；"开始懂得变化"无疑生发出应然之"见"。与此同时，在《道德经》《坛经》和《论语》中"见"的应然面向理应表现出共鸣和个性。

在老子那里，"见"应然面向的运作规律即"保持"由"无为"趋向于"自然"的情境。"无为"作为实然形态，"自然"将自身揭示为本然存在。以应然层面出场的"见"完全致力于维护、稳定这一趋向，在"保持"中实现自身。应然之"见"行动的纲领为"五色令人目盲……是以圣人为腹不为目"[2]。"目盲"侧重于精神因对外在事物无限制攫取而导致的疲惫。"为腹"则以平和的情绪从"五色"中抽身，以退为进，"向内归以反为学之外取，则不倾注于对象而洒然无所得；向后返以反为学之向前追，则不疲于奔命而洒然自适自在矣"[3]。"目盲"的代价是以尖锐的方式无所顾忌地展开行为，难免导致身心的衰竭，"将欲取天下而为之，吾见其不得已"[4]。应

---

①　成中英、曹㴻萍译：《中国哲学中的知识论（上）》，《安徽师范大学学报》（人文社会科学版）2001 年第 1 期。

②　陈鼓应：《老子注译及评介》，第 443 页。

③　牟宗三：《智的直觉与中国哲学》，第 262 页。

④　陈鼓应：《老子注译及评介》，第 450 页。

然之"见"的消极走向以冷漠、无节制的方式来蒙蔽个体原初的目光,乃至削减了"见"所敞开的视域。应然之"见"正视自身的态度是以"不见可欲"烘托对"自然"的亲证。"不见"即果断地去除狭隘之"见",正如"堆积杂物的仓库通过清理而释放出应有的空间,恢复了本来的功能"①。木真的"见"在"五色"并非自我显耀,"俗人昭昭,我独昏昏"②。唯在不以"见"到可欲为理智之"见"的情境下,视域方能充满敞亮而非晦暗,"不自见,故明"③。应然之"见"并非一蹴而就,而是稳扎稳打,善于运用"无为"和"自然"所蕴含的规律,"善建者不拔,善抱者不脱,子孙以祭祀不辍。修之于身,其德乃真;修之于家,其德乃余;修之于乡,其德乃长;修之于邦,其德乃丰;修之于天下,其德乃普。故以身观身,以家观家,以乡观乡,以邦观邦,以天下观天下。吾何以知天下然哉?以此"④。杨国荣将应然之"见"的指向表述为:"就社会模式而言,法自然则意味着回归小国寡民的社会形态。"⑤《道德经》倒数第二章中说:"邻国相望,鸡犬之声相闻,民至老死,不相往来。"⑥"相望"承载着相互"不见可欲"义,而不是局限于字面所指涉的对相互打交道的片面摒弃。

在《坛经》中,"见"的应然层面可分为截然相反的正见(顿见)与邪见。就后者而言,以"妄念"为始,"住相"为过程,最终返回到"妄念"内。"妄念"的开始为"能见"的主体所承载,"妄念"繁殖出的另一重妄念是"所见"的目的实现。这一过程中"住相"不断勾连互为因果的两重妄念。慧能说:"即缘迷人于境上有念,念上便起邪见,一切尘劳妄念从此而生。"⑦主体一旦占有而不是释放"能见",就会构造出实现目的的前提(幻象)——根据。"根据"一经产生,一切皆为幻象,引发主体从中无限循环,痛苦相应而来。"邪见"蕴含的公式可如此界定,根据(幻象)→住(幻象)→目的(幻象),由幻象而起必然导致结果的虚妄。真正从中解脱的方式无外乎承认这个过程的虚假不实,如就定慧有无先后的问题,慧能一针见血地指出:"作此见者,法有二相:口说善,心不善,定慧不等。"⑧正见(顿见)非创造或逃离义,好像从妄念中离开另寻一个新的栖居地。正见(顿见)的绝对指南是以"承认"妄念不真的态度走入"妄念",因妄念不真故"不见"妄念,甚至可将"妄念"理解为开启"正见"的阀门。在趋向"承认"妄念的不真途中,连正与邪也不再判

---

① 詹石窗:《道教文化十五讲》,第 115 页。
② 陈鼓应:《老子注译及评介》,第 447 页。
③ 陈鼓应:《老子注译及评介》,第 447 页。
④ 陈鼓应:《老子注译及评介》,第 460 页。
⑤ 杨国荣:《庄子的思想世界》,北京:北京大学出版社,2007 年,第 267 页。
⑥ 陈鼓应:《老子注译及评介》,第 470 页。
⑦ 杨曾文校写:《新版敦煌新本六祖坛经》,第 19 页。
⑧ 杨曾文校写:《新版敦煌新本六祖坛经》,第 17 页。

断："若修不动者，不见一切人过患，是性不动。"① 慧能正是发现了"自性"本身即是于"正见"的地基上，产生妄念的场所，只是为人所不察觉，"自性变化甚多，迷人自不知见"②。有"西方"就有执着，把成佛当作一个固定的去处，"若悟无生顿法，见西方只在刹那"③。钱穆言简意赅地概括出"妄念"和"正见"的区分："禅宗祖师只许你有此知见，不许你有此所知见，而即住着在此所知见上。"④ 依靠"正见"人人可瞬间"自觉"，这取决于"见"的本然形态率先"亲证"自身——本觉："菩提（心）本自性，起心（念）即是妄。'意谓自性本觉，起念成妄，返本即是，别无巧妙，故其实仍是本觉思想。"⑤ 如此，就极易明了慧能所讲的修行专注于"行住坐卧"之中："'见性'在本质上不需要累世的修行，也不需要历尽许多阶级，人们当下的每一念心，都有可能从自心中顿见真如本性。"⑥

应然之"见"在《论语》中彰显为性质相异的"安然"与"计算"。梁漱溟对两者的关系进行了合乎"仁"之原则的界定："他原不认定计算而致情系于外，所以他毫无所谓得失的；而生趣盎然，天机活泼，无入而不自得，决没有那一刻是他心里不高兴的时候，所以他这种乐不是一种关系的乐，而是自得的乐，是绝对的乐。"⑦ 不仅如此，梁漱溟亦发觉了单凭直觉的潜在危险，故又言："好恶皆为一个直觉，若直接任这一个直觉而走下去，很容易偏，有时且非常危险，于是最好自己有一个回省，回省时仍不外诉之直觉。"⑧ "安然"不转换为"计算"的有效方式在于他者的监督与主体的内省。故应然之"见"以实现他者正向评价自我与自我理性评价自身的统一。如"视其所以（以，为也。为善者为君子，为恶者为小人），观其所由（观，比视为详矣。由，从也。事虽为善，而意之所从来者有未善焉，则亦不得为君子亦），察其所安（察，则又加详矣。安，所乐也。所由虽善，而心之所乐者不在于是，则亦伪耳，岂能久而不变哉？）"⑨ 接连出现的"视""观""察"中，朱子由表及里地诠释出三者差异。在本文的框架中，"视""观""察"无外乎"见"应然层面的不同体现，本质仍是个体获得"安然"状态的前提——他者与自我的双重考察。"安然"与"计算"的差异在于，"安然"以快乐的程度作为判断标准，主体愈能使行为趋向于"仁"，快乐就如同树木不断生长，是良性的自我培育；"计算"以冷冰冰的数字作为评价尺

---

① 杨曾文校写：《新版敦煌新本六祖坛经》，第21页。
② 杨曾文校写：《新版敦煌新本六祖坛经》，第24页。
③ 杨曾文校写：《新版敦煌新本六祖坛经》，第44页。
④ 钱穆：《中国思想史》，第164页。
⑤ 吕澂、黄夏年主编：《吕澂集》，北京：中国社会科学出版社，1995年，第116页。
⑥ 王月清：《中国佛教伦理研究》，第134页。
⑦ 梁漱溟：《东西文化及其哲学》，第167页。
⑧ 梁漱溟：《东西文化及其哲学》，第175页。
⑨ 朱熹：《四书章句集注》，第56页。

度，个体只考虑眼下快乐的频率，将其快乐的合理性与长久性置之不理，是利欲伪装出的满足。"考察"的真正意义在于去伪求真，使伪善或不善在"仁"的光照下逐渐消融。

以对概念认知为主的应然之"见"，其积极态势乃主动向本然之"见"的返回为运作方式。具体在《道德经》中直指不断"保持"由"无为"向"自然"的趋近；于《坛经》里表现为"承认"妄念的不真，同时主动入驻妄念；在《论语》内象征着以"监督"去维护精神的"安然"。其消极态势则偏离于本然之"见"，相应可揭示为因"目盲"向前趋近；"妄念"的构造与繁殖；攫取快乐频率的"计算"。上述共通性在于，消极态势均直指在欲望累积下导致"视线"的扁平化。三者自成一格处实乃《道德经》中"见"的"保持"义侧重于以退为进；《坛经》里"见"的"承认"义则进（融入妄念）退（妄念非真）并行；《论语》内"见"的"监督"义则有不进（监督的停滞）而退的倾向。

四、结语

试图将"见"诠释为层次分明、各具特色、且关乎思想本质的多重内蕴，面临的主要问题是除去"见"，还有并列存在的"听"，就两种感觉器官而言，前者是否具有优先性和根本性，以及后者的存在意义何在均是不言自明的着眼点。典型如海德格尔所批判的前古希腊哲学以后，以柏拉图为代表的"视觉中心主义"将世界把握为"相"。海德格尔强调"听"的重要性，以便将思想从"见"中抽身而出，以"倾听"代替"观看"，感知"存在"的双重"无蔽"与"遮蔽"，尤其注意到"遮蔽"的存在价值，而非因"遮蔽"导致思想错失"无蔽"，走向晦暗。引出海德格尔对两种感官的态度旨在强调如何梳理中国哲学中的"见"自身的丰富形态。首先，"见"作为感觉器官仅属于其实然面向，作为一种直觉、形式结构，强调体验且无关于概念形成。其次，"见"的本然形态与应然形态皆从"观看"的情境下逾越出，早已与日常的"听"不共处于一个层面中。本文强调，个体"能见"的前提是"现象"的本源完全自存，尤其不依赖任何成分而充分"自见"。"见"的本然面向超越了个体之"见"，是最为原始的"见"之本身——"自见"。最后，"见"的应然形态是思想本身的同义词，如"见解""正见""邪见"。尤为关键，应然之"见"的产生背景是以本然之"见"为开启，实然之"见"为中介。三者关系即本然之"见"（开启、自证或自见）→实然之"见"（直觉、结构、感知或体验）→应然之"见"（概念、返回、偏离）。

应然之"见"的返回以本然之"见"为家乡，如《道德经》中个体"保持""无为"向"自然"的趋近；《坛经》里个体"承认"并"融入""自性"中念头的"清净"本性和"虚妄"变化;《论语》内个体"监督"其自身的行为是否在"义"的引导下安于"仁"。故应然之"见"本就暗含着现象的原初特质与个体行为积极的伦理性。至于应然之"见"因私欲而产生的偏离则是思想亟须时刻警惕的潜在危险，察觉不当随时会导致"目盲"。由此可见，中国哲学中的"见"实际上远超出其作为感官功能存在的一般含义，且在儒释道哲学中相互共鸣又各具特色。这正是中国哲学中，文字本身因强调直觉、生活而拥有哲学气息和生命活力的十足表现力所在。

论"三生万物"与"一物两体"互通性阐释

郭秋桂[*]

内容提要："三生万物"揭示了宇宙生化的过程，蕴含深刻哲学义理，后世对生化万物理解的论证却莫衷一是。其分歧的关节点就在于对"道生一，一生二，二生三，三生万物"的理解存在差异。然而，对经典的诠释首先应以文本自身为主，寻找内证依据，形成一种互证的理论论域，并在义理相通的基础上，采用以经解经的阐释方法，以拓展和深化解释论域。所以，本文结合《道德经》的具体文本以及"道""有""无"思想的根本问题，对"道生一"章进行分析论证；其次，主要结合"以《易》解老"的注解方式，认为"一物两体"与"三生万物"具有义理互通方面的可能性。

关键字：道家 三生万物 张载 一物两体 互通性阐释

《道德经》中"三生万物"揭示了宇宙生化的过程，蕴含深刻的哲学义理，这一点是毋庸置疑的，后世对生化万物的理解，却莫衷一是。其分歧的关节点就在于对"道生一，一生二，二生三，三生万物"的理解存在差异。一种说法持"太极""阴""阳"说，其解释的依据源于《易经》"易有太极，是生两仪"的"生生之谓易"的思想[①]；另一种说法依据其后"万物负阴抱阳，冲气以为和"的论述，偏向于"阴""阳"以及阴阳平衡的"冲气"说[②]；还有一种看法，将"三"解释为"和气""清气""浊气"，进而分为"天""地""人"三才。[③] 还有将"一""二""三"

---

* 郭秋桂（1992年—），陕西师范大学哲学与政府管理学院在读博士，主要研究方向：宋明理学。

① "一，太一，天也。二，阴阳也。太一分为两仪，故一生二；二与一为三，故二生三；三合然后生，故三生万物。"惠栋：《易微言上》，《周易述》卷22，郑万耕点校，北京：中华书局，2007年，第440页。

② "道生一，冲气为和。一生二，既为和矣，遂以有阴阳。冲气与阴阳为二。二生三，阴阳复二而为三。"王夫之：《老子衍》，王孝鱼点校，北京：中华书局，2009年，第23页。

③ "一生二，一生阴与阳也。二生三，阴阳生和、气、浊三气，'和气浊'，庆长本作'和清浊'，道藏本作'和气清浊'。分为天、地、人也。三生万物。天地共生万物也。"河上公：《道化第四十二》，《老子道德经》，唐子恒点校，南京：凤凰出版社，2017年，第33—34页。

分别解为"体""用""造化"①；此外，还有比较前沿的理解，以"混沌之气""阴阳""信息、能量、物质"对"一""二""三"进行解释。②本文认为，对"道生一"章的理解，首先应当从文本自身出发，在内证的基础上形成一定的内容所指，并在义理相通的前提下，采用以经解经的阐释方法，进一步拓展和深化其解释论域。所以，本文结合《道德经》的具体文本以及"道""有""无"思想的根本问题，对"道生一"章进行分析论证；其次，主要围绕"以《易》解老"的解释论域，展开对"道生一"章的理解，认为张载的"一物两体"的思想与"三生万物"的思想具有义理互通的可能性。

一、"三生万物"的文本内证

如果只参照后代注解加以诠释，虽具有从多元角度进行阐释的优势，但对《道德经》"道生一"章哲理的理解会带有浓厚的时代烙印，在很大程度上，对"三生万物"所蕴含的宇宙生化机制的诠释不够客观。所以，应当首先回归到《道德经》经典文本自身，依据道化生万物的思想，结合其主旨所揭示的"道""有""无"之间关系的说明，特别是对"天地万物生于有，有生于无"等章句的理解，从而进行互证性的分析论证。在《道德经》的文本中，"道生一，一生二，二生三，三生万物"（四十二章）揭示了道化生万物的宇宙生化模式，"天地万物生于有，有生于无"（四十章）也是对"道"与"万物"关系的一种揭示。所以，"一""二""三"的生化结构形式能否反映"道""有""无"之间的关系，这是值得思考的问题。道→一→二→三→万物所揭示的不仅是"道"之所以能够生化出万物所具有的超越性存在，同时内含有道生化万物在时间序列上的存在方式，是宇宙生化论和宇宙体用论两方面的体现。

（一）"道生一"章的解释

《道德经》所云"道生一，一生二，二生三，三生万物。万物负阴而抱阳，冲气以为和"③就是宇宙创生演化的基本图式。道→一→二→三→万物的生化顺序，如果

---

① "道生一，一生二，二生三。一为体，二为用，三为造化。体用不出于阴阳，造化皆因于交媾。"高丽杨点校：《论大道》，《钟吕传道集》，北京：中华书局，2015年，第50—51页。

② 胡孚琛：《道学通论：道家·道教·丹道》（增订版），北京：社会科学文献出版社，2004年，第63页。"阴阳二极之间存在着'中介'物，阴、阳、中三者趋向'和'的状态，分而为三，合则为一。道能化生出有气、有形、有质之物，用现代科学的语言说，也就是含有能量、信息、物质三大要素。'三'就是有象、有精、有信、有物的组成宇宙的信息、能量、物质三大基本要素。在宇宙大爆炸前，道化生出先天混沌一气，继而分出阴阳二性，再转化为信息、能量、物质三大要素，在宇宙大爆炸中由信息、能量、物质组成万物纷纭、生机勃勃的世界。"

③ "冲气"，甲本作"中气"，乙本缺，其他诸本皆作"冲气"，故从之，本文《道德经》依据通行本。

从时间的序列上讲，道生一，一生二，二生三。三生四，……生万物，若一、二、三都为具体实物，则中间陷入了无限循环。其关键点就在于"三生万物"。由此，需要理清"生"与"一""二""三"之所指。首先，是对"生"的理解。"生"作为道、一、二、三、万物之间一以贯之的关系描述，并非专指"母"生出"子"的具体物的产生或是自然生化之论。"生"则是"生生之德"，道家也讲"德"，"道生之，德畜之，物形之，势成之，是以万物莫不尊道而贵德"（五十一章）。老子并非指绝然的"绝仁弃智"，恰恰是德性滋养了道之主导下的万事万物，而"德"是"道"归摄下的"德"，万物也是由"道"所养护的。以"道"作为化育万物的根源，进而以大德滋养，且万物以一定的形态出现，终究会成就自我。其次，是对道→一→二→三→万物的理解。《道德经》对"道"的集中论述体现在："有物混成，先天地生。寂兮寥兮，独立不改，周行而不殆，可以为天下之母。吾不知其名，强字之曰大，强为之名曰道。大曰逝，逝曰远，远曰反，故道大，天大，地大，人亦大。域中有四大，而人居其一焉。人法地，地法天，天法道，道法自然。"（二十五章）可知，"道"是先天地的一种真实存在，是遵循自然之理且周行不殆，并强为之名的最高之"道"，"道"是"无为"而后能主宰万物的无不为的存在者，只因为因任自然是"道"的根本属性。以自然之性的"道"是天地之理的流露与显现，以天地之道决定人道。所以，"道"是万物生生化育的之源。那么，"道生一"并非指"道"即"一"、"一"即"道"。"道"属最高范畴，否则不会有"道生一"。"二"指"阴""阳"，"二生三"则结合"万物负阴抱阳，冲气以为和"，则将"阴""阳"之动态平衡的"冲气"看作是"二生三"的过程，进而能够化育万物。因此，可以向上追溯和反求，生化链条中的"一"是指未分阴阳的湛一之气。"三"虽可解为"多次"，但"三"在中国哲学中具有特殊内涵，"三"谓之"参"，所以，"三"（"参"）是"二"与"一"的"参"，是立体纵向的逻辑思维方式。"三生万物"则是道与万物之间通过一种"参合"的方式能够由无形孕育出有形，由神妙之力量的变化而成就了当下之事理。

（二）以"天地万物生于有，有生于无"加以解释

"道""有""无"是老子思想体系中的重要范畴。老子虽未直言三者之间的关系，却有"反者道之动，弱者道之用。天地万物生于有，有生于无"（四十章）的话语，其阐释路径与"道生一，一生二，二生三，三生万物"道化生万物的路径一致。对立相感是"道"发生作用的动力，而柔弱胜刚强则成为道之发用的关键所在。"有"与"无"内化于"道"之中，"无"相对于"有"具有优势性。"无，名天地之始，有，名万物之母。故常无，欲以观其妙；常有，欲以观其徼。此两者同出而异名。"（一章），"无"与"有"分别作为"天地之始""万物之母"，是有所区别，各

有所指。在老子看来，"道"是宇宙万物的本体，属第一层；"无"是指万物生化之前的虚无状态，"有"是万物生化的母体发端，从属于"道"。"有""无"是同时存在的，却发挥着不同的作用。"作为道体，它是形而上的宇宙万物之原始本体，呈现'无'和'有'两种状态的统一。首先是'无'，即宇宙创生之前的虚空状态，称为'天地之始'，具有质朴性和绝对性。然后是'有'，即宇宙创生之际含有一片生机的混沌状态，称为'万物之母'，具有潜在性和无限性。作为道用，它是形而下的法则秩序，即宇宙万物之中普遍存在的客观规律，称为'常道'。"①在春秋战国年代，诸子百家无不谈及"天"。老子的"道"其实也指向天道。"道"具有"朴""无名""无象""无形""无状"之性，但"无"并不是空无所有。以道生化万物之始，道所谓视之不见，听之不闻，博之不得，所以为无。道→一→二→三则是"由无到有"的过程，也是"无"主导下所产生的万物之"有"，所以，为"有生于无"。魏晋玄学是道家思想发展的一个鼎盛时期，采用援儒入道的方式，分别形成了以"无""有"解道的根本不同路径。王弼则以"无"解"道"著称，认为万物以"无"为本体。正是因为"无"的存在，所以"万物归一"。王弼对"道生一"章注解道："万物万形，其归一也。何由致一？由于无也。由无乃一，一可谓无？已谓之一，岂得无言乎？有言有一，非二如何？有一有二，遂生乎三。从无之有，数尽乎斯，过此以往，非道之流。故万物之生，吾知其主，虽有万形，冲气一焉。"②王弼认为正是由于"无"才使得万物能够归一，且生化过程是"一"与"二"的参合，"有一有二，遂生乎三"，由"一"与"二"的参合，则形成了"三"（参），也就是由"无"作为事物依据，孕育出"一"，由"一"与"二"的参合之"三"形成了万物。

在老子看来，万物并非是由简单的无到有之"一""二""三"到"万物"的衍数变化过程，也不是由"道"生出"天"，由"天"生出"地"，"天地"间生出"人"，由"天""地""人"三才共同孕育万物。"一""二""三"具有哲学义理，是对"道"化生万物的机制原理与动力因素的描述，不是孤立的，是参合的过程，用以说明即本体即生成的道理。

二、"以《易》解老"的论域

关于"道生一，一生二，二生三，三生万物"的解释，历代学者见解不一，注释亦不相同。其注解主要围绕"以《易》解老"的论域展开，原因在于《易经》不仅是儒家思想阐释的依据来源之一，也是道家思想阐发的智慧宝库。在历代注解中，多有形成《易》与《道德经》的互证论域。"道生一"章不仅对《易》中的"成

---

① 胡孚琛：《道学通论：道家·道教·丹道》（修订版），第62—63页。
② 王弼注：《王弼道德经注》卷3，边家珍点校，南京：凤凰出版社，2017年，第33页。

象""易有太极，是生两仪""生生之谓易"的思想有所深化。学者也通常以《易》中的"易有太极，是生两仪"对"道生一"章加以诠释。这里重在从"以《易》解老"的角度阐发。

孔颖达在《礼记·月令》疏："《老子》云：'道生一'，道与大易、自然虚无之气、无象不可以形，求不可以类取，强名曰道，强谓之大易也。'道生一者'，一则混元之气与大初、大始、大素，同又与《易》之大极、《礼》之大一，其义不殊，皆为气形之始也；'一生二者'，谓混元之气分为二，二则天地也，与易之两仪、又与《礼》之大一分而为天地同也，'二生三者'谓参之以人为三才也，三生万物者，谓天、地、人既定万物备生，其间分为天地说有多家形状之殊凡有六等。"① 孔颖达分别以《易》中的"大易""大极""两仪""天、地、人"来形容"道""一""二""三"，认为"道"是无形、无象、自然虚无的气，是强而命名的；"一"是混元之气的发端与孕育之始，具体展开可以为大初、大始、大素的阶段；"二"是"两仪"，即"天地"，"三"则需参之以"人"。宋代邵若愚《道德阶梯科》曰："夫大道者寂然至虚，无形无名，而不可言。其为书者无以记之，故曰'太易'。音亦不易也。太易者未见气也，太易动则始见一气之初，故曰'太初'。太极也，太一也。老子指一炁，强名曰'道'，孔子曰'形而上者谓之道'，释氏陈四谛亦曰'道'。故知三者垂教，总备于有也。若不从有，焉可以无明无？以有明无，故道有浅深尔。太易者，虚无也，因动为有之初，故曰'太初'，有气为形之始，故曰'太始'，气形相合而生刚柔之质，故曰'太素'。气形质具，未相离之间，名曰'浑沌'。浑沌既分，阴阳相荡，一气居中，万物生焉。故老子曰'道生一，一生二，二生三，三生万物'。"② 由此可知，邵若愚承继了以《易》中"太易"—"太初"—"太始"—"太素"的过程解释道生化万物的过程，对气的动态变化的描述更为细致。"太易"未见其气，"太易"动则是气之初始发端，可见气之形体则是"太始"，气成形质，具有刚柔之性则是"太素"；混沌气之分则是在阴阳相感力量的动态变化过程中进行的，同时，指明了儒释道三家共同追求的最高之"道"便可以用"太极"或"太一"来概括，是从三教融合的视角加以审视的。

由此可知，"道"是具有虚无之性的一种真实存在，"道生一"则有了道化生万物的载体之"气"的出场。然而，由气之"太易""太初""太始""太素"则陷于空虚与烦琐的汉代训诂之学的窠臼，缺乏义理的分析与论证。其实，对"道生一"章

---

① 郑玄注，孔颖达疏：《月令》，《礼记正义》卷14，《十三经注疏》，北京：中华书局，2009年影印本，第3册，第2927页。

② 邵若愚：《叙〈道德阶梯科〉》，《宋代序跋全编》卷29，曾枣庄主编，济南：齐鲁书社，2015年，第764页。

的理解应为湛一之气的相对相感力量的阴阳动态变化，促使气在道与万物之间的作用形成。气中有阴阳，气也不离乎道与万物，是内化在道与万物之中的，张载对此有着明确且深刻的认识，集中在他的"太虚即气"与"一物两体"的命题之中。

三、回应"有生于无"——张载以"一物两体"解释"太虚即气"

张载对道家思想的批判主要围绕"有生于无"的宇宙论展开。"知虚空即气，则有无、隐显、神化、性命通一无二，顾聚散、出入、形不形，能推本所从来，则深于《易》者也。若谓虚能生气，则虚无穷，气有限，体用殊绝，入老氏'有生于无'自然之论,不识所谓有无混一之常。"[1] 张载首先参照了道家"有生于无"之"生"的关联解释，假设了"虚能生气"命题的成立，进而在思考与建构的过程中，否定了"太虚"与"气"生的关系，促成转向"虚空即气"命题的形成。张载的推理模式是：无生有→虚生气→虚无穷，气有限→体用殊绝。"虚能生气"则意味着无穷之虚能生出有限之气，带有自然生成论的特点。很明显，张载以有、无来指代气与虚空的关系，但没有吸收借鉴道家"生于"的模式，而是赋予虚空与气的体用关系，以反证方式表明"有无混一"观点，由此，"虚空"与"气"自然是"相即"的关系。张载"太虚即气"是通过"一物"之"气"与"两体"之阴阳进行说明的。"太虚即气"是"太虚"与"气"之阴阳的"天参"之道。在天道层面上，则表现为"天参（三）"的结构体系，则是"太虚"与气之阴、阳两体的"天参"模式的动态变化过程，一定程度上，也是对"一太极两仪"的发挥。

张载这样定义"太虚"："太虚无形，气之本体。其聚其散，变化之客形尔；至静无感，性之渊源，有识有知，物交之客形尔。客感客形与无感无形，惟尽性者一之。"[2] 张载明确无形之"太虚"是"气"的本体，而"气"是存有聚散变化的客形。"至静无感，性之渊源"描述的是"万物不得不散而为太虚"的"太虚"，而与客形之物相交所形成的"有识有知"即是见闻之知。"惟尽性者一之"，换句话说，就是"合虚与气，有性之名"，即唯有尽性者能将客感客形之"气"与无感无形之"太虚"视为相即不离的"一"，即"太虚即气"。"太虚"—"气"—"万物"的关系，张载明确表述为："太虚不能无气，气不能不聚而为万物，万物不能不散而为太虚。"[3] "太虚"是"气"的本然、原始状态，是未分阴阳的"湛一"之气。"气"凝聚为万物，万物可散化为"太虚"，万物就是在"太虚"与"气"之阴阳凝聚作用的结果。

---

[1] 　张载：《正蒙·太和篇》，《张载集》，章锡琛点校，北京：中华书局，1978年，第8页；以下凡是出自《正蒙》中的具体篇章，一律只标出其具体篇章和页数。

[2] 　《太和篇》，第7页。

[3] 　同上。

进而言之,"太虚即气"的天道观是"天参"模式,是对"一太极两仪"的吸收,"天所以参,一太极两仪而象之,性也"①。"天参"是太虚(太极)与气之阴阳(两仪)的参合,是气化的过程,体现了"一物两体"的运行机制。

> 一物两体者,气也。一故神,(两在故不测。)两故化,(推行于一。)此天之所以参也。两不立则一不可见,一不可见则两之用息。两体者,虚实也,动静也,聚散也,清浊也。其究一而已。有两则有一,是太极也。若一则有两,有两亦一在,无两亦一在。然无两则安用一?不以太极,空虚而已,非天参也。②

"太虚"是"湛一"之气,无聚散变化,"气"有聚散变化。气具有相互依存和相互对立的两种性质,合一而变化神妙(两体存在故不可预测),两体则能不断演化。(推行趋向为一),这便是天所以参合的道理。张载明确指出"二"与"一"的关系:"两不立则一不可见,一不可见则两之用息。"两体如"虚实""动静""聚散""清浊"相互作用的依据在于"太极"。③"二"与"一"共在,事物两体与太极共存。无两体的空虚之物的本体依据太极不复存在,更无法反映"天参"的运行规律。"天参"便是"一"与"二"的关系,也体现了"大中"的思想。陈俊民先生即认为"一"不仅代表"湛然"的"太虚之气"的统一体,而且是"气化"的过程中对立矛盾、相反力量诸如"阴阳""刚柔""仁义"的统一体。所以,这种统一关系的"一",也称为"参",是比"太虚之气"统一体的"一"更高层的"一",也是"两"而"一"的最佳状态。④"立天之道,曰阳与阴;立地之道,曰柔与刚;立人之道,曰仁与义"⑤,天道——阴阳、地道——柔刚、人道——仁义共同构成了三极大中之矩,进一步讲,是以天道为主导的天地人三极大中之矩。"立天之道,曰阴与阳","太虚"与"气"之阴阳,在这里,"太虚"与"天道"是同一层面,是从本体上言,然而"太虚"与"天道"各体也并非绝对孤立,"太虚"含摄"气"的阴阳变化如同"天道"的运行变化离不开阴阳的相感力量。这种状态亦可称为"大中",是内含有"二"的"一",是超越"太虚之气"的最佳状态。究其实,"太虚即气"之道就是"天参"(三)之道(性)。"大中,天地之道也;得大中,阴阳鬼神莫不尽之矣。"⑥"大中"是

---

① 《参两篇》,第 10 页。

② 张载:《横渠易说·说卦》,《张载集》,第 233—234 页。

③ "太虚"在张载早期著作中,往往被称作"太极",晚年著作才称为"太虚"。汉唐学人将"太极"解释为混沌未分化的元气,张载所谓"太虚"则具有更加丰富的内涵,不同于汉唐诸儒。

④ 陈俊民:《张载哲学思想及关学学派》,台北:台湾学生书局,1990 年,第 89—93 页。

⑤ 王弼注,孔颖达疏:《周易正义》卷 3,《十三经注疏》,北京:中华书局,2009 年影印本,第 1 册第 158 页。

⑥ 张载:《经学理窟·义理》,《张载集》,第 274 页。

天地之道，囊括鬼神在内的天地万物的阴阳对立相感作用，"大中"为什么是天地之道？就在于"大中"揭示了虚实、动静、屈伸、有无等神妙莫测的变化以及万物变化的阴阳相感力量，也是"一物两体"的"天参"模式，这也就回应了"儒、佛、老、庄浑然一涂"在于"不悟一阴一阳范围天地、通乎昼夜、三极大中之矩"。范育在《序》中写道，张载辟邪说实属无奈，返归至理，其不二之理即是"要之立乎大中至正之矩"。大中至正之道就是天所运、地所载、物理辨、人伦正的依据所在，是贯穿本末上下的至高之道，涵盖融摄有形无形之象、至静至动之感，"过乎此者淫遁狂言也，不及乎此者邪诐卑说之类"[①]，发挥"太虚"以及"气"之两体合一的天道为主导的天地人三极的"大中之矩"，达于"大中"，则物虚相资、天人相待。张载从宇宙本体论和生成论相合的视角，揭示了"太虚即气"涵盖有"体虚空为性，本天道为用"的功用。"太虚即气"的天道观内涵有宇宙本体论与宇宙生化论，这是张载"学易""见易"的结果，也是"以《易》为宗"作用于其思想建构的结果，将《易》所代表的宇宙论提升到了本体论的层面。

综合言之，"三生万物"在生化万物的运行机制和原理是一致的。首先，体现了"三"（参）的过程，认为宇宙是"一"与"二"相参的过程，亦是"中"的意涵。张载的"一物两体"是"天参"的模式；《道德经》曰："天之道，其犹张弓欤？高者抑之，下者举之，有余者损之，不足者补之。天之道，损有余而补不足。"（七十七章）这是对"天道"的描述，天道的流行是因时而行，是自然的发用流行，所以，天地是自然的，能够"损有余而补不足"，反对过与不及，也是符合老子"不如守中"的中道思想，力图在相感动态的过程中，能够因时因势找到平衡点。《道德经》亦言"多言数穷，不如守中"（五章）。道家"三生万物"的思想透视了事物"守中""达中"的意涵。"中"则意味着事物不是两个或是两种状态，而是能够在两极中因时因地均衡地找准当下的位置，等同于中庸之道。其次，"无"与"太虚"共存有空间的维度。老子虽有"有无相生"的说法，此处"有无"等同于"难易""长短""高下""音声""前后"相对的具体范畴，是指"有无"同时在场。总体来说，老子以"无为"为道，对"无"赋予特殊意义，也突显了"无"的地位。"天地之间，其犹橐龠乎。虚而不屈，动而愈出"（五章），"有"之所以成就"有"，即是"无"的存在使其发挥作用，将空虚特征赋予宇宙本原"道"的基本属性。虽然张载反对道家"有生于无"的自然之论，主要是反对汉化式的训诂之学，将"生"理解为时间序列中的生化之道，而非即本体即生成的体用一源关系，而在先秦老子那里就已经存有具象意义与本体意义的讨论域。

---

① 《太和篇》，第6页。

老子哲学思想研究

《老子》宇宙观的整体系统与中庸立场

祝　捷[*]

内容摘要："三生万物"表达了《老子》的世界生成论："天""地""人"这世界中的三大层面生成了世间万物。世界在生成过程中首先由"道"产生了阴阳未分的"混沌"之气，"混沌"产生了"阴""阳"两种原始属性（"气"），"阴""阳"两种属性生成了现实世界中的三大层面："天""地""人"。不过《老子》在世界生成论中既强调"三"的主动性又强调"三"的被动性："人法地，地法天，天法道，道法自然"。人世的规则来自大地（"世界"），大地的规则来自上天（"宇宙"），上天的规则来自宇宙法则（"道"）。《老子》进一步提出，比"道"仍然要高一层次的宇宙存在是"自然"。原始道家的"自然"是自由意志的"自然而然"之意。《老子》在宇宙观中表现出绝对主义与相对主义的调和，治理国家和万物，需要同时保留规则与法则的绝对性，以及人民和万物的相对自由性，这也是《老子》的中庸主义治世态度。

关键词：《老子》　宇宙　系统　中庸

一、《老子》的宇宙元素与生成过程

"三生万物"出自传世本《老子》第四十二章："道生一，一生二，二生三，三生万物。"这一经句表达了作者的世界生成论：首先，世界是动态的而不是静态的；第二，世界是生成出来的；第三，世界的生成出自宇宙法则"道"；第四，宇宙的生成过程来自宇宙中两大基本元素"阴""阳"的相互作用；第五，宇宙的生成过程由简而繁、由抽象而具体。

对于"三生万物"一章的准确理解，还必须建立在对"道""一""二""三"等核心概念的准确把握上。对于今人而言，不仅"道"，而且"一""二""三"也包含着难以厘清的多重含义。然而，对于上古时人而言，这几个概念的原义是极为明确

---

　*　祝捷（1981年—），云南师范大学历史系副教授，主要研究方向为中国思想文化史。

本文采用《老子道德经》通行本（王弼注本），楼宇烈校，中华书局2008年12月第一版。

的。"道"是春秋战国时诸子着重争鸣探讨的世界终极原则，并随后贯穿于中华哲学与文化之中。东汉许慎《说文解字》解"道"为："所行道也"。清代段玉裁注曰："道之引申为道理。亦为引道。"由于人所行之道为人的行走创立了方向和规则，故引申为宇宙为万事万物所创立的根本规则。对于"一"，《说文解字》曰："一，惟初太始，道立于一，造分天地，化成万物。"原来"一"字的原义正是万物的生成根源之意。只是在生成的过程中，"道"寄身于"一"（"道立于一"），由无形的规则（"道"）演变为混沌式的有形之源"一"，又由"一"分出天地，并生成万物。所以，"一生二"中的"二"正是"天地"或"阴阳"。"一"生成"二"，"一"本是原初的"天"，进而从原初的天产生出"阴""阳"两种属性，"阳"之天继续保存在虚空之中，而"阴"之气则下沉而为"地"。对于"二"，《说文解字》曰："二，地之数也。"原来数字"二"的原义正是"地"。段玉裁注曰："地之数也。《易》曰：'天一，地二'。惟初大始，道立于一，有一而后有二。元气初分，清阳为天。浊阴为地。"段玉裁的解释与《周易》的文句恰当地解读了"一""二"的原义以及"道生一，一生二"的生成过程："道"生出了原初的、未分阴阳的"天"（"一"），随后"天"生出了"阴""阳"两大属性，阳气上升为"天"，阴气下降为"地"。然后，"阴""阳"二气并未因"天""地"的生成而停止演变。对于"三"，《说文解字》曰："三，天地人之道也。从三数。"段玉裁注曰："数名。天地人之道也。陈焕曰，数者，易数也。三兼阴阳之数言。一下曰道立于一，二下曰地之数，王下曰三者，天地人也。老子曰，一生二，二生三，三生万物。此释三之义。""三"在原义上正是"天""地""人"三大层次所形成的世界。"王"字在古义上与"三"相通，《说文解字》："三，天下所归往也。董仲舒曰：'古之造文者，三画而连其中谓之王。三者，天、地、人也，而参通之者王也。'孔子曰：'一贯三为王。'"段玉裁认为，"一"正是"道"在现实世界所寄身的"一"（"天"）；"一"（"天""阳"）又产生了"二"（"地""阴"）；"一"（"天""阳"）与"二"（"地""阴"）相互结合并相互作用又产生了"天""地""人"三大世界层次。"天""地""人"这三大世界成分又相互作用而产生了世界万物。

因此，"三生万物"短短一章完整表达了《老子》对宇宙的基本元素和生成过程的基本看法：（1）有形的世界产生于无形而统领的宇宙原则"道"。（2）无形的道寄身于"天"（故"道"又常被称为"天道"）。（3）在"道"的作用下，世界生成了"阴""阳"两种基本元素并最终生成了"天""地""人"，并进而孕育万物。我们从此章《老子》的宇宙论中能够体会到作者对于世界二重性的解析：宇宙既出自有形，也出自无形；世界既存在不变的"道"也存在道的作用之下永恒变动的"万物"世界。

二、《老子》的宇宙法则观

《老子》在第四十二章"道生一，一生二，二生三，三生万物"一段后还有此一句话："万物负阴而抱阳,冲气以为和。"这一句话重申了万物世界所具有的"阴""阳"两大基本要素,只是这一句话也表明了作者对万物生成之后所存在的基本状态:阴阳平衡的中和状态,这也是万物得以稳定保持的基本法则。

那么,万物生成之后,该按照何种法则来运行呢? 《老子》第二十五章中"人法地,地法天,天法道,道法自然"的"天道"法则表明了其宇宙法则观念。然后同样引人关注的是此章中的前部分文句:

> 有物混成,先天地生,寂兮寥兮,独立而不改,周行而不殆,可以为天地母。吾不知其名,字之曰道,强为之名曰大。

这段文字表明了作者对"道"的作用的三个基本认识:第一,"道"是生成天地万物的源头;第二,"道"的独立性与永恒性:"独立而不改,周行而不殆";第三,"道"无形无状,无法轻易感知。

《老子·第二十五章》的接续文字进一步探讨了世界的四大领域:

> 故道大,天大,地大,人亦大。
> 域中有四大,而人居其一焉。

此章据许慎《说文解字》与段玉裁释:大文字而改"王"为"人"。许慎《说文解字》释"大":"天大,地大,人亦大"。段玉裁注:"老子曰:道大,天大,地大,人亦大。"此段文字认为世界存在着四个相互联系的层面:道、天、地、人。对于这四大领域之间的法则关系,则论道:

> 人法地,地法天,天法道,道法自然。

人类活动取法于大地,大地生长取法于上天,上天运转则取法于主宰的"道"。《老子》认为宇宙万物的运转法则正好是宇宙生成法则的反向:人的世界是由地的世界法则决定的(如地理条件决定人的生产活动);地的世界是由天的世界法则决定的(如天气、天象与季节决定了地理环境);天的世界是由创生宇宙的"道"的法则决定的(如宇宙的基本参数与法则决定了宇宙中存在的时间、空间、能量与物质)。这一万物运转法则之所以与宇宙生成法则正好反向,也正是因为,原初的宇宙层次以其法则决定了次生的宇宙层次。那么，宇宙的终极就应当是"道"了。然而，"道"的生成又来自于何种宇宙层次呢？第二十五章论述道，决定"道"的正是自然："道法自然"。道的基本作用是由宇宙精神或宇宙逻辑所决定的，这种宇宙精神就是"自然"。

然而，"自然"又是何意呢？理解"自然"也自然成了理解《老子》宇宙观的关键环节。在《老子》中，还有如下几处"自然"的用法：

首先，第十七章有如下文句：

太上，下知有之。其次，亲而誉之。其次，畏之。其吹，侮之。

信不足，焉有不信焉。

悠兮其贵言。

功成事遂，百姓皆谓我自然。

这段话是说，最优秀的君王，由于对国家实行了完美的管理，臣民不需要知道君王的存在。次等的君王管理国家，臣民需要亲近他（从而需要感受到君王的存在）。再次的君王，臣民畏惧他。最次的君王，臣民蔑视他。故此，当国家取得成功时，百姓都认为，我们只是过着自然而然的生活（君王没有专门去对人民施加作为）。

第二十三章中有如下文句：

希言自然。故飘风不终朝，骤雨不终日。孰为此者？天地。天地尚不能久，而况于人乎？

这段说明，（统治者）少施行指令，才是符合"自然"的。这里的"自然"并非"自然世界"之意，而是减少对他人或外物的影响，让他人和外物自己决定自己的行为之意。所以该段又讨论到，如果寄希望于对外物和他人产生影响，那么即便是天地之间的暴风骤雨也不可能长久。所以，决定性的影响和作用在宇宙之间是不能长久的，万物"自然而然"地自我随机生长演变才是永恒。

下一个使用"自然"的文段是第五十一章：

道之尊，德之贵，夫莫之命而常自然。

这段的意思是，"道"与"德"之所以尊贵，是因为他们对外物和他人并不产生"命"的指令或者影响，而是常常以"自然而然""顺其自然"的方式作用于万物。

由第二十三章之义可知，宇宙中决定性的指令或控制不可能产生持久作用，而宇宙中经久不衰的作用正是"自然而然""顺其自然"式的，非决定性的随机活动。那么，宇宙万物的这种"自然而然""顺其自然"式的，非决定性的随机活动，其动力究竟来源于何方呢？

原来，宇宙万物实体的规则源头来自"道"，"道"的作用正是给宇宙万物创设规则。但是，"道"为宇宙创设的规则中又包含着"非规则"，而恰恰是这一"非规则"才成为宇宙的永恒。所以，"道法自然"，"道"的产生和作用来自"自然而然""顺其自然"的宇宙精神。

三、《老子》宇宙观中的决定论与非决定论

《老子》确实重视"道"在创设万物过程中的决定性作用，但又强调这种决定性作用却将"自然而然"的宇宙精神传导至万物。一方面是万事万物都在遵守着上层世界设定的万物法则，或者被上层世界的万物法则所掌控；但另一方面，万物法则的根本逻辑却是"自然而然"。从而，"自然而然"的宇宙逻辑得以通过"道""天""地""人"而传达至"万物"，从而"道""天""地""人""万物"在"自然而然"的宇宙逻辑精神的贯穿中同时具备了法则决定性和宇宙精神的非决定性。考虑到宇宙精神居于宇宙模型的顶层，那么《老子》虽然强调"道"造就了万物的法则性，却更加强调贯穿万物的宇宙精神的非法则性，或者说，"自然而然"的非法则性对于宇宙更为重要。

因此，虽然《老子》认为"三生万物"，"天""地""人"对于万物的生成均能施加决定性的影响，但这种决定性影响的本身亦是遵循着"自然而然"的宇宙精神，从而宇宙万物都具备了"自然而然"的自由意志，万物能够按照宇宙逻辑赐予的自由意志来生长运转，而且即便是"道""天""地""人"的决定性作用的动力源头，亦是来自宇宙赐予的"自然而然"的非决定性的宇宙精神，它遵循着随机与自由原则而不是决定性原则。我们更能清晰地看到，《老子》在宇宙观与其他哲学层面上所同时包含的决定论和非决定论。

《老子·第一章》实际上就讨论了这种决定论和非决定论的结合：

> 道可道，非常道；名可名，非常名。
>
> 无名天地之始，有名万物之母。
>
> 故常无欲，以观其妙；
>
> 常有欲，以观其徼。
>
> 此两者出而异名，同谓之玄，玄之又玄，众妙之门。

这章认为，"道"一方面为万事万物创设了规则之"道"，但其本身并非我们日常所认知的有形有为之"道"（就如有形道路为行人所创设的决定性之道那样）。宇宙真理之"道"是非决定性的"自然而然"之道。同样，宇宙的总概念（"名"）可以为宇宙万物创设概念，但总概念本身却非万物的日常性的决定性概念，而是随机的非决定性"自然"概念。从而，此段既承认日常的决定性规则和逻辑，也更加强调宇宙层面的非决定性的规则与逻辑。

此章又认为，"无"这种无形无名的非决定性概念才能为天地源头的状态命名，因为这种状态更接近于原初的宇宙"自然而然"精神，从而更加远离现实世界中的决定性逻辑。而"有"这样的存在性的、决定性的、绝对性的概念才能称为万物得以具体生成（具有决定性逻辑）的母体。

所以，这章又认为，人在思考宇宙之时，需要同时具备宇宙法则中的决定性和非决定性精神。哲人必须保持非决定性的无形无名的宇宙精神，才能观察到宇宙精神的微妙作用：它对于宇宙万物的作用方式不是决定性的，而是微妙的非决定性的随机作用方法。哲人又必须保持"有"的决定性精神，才能考察到万物的决定性的作用变化："常有，欲以观其徼。"对于"徼"字，《说文解字》解道"徼，循也"。而对于"循"，《说文解字》道"循，行顺"即"顺利而行"的决定性之"道"。

该章又认为："此两者（"有""无"），同出而异名，同谓之玄，玄之又玄，众妙之门。"无论是决定性的"有"还是非决定性的"无"，均来自同一个宇宙源头，即自然性的"玄"。《说文解字》解"玄"为"悠远"，即宇宙源头的逻辑是非决定性的"悠远"状态的"玄之又玄"，而这恰恰是宇宙万般事物微妙变化的门径。"玄"当即是"自然"宇宙精神的"悠远"状态，与"自然"相通。

四、《老子》哲学体系中的绝对主义和相对主义

《老子》在其整体的宇宙观与哲学体系上都体现出决定论与非决定论的相互调和，进而又展现出绝对主义与相对主义的调和："道"对于宇宙万物既具有绝对性的决定与统治作用，其对于宇宙万物的作用又具有强烈的非决定性与相对性。相对于"道"的决定性统治作用而言，万物又相对于宇宙本源之"道"独立发生作用，这种"道"作用于万物的绝对性和相对性贯穿于《老子》始终。

《老子》第四章论述了"道"存在的绝对性与相对性：

道冲而用之或不盈，渊兮似万物之宗。挫其锐，解其纷，和其光，同其尘。湛兮！似或存，吾不知其谁之子，象帝之先。

"道"的实体是空虚的（从而其存在具有相对性），但其作用却是绝对性的无穷无尽。"道"的存在是深远而难以捉摸的，但这种深远恰恰与其万物宗主的地位相结合，而且能够以这种难以捉摸的深远实现万物的万般作用与变化："锉其兑，解其纷，和其光，同其尘。"因此，作者甚至认为其存在是"似或存"：既具有绝对的存在性又具有无法捉摸（"似"）的相对性。

《老子》第四十章探讨了"道"的运动的绝对性与相对性：

> 反者，道之动；弱者，道之用。天下万物生于有，有生于无。

因此，"道"的运动既具有运动的绝对性，又具有方向的相对性："反者，道之动"。"道"并非绝对性地向前运转，而是具有相对性的循环往复。"道"虽然对于万物均具有作用，这一绝对性的普遍作用却具有其"弱"的力量的相对性：并非对万物强行产生作用，而是采取柔弱力量对万物产生滋养，因此"道"对于万物具有规则上的统率作用，这是绝对的；但"道"对于万物的作用又具有相对性：它并非强行令万物产生运动和影响，而是通过"道之用"的"柔弱"精神注入万物，让万物自身产生"自然而然"的变化。因此，"道"对于万物的统率与影响是绝对的，作用的方式却又是促使万物注入"道"的宇宙"自然"逻辑而自我生长。"道"既绝对性地作用于万物，又相对性地不强行对万物产生外力作用，相反促使万物自我生长。天下万物绝对地产生于"道"在物质形态上的第一步"有"；而"有"的起源却来自不具有物质形态的"无"。因此，"道"对于宇宙万物的消长生息，既通过绝对性的物质实体（"有"）产生物质作用，又通过相对性的宇宙精神（"无"）产生逻辑与精神作用。总而言之，"道"本身的运转就具有运动的绝对性与运动方向上的相对性，"道"对于万物的作用也具有物质实体上的绝对作用，又具有宇宙精神上的相对作用：因为，一旦万物注入"自然而然"的宇宙精神，其运动带有强烈的自主性、自由性或随机性，既受宇宙精神影响，又因接受了宇宙精神而自由生长运动；既有外部（总体）精神作用，又有内部自我运动，从而不完全受宇宙其他层面的控制，"道"的作用具有相对性。这种绝对性地促使万物生长，却又不主宰万物生长运动的相对精神，正是《老子》第五十一章所讨论的"生而不有，为而不恃，长而不宰，是谓玄德"的"玄德"精神。

第五十一章讨论道：

> 道生之，德畜之，物形之，势成之。是以万物莫不尊道而贵德。道之尊，德之贵，夫莫之命而常自然。故道生之，德畜之。长之、育之、亭之、毒之、养之、覆之。生而不有，为而不恃，长而不宰，是谓玄德。

第五十一章认为，"德"其实是"道"滋养万物派生出的功能。"道"生成万物，"德"畜养万物，但无论是"道"还是"德"对万物均不加干涉与控制，而是赐予万物自我生长的能力，万物从"道""德"那里获得了自我生长能力后，能够自由自在地成长运转。"道""德"对于万物的生长意义是绝对性的生成养育与相对性地赋予其自由成长作用的结合。这种绝对性的赐生与相对性的悠远作用，被称为"玄德"。

对于"玄德"，第十章又讨论道：

载营魄抱一，能无离乎？专气致柔，能婴儿乎？涤除玄览，能无疵乎？爱民治国，能无知乎？天门开阖，能无雌乎？明白四达，能无为乎？生之、畜之，生而不有，为而不恃，长而不宰，是谓玄德。

此章的后半段同样讨论了第五十一章所讨论的"道""德"的"玄德"功能："生之、畜之，生而不有，为而不恃，长而不宰，是谓玄德。"不过此章的前半段将"玄德"的功能从万物世界转向人类政治世界。《老子》认为，人类世界的运转也应当遵循宇宙的"道""德"精神中的"玄德"功能，既保持政权对国家和人民的绝对统治权，又注重统治过程中国家政权施加影响的相对性。国家并非对人民采取绝对掌控的方式来施行统治，而是赋予人民生产生活的相对自由。这种统治权的绝对性以及统治过程与统治方法的相对性相结合，才是更加完满的国家统治。国家在统治过程中的作用并非直接而绝对的，相反是间接而相对的。人民相对于国家政权应当拥有相应的自由权利。因此，此章认为，国家政权在施行统治时，应当遵守宇宙"德"的精神，采取间接而相对的作用方式，作用于人民，使得人民在"无为"和宁静（"雌"）的作用状态中接受国家的生长养育。

《老子》第六十五章同样探讨了国家治理中的绝对与相对相结合的"玄德"精神：

古之善为道者，非以明民，将以愚之。民之难治，以其智多。故以智治国，国之贼；不以智治国，国之福。知此两者，亦稽式。常知稽式，是谓玄德。玄德深矣，远矣，与物反矣，然后乃至大顺。

此章探讨道，国家统治者在治理人民时，"为道"即按照"道"的逻辑来治理国家，对国家保持绝对的统治权。但是这种绝对统治权的保持，却需要采取间接而相对的"道"的"玄德"精神：不要直接地传授人民用尽心机，而是对人民的淳厚朴实任其自然。国家也不要采取直接式的智谋统治，不要相信国家的政治智谋可以绝对地控制人民，而要赋予人民保持淳朴状态，顺其自然发展的自由。这种间接性的、相对性的统治方式才可以获得国家的长治久安。

在《老子》的哲学体系中，万事万物都是相对存在的，没有绝对准确的事物。因此，要想把宇宙所有事物分析得清楚明白，从而加以清晰控制，是徒劳的。《老子》认为，无论是治理国家，还是认识世界，都不能简单地采取绝对主义式的态度。第二章讨论了相对性的认识论意义：

> 天下皆知美之为美，斯恶已；皆知善之为善，斯不善已。故有无相生，难易相成，长短相较，高下相倾，音声相和，前后相随。是以圣人处无为之事，行不言之教，万物作焉而不辞，生而不有，为而不恃，功成而弗居。夫唯弗居，是以不去。

该章认为，美与丑（"恶"）是相对而生的，人们界定出了美，相对而生出了丑。人们界定除了善，就相对而生出了不善。"有"与"无"、"难"与"易"、"长"与"短"、"高"与"下"都是相对而生的，而不是绝对存在的。所以，治理世界的圣人，他们治理天下的方式是相对式的、间接式的，他们不直接对人民施加影响，"处无为之事，行不言之教"。从作用的方式而言是相对主义式的，但产生的结果却是绝对主义式的："万物作焉而不辞，生而不有，为而不恃，功成而弗居。夫唯弗居，是以不去。"万物（人民）自由生长而不受圣人的直接操纵，治理国家的功绩自然筑成，圣人却不考虑施加作用。正是因为圣人从不直接地施加作用，所以这一间接而悠远的"玄德"式的治国作用才可以真正地永存不灭："夫唯弗居，是以不去。"

尽管《老子》的创作年代距今久远，但其中所包含的宇宙理解与政治态度仍然值得我们分析继承。国家无论在对内对外政治活动中，都应当既强调国家主权的绝对性，又重视国家在管理方略上的艺术性与长远性。

《老子》在宇宙观中表现出绝对主义与相对主义的调和：既强调宇宙万物的规则性，也强调宇宙万物根源上的非规则性。因此，在《老子》的世界认识中，万物既是需要遵守规则的，又需要在遵守规则的同时看到宇宙万物和所有规则的相对性。这种绝对性与相对性的相互调和渗透进了《老子》的整个思想体系，也充分影响了中国古代的道家文化。《老子》认为，我们在认识世间万物时，都需要同时保持对绝对法则的遵守，以及对于宇宙相对精神的认同。法则是存在的，但不是绝对的，也不是任意的。治理国家和万物，该需要遵守法则时就需要遵守法则，该需要遵守精神时就需要遵守精神（"自然"）而相对舍去法则。治理国家和万物，需要同时保留规则与法则的绝对性，以及人民和万物的相对自由性，这也是《老子》的中庸主义治世态度。在《老子》道家宇宙哲学的影响下，道家政治哲学在政治实践中体现为统一集权与个体自由的中庸平衡，西汉早期的"黄老道家"正奠定了中华早期大一统王朝政治制度的基调。

思辨中的"道"

卓惠玲 *

内容提要： 思辨中的道是一种抽象的、独立的、包含实质内容的精神名词，万物依照道的规律运行。用思辨的方式研究道是人之为人本身的精神追求，更是用一种思维的力量对世界本质进行深入的探索，人要主动去从事精神性的神圣事业，扩展思辨的张力，追寻道的高深玄远。

关键词： 思辨 道 精神

《道德经》第一章就开宗明义："道可道，非常道；名可名，非常名。"从某种意义上来说，道的研究是一门很难的事情，因为道本身玄之又玄，它所处理的对象不是直观的看得见的题材，"道之出口，淡乎其无味，视之不足见，听之不足闻，用之不足既"。它不是感性的表象，而是一种纯粹抽象的存在，既然是抽象的概念，就只能通过思辨的方式对其进行研究，"道生一，一生二，二生三，三生万物"，道是"一"，这个能生长万物的抽象的"一"又是什么呢？我们为何要认知它？我们应该如何认识它？

一、何为思辨中的"道"

首先，道是一种抽象的存在，是作为一种概念的可能性与这个概念的实现的现实性相结合的一种统一。这个"道"这个概念是为何？且是如何在现实性中体现的呢？《道德经》载："有物混成，先天地生。寂兮寥兮，独立不改，周行而不殆，可以为天下母。吾不知其名，字之曰道。"老子的道，作为一种被设定之物，是一种先在的事物的结果。道是一种先于万物的必然，老子对于道没有给出正面的定义，从本原的角度来看，道是一种时间上的最先，在万物之前；道是万物之母，万物从道中来，最终复归于道。道是先在物的衍生，从道的特征无法给道下一个定义，道是

---

* 卓惠玲（1994—），厦门大学 18 级哲学系硕士生，主要研究方向：道学。

无形无踪等特征，但是仅仅停留在这个层面，我们就没有真正了解到这个道的含义。通过老子对道的特征的描述可知，道是"独立而不改，周行而不殆"，道的运行不依赖于外物，可见如果是偶然的道，它是取决于他物，而不是其自身，就犹如引力和斥力的关系一样，如果失去其中的任何一方，另一方将荡然无存。只有必然的道，它的存在才取决于自身。道不依赖于外物，道仍必须将其所从中派生出来的万事万物当作一个消失的环节包含在自身之内，道需要通过坐忘，堕肢体，黜聪明，离形去知，方可同于大通。因此，必然的道是一种存在，它是单纯的自身联系，在其中一切对于他物的依赖性都被消除了，就如"若夫乘天地之正，而御六气之辩，以游无穷者，彼且恶乎待哉？故曰：'至人无己，神人无功，圣人无名'"，道是无所待的，是独立的。

其次，道的各个阶段和环节是现实的事物，这些现实的事物有时也被认为是断裂的和暂时的，其包含于道的实质内容之中。"天地之间，其犹橐龠乎？虚而不屈，动而愈出"，天地万物运动无时无刻地进行着，"飘风不终朝，骤雨不终日。孰为此者？天地。天地尚不能久，而况于人乎？"现实的万物的存在是短暂的，不论是狂风暴雨还是人，都不能长久。那么道是如何与那些散乱的似乎没有内在联系的现实的分散的事物相关联？"道冲而用之或不盈，渊兮似万物之宗"，道是不可见不可触，但玄深莫测的道却是万物之宗。这从道的内容来看，道的对象好像遥不可及，又似乎近在咫尺，道的内容不是别的，一种是作为实质的内容，另一种是作为散乱的内容，道的散乱的内容就是现实的事物，其本身就是空无，它按照道的方式运行，因而转化为其否定物，这样，现实的短暂的事物和情况转化为一种条件，这种条件成了实现了的实质的道的内容，但是同时又被保持为最高的道的实质的内容。"道之为物，惟恍惟惚。惚兮恍兮，其中有象；恍兮惚兮，其中有物。窈兮冥兮，其中有精；其精甚真，其中有信"，道恍惚迷离，深远幽暗，道似乎是有物体有形象，但道中的精华的存在是肯定的，这种精华就是道的实质的内容。可见，万事万物是在道的最高原则支配下进行否定的转化，这个转化的过程将断裂的现实的事物包含于道的各个阶段之中。

最后，道包含的各个环节阶段的事物的内容和条件遵循稳定的、必然的规律运行。"道生之，德畜之，物形之，势成之。是以万物莫不尊道而贵德。道之尊，德之贵，夫莫之命而常自然。故道生之，德畜之。长之、育之、亭之、毒之、养之、覆之。生而不有，为而不恃，长而不宰，是谓玄德。"道是万物的本原，现实的事物所得道的一部分称为德，万物虽然形态各异、内容万千，但现实的事物各自之德有其自身的变化和发展的规律，都依赖于德的蓄养，遵循着道的规律，有一个从出生到成熟的变化过程。道生万物却不占有万物，蓄养万物却不以此自恃有功。可见，现实的万物从短暂内容到实质的内容的转换，再从实质的内容向向形式的条件运动，这些过程就是潜在的有规律的，是通过扬弃各种变化所拥有的实质而得到必然的运动。这个运动的规律就是："反者，道之动"，"反"意味着万物运动到一定的程度，物极必反，会向自己相反的方向转化，并且这个转化的过程是在不断地重复。

什么是思辨中的道？最简单的回答就道是探究万物本原的具有高尚实质的名词。

二、为何认识思辨中的"道"

为什么研究思辨之道？一方面，只要身而为人，我们就有对精神层面的高度热忱的追求，但是熟知并非真知，因为我们习以为常的东西，轻而易举得到的认知可能会阻碍我们进行进一步的探索研究。"五色令人目盲，五音令人耳聋，五味令人口爽，驰骋畋猎令人心发狂，难得之货令人行妨。"如果顺从眼耳鼻舌身意的欲望，习惯性地过度沉迷于物质层面的占有，对于生活缺乏应该有的洞察和反思，就必然不会去思考精神层面的运行。

另一方面，为何研究思辨中的道，涉及道的研究是否有用的问题，这个"用"取决于人们对它的研究停留在什么层次的探索及其所要达到的目的。

第一，从道的内容来说，可以通过对思辨之道的研究获得认知世界的本原及其运行的方式，尤其是拨开迷雾现象之后达到对于事物真实本质的洞悉，并且能对现实的世事予以一定的指导。一方面，"将欲歙之，必固张之；将欲弱之，必固强之；将欲废之，必固兴之；将欲夺之，必固与之，是谓微明。柔弱胜刚强"。对道的运行规律有了一定的了解之后，知晓社会斗争中相互转化的必然，见微知著，以柔克刚，方能处于有利之势。另一方面，为人处世依道而行能复归自然。人不能有过多的贪欲："名与身孰亲？身与货孰多？得与亡孰病？是故甚爱必大费，多藏必厚亡。知足不辱，知止不殆，可以长久。"学会知足，就不会受到屈辱，适可而止就不会有危险，一个人若是想要的太多，"反者道之动"，结果比完全没做还坏，只有一个人严格限制自己的过度的行为，"见素抱朴，少私寡欲"，以朴作为生活的指导，朴就是璞，通过涤除玄览，能返璞归真，复归于婴儿。为政治国依道而行能天下太平，"道常无为而无不为，侯王若能守之，万物将自化。化而欲作，吾将镇之以无名之朴。无名之朴，夫亦将无欲。不欲以静，天下将自定"。在上位者若能洞悉世间万物的运行之道，依道而无为，最终能达到无所不为。道生万物不受任何的意志支配，是自然而然的，故此顺应天道不妄为就能够有所成。

第二，从道的形式来说，它不仅仅是某种现实层面有用的指导，如果作为最高尚、最自由、最独立的东西就是一种世事的现实指引，那么道确实可以被认为是一种有用的东西，不过道的用处，必须另加评估。一方面，道是抽象具有实质的名词，道的实质内容——道的形式，是一种思辨的威力，对道的探索就是精神层面上的对世界的本质的追问。道是独立的、必然的，道又是其所是，不掺杂主观性的东西，脱离了现实种种羁绊，对现世的感性材料加以剔除，舍弃内外的感觉和特殊的兴趣，探索自由自在的未知的世界。"载营魄抱一，能无离乎？专气致柔，能婴儿乎？涤除玄览，能无疵乎？爱民治国，能无知乎？天门开阖，能无雌乎？明白四达，能无为乎？"

另一方面，万物遵从道的规律而运行，"从事于道者，道者同于道，德者同于德，失者同于失。同于道者，道亦乐得之；同于德者，德亦乐得之"，老子认为道的形式的必然性与神圣的理智的原则并不是相互排斥的，这种必然性的观点使人的情感和行为都表现出更加坦然和豁达的方式面对世间一切的变化，没有任何内心的波澜，因为某物所发生的事也是应其所是，没有对立、痛苦、悲伤，以一种极冷静的态度和理智的思辨追探万物和道本身。

三、如何认识思辨中的"道"

如何认识思辨之"道"？从态度来说，可能有人会说："人是否有能力去认识道？"在有限的人和无限的道之间如何架起沟通的桥梁？这种对道的认知的渴望和谦虚的态度相矛盾，还有一些人超乎寻常地自信，认为道就存在于呼吸之间，一开始就相信与生俱来的道，这种认为道是达到生活目的的一种工具，这也妨碍了对道的本质的研究。此外还有一种漠视对于道的研究，认为道的研究不过也是一些没有意义的东西，一切都是虚幻的，道的研究也仅仅是主观的幻想。更有一种懒惰的心灵阻碍对于道的研究，这些人认为生活本身就是具体的经历，没有需要超出现象的本身对此加以思考，想太多只是多余的冗杂，只要学习具体的知识和技能，可以自力更生，循规蹈矩地生活就行。但是人，具有自己精神上的追求，有思辨的潜力和能力而愿意去从事探索神圣事物的事业，不仅仅满足于具体的堆积起来的外在知识。

从途径来说，只有精神才能与精神对话沟通。道虽然是作为一个思想层面上的概念，本身是一种主观、任意和偶然的思想，不是现实和真实的东西。但也只有是作为思想性的道才能到达纯粹的、至高无上的精神实质，因此，只有通过思想的思辨才能认识道，虽然有人说凭借感觉就可以认识道，但是感觉的内容和感觉的形式又是另外一回事，具体的感觉的内容达不到感觉的形式的高度，因此，道的实质的内容只有在精神的思辨中才能够把握规律的真谛，故此，思辨的思想是把握独立的永恒的绝对的道的唯一方式。正所谓"人法地，地法天，天法道，道法自然"，人们只有先对天地自然的关系做了一个思辨的、逻辑的、严谨的、系统的界定之后，然后才能有所遵从。

　　思辨中的思想或许在某些科学看来，可以是具有阳春白雪的高贵也可以是像下里巴人的平庸，有人认为人稍加思考就能达到道的境界，就宛如人无须研究生理学也可以消化一样，对于道的思考不需要经过特殊的训练，就算是经过了特定的思辨的训练，也只不过是解决问题的方式多了一些，但也不会有实质的进展。但是思辨作为研究道的方式，具有很高的地位，只有在思辨中才能产生思想及其思想的产物，脱离具体的感性世界，达到道的自由高远、玄之又玄的超感官境界。这样，才回到道的最真实的状态，"道可道，非常道；名可名，非常名。无名天地之始，有名万物之母。故常无欲，以观其妙；常有欲，以观其徼。此两者同出而异名，同谓之玄，玄之又玄，众妙之门"，但此时经过思辨的道已经是一个螺旋式的上升之后的道。

老子"道即自然规律"思想释辨

蒋九愚　刘敏艳*

内容提要：关于老子"道"的理解，主要有三种不同思路，一种是形而上学一元论的思路，将"道"理解为宇宙万物之本体，或自然法则等，一种是客观的多元论思路，认为老子的"道"蕴含着形而上与形而下的多层意义，一种是境界形态形而上学的思路，认为老子的"道"是主观的精神境界，老子赋予"道"以客观性、实在性，只不过是一种姿态。对老子"道"的理解，应该坚持主观与客观综合的思路。老子之"道"具有实然和应然的双重内涵，作为客观实然意义上的"道"，它决定了宇宙万物生存发展的基本秩序，作为主观应然意义上的"道"，它提供了人类应该遵循的最重要的价值和修养原理。"道"不是西方认识论上的自然规律。

关键词：老子　道　自然规律　释辨

"道"是老子《道德经》的核心观念，也是最高哲学范畴，人们对"道"的理解却有种种不同的意见。

一、关于"道"含义的三种解读思路

综合目前学界已有研究成果，关于老子"道"理解的不同说法，大致归纳起来，主要体现三种不同的解读思路。

第一、客观的形而上学的一元论的进路，"道"即宇宙万物之本体或原理或自然法则等。上述解读思路，在中国学术界影响很大，应该首先归功于胡适先生。胡适先生说："老子的最大功劳，在于超出天地万物之外，别假设一个'道'。这个道的性质，是无声、无形；有单独不变的存在，又周行天地万物之中；生于天地万物之先，

---

　　*　蒋九愚（1972—），江西师范大学宗教研究所所长、政法学院教授、哲学博士。主要从事中国哲学与中西哲学比较研究。刘敏艳（1997—）江西师范大学马克思主义学院中国哲学专业硕士研究生，主要从事中国哲学研究。

又却是天地万物的本源。"① 在胡适看来，"老子的'天道'，就是西洋哲学的自然法
（Law of Nature）"②。刘笑敢先生高度评价胡适首次将西方哲学的方法运用到研究中国
哲学，在方法论上对后来中国哲学研究影响很大。他说："道是宇宙本体、是原初物
质、是绝对观念、是精神实体、是原理或规律等等，这是二十世纪以来最为常见的
说法。这种解说滥觞于胡适。胡适是把中国哲学史的研究引向现代方法的第一人。"③
但是，胡适借用西方哲学的概念来理解、诠释中国哲学、老子哲学的"道"，往往无
法把握中国哲学、老子哲学的真谛。刘笑敢批评说："他（按：胡适）是中国近代以
来第一个以西方哲学的概念研究中国哲学史的。这是中国哲学史的研究走向世界、
走向现代的开端，从此，以西方哲学史道德概念来解说中国哲学史上的语词就是无
可避免的趋势。这才使得中国哲学史界有可能与西方对话交流，有可能让中国哲学
走入其他民族文化中去。然而，与此同时，也出现了简单化的问题。以西方哲学的
理论框架剪裁、改组中国古代哲学的理论体系，用西方哲学的概念改铸中国古代的
哲学语汇，这样往往无法全面把握中国古代哲学概念的真谛，如实体、本体、物质、
精神、规律这些概念无论如何也无法反映出道的丰富和复杂的内涵，这样也很容易
把中国古代哲学中的精华漏掉丢失，如工夫论或修养论、整体观念和知觉体验等内
容。"④

后来的学者不少受到胡适的影响，把老子的"道"理解为总原理、总规律等。
冯友兰先生说："古时所谓道，均谓人道，至老子乃予以道以形上学的意义。以为天
地万物之生，必有其所以生之总原理，此总原理名之曰道。"⑤ 冯契先生说："道是世界
统一原理，也是宇宙的发展法则。"⑥ 张松如先生说，"道有时指物质世界的实体，即
宇宙本体"，"在更多场合下，是指支配物质世界或现实事物运动变化的普遍规律"⑦。
上述解释，都是把老子的"道"看作一元的客观存在或客观实有。

第二，客观的多元论的思路，老子的"道"蕴含着形而上与形而下的多层意义。
严灵峰先生把老子的"道"分为道体、道理、道用和道术四个方面进行阐释。"道"
是形而上的实体，具有宇宙生化的功能；"道"是宇宙万物生存转化的必然规律；"道"
是人生守道修身所应该遵守的应然法则；"道"可以运用到政治军事上，以为治国之

---

① 胡适：《中国哲学史大纲》，上海：华东师范大学出版社，2013年，第38页。
② 胡适：《中国哲学史大纲》，第43页。
③ 刘笑敢：《老子：年代新考与思想新诠》，台北：东大图书公司，2015年，第184页。
④ 刘笑敢：《老子：年代新考与思想新诠》，第187—188页。
⑤ 冯友兰：《中国哲学史》上册，北京：中华书局，1984年，第218页。
⑥ 冯契：《中国古代哲学的逻辑发展》上册，上海：上海人民出版社，1983年，第121页。
⑦ 张松如：《老子校读》，长春：吉林人民出版社，1981年，第8页。

术和兵略。①熊铁基先生认为:《老子》的"道"究竟是什么意义? 比较一致的看法是,有几个方面的意义。首先是作为天地万物的根源,其次是讲事物发展的规律,第三就是讲生活的准则,属于伦理道德的范围。②

第三,境界形态形而上学的思路,老子的"道"是一种主观精神境界,老子赋予"道"以客观性、实体性,只不过是一种姿态而已。牟宗三先生及其忠实弟子蔡仁厚持有这种观点。牟宗三先生说:

> 道家从作用上透出"无"来,即以无作本,作本体,从这里讲形上学,讲道生万物,这个"生"是不生之生。虽言"道生之,德蓄之",这个生不是实有层次上(按:相对于作用层次)肯定一个道体,从这个道体的创造性来讲创生万物。③
>
> 道之生万物,既非柏拉图之"造物主"之制造,亦非耶教之上帝之创造,且亦非儒家仁体之生化。总之,它不是一能生能造之实体,它只是不塞不禁,畅开万物"自生自济"之源之冲虚玄德。而冲虚玄德只是一种境界。故道之实现性只是境界形态之实现性,其为实现原理亦只是境界形态之实现原理,非实有形态之实体之为"实现原理"也。……而道之为体为本,亦不是施以分解而客观地肯定之之存有形态之实体也。故其生成万物,亦不是能生能成之实体之生成也。④

二、"道即自然规律"质疑

关于老子之"道"属于唯物主义的自然规律的说法,影响很大。詹剑峰先生坚持唯物主义一元论的思路,驳斥关于老子之"道"的种种唯心主义说法,强调指出老子之"道"就是"整个自然及其变化的总规律"。⑤细读《道德经》,我们发现老子的兴趣并不在于超乎经验的抽象的逻辑思辨,也不在于探讨和总结自然与宇宙的客观规律,他所关注的是现实的人生问题。老子在阐述自己的思想时,涉及不少自然现象和自然规律,但"不过是借自然以明人事而已,并非对自然知识的真正研究或总结"⑥。我们不能因老子认识到一些自然现象和自然规律,便说老子的超越之道就是自然规律,不能把老子的学识和其思想主张混同起来。今人陈鼓应先生不赞成老子的道之全部含义是"自然规律"。他认为老子的"道"有三层意思:一是实存意义的

① 严灵峰:《老子研究》,台北:中华书局,1966年,第378页。
② 熊铁基等:《中国老学史》,福州:福建人民出版社,2005年,第29页。
③ 牟宗三:《中国哲学十九讲》,上海:上海古籍出版社,1997年,第137页。
④ 牟宗三:《才性与玄理》,桂林:广西师范大学出版社,2006年,第139页。
⑤ 詹剑峰:《老子其人其书及其道论》,武汉:湖北人民出版社,1982年,第185页。
⑥ 李泽厚:《中国古代思想史论》,合肥:安徽文艺出版社,1998年,第97页。

道，二是规律性的道，三是生活准则的道。① 但他仍然主张自然规律是"道"的重要内容。老子所主张的"道"究竟是不是自然规律？我们先分析陈鼓应先生认为"道"是自然规律的几个例子。

老子说："不窥牖，见天道。"②（四十七章）陈鼓应先生认为此处的"'天道'即指自然的规律"③。众所周知，自然规律是不以人的主观意志为转移的客观存在，但自然规律是可以认识的。只有在不断地感性实践基础上，反复思考，去伪存真，才能正确认识自然规律。老子恰恰相反，反对感性实践，主张"塞其兑，闭其门"（五十六章），"其出弥远，其知弥少"（四十七章）。既然"不窥牖"，何以去认识自然规律？此处的"天道"若作自然规律去理解，则与"不窥牖"自相矛盾。老子自觉区别了"为学"与"为道"的差别："为学日益，为道日损。损之又损，以至于无为，无为而无不为。"（四十八章）在老子看来，对"道"的把握不能依靠经验知识的增加，恰恰相反，对"道"的把握需要减少经验知识，因为"道"无法依赖人的感性经验和理性思维去把握，"道"不属于自然规律，所以把握"道"或认识"道"的方法自然不能采取建立在感性认识和理性认识基础上的"为学"方法，而只能采取超越感性认识、理性认识的"涤除玄览"（十章）的直觉主义方法。"道"不属于自然规律，属于崇高的生命精神境界，而生命精神界的获得，主要依靠的是生命体验，而不是经验知识和逻辑思辨。

老子说："天之道，不争而善胜，不言而善应。"（七十三章）又说："天之道，其犹张弓与？高者抑之，下者举之；有余者损之，不足者补之。天之道，损有余而补不足。"（七十七章）陈鼓应先生将此两处的"天之道"解释为"自然的规律"④，似有不妥之处。若天道是客观的自然规律，那么它应该自生自成，自然而然，没有人的情感好恶，而老子为什么说它"善胜""善应"？按照自然法则，自然界的"不足"和"有余"是一种自然存在的现象，依照自然无人为造作和无所偏爱的观点，"不足"就应让它"不足"，"有余"就应让它"有余"，为什么要"损有余而补不足"呢？实际上，这里的天道并不是自然界的自然律则，而是人文价值的应然原则。

老子说："天道无亲，常与善人。"（七十九章）陈鼓应先生认为："'天道无亲'，是说自然的规律没有偏爱。"⑤ 既然"天道"没有偏爱，老子又怎么说它"常与善人"呢？詹剑峰先生认为"老子有见于自然界依一定的规律而行，社会现象当亦不能例

---

① 陈鼓应：《老庄新论》，上海：上海古籍出版社，1992 年，第 4—13 页。
② 凡引《老子》只注章次，《老子》版本参考陈鼓应：《老子注译及评介》，北京：中华书局，1984 年。
③ 陈鼓应：《老庄新论》，第 21 页。
④ 陈鼓应：《老庄新论》，第 23 页。
⑤ 陈鼓应：《老庄新论》，第 24 页。

外，所以政治亦应依照其自然的规律以进行。"① 事实上，老子并不主张效法一些自然现象和自然规律，反而加以否定。老子说："故飘风不终朝，骤雨不终日。孰为此者？天地。天地尚不能久，而况于人乎？故从事于'道'者，同于'道'。"（二十三章）老子明白"飘风不终朝，骤雨不终日"这种自然现象和自然规律，但它违背了老子所主张的至长、至久的"道"，所以老子批评这种自然现象。老子说，域中有四大，"'道'大，天大，地大，人亦大"，又说"人法地，地法天，天法道，'道'法自然"（二十五章）。细细体味，老子在这里旨在要表达"道"的超越性，"道"要超越天大、地大和人大。天大、地大是种客观的自然存在："天地所以能长且久者，以其不自生，故能长生。"（七章）但是，天大地大，天长地久，毕竟是一种有限的存在（在老子眼里，自然界不是无限的而是有限的），"道"要超越这种有限而达到至长、至久、至大和绝对无限的道境。域中四大，唯有"道"至大，人不能效法天地自然界，只有"从事于道者"，才能"同于道"，与"道"一样至长至久，从有限进入无限。老子主张"道法自然"，此处的"自然"并非指人之外的自然界及其规律，而主要是一个人文价值范畴，关系到人的生命价值和意义。

老子说："物壮则老，是谓不道，不道早已。"（三十章）按理言之，"物壮则老"是人无法抗拒的自然规律。老子对"物壮则老""兵强则灭，木强则折"（七十六章）这种"物极必反"的自然规律认识深刻，但他不赞成这种"物壮则老"的自然规律，说它"不道"，违背了"道"的本性。这说明老子所提倡的"道"并不是自然规律，或者至少说不能用自然规律去概括"道"的全部含义。

老子的"道"并不是自然界的因果规律，也不仅仅是自然界的原始本体，而实际上可以说是一种实现了的人生本真状态，也就是生命精神境界。《老子》一书中确实涉及一些自然现象和自然规律，这反映了"周守藏室之史"的老子学识渊博，但不表明老子绝对赞同这种自然现象和自然规律，并不表明老子有一种探索自然现象、研究自然规律的态度和追求，让自己所主张的超越之"道"去效法自然规律。正如有学者指出："在《老子》中呈现出来的自然是我们日常经验所感受到的自然，书中也有对于自然的观察。书中特别关注自然的二元对立性质——男性与女性、黑暗与光明、柔弱与刚强、硬与软、动和静，这些都使我们想起阿拉克西曼德和赫拉克利特也有过类似的关怀。这些观察和观念有可能出自那个时代知识分子世界中广为接受的流行的自然观。然而，对于上述段落的检查表明，这些论点不是仅仅发表一种'科学观察'的论点。没有任何证据（我们在《墨子》一书中能够发现许多此类证据）

---

① 詹剑峰：《老子其人其书及其道论》，第 208 页。

能证明，《老子》的作者具有为了技术目的而运用科学知识的任何冲动。"[1] 老子的道论并非建立在客观的自然知识以及自然规律基础上，而是一项人文价值原则，一种人生愿望，借以安排和解决人生的种种问题、社会的种种问题，将人的精神生命不断地向上推展，向前延伸，以便与宇宙精神相契合。当然，不能说老子超越之"道"纯粹是主观的精神状态，"道"具有普遍性、客观性和实存性。

三、评价与结论

如何理解老子的"道"？应该坚持主客观综合的思路。从发生学上讲，可以说老子的"道"是一种主观心境，但是不能由此轻视"道"的客观性、实体性，不能将老子之"道"的客观性、实体性一概而论地视为客观"姿态"。学术界多偏重于客观的宇宙论（本体论）思路去解读老子之"道"，结果把老子的"道"理解为物质实体及其普遍规律，或把老子的"道"理解为客观的类似于黑格尔的"精神实体"。事实上，可以说："老学的动机与目的，并不在于宇宙论的建立，而依然是由人生的要求，逐步向上面推求，推求到作为宇宙根源的处所，以作为人生安顿之地。因此，道家的宇宙论，可以说是他的人生哲学的副产物。他不仅要在宇宙根源的地方来发现人的根源；并且是要在宇宙根源的地方来决定人生与自己根源相应的生活态度，以取得人生的安全立足点。"[2] 理解老子的"道"论（宇宙本体论），必须紧紧扣住老子的人生论、生命论，否则就容易陷入客观主义的思路陷阱，不能真正领会老子建构宇宙本体论的精神价值旨趣。牟宗三先生独辟蹊径，把老子之"道"理解为纯粹的主观精神境界，强调"道之实现性只是境界形态之实现性，其为实现原理亦只是境界形态之实现原理"，揭示了老子建构宇宙本体论的真实目的，其观点独到深刻，但其结果由客观主义走向了主观主义，却走向了另一个极端，忽视了老子之"道"的客观实在性和绝对普遍性。赞同牟宗三先生思路的蔡仁厚先生解释老子"道即无"时候说："'无'乃万物之'始'之'本'，此'本'即是'道'……'无'并非一实有之体，没有一个东西叫做'无'，所以'无'只是一个境界（化掉造作不自然，即是"无"的境界）。"[3] 这完全把老子之"道"彻底主观化了，成为一个主观境界。老子之"道"，从内涵上说，可以说是"无"，但是此处的"无"依然具有客观实存性，"'无'是一种与任何一种能被命名的、确定而有限的实体、关系和过程都无法对应的实在。然而它显然是'真实的'，并且是一切有限实在的根源"[4]。

---

① 本杰明·史华兹：《古代中国的思想世界》，程钢译，南京：江苏人民出版社，2004 年，第 212 页。
② 徐复观：《中国人性论史（先秦篇）》，上海：上海三联书店，2001 年，第 287—288 页。
③ 蔡仁厚：《中国哲学大纲》，长春：吉林出版集团有限责任公司，2009 年，第 32—33 页。
④ 本杰明·史华兹：《古代中国的思想世界》，程刚译，第 206 页。

刘笑敢先生认为:"不应该把老子之道归结为一种或简化为本体论或宇宙论,也不应该把它归结为主观境界或价值基础。我们认为老子之道既有客观实有的意义,也有价值基础的意义。从我们现代人的二元论的眼光来看,这是完全不同的两个方面,但在老子的时代,这二者完全可以是一回事。唯其道有客观实有的意义,它才有资格成为人类行为的楷模,成为人类之价值的权威性支持和绝对根据,如果抹杀了或削弱了道之客观实有的意义,也就削弱了道的价值意义。"[1]对老子之"道"的理解,需要打破主客二元论的思路,不能单纯地从客观主义或主观主义去理解。老子之"道"具有实然和应然的双重内涵,作为客观实然意义上的"道",它决定了宇宙万物生存发展的基本秩序,作为主观应然意义上的"道",它提供了人类应该遵循的最重要的价值和修养原理。

在老子那里,"道贯通于宇宙、世界、社会与人生之间,显然不是自然规律。我们也不能说它是自然与社会的共同规律。这是因为一方面,按照现代学术的要求,决定自然界的客观规律与人类社会中的规范性原则不应混为一谈;另一方面,规律总有其可以重复和可以预见的具体内容,并可以通过理性及实验的方法去把握。按照客观规律,只要符合某些条件,必然会出现某种现象或结果,道作为万物的根据却没有这样的具体内涵。[2]"

---

[1] 刘笑敢:《老子:年代新考与思想新诠》,第198页。
[2] 刘笑敢:《老子之"道"——超越并兼容宗教与科学》,苑淑亚编:《中国观念史》,郑州:中州古籍出版社,2005年,第274页。

老子美学思想研究

老子美德伦理探析

陈　明[*]

内容提要：老子提出道是德的来源，是形而上的道在形而下的落实与体现，是万事万物内化于性的本质，故人亦秉道而生。故活出道性是老子所提倡，也应该是世人所追求的人生目标。在活出道性的人生旨趣上，老子倡导回归人的本性、本真和真我，让人在心理和精神上不断超越自我和外在环境的影响。在这种状态下，人的道德意识萌发，道德情感纯粹、真挚且稳固，不受外界环境的影响和干扰而发生改变，人的外在道德行为是对人纯粹道德意识的表达。这种由人纯粹意识深处而发的道德情感，符合每个人的内心，最易感动人，也最易被人所接受，这种道德情操修养不仅能给人的心理、精神带来巨大的改变，而且也能影响人的生理。所以，老子之道德情操源自人内在意识深处的真性，故道德感真诚且真挚，能利万物，堪称美德。

关键词：老子　美德　慈

基金项目：湖南省社科基金项目"道家美德伦理研究"（18YBA091）

儒道思想同出而异名，都来源于中国优秀传统文化，但思想主旨却有不同，对事物的认知也存在视角上的差异。在人的伦理道德培育上，儒家强调伦理教化的重要性，圣人是先天承载教化职责是使命文人，是普通人学习和聆听的对象，但非普通人所能及，圣人与普通人之间存在不可逾越的鸿沟。然而，道家虽不直言道德、仁义，却依然和儒家一样非常推崇道德。"今夫儒者高仁义，老氏不言仁义，而未尝不用仁义。儒者蹈礼法，老氏不言礼法，而未尝不用礼法。"[①]只是老子所言之德来自道，人修道即是修德，修德即是修道。道内化于性，只是受人之身心欲望而牵制，

---

　　[*]　陈明（1980—），湖南第一师范学院教授，主要从事道家道教研究。
　　[①]　老子：《吕祖秘注道德经心传》，吕岩释义，韩起编校，桂林：广西师范大学出版社，2014年，"旧序"，第2页

压抑，久而久之，人必背道而驰，背道而驰也就背离了人的本性、本真。所以，老子提倡道回归，或是让内在的道性显现。这一路径发展在心理学的表达即是从"小我"向"大我"的转变，从自我意识向更高精神境界的发展转变。毋容置疑，这种转变是人生价值观的改变，同样也影响人的伦理道德观，符合道性的"大我"之德发自人的本性，纯粹而又纯真，不计名利，不计回服，只是出自人之真善美的真意。

一、道是美德的来源

"道"是老子哲学思想的核心，也是世界的本原。然而，"老子书中与道并称的另一个概念是德。德是道的功用和品格"①。在道与德的关系上，老子强调"道"是"德"的来源，"德"是形而上的"道"在形而下的体现与落实，是道的品格和功用。"道生之，德畜之，物形之，势成之。"（《道德经》第五十一章）道是整体，德是道的分化，或如管子所言："德者道之舍"（《管子·心术上》）。张岱年先生也指出："德是一物所得于道者。德是分，道是全。一物所得于道以成其体者为德。德实即是一物之本性。道与德是道家哲学之最根本的二观念。故道家亦称为道德家。"② 因此，道生万物，而德畜养万物，"德是道之功能的具体体现和落实"③，"是以万物莫不尊道而贵德"。"道与万物和人的最大区别，就是道有生育长养万物的大功而又不自居其功。"④ 万事万物乃道之所生，德之所养，因此万事万物尊道贵德是自然而然之事。老子认为尊道贵德更重要的原因在于"道之尊，德之贵，夫莫之命而常自然"。自然并不是指大自然或自然界，而是老子乃至道家的最高价值理念，是万事万物存在的一种正常生存状态。

所以，无论是老子还是道家，都倡导尊贵德，全性葆真。道生万物，而德是道在万事万物中的体现和存在状态、是万事万物存在的内在本质属性，也是人的内在本质属性。因此，尊道贵德成为必然，人的思想和行为符合德性也是自然而然的体现，也是体道、悟道的必然要求。道生万物，"德"是"道"的自然流露，这种德所表现出来的第一个主要品质就是不求回报的无私之爱，因此，"道施恩于万物而不求报答，也不因有功而欲图主宰万物，因此而得到万物的尊敬"。当然，德是道的落实与功用，也是万物本来如此、通常如此的内在本质属性，或是说爱是事物存在的基本状态，是具体事物存在的应有状态和内外在本质属性"自然而然"的流露和表现。"故道生之，德畜之，长之育之，亭之毒之；养之覆之。生而不有，为而不恃，长而

---

① 王卡：《道家与道教思想简史》，郑州：中州古籍出版社，2019年，第4页。
② 张岱年：《中国哲学大纲》，北京：中国社会科学出版社，1982年，第24页。
③ 刘笑敢：《老子古今》，北京：中国社会科学出版社，2006年，第506页。
④ 王卡：《道家与道教思想简史》，第4页。

不宰，是谓玄德。"德是形而上的"道"在形而下的彰显，是将爱内化于心、内化于性的本质特性。由此，在道德教育上，道之爱是无条件的，老子乃至道家倡导德是人的内在品格、品性，是人之本真、本心之爱的自然流露，而非外在教化而成，亦非外在强加。从伦理视角来看，老子美德伦理非义务论，非功利主义，亦不强调道德是上天所赋予，而是强调道德内生、内育，或是由道之所赋，因此，尊道必然贵德。

二、老子美德伦理内涵

在伦理道德上，老子所倡导的核心思想主要是提倡道德，指示人心。老子明确提出其有三宝："一曰慈，二曰俭，三曰不敢为天下先。"（《道德经》第六十七章）老子思想中的"慈""俭""不敢为天下先"构成了老子美德伦理体系的丰富内涵。

道生万物，道与万事万物之间是母子的关系，道爱万物是母爱。"慈"作为老子三宝之首，由道所发犹如母亲般的慈爱，不仅有仁爱、博爱之意；同时还蕴含着"平等、公正、仁义"的美德观念。"慈"表达的是"爱"，是道对万事万物的仁爱，蕴含的是道家无私的博爱思想。"慈"表现为本能地爱一切的人、一切事物的博爱思想。在老子哲学思想中，道是本原，万事万物由道而生。因此，"道生万物"，自然"道"也慈爱万物，这也是自然而然的，这也是本能的。正是因为道生万物，而又慈爱世间万事万物，自然而然就能视"万物平等"。这种无私、平等的爱是顺其自然的，也是发自内心的、真心的，不求回报的。所以，"道如慈母，其生养万物是自然无私的行为，而非有意的作为。道施恩于万物而不求报答。也不因有功而欲图主宰万物"[①]。因此，老子提出"天地不仁，以万物为刍狗""圣人不仁，以百姓为刍狗"等语言以阐述其平等对待万事万物的理念。不仁并非反仁爱，而是强调不偏爱、不偏袒、不偏私，倡导平等、公正地看待万事万物。正是因为道能真正慈爱万事万物，并平等地看待万事万物，那么，"道"自然而然就能做到因爱而公正。老子以天地运行规律喻道之公平、公正而无偏爱，"天地相合，以降甘露，民莫之令而自均"（《道德经》第三十二章）。同时，"慈仁，则心无私曲，见义必为，故能勇"[②]。然而，老子的慈爱思想不仅仅停留在无私、平等、仁义、公正等观念上，老子更强调乐于奉献和成就他者，"圣人欲不欲，不贵难得之货；复众人之所过，以辅万物之自然而不敢为"（《道德经》第六十四章），在这里，老子强调慈之大爱、平等，同时还提出这种无私之爱还能为万物的成长与发展牺牲自我，奉献自我，能为万事万物的发展和成长搭建平台、创造机会，即使成功了也不据为己之功劳。所以，老子之慈所蕴含的爱、平等与牺牲都是出自内在本心、真意而非外在教化或强加所成，乃是内在情感的自

---

① 王卡：《道家与道教思想简史》，第 4 页

② 老子：《吕祖秘注道德经心传》，吕岩释义，韩起编校，桂林：广西师范大学出版社，第 239 页

然流露与自我表达。道家另一位代表人物庄子更是提出"至仁无亲"（《庄子·天运》），倡导爱人爱物要超越自我、超越伦理，而发自内心、真心。所以，慈，是一种大爱，更是一种境界，这种境界只能是对道的体悟后而发自内心的、本真的道德情感流露。

"俭"蕴含着质朴、本真、素朴、纯净等自然美德，是纯粹的善。老子将"俭"赋以极高的伦理价值和内涵。"俭"在老子哲学思想中所体现的不仅仅是美德，而且还是老子哲学思想体系中关于人之本性的基本要求。老子认为，"人法地，地法天，天法道，道法自然"，道是万物之本质，也是人之本性，然而，"道常无名、朴"。道的特性就是质朴、朴素，因此，人的本性也是天然朴素的。朴，意味着纯洁、简单、本真而无私心杂念。老子乃至道家"对源自'道'的本朴人性是持肯定评价的，认为'朴'是一种最高的善，将保持这种真朴的人性视为人生的理想境界，因此，主张返朴归真"。①俭是老子对人之本心、本真的固守和回归，陈鼓应先生对老子人性本朴的道德修养论认为："人性本是朴素自然的，并不受也无须受任何道德观念的制约，甚至也不知道仁义礼智等道德规范为何物。人的行为若是出于这样的本性，便与大道自然相合，虽不知道德为何物，却又是最道德的。"②朴是万事万物本质的体现，所以，老子在道德修养上倡导"见素抱朴，少私寡欲"、倡导"大丈夫处其厚，不居其薄；处其实，不居其华"以及倡导"复归于朴"等等。老子倡导人性本朴的理念主要针对的是老子所处社会时代一些人对行善只取其名而去其实所提出的观点和看法。"'见素抱朴'是老子针对当时社会的道德状况提出来的，是一种矫正时弊的自我修养方法。"③在老子看来，"人的本性是纯朴无邪的或先于世俗的道德，而仁义礼法等外在规范控制和压抑人的纯朴本性，失其常然"④。这也就是老子"绝仁弃义""绝圣弃智"的真意，去其杂念，回归本真。所以，老子反对道德伪善，认为道德伪善是对人之本性的违背和扭曲，从而提倡去伪、去诈、去奢等等，克制人心之矫饰、巧诈以及过度的欲望等负面影响而呈现出人的本真、真性与真朴，活出本来的样子，老子以"如婴儿之孩""复归于婴儿"等表述形象地比喻人之道德修养要培育出人纯净、无邪、天然素朴的本性，这就是老子"道法自然"的最高价值追求。

"不敢为天下先"是老子谦虚不骄的道德表现，其蕴含的美德有谦下、不争、与人为善、无己无私、为他人奉献等美德观念。谦卑、不争既是老子对"道"之体悟和遵循，是老子所提倡的事物之间的基本秩序，当然也是老子哲学思想中为人处世

---

① 吕锡琛等：《道学健心智慧：道学与西方心理治疗学的互动研究》，北京：中国社会科学出版社，2008 年，第 61 页。

② 陈鼓应、白奚：《老子评传》，南京：南京大学出版社，2001 年，第 254 页。

③ 陈鼓应：《老子评传》，第 254 页。

④ 吕锡琛：《道学健心——道学与西方心理治疗学的互动研究》，第 134 页。

的基本原则。老子以"知其雄、守其雌"、"柔弱胜刚强"等让人意识到自己的不足，告诫人不可骄傲，并倡导自我约束。老子非常倡导自我修养、自我约束的力量和效果，如老子倡导"自化""自定""自均""自宾""自仆"等等；并同时从正反两方面论述了自我约束与自我骄纵之间的利弊，并告诫人们："自见者不明，自是者不彰，自伐者无功，自矜者不长"。老子极力提倡自我克制、自我约束，并指出克己反而更能获益，如"不自见，故明；不自是，故彰""不自伐，故有功""不自矜，故长""夫唯弗居，是以不去"等等。当然，老子提倡自我约束更重要的目的不是在于获得奖赏，而是倡导一种和谐与秩序，这种秩序是"不允许整体中的某些个体无限制地膨胀而影响其他个体的生存和发展"①。在老子看来，个体保持一种谦虚、谨慎的态度不仅能维护好整体利益的和谐与秩序，而且有助于个体利益的保护和实现。老子以水之品性形象地形容"不敢为天下先"的美德，"上善若水。水善利万物而不争，处众人之所恶，故几于道"（《道德经》第八章）。"上善若水"是老子所推崇的人格境界之典范，所体现的是德、才、能三者有机统一。其一，水极其重要，乃生命之源，滋润万物；其二，水蕴含着无穷无尽的势能，水无坚不摧，这些都是水能力的表现。然而，水如此重要且力量无穷，水却是世间最柔弱之物，水常以处下、谦卑、不争等态度以示世人，以"无为""不争"作为行事基本原则和美德修养，并由内而外地散发着优良而崇高的道德品性，水"居善地，心善渊，与善仁，言善信，政善治，事善能，动善时"（《道德经》第八章）。这种谦虚、谦卑也是发自内心的、发自人性本真的，且内外稳定一致。

所以，道家常以水比喻道之德性与品格，"老子贵水之柔弱，以濡弱谦下为表"，道家关尹喜也继承老子贵水之思想，并认为"水之清明，能容受映照万物"。在道家看来，水具备仁、精（清纯）、正、义、卑等五种德性。道家以水之品性与修养作为治身、治国的准则，"去刚健、戒嗜欲、谦虚不争等美德皆喻于水"②。

三、道家美德伦理的培养路径

道是老子哲学思想建构的核心，也是世界的本原，自然也是人之本性。形而上的道作为人之本性的体现老子明确提出是德。因此，老子在道德培育上，遵循一条基本的原则就是"尊道贵德"，即活出德性，也就是活出道性。道的特性是朴，且道爱万物，无私无欲；而世间万物秉道而生，因此，在道德修养上，老子倡导活出道性，在伦理道德上表现为活出素朴、活出本真、活出本心、活出大爱、活出无私，即活出人的真善美。

---

① 刘笑敢：《老子古今》，第 350 页。
② 王卡：《道家与道教思想简史》，第 20 页。

在道德修养路径上，老子致力于倡导回归人的本初、纯净意识状态，以此提升人的意识（包括道德意识）的纯净和善良，从而超越世俗社会中的善恶判断，而将人之善恶评价建立在内在自我本心、本真上。老子认为，人的这种来自道的、内化的优良品质和优良特性容易被欲望遮蔽或扭曲，因此，老子提出要"专气致柔""涤除玄览"；庄子倡导"心斋""坐忘"，道教更是提出"澄心制欲"等等，以此不断去除心中多余的杂念、不必要的私欲，让道之"德性"得以彰显。老子将此称之为人的真性、本性显现；从而进一步提出世间"万物莫不尊道而贵德"，倡导人要按照"道"的特性——"德"的内化、外显，回归最本质的自我、本我或真我，从而活出内在的德性，活出生命本有的意义和价值。

在老子或是道家看来，人的本性是道性，可以假定老子关于人的本性假定也应该是善的。人的本性有道性，本质虽好，但不意味着每个人都能活出应有的良善。人的本性成长和发挥会受到人的欲望和社会环境两大客观因素的制约。然而，在老子看来，改变社会环境太过困难，且不太实际，从而老子将目光投向了对人的过度欲望的管控和自我约束上。老子认为通过对人的欲望的控制和约束，改变自我，以真正达到超越外部环境对自我的影响和牵制，这种自我改变反过来甚至能达到改变外部环境的目的，而从改变自我，也就改变了社会。所以，在个体与群体的关系上，老子倡导改变自我，影响他者，即如果每个人都致力于改变自我，那么最后改变的是我们每一个人，这样我们就改变了整个世界。这条路径和我国儒家的道德修养路径不大相同，老子把重点放在个体，但并不倡导个体的道德教化，而是倡导个体的自我对本真的回归和固守，并不倡导个体道德的优越性和道德教化上的特权。这就是老子提出的"圣人处无为之事，行不言之教"（《道德经》第二章）。

总之，在道德修养培育路径上，老子倡导追求向内观照，回归人之本真，寻求符合本心、本真的行为与意念，并让这种内在道德情感主宰外在的行为，或是说，老子美德伦理培养的路径主要是通过加强人的内在道德情感的回归和培育，并使这种道德情感成为个体行为的动因和源泉。长期致力于个性遗传、发展及其成因研究的儿童心理学家杰洛姆·卡根（Jreome Kagan）也指出："人类情感，而不是理智，应成为人类行动的动因和力量源泉。"[1]

结　语

规则伦理学作为伦理学的研究流派不仅有着悠久的历史，而且经过诸多学人的努力，已经构建起理论完备且极具精细化的理论体系；具有数千年历史的儒家更是

---

[1] J. Kagan, *The Nature Of the Child*, New York:Basic House, 1984, p161.

建构起人类迄今为止最为详尽、最为复杂的伦理规则体系，然而，人类的道德状况并没有随着伦理学规则发展的精细化和理论体系的完备而变得更好。规则伦理提出的诸多道德规范和要求——人应当如何行动、如何生活等等，也没有如期所愿地打动所有人。在现实生活中，那些行为、观念合乎道德规范的人，也并不一定是伦理学的自觉思考者或践行者。既然如此，那么，人的道德情操到底是来自人后天的道德习得和传授还是源自人内心深处的某种情感共鸣，还是某种道德自觉？正是基于这些问题的反思和对规范伦理的质疑，美德伦理学在西方应运而生，成为伦理学当前研究的热点问题。国内学术界也紧随西方这一热点研究，近些年对美德伦理的关注异常活跃，除了对西方美德伦理的研究外，国内学术界对我国传统美德伦理的探讨也表现出极大的兴趣，但国内学术界对传统美德伦理的探讨主要关注的是儒家美德伦理。一直以来，我国儒家作为规则伦理的典范和道德楷模，一直备受学术界的追捧。由于种种原因，同样作为中国传统文化重要组成部分的道家在伦理问题上一直被学术界忽视，甚至认为老子乃至道家思想中没有伦理道德思想。这种偏见和误解阻碍了学术界对我国数千年来所形成的丰富道德传统的认知和发掘。事实上，儒释道虽构成中国传统文化之主流，但在道德培育的路径和思维方式上却大相径庭，儒家重规则，塑行为，强调道德教育的重要性，而道家重内育、内养、内化，倡导回归人的本真、本心而突显人的内在道德感知，强调行善的自觉和无意识，从而形成自然、稳定、愉悦的内在美德观念。因此，对老子或是道家美德伦理的发掘和阐述不仅有助于丰富和发展我国传统美德伦理的培育和发展路径，而且有助于促进我国本土伦理学学科体系的构建和发展。

老学注疏研究

黄老对老庄"道"之意涵的转变

——从"道纪""道枢"到"道之要"

季 磊*

内容提要: 先秦老庄以"道"为宇宙之究竟本根。在此基础上,他们分别提出了"道纪"和"道枢"两个概念。"道纪"义为"道即纪","道枢"义为"道即枢",是分别以"纪"和"枢"作为对"道"的补充性说明。二者的含义在于,"道"本身就是万物之纲纪、万物之枢要,非谓"道"之上还有一个"纲纪""枢要""根本"的存在。相较于老庄的"道即本""道即要",黄老文献中出现了"道之本""道之要"的提法,此时黄老实已将"道"与政治术相结合,并以"一"为"道之本"或"道之要",这个"一"就是可把握的"道"之总纲,并通过"执一"概念强调了君王在政治上的总要之功。君王只需"执一无失",则天下自治。从"道纪""道枢"到"道之本""道之要",意味着"道"的地位的下落,同时揭示了黄老对老庄"道"之意涵的转变,而老庄的这两个概念在流传过程中也因受此影响而被误读为"道之纪""道之要"。

关键词: 道纪 道枢 道之要 黄老 执一

引言

"道"为先秦道家的核心概念,历代学者对其多有阐发,而近代以来随着中西方文化的交融,又出现了很多新的解释[①]。但大致来说,各家都同意"道"有本根这一层含义。如张岱年指出,老、庄"主张道是宇宙之究竟本根"[②],这个说法是可取的。

---

* 季磊(1991—),江苏靖江人,清华大学哲学系中国哲学专业博士生,主要研究方向为先秦道家哲学。

① 具体的综述可参李若晖:《道论九章:新道家的"道德"与"行动"》,上海:上海人民出版社,2017年,第6—8页。

② 张岱年:《中国哲学大纲》,北京:中国社会科学出版社,1985年,第22页。

而所谓本根，乃是指道生化万物，故为万物之本根，是最高的本体。

如果我们承认"道"为本根，而深入《老》《庄》之文本，会发现在对于两本著作中的"道纪""道枢"的解释上，后人渐渐演化出"道之纲纪""道之枢要"一类的表述①，而《荀子·儒效》中的"圣人也者，道之管也"②提示我们，这些表述似乎意味着在"道"之上还有一更重要、更核心的存在。如此，我们就必须追问，这样的解释是否合于老庄本义？如果是误读，又反映出了怎样的问题？本文的目的就是要对这一现象进行追究。

通过对"道纪""道枢"的梳理研究，其含义分别为"道即纪""道即枢"，是以"纪"和"枢"作为对"道"的补充性说明，意为"道"是万物之纲纪、枢要，非谓"道"之上还有一个更根本的存在，亦即不应解释为"道之纪""道之枢"。相较之下，黄老文献中出现了大量"道之本""道之要"的提法，此时黄老实已将"道"与政治术相结合，并以"一"为"道之本"或"道之要"，这个"一"就是可把握的"道"之总纲，君王只需"执一无失"，则天下自治。从"道纪""道枢"到"道之本""道之要"，意味着"道"的地位的下落，同时揭示了黄老对老庄"道"之意涵的转变，而老庄的这两个概念在流传过程中也因受此影响而被误读为"道之纪""道之要"。

一、《老子》"道纪"释义

《老子》第十四章："执古之道，以御今之有。能知古始，是谓道纪。"③对于此句中"道纪"的注释，前人注疏中出现了两种不同的解释：

第一种是释为"道之纲纪"。河上公《章句》："人能知上古本始有一，是谓知道之纲纪也。"④是释"纪"为"纲纪"，"道纪"即"道之纲纪"。后世多有沿袭此说者，如李隆基注为"能知古始所行是谓道化之纪纲"⑤，王安石调为"道之纪要，古今不变者，是则《庄子》所谓无端之纪也"⑥。

第二种是释为"以道为纲纪"。高延第《老子正义》云："以上皆言道之体用如此，

---

① 详见后文。
② 杨倞注："管，枢要也。"王先谦：《荀子集解》，北京：中华书局，2013年，第158页。
③ 本文所引《老子》，如无特殊说明，皆据今传王弼本。
④ 王卡点校：《老子道德经河上公章句》，北京：中华书局，1993年，第54页。该版本"纲纪"上无"之"字，据《道藏》本补，见河上公章句：《道德真经注》，《道藏》，北京：文物出版社，1988年影印本，第12册，第4页下栏。盖王卡所据底本为《四部丛刊》影印铁琴铜剑楼藏南宋建安虞氏刊本，为宋刻本，而其自述《道藏》"所收道书颇有保存古本原貌者"，《道藏》本《河上公注》"比较接近唐抄本"，"其版本价值较高"，参见王卡点校：《老子道德经河上公章句》，"前言"第16页。
⑤ 李隆基：《唐玄宗御注道德真经》，《道藏》，第11册，第721页下栏。
⑥ 王安石：《老子训传》，王水照主编：《王安石全集》（第九册），上海：复旦大学出版社，2017年，第43页。

乃古道也。执古可以治今，居今亦可以反古，皆以道为纲维也。"① 高氏是准确把握到了"纪"的正确含义。熊十力亦言："道纪者，纪者纲纪，言道之流行于日用间，所以纲纪万事者也。即道即纪，故曰'道纪'。"②

质言之，两种解释的分歧主要在于"道"与"纪"的关系是"道之纪"还是"道即纪"。

相对而言，近现代学者多采用第一种解释，并进一步引申为"道的规律"，如陈鼓应注"道纪"为"'道'的纲纪，即'道'的规律"③，黄登山云："道纪，道的规律。"④ 盖今人多以老子之道含本原（本体）义和规律义二层。如张松如云："《老子》书中的'道'，大体有两个意思：有时是指物质世界的实体，即宇宙本体；更多场合下是指物质世界或现实事物运动变化的普遍规律。"⑤ 至于"道纪"，按照他的判断应属规律义⑥。

然而，若将"道纪"解释为"道的规律"，并且这里的"道"取规律义，那么"道的规律"最终便成了"规律的规律"，此又是何？此外，对于"道"是规律的说法，刘笑敢明确提出了质疑。他指出，作为万物总根源、总根据的"道"⑦ 并不必然决定万物的存在结果，亦即难以用"道是规律"来表述道物之间的关系⑧。故我们不取"纪"为"规律"这一引申义，而仍取原来的"纲纪"义。

若追本溯源，释"纪"为"纲纪"于古有征，大抵是不错的。《礼记·乐记》"中和之纪"，郑玄注："纪，总要之名也。"孔颖达疏："纪谓纲纪，总要之所言。"⑨《墨子·尚同上》"譬若丝缕之有纪"，孙诒让亦引郑注"总要之名"之说，并云："纪，本义为丝别，引申之，丝之统总亦为纪。"⑩ 以此，"纲纪"也可表"总要"的意思，

① 高延第：《老子正义》，转引自张舜徽：《周秦道论发微》，北京：中华书局，1982年，第174页。按，《庄子·天运》："孰主张是？孰纲维是？"亦以"道"为天地之纲维。
② 熊十力：《十力语要》，上海：上海书店出版社，2007年，第137页。
③ 陈鼓应：《老子今注今译》（参照简帛本最新修订版），北京：商务印书馆，2003年，第127页。
④ 黄登山：《老子释义》，台北：台湾学生书局，1996年，第64页。
⑤ 张松如：《老子校读》，长春：吉林人民出版社，1981年，第85页。此外，孙以楷等人将老子之道分为本体、本原、规律、功能、道理、标准六义，但通而言之，亦不过本体（本原）、规律（规则）两大类。参见孙以楷主编，孙以楷、陆建华、刘慕方著：《道家与中国哲学》（先秦卷），北京：人民出版社，2004年第95页。
⑥ 如他说："本章中'故混而为一'的'道'，便偏于指前一种意思；而到末尾，便转而指后一种意思了。"张松如：《老子校读》，第85页。
⑦ 详见刘笑敢：《老子古今》（修订版），北京：中国社会科学出版社，2006年，第113页。
⑧ 刘笑敢：《老子古今》（修订版），第443页。
⑨ 郑玄注，孔颖达疏：《礼记注疏》，阮元校刻：《十三经注疏》，台北：艺文印书馆，2007年影印本，第5册，第701页上栏。
⑩ 孙诒让：《墨子间诂》，北京：中华书局，2001年，第78页。

故奚侗即以"总要"解之①。

但若以"道纪"为"道之纲纪"，则必须追问，"道"何以能有一纲纪，而此一纲纪又是什么？河上公注文之意，是以"上古本始有一"为"道之纲纪"，而"上古本始有一"即"上古作为本始的一"，要之，"一"为"道之纲纪"。这与他注《老子》第一章"故常无欲，以观其妙"句以"一"为"道之要"②的思想是一致的。如此，似以"道"之上更有一根本之"一"。

一般认为，《老子》中的"一"大致分为"道生一"（第四十二章）和"得一"（第三十九章）两种——前者是"道"派生出来的，是第二位的；后者可等同于"道"，是"道"之别名。③那么作为"道之纲纪"的"一"究竟是怎样一种存在？恐怕不属于以上两种，当与老子之意违逆。

故而"道纪"应取第二种解释"道即纪"，这是因为"道"能纲纪万物。

《韩非子·主道》篇曰："道者，万物之始，是非之纪也。是以明君守始以知万物之源，治纪以知善败之端。"旧注："物从道生，故曰'始'；是非因道彰，故曰'纪'。得其始，其源可知也；得其纪，其端可知也。"④即"始"与"纪"是此处"道"之别名。陈奇猷云：

> 《老子》二十五章："有物混成，先天地生，寂兮寥兮，独立不改，周行而不殆，可以为天下母，吾不知其名，字之曰道。"十四章："能知古始，是谓道纪。"即《韩子》此文所本。盖韩非亦承认道为先天地生，可以为天下母，故曰万物之始。但韩子取义，又自有其独立之学说而不尽从于老氏。韩子以为道为万物之始，则所以成万物者道也，而成万物之理者亦道也，故《解老篇》云"道者万物之所以成也"，又云"道者万物之所然也"。道既为万物所以成，万物所然，故道可以纪纲万物。⑤

按照韩非的解释，所言"道纪"者，是因"道"能纲纪万物（万事）。而韩非之所以认为"道"能纲纪万物（万事），是因为"道"为万理之总要。《解老》篇有云：

---

① 转引自张松如：《老子校读》，第85页。

② 原注："妙，要也。人常能无欲，则可以观道之要，要谓一也。"见王卡点校：《老子道德经河上公章句》，第2页。

③ 参刘笑敢：《老子古今》（修订版），第442页；王中江：《〈太一生水〉的宇宙生成模式和天道观》，《出土文献与道家新知》，北京：中华书局，2015年，第31页；王中江：《〈凡物流形〉"一"的思想构造及其位置》，《出土文献与道家新知》，第85页。

④ 王先慎：《韩非子集解》，北京：中华书局，1998年，第26页。

⑤ 陈奇猷：《韩非子新校注》，上海：上海古籍出版社，2000年，第67页。

道者，万物之所然也，万理之所稽也。理者，成物之文也；道者，万物之所以成也。故曰："道，理之者也。"物有理，不可以相薄，物有理不可以相薄，故理之为物之制。万物各异理。万物各异理而道尽稽万物之理，故不得不化；不得不化，故无常操；无常操是以死生气禀焉，万智斟酌焉，万事废兴焉。①

"道，理之者也"一句，顾广圻注曰："详《老子》第十四章有云，'是谓道纪'，此当解彼也。'纪'，理也。"王先慎解曰："'纪'、'理'义同，故《道经》作'纪'，韩子改为'理'。"②顺此意，"道纪万物"即"道理万物"，"纪"用作动词。而"物有理"且"万物各异理"，"道"能够理万物是因其"尽稽万物之理"，所以这里其实有两种"理"：一为内在于万物之中的理，一为"稽万物之理"的"道"，即"万理之理"。李若晖指出：

韩非子此言意在解决道遍在万物所产生的理论矛盾：若万物之每一物中都有道，岂非意味着万物之每一物中都包含着万物之整体？因此韩非子将作为每一物之根据的"道"改称为"理"，每一物都有各自之"理"，而以"大道"为每一"物理"之终极根据。③

故"道纪"之"纪"（"理"）即表此"终极根据"之义。詹剑峰亦由此而解"道纪"之得名，其云："'道'是万理的总原理或总规律，故名之为'道纪'。"④

先秦时期，类似的表述还有很多。《逸周书·殷祝解》有云："故天下者，唯有道者理之，唯有道者纪之，唯有道者宜久处之。"⑤这里"有道者"即有道之天子，"道"乃指德能而言，但若就一形式上的比较，有道者纲纪天下，恰如《老子》中作为总根源的"道"纲纪万物。而《逸周书·周书序》又云："上失其道，民散无纪。"⑥道、纪对举，而上位者之道为民纪之根本，故若上无道，则民无纪。《史记·太史公自序》："夫春秋，上明三王之道，下辨人事之纪。"亦以"道""纪"互文，"纪"即"道"。《吕氏春秋·孟春纪》："无变天之道，无绝地之理，无乱人之纪。"高诱注：

---

① 王先慎：《韩非子集解》，第146—147页。"万物各异理。万物各异理而道尽稽万物之理，故不得不化"一句，标点原作"万物各异理，万物各异理而道尽。稽万物之理，故不得不化"，今依陈奇猷标点改。见陈奇猷：《韩非子新校注》，第411页。

② 王先慎：《韩非子集解》，第147页。

③ 李若晖：《道论九章：新道家的"道德"与"行动"》，第145页。

④ 詹剑峰：《老子其人其书及其道论》，武汉：华中师范大学出版社，2006年，第206页。

⑤ 黄怀信、张懋镕、田旭东撰，黄怀信修订，李学勤审定：《逸周书汇校集注》，上海：上海古籍出版社，2007年，第1045页。标点有改动。

⑥ 黄怀信、张懋镕、田旭东撰，黄怀信修订，李学勤审定：《逸周书汇校集注》，第1119页。

"纪，道也。"①

要言之，"道纪"乃"道即纪"而非"道之纲纪"，是指"道"纲纪万物，故"道"为万事万物之纲纪。此处"道"与"纪"义同，或者说是在"纪"的意义上确立了"道"的内涵。而"是谓道纪"这种类似表述还见于第二十七章："不贵其师，不爱其资，虽智大迷，是谓要妙。"②"要""妙"义同。

二、《庄子》"道枢"释义

接续老子的"道纪"，庄子提出了"道枢"概念。《庄子·齐物论》云："彼是莫得其偶，谓之道枢。枢始得其环中，以应无穷。""道枢"是庄子思想中相关于"环中"的一个核心概念，如陈庆惠就认为它是理解"齐物论"的关键③。

同于"道纪"，庄子的"道枢"在释义上也存在如下问题："道枢"的表述是"道即枢"，还是"道的枢"？亦即"枢"是形容"道"，还是"枢"从属于"道"？这一问题，历代《庄子》注家及近现代国内庄子研究者都没有太关注，他们在注释、翻译时虽然有所不同，但似乎都没有注意到这两种不同解释之间的巨大张力④。只有西方学者任博克在翻译《齐物论》中的"道枢"时，提出了"the Course as Axis（道即枢）"和"the axis of all courses（众道的枢）"两种可能，并在脚注中进一步补充认为，对于"道"的理解无论是单数还是复数，都无法满足这里的语境，即文本字面的"the Course-Axis（道枢）"既可以是"the axis of the Course（道的枢）"，也可以是"the Course is an axis（道是枢）"。⑤

"枢"的本义是户枢，《说文》："枢，户枢也。"⑥段《注》："户所以转动开闭之枢机也。"⑦故有一部分注家即从此意切入，如罗勉道释"枢"为"门牡"，则"枢处于环中，圆转不碍，而开阖无穷"⑧。蒋锡昌云：

"枢"即户枢，乃门上两端之圆木，可以左右旋转，以为启闭之用者也。"环"

---

① 许维遹:《吕氏春秋集释》，北京：中华书局，2009年，第12页。

② "要妙"二字汉简本及帛书甲乙本皆作"眇（妙）要"，属于调换字序。见北京大学出土文献研究所编:《北京大学藏西汉竹书》(二)，上海：上海古籍出版社，2012年，第157页；裘锡圭主编:《长沙马王堆汉墓简帛集成》(四)，北京：中华书局，2014年，第42、207页。

③ 陈庆惠:《庄子直解》，杭州：浙江文艺出版社，1998年，第64页。不过需要注意的是，陈氏是将"齐物论"理解为"齐物"与"齐论"。

④ 就笔者管见所及，他们要么是回避了这一问题，要么是直接选择后一种解释。

⑤ Brook Ziporyn, *Zhuangzi: the essential writings with selections from traditional commentaries*. Indianapolis: Hackett Publishing Company, 2009, p.12.

⑥ 许慎:《说文解字》，北京：中华书局，1963年，第120页。

⑦ 段玉裁:《说文解字注》，上海：上海古籍出版社，1988年影印本，第255页。

⑧ 罗勉道:《南华真经循本》，李波点校，北京：中华书局，2016年，第29页。

者乃门上下两横槛之洞；圆空如环，所以承受枢之旋转者也。枢一得环中，便可旋转自如，而应无穷。此谓今如以无对待之道为枢，使入天下之环，以对一切是非，则其应亦无穷也。①

钱澄之以"天枢"释"枢"，则"天枢居中，斗柄环指十二辰，而不滞一隅，惟中能环，环不离中，故曰环中，以应无穷"②。

"枢"的引申义是要、枢要，这也是郭象、成玄英所采用的③。即使是以"户枢"释"枢"，陈鼓应也认为这是"用来形容重要关键的意思"④。在此基础上，一些《庄子》注家就将"道枢"释为"道之枢要"⑤"道之要"⑥。而更早的《淮南子·原道》在引用《庄子》此段文本时将"道枢"改为"道之柄""道要之柄"，《文子·道原》中作"道之统""道之要"。

此外，《淮南子·原道》："经营四隅，还反于枢。"高诱注："枢，本也。"⑦即"枢"为"四隅"之本。刘武据此理解"道之枢要"亦可为"道之本也"⑧。

而若顺着"道之枢要""道之本"的解释，"道枢"显然区别于"道"。那么我们就要追问："道"可有一"本""要"？

笔者认为，庄子的"道枢"不能理解为"道之本"或者"道之要"。首先，从"道枢"到"道之枢"是加字为训，而这一"之"字明显就改变了原义。同时，庄子的"道"不可能再有一"要"或者"本"。《大宗师》明言"道""自本自根"，钟泰云："万物以道为根本，而更无有物为道之根本者，故曰'自本自根'。"⑨这就是说，"道"无本无根，"道之本"只能是"道无本"，同时"道"是"物"之本。《知北游》："惛然若亡而存，油然不形而神，万物畜而不知。此之谓本根，可以观于天矣。"成玄英释"本根"为"至道一根本"⑩，即"道"为"万物"之"本根"。故《知北游》又云："自本观之，生者，暗醷物也。虽有寿夭，相去几何？须臾之说也。奚足以为

---

① 蒋锡昌：《庄子哲学》，上海：上海书店，1992年，第131页。
② 钱澄之：《庄屈合诂》，合肥：黄山书社，2014年，第28页。又，胡远濬同其说，见胡远濬：《庄子诠诂》，北京：中国书店，1988年，第16页。
③ 郭庆藩：《庄子集释》，北京：中华书局，2012年，第73页。
④ 陈鼓应：《庄子今注今译》（修订版），北京：商务印书馆，2007年，第70页。陈氏自己是将"道枢"翻译为"道的枢纽"。
⑤ 林希逸著，周启成校注：《庄子鬳斋口义校注》，北京：中华书局，1997年，第24页。郭嵩焘释为"道之枢"，亦同，见郭庆藩：《庄子集释》，第74页。
⑥ 王叔岷：《庄子校诠》，北京：中华书局，2007年，第60页。
⑦ 见何宁：《淮南子集释》，北京：中华书局，1998年，第22页。
⑧ 刘武：《庄子集解内篇补正》，北京：中华书局，1987年，第46页。
⑨ 钟泰：《庄子发微》，上海：上海古籍出版社，2002年，第144页。
⑩ 郭庆藩：《庄子集释》，第733页。

尧、桀之是非？""自本观之"也就是"自道观之"。《天下》篇评关尹、老聃曰："以本为精，以物为粗。"是以"本"与"物"对举。吕惠卿注："言本则知物之为末，言物则知道德之为本也，以本为精则以末为粗，以物为粗则以无物为精。"[1] 褚伯秀亦曰："道为生物之本，精微莫睹；物为道之绪余，粗质具陈。"[2] 要之，"本"者，"道"也；且"道"为"物"之本。

再者，对于《徐无鬼》"尽有天，循有照，冥有枢，始有彼"一句的解释亦可作为我们的一条佐证[3]。林希逸释为："冥冥之中，自有执其枢要者，即所谓主张纲维是者也，故曰冥有枢。"[4] 按，"主张纲维"乃承《天运》篇而来，其言曰："天其运乎？地其处乎？日月其争于所乎？孰主张是？孰维纲是？孰居无事推而行是？"天运地处，日月交替，其背后似有一主宰，"然寻其原以至乎极，则无故而自尔"[5]，皆自然之理，故船山以为"此篇之旨，以自然为宗。天地之化，无非自然。"[6] 而依林希逸，"尽有天"是说"人事尽而天理见"；"循有照"意为"循乎自然"，其理则照；"始有彼"者，"彼"谓"造物自然之理也"。[7] 所言天、照、枢、彼者，实乃言其背后之"道"。如此，"冥有枢"就是冥冥之中似有一主宰，这是对"道"的一种形容，但是这个"道"又是不可闻、不可见、不可知的。

结合起来看，"道枢"就是"道"。各家注解中，王夫之所言"道定于枢"[8]、蒋锡昌"以无待之道为枢，使入天下之环"[9]，即属此类，而"无待之道"也正表示道之上不可能再有一个"本"或"要"。"枢"即"要"，"道"为万物之枢，也就是"道"为万物之要、万物之本。

综上，"道纪""道枢"的含义分别为"道即纪"、"道即枢"，是以"纪"和"枢"

---

① 吕惠卿撰，汤君集校：《庄子义集校》，北京：中华书局，2009年，第600页。褚伯秀《南华真经义海纂微》引作"以道为精则以物为粗"，即肯定"本"就是"道"，《道藏》，第15册，第678页中栏。

② 褚伯秀：《南华真经义海纂微》，第680页上栏。

③ 据钟泰所解，"冥有枢"当为发挥《齐物论》"枢始得其环中，以应无穷"而言，见氏著：《庄子发微》，第593页。

④ 林希逸著，周启成校注：《庄子鬳斋口义校注》，第395页。

⑤ 此为郭象注"天有六极五常"句所言，见郭庆藩：《庄子集释》，第499页。

⑥ 王夫之：《老子衍、庄子通、庄子解》，第196页。

⑦ 林希逸著，周启成校注：《庄子鬳斋口义校注》，第395页。

⑧ 王夫之：《老子衍、庄子通、庄子解》，第92页。

⑨ 蒋锡昌：《庄子哲学》，第131页。

作为对"道"的补充性述谓①。

三、从"无执"到"执道"

明了"道枢""道纪"的本义之后，我们就需要思考为什么后人会以"道之要"此类解之。

在《老子》《庄子》里，我们找不到"道之要""道之本"这样的表述，它们都仅出现于后人对"道枢""道纪"的注解释文中，而实则是不对的。事实上，"道之要"这样的说法来自黄老，后人注《老》《庄》时受其影响而误读。翻阅有关黄老的文献，出现"道之要""道之本"及类似的表述有很多。如《鹖冠子·天则》："为之以民，道之要也。"《文子·上礼》："得至道之要。"马王堆帛书《道原》："得道之本，握少以知多；得事之要，操正以正奇。"②

若我们梳理黄老对庄子"道枢"概念的阐发，就能进一步明晰这个问题。西汉《淮南子》在《庄子》"枢始得其环中，以应无穷"的基础上，按照自己的理解，将其转化为：

> 泰古二皇，得道之柄，立于中央。神与化游，以抚四方。是故能天运地滞，转轮而无废，水流而不止，与万物终始。风兴云蒸，事无不应；雷声雨降，并应无穷。（《淮南子·原道》）
> 执道要之柄，而游于无穷之地。（《淮南子·原道》）

传本《文子》引作：

> 古者三皇，得道之统，立于中央，神与化游，以抚四方。是故能天运地墆，轮转而无废，水流而不止，与物终始。风兴云蒸，雷声雨降，并应无穷，已雕已琢，还复于朴。（《文子·道原》）

---

① 这个说法受何益鑫老师启发。类似的用法还见于《荀子·天论》："百王之无变，足以为道贯。"王天海曰："贯，系统也。道贯，即道统。"（王天海：《荀子校释》，上海：上海古籍出版社，2005年，第698页）《荀子·荣辱》又言："先王之道，仁义之统。"道即统，故"道贯"是为了说明圣王的道是可以贯通古今的，"道贯"就是通贯的道，如北大注释组就将其解释为"一贯的原则"（北京大学《荀子》注释组：《荀子新注》，北京：中华书局，1979年，第279页）。相应的，我们也可以将庄子的"道枢"理解成作为根本、枢要的"道"。参见何益鑫：《论〈荀子〉的"理"概念的结构性意义》，东方朔主编：《荀子于儒家思想——以政治哲学为中心》，上海：复旦大学出版社，2019年，第156页。

② 裘锡圭主编：《长沙马王堆汉墓简帛集成》（四），第189页。此句王中江句读为："夫为一而不化，得道之本；握少以知多，得事之要。"可备一说。见王中江：《〈黄帝四经〉的"执一"统治术》，《出土文献与道家新知》，第111页。

是故疾而不摇，远而不劳，四支不动，聪明不损，而照明天下者，执道之要，观无穷之地。（《文子·道原》）

"泰古二皇""古者三皇"皆古之圣王，"道之柄""道要之柄"①"道之统""道之要"是发挥"道枢"②，"立于中央"是阐发"得其环中"，"并应无穷""游于无穷之地""观无穷之地"乃言"以应无穷"。即，在《淮南子》、传本《文子》的作者看来，圣人得"道枢"，居于"环中"，以此来应对"无穷"。《齐物论》原文为"枢始得其环中，以应无穷"，是以"道枢"得"环中"，而经《淮南子》《文子》的改动之后，在"道枢"之上增一"执道之要"的主体——圣人。如此，从"道枢"到"道之要""道之柄"，是为了能够使圣人"执道之要"，即突出一"执"字③。于是，黄老道家进而提出了"执道"的概念。帛书《道法》："故执道者，生法而弗敢犯也，法立而弗敢废［也］。"④传本《文子·道原》有言"是以圣人执道，虚静微妙以成其德"和"夫执道以耦变，先亦制后，后亦制先，何即不失所以制人，人亦不能制也"；《文子·上义》："执道以御之，中才可尽，明分以示之，奸邪可止，物至而观其变，事来而应其化。"

在黄老文献中，"执道"往往又是与政治相联系。上博简《凡物流形》云："是故执道，所以修身而治邦家。"⑤"执道"是为了"修身"，进而服务于"治邦家"，这很容易让人联想到儒家《大学》中所说"修身、齐家、治国、平天下"。又，《文子·道原》："老子曰：执道以御民者，事来而循之，物动而因之。""执道以御民"的主体显然是君，君、民亦是置于政治术下而言。

《老》《庄》二书中，仅有《庄子·天地》"执道者德全"一句出现"执道"，这里主要讨论的是修身的问题，且按照刘笑敢的划分，此篇属于庄子后学中的黄老派⑥，

---

① 俞樾云："既言要，又言柄，于义未安，当作'执道之柄，而游于无穷之地'。"见何宁：《淮南子集释》，第 23 页。

② 我们说"发挥"，是因为《淮南子》《文子》在引用时已经加入了自己的理解，毕竟不能代表《庄子》原貌。如《淮南子》将"道枢"理解为"道之柄"，而查《庄子》中两处"柄"之用法，后人都释为"权"，即"权柄"，则以"柄"释"枢"在《庄子》中于义未安，参见郭庆藩：《庄子集释》，第 490、523 页。如是，则刘武以《淮南子》解《庄子》，认为"枢犹之柄也。譬之规然，以一端居中，即枢也，他端旋之则成圆，如是，可以圆转无穷"，进而以郭注"环之中空"为误，于训缺征，参见刘武：《庄子集解内篇补正》，第 46 页。

③ 相较而言，《淮南子》的"道之柄"更能体现这一点，因"柄"往往有权柄之义，如《左传·襄公二十三年》"既有利权，又执民柄"，即权、柄互文。

④ 裘锡圭主编：《长沙马王堆汉墓简帛集成》（四），第 127 页（表示出土文献的缺文'［ ］'号）。

⑤ 本文所引《凡物流形》释文俱参照复旦大学出土文献与古文字研究中心研究生读书会：《〈上博（七）·凡物流形〉重编释文》，复旦大学出土文献与古文字研究中心网站 2008 年 12 月 31 日，网址：http://www.gwz.fudan.edu.cn/Web/Show/581. 后文引用此篇只标篇名，不再注释。

⑥ 刘笑敢：《庄子哲学及其演变》（修订版），北京：中国人民大学出版社，2010 年，第 87、271 页。

或已受黄老之学影响。《老子》第十四章"执古之道，以御今之有"，蒋锡昌云："'古'者，指泰初时期天地未辟以前而言，与后人通常所谓'古时'不同。"① 李若晖据此以为"古道"亦是"'道'自身的描述"②，则"执古之道"即"执道"。又，《老子》第三十五章"执大象，天下往"一句，蒋锡昌云："'大象'即指大道而言。盖以道有法象，可为人君之法则，故谓大道为'大象'也。四十一章'大象无形'，言大道无形也。"③ 则"执大象"即是"执大道"。要之，这两处都与"执道"有关，并都涉及政治哲学，我们需要进一步思考的是，它们与黄老的关系如何。

执，《说文》："捕罪人也。"④《老子》第七十四章："若使民常畏死，而为奇者，吾得执而杀之，孰敢？"此"执"字即此意⑤。段玉裁《说文解字注》："今依《广韵·手部》曰：捕者，取也。引申之为凡持守之称。"⑥ 又，《说文》："持，握也。"⑦ 则"执大象""执古之道"是承此意。

《老子》第二十九章云：

将欲取天下而为之，吾见其不得已。天下神器，不可为也。为者败之，执者失之。故物或行或随，或歔或吹，或强或羸，或挫或隳。是以圣人去甚，去奢，去泰。

王弼注："万物以自然为性，故可因而不可为也，可通而不可执也。物有常性，而造为之，故必败也。物有往来，而执之，故必失矣。"⑧ 天下尚不可执，又如何能够执道？老子之意，乃是言圣人顺物之自然而无为、无执，故第六十四章又云："为者败之，执者失之。是以圣人无为故无败；无执故无失。"

既然老子反对"执"，则何以又有此二"执道"之说？我们知道，《老子》作为中国古代最重要的文献之一，流传至今已有众多版本⑨。这些版本从年代上来说，马王堆帛书本应成书于黄老盛行的战国后期至秦汉之际，而郭店楚简本最早，是目前

① 蒋锡昌：《老子校诂》，上海：商务印书馆，1937年，第84页。
② 李若晖：《道论九章：新道家的"道德"与"行动"》，第41页。
③ 蒋锡昌：《老子校诂》，第231页。
④ 许慎：《说文解字》，第214页。
⑤ 按，"得"与"执"当是重义，帛书甲乙本、汉简本皆作"吾得而杀之"，无"执"字，今本"得执"当时汉魏时人根据当时语言习惯而增字。裘锡圭主编：《长沙马王堆汉墓简帛集成》（四），第6、197页；北京大学出土文献研究所编：《北京大学藏西汉竹书》（二），第140页。
⑥ 段玉裁：《说文解字注》，第496页。
⑦ 许慎：《说文解字》，第251页。
⑧ 王弼注，楼宇烈校释：《老子道德经注校释》，第76页。
⑨ 仅传世本就有王弼本、河上公本、严遵本、傅奕本和一些碑刻本等，近百年来又相继出土、发现了敦煌本、马王堆帛书本、郭店楚简本以及北大汉简本。

所见最古的文本①。虽然"郭店《老子》竹简现存 1750 字,不足今本《老子》的五分之二"②,但就内容而言,现存部分所体现出的《老子》的思想特色依然很明显。巧合的是,郭店《老子》中没有通行本第十四章的内容,而通行本第三十五章的"执大象",郭店丙本作"埶大象",彭浩等人注释云:

> 埶,整理者释"执",裘按改释,读为"设",云各本作"执"恐误。裘氏复云:"执""埶"形近,在古书和出土文献中都有互讹之例。《老子》原本究竟作"执大象"抑作"埶大象",尚难断定。③

与之形成对比的是,郭店丙本明言:"为之者败之,执之者失之。圣人无为,故无败也;无执,故□□□。"④郭店甲本亦云:"为之者败之,执之者远之。是以圣人亡为故亡败,亡执故亡失。"⑤文字上虽有出入,但其意皆同于通行本第六十四章,提倡无为、无执。又,北京大学藏汉简《老子》亦隶定作"埶大象",注释组读为"设",并云:"'埶'、'设'皆属书母月部,古书常假'埶'为'设','执'为'埶'之讹。"⑥樊波成根据严遵此章注语中"道无象"及《上士闻道章》"大象无形"注语"无所设也",认为严遵《老子指归》本亦当作"埶(即'设'字)大象"⑦。此外,"设象"之说在古书中乃是习语,如《国语·齐语》:"合群叟,比校民之有道者,设象以为民纪。"帛书《十六经·立命》:"昔者黄宗质始好信,作自为象,方四面,传一心。四达自中,前参后参,左参右参,践位履参,是以能为天下宗。"⑧"作自为象"也就是"设象",结合其他涉及黄帝"方四面"的传说记载,其"设象"的结果正是"天下

---

① 至于其具体的成书年代,学界依然争论不休,而此一问题不在本文讨论范围内,故不展开讨论,可参见武汉大学简帛研究中心,荆门博物馆编著:《楚地出土战国简册合集(一)《郭店楚墓竹书》,北京:文物出版社,2011 年,第 1 页。

② 武汉大学简帛研究中心,荆门市博物馆编著:《楚地出土战国简册合集(一):郭店楚墓竹书》,第 1 页。对于这种情况,可能的解释主要有三种:一是竹简被盗,因而残缺;二是《老子》一书并非最初就有五千言,而是后人不断附益;三是作为陪葬品的郭店《老子》本身就不是完整的。(参见王中江:《郭店竹简〈老子〉略说》,《简帛文明与古代思想世界》,北京:北京大学出版社,2011 年,第 548 页)相较而言,笔者比较倾向于第二种说法。

③ 武汉大学简帛研究中心,荆门市博物馆编著:《楚地出土战国简册合集(一):郭店楚墓竹书》,第 17、19 页。

④ 武汉大学简帛研究中心,荆门市博物馆编著:《楚地出土战国简册合集(一):郭店楚墓竹书》,第 18 页。

⑤ 武汉大学简帛研究中心,荆门市博物馆编著:《楚地出土战国简册合集(一):郭店楚墓竹书》,第 2 页。

⑥ 北京大学出土文献研究所编:《北京大学藏西汉竹书》(二),图版:第 105 页,释文、注释:第 161 页。

⑦ 严遵撰,樊波成校笺:《老子指归校笺》,上海:上海古籍出版社,2013 年,第 29、283 页。

⑧ 裘锡圭主编:《长沙马王堆汉墓简帛集成》(四),第 151 页。

往",与《老子》的"设大象,天下往"不谋而合。我们认为此句当从郭店丙本和北大汉简本。

传本的"执古之道,以御今之有"与出土本对照也有异文问题,它在帛书甲、乙本中一转而成"执今之道,以御今之有"[①],"古""今"虽一字之差,其意已去千里。高明指出:

> 托古御今是儒家的思想,法家重视现实,反对托古。《史记·商君列传》:"卫鞅曰:'治世不一道,便国不法古。'"……从而足证经文当从帛书《甲》《乙》本作"执今之道,以御今之有"为是。[②]

前面说过,帛书《老子》成书的年代正当黄老之学盛行,其很有可能受到了黄老思想的影响甚至入侵。正如高明所论,兼容儒法的黄老之学,其一大特色就在于尊今。如受稷下学影响的荀子一反孔、孟尊古之"法先王",而"法后王"。《吕览·察今》一篇据传取之《慎子》[③],其中有云:

> 先王之所以为法者何也?先王之所以为法者人也。而已亦人也,故察己则可以知人,察今则可以知古,古今一也,人与我同耳。有道之士,贵以近知远,以今知古,以益所见,知所不见。

这是典型的以今御今。《淮南子·修务》亦云:

> 世俗之人,多尊古而贱今。故为道者,必托之神农、黄帝,而后能入说。乱世暗主,高远其所从来,因而贵之。为学者蔽于论而尊其所闻,相与危坐而称之,正领而诵之,此见是非之分不明。

作为汉代黄老学的集大成之作,《淮南子》也是反对尊古卑今,认为圣王明主应当要把握现实,随时而变。在黄老家看来,相较于"古之道","今之道"就在当下,更易把握,故要"执今之道"以御今。

当然,亦有学者对高氏之说提出反驳。刘笑敢即云:"此说不合上下文义。如果是'执今之道,以御今之有',那么下文'能知古始,是谓道纪'就唐突而不可

---

① 裘锡圭主编:《长沙马王堆汉墓简帛集成》(四),第41、205页。

② 高明:《帛书老子校注》,北京:中华书局,1996年,第289页。

③ 参蒙文通:《先秦诸子与理学》,桂林:广西师范大学出版社,2006年,第200页。

解……另外，老子常以古为据，并无厚今薄古的思想。"① 然其亦不得不承认帛书甲乙本"执今之道"非一时笔误，"而是其来有自"②。盖帛书甲乙本是不同的两个版本，从字体看亦非同一抄手所抄，则他们在不同的情况下同时抄错的可能性极小③，那么只可能是所据的两个底本已经如此，即并不能排除黄老派对《老子》有意改动的嫌疑。又，通行本《老子》第二十一章"自古及今，其名不去，以阅众甫"中第一句，帛书甲乙本作"自今及古"④，北大汉简本、傅奕古本同帛书本⑤，高明据众家考证指出："今本作'自古及今'者，乃由后人所改。"⑥"自今及古"与"执今之道，以御今之有"是否有必然的联系，我们尚难断定，但从"今""古"的顺序来看，未必没有受到黄老的影响。而后人既能将"自今及古"改为"自古及今"，就也能以文义扞格之嫌将"执今之道"改为"执古之道"。

如果我们回顾张松如在解释时，将"故混而为一"的"道"理解为"宇宙本体"，而"执古之道，以御今之有"（帛书本"执今之道"）为规律义⑦，就能察觉到这里确实含有两个层次的"道"，即前者为对"道"之状象的描述，后者则是希望能将此"道"运用于现实社会⑧。如此，从"执今之道"开始，极有可能是黄老派增添上去的。同时，在这个意义上讲，河上公把"道纪"解释为"道之纲纪"也就顺理成章。

四、作为"道之要"的"一"与"执一"思想

在老庄那里，"道"是最本原、最极至的"本根"，而若出现"道之枢要"这样的表述，便暗示着"道"的地位下落。这一点，我们可以与《荀子·儒效》中"圣人也者，道之管也"一句进行比较。杨倞注："管，枢要也。"⑨ 即圣人是"道"之枢要。荀子所谓的"道"是作为人道的礼义，《荀子·儒效》："先王之道，仁之隆也，比中而行。曷谓中？曰：礼义是也。道者，非天之道，非地之道，人之所以道也，君子之所道也。"而礼义又生于圣人（君子），《荀子·性恶》："礼义者，圣人之所生也。"《荀子·王制》："君子者，礼义之始也。"杨倞注："始，犹本也。言礼义本于君子

---

① 刘笑敢：《老子古今》（修订版），第215页。
② 刘笑敢：《老子古今》（修订版），第215页。
③ 北大汉简亦作"执古之道"，整理者云："今据汉简本，帛书亦有讹误之可能。"北京大学出土文献研究所编：《北京大学藏西汉竹书》（二），图版：第85页，释文、注释：第150页。
④ 裘锡圭主编：《长沙马王堆汉墓简帛集成》（四），第41、206页。
⑤ 北京大学出土文献研究所编：《北京大学藏西汉竹书》（二），图版：第92页，释文、注释：第154页；傅奕校订：《道德经古本篇》，《道藏》，第11册，第483页下栏。
⑥ 高明：《帛书老子校注》，第333页。
⑦ 张松如：《老子校读》，第85页。
⑧ "以御今之有"的"有"字，刘师培认为即"域"之假字，"'御今之有'，犹言御今之天下国家也"。转引自朱谦之：《老子校释》，北京：中华书局，1984年，第55页。
⑨ 王先谦：《荀子集解》，第158页。

也。"① 在荀子那里，"道"不是最高的存在，而是圣人所作之"道"，因而可以说圣人是"道"之枢要。比较之下，荀子的"道之管（枢要）"喻示着圣人的至尊地位，而"道"已下落到第二位。

同样，黄老提出的"道之要""道之本"也是为了突显圣人的地位。不同之处在于，荀子是直接以圣人作为"道之管"，而在黄老那里，他们往往以"一"为"道之要"，进而圣人"执一"，最终亦是强调圣人在政治上的总要之功。

通行本《老子》中"一"字15见，其中"三十辐，共一毂"（第十一章），"王居其一焉"（第二十五章）与"一曰慈"（第六十七章）中的"一"明显是数词，则作为概念的"一"仅12见，八十一章中见于五章。而郭店《老子》甲、乙、丙三本只有"而王居一焉"一句，则郭店本无"一"的概念。相反，遍观帛书《十六经·成法》全文341字（含阙文）中，"道"字仅3见，"一"字19见，远多于"道"；另一篇属黄老文献的上博简《凡物流形》也是如此②。这样鲜明的对比，无疑凸显了黄老思想中"一"的重要性，而"道"已退居次要地位。

前文提到，学界一般的看法是将《老子》中的"一"分为两种："道"派生出来的"一"——"道生一"，是第二位的③；道之别名的"一"——"得一""抱一"，可等同于"道"。但不论哪一种，都绝非"道之本"的"一"。

除了以上提及的"一"，对于其他几处的"一"，也并不是所有学者都同意将"一"释为"道"。如"载营魄抱一，能无离乎？"（第十章）王弼注："载，犹处也。营魄，人之常居处也。一，人之真也。言人能处常居之宅，抱一清神能常无离乎？则万物自宾矣。"④ 详其注，非谓"一"为"道"，楼宇烈即据王弼对第三十二章的注文"抱朴无为"将"抱一"释为"抱朴"⑤。高亨曰：一谓身也。抱一，犹云守身也。身为个体，故《老》、《庄》或名之曰一。"⑥ 张松如从其说⑦。《庄子·梗桑楚》："卫生

---

① 王先谦：《荀子集解》，第129页。
② 据王中江统计，《凡物流形》中，"一"19见，而"道"3见，见氏著《〈凡物流形〉"一"的思想构造及其位置》，《出土文献与道家新知》，第81页。
③ 当然也有学者认为"道生一"的"一"就是"道"，如蒋锡昌云："道始所生者一，一即道也。自其名言之，谓之道；自其数而言，谓之一。"刘笑敢针对此说提出了有力反驳："'道生一，一生二，二生三，三生万物'的'生'字都是同样的用法，前者生后者，如果我们不能说'二生三'的'二'就是'三'，那么我们就不能说'道生一'的道就是'一'。"见蒋锡昌：《老子校诂》，第279页；刘笑敢：《老子古今》（修订版），第467页。
④ 王弼注，楼宇烈校释：《老子道德经注校释》，第22页。
⑤ 王弼注，楼宇烈校释：《老子道德经注校释》，第24页。
⑥ 高亨：《老子正诂》，《高亨著作集林》（第五卷），北京：清华大学出版社，2004年，第58页。惜其晚年所作《老子注译》又改释"一"为"道"，或是受学术环境影响，见高亨：《老子注译》，《高亨著作集林》（第五卷），第271页。
⑦ 张松如：《老子校读》，第58页。

之经，能抱一乎？能勿失乎？"或阐发《老子》此章。郭象注："不离其性。"成疏："守真不二也。"①亦非直以"一"为"道"，且这两个"抱一"是从养生上说。《老子》第十四章："此三者不可致诘，故混而为一。"刘笑敢以为这个"一"是"性质无别、浑沦不分之意，并非'道生一'之'一'，或'天得一以清'的'一'"②。如此，我们不应强求对《老子》中的"一"做同一理解，即不能以"得一"之"一"而强行解释其他的"一"。

要之，在《老子》中，"一"尚未形成一个固定用法，且并不都能等同于"道"，亦即"一"未成为《老子》的一个核心概念。谷中信一认为："将'道'换言为'一'，应该说是郭店《老子》以后的现象。"③我们应当注意这样一个明显的现象。

相较之下，黄老道家中有明确以"一"指代"道"者，如帛书《道原》："一者，其号也。"④《韩非子·扬权》："道无变，故曰一。"《淮南子·原道》："所谓无形者，一之谓也。"《淮南子·诠言》："一也者，万物之本也，无敌之道也。"同时，黄老文献中还出现了大量的"道之本""道之要"一类的表述，而这些词也都是指"一"。如帛书《十六经·成法》："一者，道其本也。"⑤照《经传释词》，"其"可释为"之"⑥，即"一者，道之本也"。帛书《德圣》篇"其要谓之一"⑦。高诱注《淮南子·原道》"所谓无形者，一之谓也"："一者道之本也。"⑧《老子道德经河上公章句》："故常无欲，以观其妙。"河上公注："妙，要也。人常能无欲，则可以观道之要，要谓一也。一出布名道，赞叙明是非也。"⑨从老庄的"道"到黄老的"道之要""道之本"，"一"的地位得到显著提升，故一些黄老文献中就多论"一"而鲜及"道"。

这种转变的原因在于，作为"道之要"的"一"往往是在与"多"相对的意义上使用，如帛书《成法》"万物之多，皆阅一孔"，而"一"与"多"的关系也正对应着圣人与万物、君王与百姓的关系，如《凡物流形》："能执一，则百物不失。如不能执一，则百物具失。"这时的"一"象征着"道"之权柄，故可被执持，"执道"

---

①　郭庆藩：《庄子集释》，第782页。

②　刘笑敢：《老子古今》（修订版），第213页。

③　谷中信一：《先秦秦汉思想史研究》，孙佩霞译，上海：上海古籍出版社，2015年，第88页。

④　裘锡圭主编：《长沙马王堆汉墓简帛集成》（四），第89页。

⑤　裘锡圭主编：《长沙马王堆汉墓简帛集成》（四），第165页。

⑥　王引之：《经传释词》，李花蕾点校，上海：上海古籍出版社，2014年，第109页。

⑦　裘锡圭主编：《长沙马王堆汉墓简帛集成》（四），第119页。这一篇虽然与帛书甲本佚书的《五行》篇有关，但又使用了很多道家的语言，所以裘锡圭认为此篇"表现了想把儒家和道家糅合起来的倾向"（见氏著：《马王堆〈老子〉甲乙本卷前后佚书与"道法家"》，《裘锡圭学术文集》，上海：复旦大学出版社，2015年，第5册，第334页；该文又载裘锡圭：《中国出土古文献十讲》，上海：复旦大学出版社，2004年，第340页），而从它被抄写在黄老类文献之后，则此篇至少在抄写者看来是可以归入黄老一类的。

⑧　何宁：《淮南子集释》，第58页。

⑨　王卡点校：《老子道德经河上公章句》，第2页。

在政治上的技术化也就是"执一"。《汉书·艺文志》评道家"秉要执本",这显然说的是黄老道,如此,这个"要"和"本"也就是"道之要""道之本",亦即"一","秉要执本"就是"执一",这恰恰是黄老治术的核心概念①。

不同于老庄的"道"无始无本,帛书《十六经·前道》提出"道有原而无端",原者,本也②,也就是认为"道"有本。《十六经·成法》进一步表明:"一者,道其本也。"张立文认为此句中"本是本然,非道之本体",即"道作为天地的本原,是一种混沌未分的原始状态,可称为一"③。但此说存在这样的问题,即若说"一"为"道"之本然状态——混沌未分,那是否意味着"道"还有已分的状态?④

《说文》:"木下曰本。"⑤ 而"中文中'本'的原义是根"⑥,故《庄子》中有"自本自根"(《庄子·大宗师》)、"此之谓本根"(《庄子·知北游》)之说。王中江据帛书《道原》中"夫为一而不化,得道之本",认为此"是《黄帝四经》中以'一'为'道其本'的另一个例子"⑦,而"得道之本"就是"抓住了'道'的根本"⑧。但就具体的理解来看,其说仍同于张立文⑨。那么这里的问题就正如我们在分析庄子的"道枢"时所指出,若承认"道"为万物之本根,则作为"道之本"的"一"显然是比"道"更根本的存在。如此,"一"就区别于"道",并成为宇宙之最究竟本根,这同时意味着"道"的下落。张立文的解决方式是将老庄的道和秦汉人的道区分为两种不同的类型:前者为"自然界万物的本体或本原",而后者为"原初的混沌状态",即"一"。⑩ 不过根据前面的分析,他在对《成法》字句的解释上是有一些偏差的。张岱

---

① 详见王中江:《〈黄帝四经〉的"执一"统治术》,《出土文献与道家新知》,第 109—122 页。

② 如《孟子·离娄下》"取之左右逢其原",焦循正义:"原,本也。"《荀子·王制》"夫是之谓有原",杨倞注:"原,本也。"《淮南子·原道》"原道训",高诱注:"原,本也。"焦循:《孟子正义》,北京:中华书局,1987 年,第 560 页;王先谦:《荀子集解》,北京:中华书局,2013 年,第 187 页;何宁:《淮南子集释》,北京:中华书局,1998 年,第 1 页。

③ 张立文:《中国哲学范畴发展史(天道篇)》,北京:中国人民大学出版社,1988 年,第 41 页。

④ 对于"本然"应该如何理解呢?我们可以参照张载关于"气"的论述,《正蒙·太和篇》:"太虚无形,气之本体,其聚其散,变化之客形尔……太虚不能无气,气不能不聚而为万物,万物不能不散而为太虚。""气之本体"即气之本然。无形无状的"太虚"是气的本然存在状态,而此气又可聚而为有形之万物。"太虚"与"气"乃为同一事物的两种属性,故可以"本然"来表述其中的关系。但道家的"道"与"气"是两个层次的概念,万物是"气"之聚散(《庄子·知北游》:"人之生,气之聚也,聚则为生,散则为死。"),而"道"为"气"之母(《庄子·大宗师》"气母"),不可以"聚散"描述"道"。

⑤ 许慎:《说文解字》,第 118 页。

⑥ 陈来:《仁学本体论》,北京:生活·读书·新知三联书店,2014 年,第 12 页。

⑦ 王中江:《〈黄帝四经〉的"执一"统治术》,《出土文献与道家新知》,第 114 页,脚注①。

⑧ 王中江:《〈黄帝四经〉的"执一"统治术》,《出土文献与道家新知》,第 112 页。

⑨ 如其所说"抽象地说,'一'就是'道'。具体地说,'一'是指道的'原初混一状态',是'道'的'称号',又是'道其本'。"王中江:《〈黄帝四经〉的"执一"统治术》,《出土文献与道家新知》,第 113 页。

⑩ 张立文:《中国哲学范畴发展史(天道篇)》,第 39、40 页。

年以为在老子之后，"从汉至唐，关于道，没有出现新的见解"①，其观点明显不同于张立文。所以将两种"道"放在不同的含义下讲，并不能真正解决问题。

《淮南子·天文》云："道始于一，一而不生，故分而为阴阳，阴阳合和而万物生，故曰'一生二，二生三，三生万物'。"此处，作者在转引《老子》时，省去"道生一"，而代之以"道始于一"，显然是转变了"道"与"一"的关系。在相应的《老子》原文中，"一"是第二位的，而"道始于一"却是说"一"为"道之始"，亦同于"道之本"。这样的改变似乎是说，作为"道"之本的"一"是混沌不分，故不能直接生化万物，必待分而为"二"——亦即"阴阳"，借"阴阳合和"产生"三"，以此来生化万物。不分的"一"固然是"道之本"，但此后的"阴阳"又是否是"道"的已分状态？《十六经·成法》中有云："夫达望四海，困极上下，四向相抱，各以其道。"②"困"即"穷"，"各"表分别③，是则四海之内，天地之间，万物分别有一"道"并顺此"道"而生。而统领这些"道"的就是"一"，故其后又云："夫百言有本，千言有要，万〔言〕有总。万物之多，皆阅一孔。"④似乎真正作为万物之本的是"一"而不是"道"。

总之，无论"道之本"中的"本"是指本源、本体还是本根，当提出"道之本"时，就已经将"道"进一步分出了体用、本末，那么作为"道之本""道之要"的"一"，在逻辑上就更为重要、根本。

此外，黄老的得道与老庄的得道也有很大不同。庄子的得道，一方面是《大宗师》中所描述的豨韦氏以下而至傅说等人的得道，这是"道"赋予了他们能力，如此，这种得道毋宁说是"道生之"；另一方面，是"堕肢体，黜聪明，离形去知，同于大通"（《庄子·大宗师》），此乃返回于"道"。相反，黄老派的"执道""执一"，似乎是要掌握"道"，如王中江所言：

> 《黄帝四经》之所以主张"执一"的统治是因为它相信君王"执一"是最普遍和最有效的统治，其具体表现就是将"一"与"法"结合起来，使"执一"的普遍原则转变为可操作的普遍的"执法"。⑤

他们提出"道之要"的概念，是为了找到一个"道"的总纲，进而可以把握

---

① 张岱年：《中国古典哲学概念范畴要论》，北京：中国社会科学出版社，1989年，第28页。
② 裘锡圭主编：《长沙马王堆汉墓简帛集成》（四），第165页。
③ 《说文》："各，异辞也。"许慎：《说文解字》，第34页。
④ 裘锡圭主编：《长沙马王堆汉墓简帛集成》（四），第165页。
⑤ 王中江：《〈黄帝四经〉的"执一"统治术》，《出土文献与道家新知》，第122页。

"道",帛书《道原》"得道之本,握少以知多;得事之要,操正以正奇"显然就是此意。如果说老庄是因顺"道"之自然,那么黄老的这种转变似乎反映了一种对于人为(伪)作用的追求。至于《鹖冠子·兵政》"贤生圣,圣生道,道生法"一句,显然已将"道"下落到圣人之下,而近于荀子之论。

关于黄老文献中的"执一"内涵,王中江和谷中信一两位学者已经有过很详细的论述,本文想要进一步说明的是,从提出"道之要"为"一",而将"执一"思想与统治术相结合,黄老思想区别于老庄的另一点在于"执一无失"。

前文说过,老子的主张是"执者失之"(第二十九、六十四章),所以"无执,故无失"(第六十四章)。但黄老文献中却一反此说,《十六经·成法》:"夫唯一不失,一以趋化,少以知多。"①《管子·心术下》:"执一之君子。执一而不失,能君万物。"《管子·内业》:"执一不失,能君万物。"《荀子·尧问》:"执一无失。"《淮南子·齐俗》:"圣王执一而勿失,万物之情既测矣,四夷九州服矣。"谷中信一以为"执"字可以理解为"握在手里绝不放弃"②之意,"执一"就是要"好好地守住'一'而不离开的意思"③。而"执一"往往都有一主体,这些"君子""圣王"都可以理解为为政者(或曰执政者)。那么从老子的"无执"到黄老的"执一",无疑更加强调了为政者的存在和作用。此外,君主作为相对于万民万物的"一",也是唯一能够"执一"的人。《十六经·成法》的开篇就是"黄帝问力黑,唯余一人,兼有天下"④,此一人只需"执一"则能治多。某种程度上,黄老道家就是顺应政治要求,将"道"与"法"结合,并为政权提供合理性和可行性。

五、结语

以上,我们通过训诂与义理解释相结合的方式,辨析了《老》《庄》中的"道纪""道枢"并非"道之纲纪""道之枢要",而应理解为"道即纪""道即枢",亦即,"道"本身就是万物之纲纪、万物之枢要,非谓"道"之上还有一个作为其"纲纪""枢要"的更根本存在。

在梳理提到"道之要""道之本"的相关文献时,我们发现它们都出现在与黄老相关的著述中。从老庄的"道即本"、"道即要",到黄老的"道之本""道之要",一个关键的特征在于黄老已将"道"与政治术相结合,其提出"道之要"是为了找到

① 裘锡圭主编:《长沙马王堆汉墓简帛集成》(四),第 165 页。
② 谷中信一:《先秦秦汉思想史研究》,孙佩霞译,第 132 页。
③ 谷中信一:《先秦秦汉思想史研究》,孙佩霞译,第 137 页。
④ 裘锡圭主编:《长沙马王堆汉墓简帛集成》(四),第 165 页。《十六经·果童》开篇亦言:"黄帝[问四]辅曰:唯余一人兼有天下。"同书第 158 页。

一个"道"的总纲——"一"，进而能够执此总纲以御万物万民。而后人或许是受黄老文献的影响，反以"道之纲纪"解释"道纪"，以"道之要""道之本"解释"道枢"，则难免偏离原意。

黄老相较于老庄，突出了"一"的重要性，而将"道"置于次要地位。在将"一"与"道"牵合的过程中，黄老派逐渐将"道"从生天生地的大道演变为人君执持之"道"，实际就是改变了"道"的内涵，其强调的是人君、圣人而非"道"的作用。大体来说，黄老文献中都是以"一"作为"道之本"或"道之要"，这个"一"就是可把握的"道"之总纲，君王只需"执一无失"，则天下自治。

从老庄的"道枢""道纪"到黄老的"道之本""道之要"，一方面意味着"道"的地位的下落，另一方面也揭示了黄老对老庄"道"之意涵的转变。而老庄的这两个概念在流传过程中也因受此转变的影响而被误读为"道之纪""道之要"，这是需要更正的。

"一生二，二生三"

——熊十力老《易》关系探微

马　庆*

内容提要： 熊十力乃以《新唯识论》中"翕辟成变"的理论将唯识学中"种现"的"转变"关系转为心物的"发现"关系。然而，即便他的"发现"概念源自船山易学，却与船山物之"发现"相异，而成为心之"发现"。而之所以是心的"发现"，则乃因于老子"一二三"的辩证法。熊十力认为，老子之"一二三"既可代表《周易》的"翕辟"变动规律，亦可表示《周易》的三画卦所成之因。因此，老子"一二三"与《周易》得以会通。然而，他用老子"一二三"与《周易》相融通的深层原因却是为会通空宗之"空寂"与儒家之"健动"二者。虽然，老与《易》在"心"与"物"相互变化的宇宙论方面是相同的，但却在"体用"范畴中的"体"的方面不同。老与《易》之所以于"体"处不同，乃由于二者各所受到的"浑天说"与"乾元说"的影响不同。"浑天说"仍于"体"处有一抽象的境界，"乾元说"则完全地以"用"为"体"，消"体"归"用"。由于熊十力既将老与《易》体系性地融会在了一起，亦于根源上解释了老与《易》的构成差异，故其之老《易》关系的理论为老《易》的研究提供了丰富的理论资源。

关键词： 熊十力　老子《周易》　一二三

基金项目： 本文系 2018 年河北省研究生创新资助项目"老庄哲学思想比较研究"（项目编号：CXZZBS2018027）。

老子曰："道生一，一生二，二生三，三生万物。"（《道德经》第四十二章）该句"是老子著名的万物生成论的提法，描述道生成万物的过程"①。虽然，乍看起来，该

---

* 马庆（1988—），男，河北大学哲学系 2017 级博士生。主要研究方向：中国近现代哲学。
① 陈鼓应：《老子今注今译》，北京：商务印书馆，2003 年，第 233 页。

句句式简单，内容并不复杂；但是，关于此句的解释，却众说纷纭，莫衷一是。譬如，《淮南子》尝以"元初"之气与"阴阳"之二气进行解释①；奚侗则以《易》解老，认为一即太极，二即两仪，"天地气合而生和，二生三也。和气合而生物，三生万物也。"②熊十力虽也认可前哲以《周易》的思想对老子《道德经》"一二三"句的解读，但也认为他们的解读过于简单，因而未能言及其中的深义。他说："在昔《老子》书中述卦爻之义，而说'一生二、二生三'，此是表示变化要率循相反相成的法则，这是无疑义的。但是，他们并未有详细的说明。……吾人穷理到真是所在，即古人已先我而言之，更喜先后互相印证，无可与古人立异；但古人有所未尽者，应当加以发挥或修证。"③因此，熊十力对于古人以易学哲学思想对老子"一二三"句的解读，不仅未能完全赞同；相反，他更是在指摘古人以易解老之基础上进行了新的发挥与创造。即，他既未将"一二三"解释为某种气化的宇宙概念，亦并未将"一二三"与《易》做牵强的附会，而是将老子的"一二三"与《周易》二者成体系地结合在了一起。

一

熊十力首次引用老子"一二三"句以表诠"翕辟成变"的理论是在《新唯识论》语体文本中的《转变》一章中。④他说："老子说：'一生二、二生三。'这种说法，就是申述《大易》每卦三爻的意思。"⑤又说："恒转是一，恒转之现为翕，而几至不守自性，此翕便是二，所谓一生二是也。"⑥《转变》章之章名"转变"一词虽原乃为唯识宗所使用之概念，但却被熊十力借用来以表诠自己"翕辟成变"的哲学体系。他说："转变一词，见《成唯识论述记》。言转变者，取复词便称耳，实则但举一变字可也。然吾谈变义，本不据前师，学者勿执旧说相会。"⑦熊十力认为，虽然"转变"是两个词，但"转变"一词乃为复词，因而"转变"实际上只有"变"之一字有实在的意

---

　　①《淮南子·天文》曰："一而不生，故分而为阴阳，阴阳合而万物生，故曰：'一生二，二生三，三生万物。'"（何宁撰：《淮南子集释》，北京：中华书局，1998年，第244页。）

　　② 奚侗：《老子集解》（平灵峰辑：《无求备斋老子集成》续编），台北：艺文印书馆，1973年，下5A。

　　③ 萧萐父主编：《熊十力全集》第三卷，武汉：湖北教育出版社，2001年，第101页。

　　④ 虽然熊十力在《新唯识论》（语体文本）创作前，也曾提到过老子"一生二，二生三"的哲学思想，但由其所提出"一二三"之句义去看，确未能有明确之表示"翕辟成变"之义在。因此，于《新论》（语体文本）之前，他虽有将"一二三"视为《周易》卦变义在，但其易学思想之"翕辟成变"之卦变义却并未成熟。譬如，他曾说："《老子》一生二、二生三之说，疑即本于卦。每卦皆以三爻明变，老氏申述此旨也。"（萧萐父主编：《熊十力全集》第二卷，第227页。）

　　⑤ 萧萐父主编：《熊十力全集》第三卷，第97页。

　　⑥ 萧萐父主编：《熊十力全集》第三卷，第99页。

　　⑦ 萧萐父主编：《熊十力全集》第二卷，第40页。

思①。简单地说，"转变"概念在唯识学中表示种现间的"转变"关系②。如在《成唯识论述记》中载："彼世间圣教所说我法相，虽无于真，方可假说。然依内识之所转变，谓种子识变为现行，现行识变为种子及见、相分，故名为变。依此所变而假施设为我法相。"③ 虽然，唯识学中种现的"转变"关系是种子（阿赖耶识）与现行（现行识）交互为因果的关系，但熊十力却将此关系理解为单向度的因果关系。因此，他认为种子变作现行的"转变"实乃据种子为本体，现行为现象的单向的因果式的"转变"。基于此，熊十力认为唯识宗中的种现关系乃由经验抽象以后，缘由意识之所妄构而成。因而，他并不认可种子与现行间的"转变"关系。他说："本来，他们无著派的种子说，全由情计妄构。易言之，即依据日常实际生活方面的知识，来猜想万化之原，如此而构成一套宇宙论，自不免戏论了。"④ 当然，熊十力确是"误读"了唯识学的种现关系。其实，种子与现行也是一种潜隐的关系。此外，种子不仅转变为现行，同时现行也可转变为种子，二者是交互的关系。譬如郭齐勇说："按佛学原义，种子是一种潜能，种子与现行互为因果，种生现界，并非绝对隔碍。"⑤ 黄敏批评熊十力道："单纯将因变说为种，果变说唯现行的做法并不够圆满。而熊十力据此断定护法唯识学是以种现对立为因果二重世界就未免显得过于轻率。"⑥

基于对唯识理论的"误读"，熊十力并不认可唯识学的"转变"思想。因此，为将抽象的种现的因果关系变成非因果的、非抽象的本体与现象间的"发现"关系，熊十力创造性地提出了"翕辟成变"的理论。他认为，若以《周易》"翕辟成变"的理论解释"转变"，则既可以消解唯识宗的种现关系，也可为本体与现象间的"发现"的变动关系提供可能。因此，在《新唯识论》语体文本的《转变》章中，他将《周易》的三画卦与老子的"一二三"相结合提出了"翕辟成变"的理论，并以此理论解决了本体与现象之不二的问题。由是，他把唯识学现象与本体的种现"转变"关系转为"发现"的关系，因而形成了本体与现象不二的"翕辟成变"的易学理论。

二

具体地看，为改变唯识宗"种现"的关系，熊十力提出了"发现"的概念。其

---

① 唯识学中的"变"字有"转变"与"变现"两个意思。"种子"唯有"转变"的意思，现行则既有"转变"亦有"现行"的意思。熊十力的"转变"则与唯识宗"变"字义不同，他的"变"只有"转变"义，并无"变现"义，因而其"变"之一字即可等同于"转变"一词。

② "转变"的概念本身是比较复杂的，为节省篇幅，这里略简单作解，以凸显熊十力《新唯识论》中的"转变"义。

③ 窥基：《成唯识论述记》（一），台北：新文丰出版有限公司，1974年，第2卷，第17页。

④ 萧萐父主编：《熊十力全集》第三卷，第226页。

⑤ 郭齐勇：《论熊十力对佛教唯识学的批评》，《世界宗教研究》，2007年第2期，第49页。

⑥ 黄敏：《熊十力"因能变"说辨异》，《宗教研究》，2016年第2期，第205页。

实，他的"发现"概念并非属于原创，而是对船山"发现"概念的继承与创新。船山说："生者，非所生者为子，生之者为父之谓。使然，则有太极无两仪，有两仪无四象，有四象无八卦之日矣。生者，于上发生也，如人面生耳、目、口、鼻，自然赅具，分而言之，谓之生耳。"① 熊十力也说："船山解'易有太极，是生两仪'之'生'，谓发现之谓生，非产生名生，义最精当。"② 因此，熊十力继承了船山"生"的含义，而认为"生"的含义并非是"产生"而是"发现"。即，"发现""非所生者为子，生之者为父之谓"③ 而是心的发现。即便熊十力继承了船山"生"的"发现"含义，但与船山的"发现"含义也有着许多的不同之处。

其实，船山"发现"概念的辩证性并不显著。因为，船山的"发现"所注重的仅是物的显现，而物的隐显变化并不需要相互的辩证运动。船山说："道，体乎物之中以生天下之用者也。"④ 道虽是变动的，但它的变动仅是可显于物中的太极阴阳的变动；因此，它只能是物的"发现"。物的显隐的变化是难以形成辩证的运动的。船山说："太极动而生阳，静而生阴，动静各有其时，一动一静各有其纪，如是者乃谓之道。"⑤ 又说："阴阳各六，十二位而向背分。阳动而见，阴静而隐，其恒也。"⑥ 因此，船山的"发生"虽也是阴阳的相互运动，但是由于阴阳动静之间"各有其纪"，因而此阴阳的互相运动并不是"相反相成"的辩证运动：船山的阴阳的互相的运动只是阴阳的平列运动，是"十二位而向背分"的运动。因此，熊十力认为船山易学颇有二元论的意思，他说："但船山说《易》，颇有二元论的意思。（船山说《大易》乾坤并建，乾表神明，坤表形质）"⑦

与船山阴阳平列的运动方式不同，熊十力所注重的是"翕"（心）"辟"（物）的辩证运动方式。譬如他说：

恒转之动而成翕，才有翕便有辟，唯其有对，所以成变。恒转是一，其显为翕而几至不守自性，此便是二，所谓一生二是也。然恒转毕竟常如其性，决不会物化，故当其方翕，即有辟的势用俱起，此辟便是三，所谓二生三是也。上来已说变化只是率循相反相成的一大法则，于此已可见。⑧

---

① 王夫之：《周易稗书》，《船山全书》第一册，长沙：岳麓书社，2011 年，第 789 页。
② 萧萐父主编：《熊十力全集》第四卷，第 344 页。
③ 萧萐父主编：《熊十力全集》第三卷，第 979 页。
④ 王夫之：《周易外传》，《船山全书》第一册，第 821 页。
⑤ 王夫之：《周易外传》，《船山全书》第一册，第 823 页。
⑥ 王夫之：《周易内传》，《船山全书》第一册，第 88 页。
⑦ 萧萐父主编：《熊十力全集》第三卷，第 356—357 页。
⑧ 萧萐父主编：《熊十力全集》第六卷，第 78 页。

即便船山自认为阴阳间的"发现"是不可剖分的，但由于船山的"发现"还是"物"的显现，因而他的阴阳的"发现"是极易被理解为阴阳平列的二元结构的。因为，物的隐显状态仍是物自身的发展，因而是不能成为心物的辩证发展的。然而，熊十力的"发现"由于"翕""辟"变动的缘故也可视为二级结构的变动，但由于有心物即"相反"又"相成"的辩证特点，因而他的"发现"也可以认为是三级的结构，即"恒转""翕""辟"三个部分的变动。

虽然，"相反相成"的法则可以视为三个部分的变动所呈现出的法则，但由于三个部分并不可剖分，因而三个部分是具有"一元"整体性的。虽然，由于"翕""辟"的本身并无有自体，因而假如各自分别地去看"翕""辟"的变动，它们的变动所呈现出的唯有幻现的相状。熊十力说："心者恒转之动而辟也。故心之实性即是恒转，而无实自体焉。今夫有情假者，本依心物幻现得名，而心物实性强名恒转。恒转者，至静而动，本未始有物也。然动而不能不摄聚，故乃翕而幻成乎物。"①然而，"翕""辟"是变动的统一体，因而它们即便是幻象也能呈现出实体的属性。即，虽然，熊十力取消了本体的"物"的属性，但本体依旧是"能变"的；虽然，物相是幻化的，但也能够通过翕辟的运动显现出真实存在的实体。

由于取消了"物"的属性，"一二三"便无有时空的属性，因而三者既不能前后相继，亦不可片段剖分。熊十力说："此三不可作三片物事会去。既不是三片物事，即不是有次第的生去，与《系》云'是生两仪'云云，当相通贯。吾尝谓老学实本之《易》也。"②又说："又复当知，此中所谓一二三，只是表示变动的符号，并不是有一二三的片段可分，更不是有由一至二由二至三的先后次第。"③由于"一二三"既非"物"，又有"能变"，因而只能是表达变动的符号。因此，单独地去看"翕""辟"，它们皆乃虚幻的相状，但若由在此变动系统中去看，则可因此变动的规律而呈现出真实存在的本体与物的现象。由于"一二三"三者虽非时空的关系，却又是有一整体之变动性的，因而熊十力的"发现"比船山的"发现"更具变动性与整体性。然而，由于"翕""辟"各自仅为虚幻的相状，因而翕辟之间的变动规律是熊十力"发现"的核心所在。

熊十力"发现"的"相反相成"变化法则是与船山"发现"的主要不同之处。虽然，熊十力认为"相反相成"的变化法则来源于《周易》，但他却用老子的"一二三"辩证法进行诠释。熊十力认为老子哲学源自易学，"一二三"的辩证法即是《周易》的辩证法，是三画卦所成之因。他说："老子言一生二，二生三，即本《易》之

① 萧萐父主编：《熊十力全集》第二卷，第79页。
② 萧萐父主编：《熊十力全集》第四卷，第345页。
③ 萧萐父主编：《熊十力全集》第六卷，第78页。

每卦三画，而疏释之也。"① 又说："在昔《老子》书中述卦爻之义，而说'一生二、二生三'，此是表示变化要率循相反相成的法则，这是无疑义的。"② 因此，老子"一二三"的变动方式与《易》的"恒转""翕""辟"的"相反相成"的变动方式是相同的。

"相反相成"的变动法则实际即是指"心""物"的变动法则。因为，由于"恒转"的显现要依靠于"翕""辟"，所以"恒转"的本身，其实质即等同于"翕""辟"，而"翕""辟"也可称为之"心""物"，因而翕辟的变动其实即是"心""物"的变动。他说："本论依功能自身之一翕一辟，假说心与物"。③ 因此，熊十力所说的老与《易》在"相反相成"变化法则方面的相同，其实即是在说老与《易》在"心""物"变化关系方面的相同。

三

在熊十力《新唯识论》中的"翕辟成变"法则乃是由"辟"为"翕"主④、"翕"为"辟"辅的变化方式所呈现出的。"辟"为"翕"主，意即指"辟"为"翕"的主宰；"翕"为"辟"辅，意即指以"翕"辅助"辟"而令"辟"开敷出其"主宰"的作用。由于"翕辟成变"乃以"辟"为主，因而熊十力所认为的"本体"乃因"辟"而"发现"："辟虽不即是本体（辟元是本体的显现，故不即是本体。譬如水成冰已，而冰虽不失水性，究不即是水），却是不物化的，是依据本体而起的。他之所以为无形，无为无所不在，为向上等等者，这正是本体底自性的显现。"⑤ "辟"虽然不即是本体，但它所显发出的本质却是本体的本质，因而可将它等视为本体。又由于"辟名为心"⑥，亦"即是本心"⑦，因而熊十力的"发现"乃是"心"的发现。因此，"心"的发现亦即指本体的发现。

熊十力的"发现"乃是"心"的"发现"。此"心"的发现与王阳明的"良知"概念是密不可分的。或者可以说，他的"心"的"发现"，几可同于阳明的"良知"。因为，熊十力的"心"的概念确是由阳明的"良知"概念改造而成的。譬如他说："阳明谈良知则非依据生理以言心，乃剋就吾人与天地万物同体处说心，所谓本心是也……吾之《新论》，骨子里只是此义，未审高明督及否？"⑧ 然而，阳明的"良知"

---

① 萧萐父主编：《熊十力全集》第三卷，第748—749页。
② 萧萐父主编：《熊十力全集》第三卷，第101页。
③ 萧萐父主编：《熊十力全集》第六卷，第154页。
④ 萧萐父主编：《熊十力全集》第六卷，第302页。
⑤ 萧萐父主编：《熊十力全集》第三卷，第103页。
⑥ 同上。
⑦ 萧萐父主编：《熊十力全集》第三卷，第377页。
⑧ 萧萐父主编：《熊十力全集》第四卷，第394页。

概念却并不能够直接有力地对唯识理论进行斥破。因此，为斥破唯识宗种现关系以凸显心本体的"发现"含义，熊十力借用了空宗的"缘生"理论。他认为"缘生"概念本应以空宗的遮诠讲，然而"无著和世亲一派的学者（大乘有宗）大抵把缘生一词，作为表诠讲"①，"这是他们根本错误"②。因此，他说："一切物没有不是互相为缘而现起的。所以，一切物都是没有自体的。换句话说，所谓一些物，实际上只是毕竟空、无所有的。"③

既然熊十力借用空宗的"缘生"理论以对有宗的唯识理论进行指摘，那么他在融会《周易》的时候便不可避免地汲取了空宗的某些思想。进而，他认为"儒家《大易》、佛氏《般若》皆于真实根源甚深处确有发明。"④ 其实，就《新唯识论》（语体文本）来看，老子"一二三"的哲学思想，乃是在与空宗和儒家《周易》相互会通、相互揭显时所同时出现的。具体地看，熊十力虽在"本体"⑤层面上承认了般若空宗与孔子《周易》的相同之处，然而，在实际层面要证明二者在本体层面上有相同之处却并非易事；因此，熊十力在揭显空宗与儒家于"本体"层面的相同点时又融会了老子"一二三"的辩证法。

熊十力在本体层面承认了空宗与《周易》相互会通的可能。譬如，他说：

《大易》所云"寂然不动，感而遂通"与佛之般若，只是此境。凡夫自有生以来，恒是妄想流注，不见本心。⑥

又说：

余生华梵两大圣人之后，相去两千余年，得睹两家玄文，窃叹佛氏以《大般若》为其群经之王、诸佛之母，而吾儒《大易》为五经之原，于是沉潜往复于《大易》《大般若》之间，旷然退思，脱然神解，独默会于真际，因以简两家之异而观两家之通。⑦

① 萧萐父主编：《熊十力全集》第三卷，第77页。
② 同上。
③ 萧萐父主编：《熊十力全集》第三卷，第51页。
④ 萧萐父主编：《熊十力全集》第二卷，第142页。
⑤ 熊十力说："我们要谈本体，（本体一词，后亦省言体。）实在没有法子可以一直说出。所以，我很赞成空宗遮诠的方式。但是，我并不主张只有限于这种方式，并不谓除此以外再没有好办法。"（萧萐父主编：《熊十力全集》第三卷，第79页。）
⑥ 萧萐父主编：《熊十力全集》第四卷，第349页。
⑦ 萧萐父主编：《熊十力全集》第五卷，第398页。

儒家之于形而上之"本体"的层面确是不甚显著、"引而未发"的。熊十力说："本体是空寂真常的，佛家证见如是，儒家亦自见得。但佛家于空寂的意义特别着重，儒家于此只是引而不发。"①无论如何，儒家确实并未像佛家一样深说"空寂"。因此，在熊十力看来，假若不借助空宗以表露出"空寂"的"本体"，那么儒家生生化化流行不已之"本体"便亦难以明了。进而，他认为空宗与孔子《大易》均只是各向生灭一边说去，在"本体"层面上却并无二致。他说："儒家本无有所谓出世的观念，故其谈本体特别着重在生化的方面……佛家起自印度，印人多半是有出世思想的。"②尽管儒佛在出世与入世的方向上竟有如此巨大的差异，但他们在"体"上却元本一理。熊十力说："然而儒佛二家所说的，皆本其所实证，而不为戏论，只是各说向一方面去。会而通之，便识全体。佛家说空寂，本不谓空是空无，寂是枯寂，故知此体空寂，元是生生化化不息真几。不空不寂，只是滞碍物，何有生化？儒家言生化亦非不窥到空寂，只不肯深说。故二家所见，元本一理，法尔贯通，非以意为糅杂也。尝谓儒佛二家，通之则两全，离之则各病。"③然而，即便说儒家在本体层面上的"变化"确实需要"空寂"，但由于原始儒家于形而上层面的哲思匮乏，因而导致了熊十力揭显儒家《大易》在"变化"与"空寂"互为一体的困难。即便他已将偏重于形而下的《论语》与偏重于形而上的《周易》相互融会："子贡叹性与天道不可得而闻，则既闻之矣。然《论语》所记，特详人伦日用，则天道之谈，在《大易》可知。记曰：'善言天者，必有验于人。'夫人伦日用，皆天道之著也。《论语》所载孔子之生活，即其体天道之实。《易》《论语》可互证。"④但于儒家形而上的层面来看，即便以《周易》进行诠解，仍难以揭显"虚寂"与"健动"的一体性。譬如熊十力说："大概说来，辟与乾之义为近，翕与坤之义为近。然从来《易》家讲乾坤者，多不能无病，无论汉宋各家派，其言乾，则曰阳气也，言坤，则曰阴气也，其所谓二气之气字，含义究如何？亦无明白之训释。"⑤可见，古人对《周易》的解释，大多以气化宇宙论的哲思进行解读，因而并未有显明的对"虚寂""健动"揭示性的解读。因此，若不加以新诠，《周易》"空""有"之一体性的变动法则也不易于揭示。由是，他在融会空宗与《周易》的同时，复融会了老子"一二三"的辩证法则。由此看来，熊十力介入道家老子的哲学思想，还有着会通儒佛的目的。譬如，熊十力说：

---

① 萧萐父主编：《熊十力全集》第三卷，第 200 页。
② 萧萐父主编：《熊十力全集》第三卷，第 201 页。
③ 萧萐父主编：《熊十力全集》第三卷，第 202 页。
④ 萧萐父主编：《熊十力全集》第三卷，第 571 页。
⑤ 萧萐父主编：《熊十力全集》第三卷，第 495 页。

老子云："元德，深矣、远矣。"又曰："生而不有，为而不恃，长而不宰，是谓元德。"夫元德者，生德也。生生不息，本来真故、如故。生而无染，本圆明故。生而不有，本寂静故。是则曰真、曰如、言乎生之实也。曰圆明，言乎生之直也。曰寂静，言乎生之几也。是故观我生，因以会通空宗与《大易》之旨。吾知生焉，吾见元德焉，此本论所由作也。①

老子的"生"之所以与《周易》相同，即同具有"心物"相反相成的"发生"的含义，其中的一个重要的原因即是为了会通儒家《大易》的"健动"与空宗的"寂静"。因此，他在以老子的有无的辩证法解读《周易》譬如《观》卦"观我生"一句时，便解读出"动""寂"合一的味道。虽然，熊十力在融会空有时，介入老子的辩证法，似乎易于空宗与《周易》的会通；但是，老子本身的"道"的"虚无"并不纯粹。因为，它是既"有"亦"无"的存在体。因此，它在与"空宗"的纯粹的"空"相会通时，仍有衔接不稳的问题。即，"虚"虽然有"空"之成分，但也因含着宇宙的变化，故难以径直地与"空"相结合。因此，熊十力亦用了王弼的"无"的概念诠释了老子的"道"的哲学。因为，王弼"无"的概念较之老子"虚"的概念更能贴近于空宗的"空"义。熊十力说：

王辅嗣解《老子》，言凡有皆始于无。其所谓有，即谓一切物。其所谓无，亦斥体而目之，非空无之谓也。有始于无，谓凡有皆以无为体耳。今滞于有者，不知有即是无，如泥执绳相者，不知绳即是麻。触目皆真，而滞有者不悟。②

王弼创造性地诠释了老子的"道"，特提揭出了"无"的概念。王弼"无"的概念更易于揭显出空宗的"空寂"本体。即，由于王弼在易学上是扫落了汉易在象数上的烦琐的，而这又与空宗的"扫相"说极为相似，因而他的"无"的哲学是扫象的，有空宗的扫象的味道的。因此，他的"无"的概念更易于空宗与《周易》相融会。熊十力说："汉《易》胶滞于象而不穷理，犹愚夫观指不观月也。故汉《易》行，而孔子之《易》亡矣。王弼扫象，伊川继之，皆有特识。"③因此，熊十力用王弼的"无"的概念去贯通空宗的"空寂"与儒家《大易》的"健动"。即，由于王弼的"无"不即是"空"，因而与"有"相关，但又不即是"有"，故又与空宗的"空"义相近；因是，它兼摄了"有""无"的两个环节。因此，"显然，熊十力借取了道家

① 萧萐父主编：《熊十力全集》第三卷，第172—173页。
② 萧萐父主编：《熊十力全集》第三卷，第83页。
③ 萧萐父主编：《熊十力全集》第六卷，第795页。

形上学来补充儒家形上学，又以儒家形上学来改造道家形上学"①。

四

熊十力"中年以'心物'释'无有'，晚年以'体用'释'无有'"②。"按，熊十力在《原儒》下卷说，他在 25 年前以心物分殊老氏有无之论，至《原儒》上卷仍持此义，1956 年定居沪上之后，才认为老氏有无'究是体用之辨，不可以心物分殊也。'"③熊十力说：

　　老氏有无之论，余向时以心物分疏者，一、因辅嗣《老子》第一章注甚不妥，其他注家更无及辅嗣者。二、余向以老子言道当本于孔子。道是本体之名，心物则道之功用也。……此乃余二十五年以前旧义。余常怪老氏之说，处处与儒学反对，必其根柢处有不同之见。……此番乃于混成而得印定，始识老子以虚无立本之意，其太偏而多蔽，正在是也。④

　　具体地看，熊十力认为，自己之所以在中年以"心物"释老子的"有无"而于晚年又改为以"体用"释老子的"有无"，此中有两方面的原因。首先，他认为王弼对《老子》第一章的注释虽然有问题，但由于其他老学注家均无有能与王弼注释相匹及者，因而他勉强地用了王弼对老子道的"无"的解释，以"心物"解释了老子的"有无"。其次，由于他在中年的时候对于老子与《周易》所存在之问题并未能够完全地了明，于晚年却又能够完全地辨明，因而于晚年他又改变了中年以"心物"释老子"有无"的看法，而改以"体用"释老子的"有无"。

　　然而，如上所述，据熊十力的《新唯识论》（语体文本）来看，他在中年以"心物"释"有无"的真实原因恐怕乃是为将老子的"有无"与《周易》的"翕辟"概念相会通，进而以便利于空宗与《周易》的融会。当然，老子哲学与《周易》哲学毕竟有着诸多的不同之处。因此，为表示《周易》与老子在哲学上的不同，他于晚年遂认为老子"有无"的关系为"体用"的关系。"体用"的概念要比"心物"的概念更容易表示《易》与老子之间的区别。

　　在熊十力看来，老与《易》的不同主要是在"体用"关系中"体"处的不同。熊十力曾经既提出过两组《周易》的体用概念，也提出过老子的一组体用概念。如

①　郭齐勇：《熊十力哲学研究》，北京：人民出版社，2011 年，第 218 页。
②　郭齐勇：《熊十力哲学研究》，2011 年，第 217 页。
③　郭齐勇：《熊十力哲学研究》，2011 年，第 216 页。
④　萧萐父主编：《熊十力全集》第六卷，第 625 页。

下所示：

恒转之动而成翕，才有翕便有辟，唯其有对，所以成变。恒转是一，其显为翕而几至不守自性，此便是二，所谓一生二是也。然恒转毕竟常如其性，决不会物化，故当其方翕，即有辟的势用俱起，此辟便是三，所谓二生三是也。上来已说变化只是率循相反相成的一大法则，于此已可见。①

乾坤本是乾元本体流行之两方面。乾为神，亦谓之知，亦谓之大明。坤为质，亦谓之物，亦说为能，为理。②

老氏所谓道，盖合虚、神、质三者，而为混然不可分割之全体（虚空，亦省云虚）。《老子》第二十五章曰："有物混成，先天地生。"（有物之物字，作虚字用，乃隐指道而言，不可作物质解也。混成者，老氏以为宇宙基源，所谓道者并非空洞的无，而是虚与神、质三者混合而成，故曰混成……）③

由上可知，熊十力提出的《周易》的两组体用概念分别为：1."恒转"（体）、"翕""辟"（用）；2."乾元"（体）、"乾""坤"（用）。他所提出的老子的一组体用概念为："虚"（体）、"神"、"质"（体、用）。由于以上三组概念都是体用的概念，因而我们可以将以上三组概念进行对比。其中，"乾元""乾""坤"与"恒转""翕""辟"这两组《周易》的体用概念差别并不大④。譬如熊十力说：《新论》以翕辟成变、辟为翕主，发宇宙人生之蕴，实从《大易》《乾》《坤》推演而出。"⑤因此，可以说这两组体用的概念在"体用"的方面是相近的。然而，老子的"虚""神""质"这一组"体用"的概念，却与以上的两组体用概念相差较大。

由前所述，可知老与《易》虽在心物的变化方面是一致的，也就是说老子的"神""质"的变化规律与"翕""辟"或"乾""坤"的变化规律是相同的。即，由于老子的"体"是"虚"体，因而老子的"神""质"的"用"与"虚"的"体"是一个变动的整体。熊十力说："其曰'虚而不屈'者，虚之体也；曰'动而愈出'者，虚之用也。惟虚生神生质，神质与虚混然为一，故曰混成。混成无形，恒不失其虚性，是以为万化之源，无有穷竭，故曰'虚而不屈'。"⑥又由于老子的"神""质"也

① 萧萐父主编：《熊十力全集》第六卷，第78页。
② 萧萐父主编：《熊十力全集》第六卷，第710页。
③ 萧萐父主编：《熊十力全集》第六卷，第591页。
④ 当然，这两组体用的概念仍是有所差别的，但既由于二者差别不甚显著，又由于此并非本文所重点讨论之处，故暂略。
⑤ 萧萐父主编：《熊十力全集》第六卷，第302页。
⑥ 萧萐父主编：《熊十力全集》第六卷，第621页。

以"相反相成"的变动方式呈现本体，因而老子的体用也是不分的。熊十力说："用者，用其虚而不屈之本体。此语，或云不易晓，今举一譬喻。即以大海水譬喻本体，以众沤譬喻用，而站在众沤的观点上说，正是用大海水以自成为众沤也。由此譬喻而深思之，则所谓用者，正是用其本体，以自成为用耳。此亦不难晓。"①

虽然，老子的哲学也以用为体，但与孔子《大易》"乾元"本体的主宰、刚健、不息不同，老子的"虚无"本体是无为、顺化、守静的。譬如，熊十力说：

> 老子谓之无者，以其无状无象，故说为无耳，非真无也。其曰用之不勤者，妙用无穷，周普万物，而荡然无所劳耳。老子说用之不勤，我亦何尝于大用流行着得一勤字。使大化之行而有所勤劳，则造化亦将熄矣。但勤劳与刚健，二义炯别。勤劳，是拘执或留滞义。刚健，具有清净、纯固、坚实、勇悍、升进，与不可穷屈及无竭尽等义。须知，用之不勤者，正以其刚健故耳。刚健乃为众妙之门，何劳之有？老子只有见于用之不勤，而未深体夫用之所以不勤者，自是他有所未至。老子说道无，我亦何可于他所谓无之上，起一毫有相的执着，但无非真无，故万化由之以成。这个无状无象的物事，才是至刚至健的，所以能成万化，否则便是颓废的无，又何妙用可言呢？老子只喜欢说无，却不知所谓无才是至刚至健，我想老子尚不免耽着虚无的境界。②

熊十力认为，由于老子并未能够真正地明白"大用"的含义，因而他的"不勤"仅言及了本体的无滞碍性，却并未看到这种无滞碍性的本身是刚健不已的健动。因此，熊十力认为，老子"勤劳"仅注目在"拘执或留滞义"上，执着一个虚无的境界相。进而，熊十力认为，"老氏言'致虚极、守静笃'，则偏于求静之意为多，而于关学尚隔一层。'上善若水'云云，则从其在本体论上偏于处静之领会，与修行方面偏于求静之主张，而本之以因应事变，但取如水之顺流而无所争，此虽不能谓之全无是处，而无《大易》健以动与开物成务之本领，则中国人之有今日，中老氏之毒已深也"③。他认为老子由于偏静守寂，于开物成务方面漠不关心，从而导致人们的消极懈怠。因此，由于老氏于"一""体"上有"虚"之问题，因而导致了其在"三""用"上所出现的人"无为"的问题。由此可知，老子与《周易》虽在"心物"的变动方面是相同的，但在健动与虚寂的"本体"方面却不同。熊十力说："惜哉老氏不悟乾元而迷执有太虚，更妄计神质生于虚也。若彻悟乾元，则周遍于六虚之一

① 萧萐父主编：《熊十力全集》第六卷，第621页。
② 萧萐父主编：《熊十力全集》第三卷，第114—115页。
③ 萧萐父主编：《熊十力全集》第五卷，第20页。

大环者，乃是真真实实，乾元性海，何有空洞处，可名虚空乎？"①

一	二	三	一	二	三
虚	神	质	恒转（乾元）	翕（坤）	辟（乾）

老子的"虚""神""质"，亦即是只有"神""质"是实体，"虚"亦应在"神""质"中，而不显相状。若不做此解，则老学不可能与《大易》相契，而对"翕辟成变"之诠释，亦不可能。虽然，老之"虚""体"不显相状，"心""物"之"用"确亦可呈现相反相成之规律，但在"一"与"三"处却又滋生出一"虚体"之观念或境界来。熊十力说："老氏固云虚者犹如橐籥之空洞，无意无作，而神质自生。此亦妄计耳。神质既自生，何须以虚为依，而与之混然为一乎？惜哉老氏不悟虚空本非实有。"②虽然，"虚者""无意无作"，而"神""质"自生，但"神""质"仍有一"虚者"所依，因此"虚"虽不可见，不即是物，却仍然有一个"虚"的境界在。所以，熊十力认为，此"虚"只是一个妄计。他说："虚空只由世间习见一切物体是各别存在，以为由有空洞才显出个别的物来，于是推想有所谓无穷无尽，无量无边的虚空，亦名太虚，亦名太空。日、星、大地皆浮在空中，此乃世俗之见耳。若透悟乾元是宇宙实体，则遍六虚为一大真实宝藏，哪有虚空可说？"③由于老子有一"虚"之观念或境界的存在而与孔子的"乾元"说不同。因此，老与《易》在"一二三"上的不同确突出地体现在"一"处，即在"虚"与"乾元"上相异较大。而在"一"上之不同，亦即是在本体上之不同。熊十力说："故就心物问题而言，老氏持论颇有与儒学相接近处，盖于心物则窃取《大易》，而谈本体乃特异（余尝谓老氏言道半取之儒家者，即就心物问题言之耳）。"④然而，老与《易》虽对"天"的理解偏差较大，但言其实质则还是在于老子重"天"而轻"人"；孔子则重人，认为即人即天。所以，老子虽并不像是笃信"盖天说"者信有一上帝之存在，但由于仍然有依托一"虚"之观念者在，所以仍是"依他"的哲学；又由于有一"虚"之观念的存在，所以最终推向吾人真实生命之外，而将人的真实生命假托在一虚无之"道"之观念或境界上面。熊十力说：

摄用归体，将只求证会本体，皈依本体，将对本体起超越感，而于无意中忘却本体是吾人自性，不悟本体无穷德用，即是吾人自性，不悟本体无穷德用，即是吾人自性德用（不悟二字，一气贯下）。虽复不承认本体为有人格之神，而确已将本体

---

① 萧萐父主编：《熊十力全集》第六卷，第623页。
② 同上。
③ 萧萐父主编：《熊十力全集》第六卷，第623—624页。
④ 萧萐父主编：《熊十力全集》第六卷，第600页。

从吾人自身推向外去，关、老之学'主之以太一'，（太一，即本体之名。见前注。）确有谬误在。①

五

熊十力说："中学特点，略举其二：一曰中学在本体论中之天人不二义；二曰中学在宇宙论中之心物不二义。"② 由于老与《易》在心物关系的方面是相同的，因而他们的相异之处便在天人关系的方面。然而，实际上老与《易》的天人关系与心物关系皆受到了不同的天的学说的影响。因此，老子哲学与孔子《周易》哲学之所以既有相同之处又有所不同之处的主要原因乃是由于老子与孔子所分别受到的不同天的学说的影响。

首先，老与《易》在宇宙论中心物关系方面的相同。熊十力认为早在伏羲画卦之时心物的问题即已解决。他说："古代大天才哲人伏羲氏关于宇宙论中心物问题早已解决，岂不妙哉！"③ 而"心物问题"的解决与古时人们所信仰的"盖天说"有关。他说："盖天说谓天体中高，所谓穹窿之形是也。初民所谓上帝，即指此穹窿之形而目之，《诗》云'皇矣上帝，临下有赫'是也。"④ 由于"盖天说"所信仰的是"上帝"，因而"盖天说"不可能形成心物的辩证运动。因此，熊十力认为"心物"的辩证运动是由伏羲提出的。他认为，伏羲虽然没有推翻"盖天说"中的"上帝"信仰，却将天分为天体与天用；因此，他并未在天体（上帝）上着眼，从而悬置了"上帝"的信仰层面，发展了天的功用，凸显了人的真实生命现实生活的部分，冲击了"上帝"信仰，兴发了心物的辩证法。熊十力说："伏羲出于遂古时代，天帝之信念似不能无，然其首创《易》学，即于天而分体用，此乃大可惊异。初民以穹窿之形为天之体，赫然威明在上。宗教之徒即对于天而起超越感，申皈依之诚。伏羲不法天之体，而法天之用，则务体察现实世界，直将皈依上帝之迷信扫除，在遂古有此睿智，真是自有人类以来唯一杰出之大天才也。"⑤ 因此，孔子与老子都受到伏羲八卦的影响，而在心物之问题上保持一致的看法。而这也正说明熊十力为何借助老子来阐述《易》之"翕辟成变"的缘由。他说："至于心物无所偏执，则二宗适有大同。此其所由然者，盖上考之伏羲八卦体用义，已奠其宏规，辩证法已示之定准。孔子作《周易》源出羲画，而推广之益精详，修明之益正确。老氏虽好立异，而于心物问题终无可

---

① 萧萐父主编：《熊十力全集》第六卷，第 352 页。
② 萧萐父主编：《熊十力全集》第六卷，第 556—557 页。
③ 萧萐父主编：《熊十力全集》第六卷，第 610 页。
④ 萧萐父主编：《熊十力全集》第六卷，第 609 页。
⑤ 萧萐父主编：《熊十力全集》第六卷，第 615—616 页。

违反《大易》也。"① 又说:"伏羲首辨体用,孔子承之,而改正上古以天帝当作宇宙本体之失,体用不二之义始明。真理昭昭,庶几白日,至老氏以混成言体,虽有见道未真之嫌,而体用不得无分,则犹承《大易》。"② 因此,由于老与《易》皆摒弃了"盖天说"中的"上帝"思想,因而他们的"心物"关系才可以相同。

其次,老与《易》对本体论中"天人"关系的"天"的看法不同。熊十力认为,之所以老子的"虚"与孔子的"乾元"不同,乃源于孔子与老子对"天"的看法的不同。因于上古之人的习惯,伏羲并未全然地弃置"盖天说",而孔子则在伏羲的基础上再一次进行了革命,完全抛弃了"盖天说",提出了"乾元说"。他说:"伏羲虽依盖天说,以穹窿之形为天之体,即此谓之上帝,遂以天帝当作宇宙本体。此在邃古之世,不得遽革初民之信念,及至孔子始建乾元以统天。"③ 在上古之时,伏羲因初民信念坚固,故没有改变"盖天说"中的上帝信仰,而孔子则抛弃了原始初民"上帝"的观念,从而完全地将天体消除,消体归用,完成了"乾元"本体说。然而,老子的"虚无"本体的形成则既非是受到了"盖天说"的影响,也非是受到了"乾元说"的影响,而是受到了"浑天说"的影响。他说:"老子盖不满于古之盖天说,而于浑天之旨独有悟焉,其言有曰:'天地之间,其犹橐籥乎! 虚而不屈,动而愈出。'"④ 所谓"浑天说"的意思是指天体为一大团虚空。熊十力说:"此天即以六合为一大环,无内无外,无封无畛,无始无终,无高无下,无古无今,而浑然一气流动充满于此大环中,即名之曰浑天。"⑤ 此说虽认为无有上帝存在,而万物所呈之相,亦并不即是实在的,但仍是认为有一虚无之境界的存在,因而仍未将天体完全消除,故不及"乾元说"的以"用"为"体"更为纯粹。

当然,熊十力在"浑天说"与"盖天说""乾元说"等方面也多有含混处。因此,我们不得不产生疑问,即,假如"浑天说"与"盖天说""乾元说"没有关系,那么老子的辩证法便与伏羲、孔子的不同,而不能将老子的辩证法归于伏羲、孔子易学中;假如"浑天说"与二者有关系,那么二者的关系究竟如何,熊十力却又没有做具体的交代。不过,按熊十力意思看,"浑天说"似乎是受到了伏羲易学的影响,而却又与"乾元说"所不同的一种说法。因为,一方面由于"浑天说"与阴阳家相关,而阴阳概念则主要由《大易》而来。"天文学源出阴阳家,阴阳家本为一切术数之大祖,而天文之学亦出其间。"⑥ "自《大易》创明阴阳有矛盾,所以成其太和而起化

---

① 萧萐父主编:《熊十力全集》第六卷,第 629 页。
② 萧萐父主编:《熊十力全集》第六卷,第 618 页。
③ 萧萐父主编:《熊十力全集》第六卷,第 616 页。
④ 萧萐父主编:《熊十力全集》第六卷,第 620 页。
⑤ 萧萐父主编:《熊十力全集》第六卷,第 557 页。
⑥ 萧萐父主编:《熊十力全集》第六卷,第 604 页。

育。"① 另一方面则由于老子不满"盖天说"而转信"浑天说"。"老子盖不满于古之盖天说，而于浑天之旨独有悟焉。"② 然而，熊十力的这些说法毕竟皆无法从历史的层面去证实老与《易》辩证法的相同的。因而，据《新唯识论》来看，或许将熊十力的老与《易》的心物辩证法理解为体系性的融会更为恰当。即，他是为了揭示《周易》本体既虚寂又健动的特质而对空宗与儒家相融会时融入的老子"一二三"（"有无"）的辩证法。总之，他认为，"中国哲学之宇宙论，明辨体用，自伏羲创说，儒道两大学派相继绍述，后之学者无可易已"③；因此，老与《易》在"心物"辩证法方面是相一致的，而在"体用"方面的"体"的处却差异较大。

古人解老，虽确也有以用《周易》诠释者，有以将老《易》哲学相等视者，但是古人的解读毕竟较为松散，因而缺乏系统性。熊十力却不仅将老与《易》体系性地熔铸为一体性哲学，而且也由根源上——本体的层面诠解了老与《易》的差异。即便他的解读也因缺乏历史的根据而有所不足，但他以义理方式的解读，于形而上层面的探析，却无疑义地给人带来耳目一新之感，同时也为老《易》哲学关系研究开拓了新的视野。

---

① 萧萐父主编：《熊十力全集》第六卷，第 602 页。
② 萧萐父主编：《熊十力全集》第六卷，第 620 页。
③ 萧萐父主编：《熊十力全集》第六卷，第 618 页。

李霖老学思想中的道论

肖海燕[*]

内容提要：李霖的《道德真经取善集》汇集众注，"取诸家之善"，在老学文献的保存方面有较大的价值。不仅如此，李霖还"断以一己之善"，用"性命兼全、道德一致"概括《道德经》的基本精神，在此基础上，他以"真常"释道，并用心性之学阐发体道理论，论证只有虚静复性才能体悟真常之道的玄妙。

关键词：李霖《道德真经取善集》道论

李霖，字宗傅，饶阳（今属河北衡水）人，自号饶阳居士，生平不详，著《道德真经取善集》十二卷[①]，书前有刘允升序和李霖自序。刘允升序作于大定壬辰，可知该书成于金世宗大定十二年（1172）以前[②]。

李霖自序称，他自幼喜读《道德经》，晚年"欲讨深义，以修自己之真。自度耄荒，难测圣意，今取诸家之善，断以一己之善，非以启迪后学，切要便于检阅，目之曰《取善集》"[③]。"取诸家之善"即汇集众注，包括严遵、河上公、王弼、郭象、钟会、孙登、羊祜、鸠摩罗什、卢裕、刘仁会、顾欢、陶弘景、松灵仙、裴处恩、葛玄、杜弼、臧玄静、刘进喜、唐玄宗、成玄英、蔡子晃、车惠弼、张君相、王真、杜光庭、吴筠、谷神子、陆希声、陈景元、司马光、苏辙、王安石、吕惠卿、王雱、刘概、陆佃、马巨济、宋徽宗、林灵素、曹道冲、志纵、唐耜、凌遘、李畋等数十

---

　　* 肖海燕（1981—），华中师范大学历史文化学院道家道教研究中心副教授，主要从事老庄学与道家道教文化等方面的研究。

　　① 《道德真经取善集·刘允升序》曰："饶阳李霖，字宗傅，性善恬淡，自幼至老，终身确然，研精于五千之文，所谓知坚高之可慕，忘钻仰之为劳，会聚诸家之长，并叙己见，成六卷。"（《老子集成》第四卷，北京：宗教文化出版社，2011年，第121页）十二卷或为后人所分。

　　② 日本学者山田俊据此推测李霖为金人或南宋孝宗时期以前活动的人物，参见山田俊《李霖〈道德真经取善集〉思想初探》，载程水金主编：《正学》第四辑，南昌：江西人民出版社，2016年，第289页。本文认为，李霖引用宋徽宗《道德经》注时均称"御注"，并放在最显著的位置，从一定程度上反映出他对宋代文化及宋人身份的认同。

　　③ 《道德真经取善集·李霖自序》，《老子集成》第四卷，第121页。

家《道德经》注疏。这也是李霖《道德真经取善集》的主要特点。由于林灵素、唐耜、凌遘、李畋等人的《道德经》注散佚不存，实赖该书得以流传。除历代《道德经》注疏外，李霖还引用了《西升经》《尚书》《论语》《孟子》《庄子》《韩非子》《内观经》《内丹经》《新说》《字说》等典籍中的内容，帮助读者理解《道德经》的思想。诚如刘允升所说："譬若八音不同，均适于耳。五味各异，皆可于口。庶广其见而博其知，以斯而资同道，为功岂小补哉！"① 该书在老学文献的保存方面的确有较大的价值。在纂集诸家注疏的基础上，李霖还"断以一己之善"，阐发了自己对《道德经》的理解。他以"真常"释老子之道，论证只有虚静复性才能体悟真常之道的玄妙。下面从三个方面论述李霖老学思想中的道论。

一、"性命兼全，道德一致"

《道德经》的思想特点和基本精神，历代解《老》者有不同的理解，李霖在自序中对这一问题提出了自己的看法：

> 犹龙上圣，当商末世，叹性命之烂漫，悯道德之衰微，著书九九篇，以明玄玄之妙。言不踰于五千，义实贯于三教。内则修心养命，外则治国安民，为群言之首，万物之宗。大无不该，细无不遍，其辞简，其义丰，洋洋乎大哉。自有书籍以来，未有如斯经之妙也。后之解者甚多，得其全者至寡。各随所见，互有得失。通性者造全神之妙道，于命或有未至；达命者得养生之要诀，于性或有未尽。殊不知性命兼全，道德一致尔。②

在他看来，《道德经》虽然只有五千字，其思想却贯通三教，而三教的共通之处在于"慈"："宣圣五常，以仁为首。释迦十戒，以杀为先。三圣虽殊，以慈为本则一也。……道大而为宝者三，三宝之中，以慈为本，故篇终言天将救之，以慈卫之。"③ 李霖认为，"慈"是老子"三宝"思想的根本，儒家尚仁、佛教戒杀与老子贵慈，三者在本质上是一致的。这也是当时三教合流时代思潮的反映。

李霖高度评价《道德经》"为群言之首，万物之宗。大无不该，细无不遍，其辞简，其义丰，洋洋乎大哉。自有书籍以来，未有如斯经之妙也"。这种评价是建立在深入理解《道德经》思想的基础之上的。他指出，《道德经》"内则修心养命，外则治国安民"。他发现，历代以来的《道德经》注疏"各随所见，互有得失：通性者造

---

① 《道德真经取善集·刘允升序》，《老子集成》第四卷，第 121 页。
② 《道德真经取善集·李霖自序》，《老子集成》第四卷，第 121 页。
③ 《道德真经取善集》卷十一，《老子集成》第四卷，第 207 页。

全神之妙道，于命或有未至；达命者得养生之要诀，于性或有未尽"，或侧重于从全神通性的角度理解，或偏重于从养生达命的角度发挥，都没有体会《道德经》"性命兼全、道德一致"的真义。因此，他将"修心养命"和"道德一致"作为解《老》的重点。

宋代以后，心性论成为儒、道、释三教共同关注的时代课题，老学的重心也转移到对心性问题的探讨。李霖在解《老》时试图避免"通性者"和"达命者"之偏，尽量做到"性命兼全"。他一方面从士人"体道"的角度展开如何"尽性"复朴，另一方面从修道者"学道"的角度讨论如何养生"至命"。可见，他所说的"修心养命"包括心性学说和修炼思想两个方面，后文专门论述。

"道德一致"也是李霖论述的重点，其自序开篇就指出："物之其由者，道也。道之在我者，德也。道妙无形，变化不测。德显有体，同焉皆德。自其异者视之，则有两名。自有同者视之，其实一致。末学之人言道者，每不及德。言德者，同及于道。此道德所以分裂，不见其纯全也。"① 此外，他还专门作《道德一合论》附于文末，对道与德的关系做了更深入的阐发：

> 未形之先，道与德俱冥。既形之后，道与德俱显。孰为道乎，物莫不由者是已。孰为德乎，道之在我者是已。自其异者视之，道之与德，虽有两名。自其同者视之，道之与德，不离一致。道降为德，而德未始外乎道。德出于道，而道未始外乎德。《南华经》云："一之所起，有一而未形，物得以生之谓德。"自其有一未形而言，谓之道。自其物得以生而言，谓之德。又曰："德总乎道之所一。"道德合则浑而为一，离则散而为二。今言《道德经》者是也。言《道经》《德经》者，非也。后人见上经之首取其"道可道"，因名为《道经》也。下经之首取其"上德不德"，因名为《德经》也。兹道德之所以分裂欤。上经止言其道，何以言"孔德之容，唯道是从"？是道不离于德也。若下经止言其德，何以言"道生之，德畜之"？是德不离于道也。以经考之，道德相须，不可偏举。尝试论之，夫道非德无以显，德非道无以明。道无为无形，故居化物之先。德有用有为，故在生化之后。道居先，故处于上。德居后，故处于下。道德合而为一，不可分而为二也。《西升经》云："道德一合，与道通也。"《南华经》云："形非道不生，生非德不明，存形穷生，立德明道。"以是推之，道德相须而不相离也，明矣。②

---

① 《道德真经取善集·序》，《老子集成》第四卷，第121页。
② 《道德真经取善集·道德一合论》，《老子集成》第四卷，第222页。

在李霖看来，道是万物产生的根源，德是道在"我"中的体现，道无为无形，德有用有为，道居先处上，德居后处下，但二者在本质上却是一致的。因此，道与德是相辅相成、不可分离的，《南华经》和《西升经》中也有类似的思想。他认为，后人将《道德经》分为《道经》和《德经》，导致道德分裂，不符合老子的本意，因此他称"上经"和"下经"。从内容来看，"上经"言道亦言德，"下经"言德亦言道，也体现了《道德经》"道德相须而不相离"的思想主旨。

道与德毕竟为两名，其区别在于无形与有形、无为与有为，具体而言，主要指道和德在万物生成过程中所起的作用不同：

> 道生神，德布气，流动而生物，物生成理谓之形。道者，万物之所由也，降纯精而生物之性。德者，物之所得也，舍和气而养物之形。道生物而为父，则道尊而物卑，尊故能胜物而小之，庄子所谓真君是也。德畜物而为母，则德贵而物贱，故物莫能贱之，庄子所谓真宰是也。尊者如君父，贵者如金玉，此尊贵之异也。[①]

李霖认为，道作为产生万物的根源，主要作用是"生神"，亦即"生物之性"；德则通过气的流布"养物之形"。他将生物之道比作父亲，将养物之德比作母亲，又分别与庄子的"真君"和"真宰"对应，都是为了说明道比德更加重要。不过，最后他又强调："此章言道德生畜万物，万物尊贵道德。道至尊，德至贵，孰能爵之，常自然而已。然散而言之，则有道德之异。合而言之，皆出于道。故以玄德终焉。是以知道德混沌，玄妙同也。"[②]尽管道比德重要，但对于万物的生成而言，二者缺一不可，所谓"道德混沌，玄妙同也"。

二、真常之道

道是老子思想的最高范畴和核心概念，历代解《老》者从不同的角度对老子之道进行阐发，如成玄英所说，严遵"以玄虚为宗"，顾欢"以无为为宗"，孟智周、臧玄静"以道德为宗"，梁武帝"以非有非无为宗"，孙登"托重玄以寄宗"[③]，李霖解《老》则是以"真常"为宗。他在对第一章注文进行总结时说：

> 此章言真常之道，悟者自得，不可名言，同观徼妙，斯可以造真常之道矣。太

---

① 《道德真经取善集》卷八，《老子集成》第四卷，第184—185页。
② 《道德真经取善集》卷八，《老子集成》第四卷，第185页。
③ 《老子道德经开题》，《老子集成》第一卷，第285页。

上以此首章，总一经之意，明大道之本，谓玄之又玄也。①

可见，"真常之道"是他对老子形而上之道的称呼。"真常之道，悟者自得"见于《太上老君说常清静经》，杜光庭、李道纯、侯善渊等人曾为该经作注②。宋代，王雱、李畋、宋徽宗等都开始用"真常"论老子之道，《道德真经取善集》中引用了他们关于"真常"的论述。至元代，李道纯的《道德会元》（1290）和邓锜的《道德真经三解》（1298）比李霖的《道德真经取善集》（1172）晚出，亦以真常为宗。二人皆为全真道士，在他们的影响下，明清以后的全真道学者解《老》大都以真常为宗。"真常"出现于全真道创教以前，但全真道吸收真常理论融入其修炼思想之中。李霖是否为全真道士，或是否受到全真道修道理论的影响③，还有待进一步的研究。

何为"真常之道"呢？《道德经》开篇"道可道，非常道。名可名，非常名"以可否言说将道分为两个层面，李霖注曰：

首递道之一字，大道之道也。下言可道之字，言道之道也。夫大道虚寂，玄理幽深，不可言道，当以默契，故心困焉而不能知，口辟焉而不能议，在人灵府之自悟尔。虽道之一字，亦不可言也。若默而不言，众人由之而不知，故圣人不得已而强名曰道。既云为道，有言有说，代废代兴，非真常之道也。其可道者，莫非道也，而非道之常也。惟其不可道，而后可常耳。今夫仁义礼智，可道之不可常如此。惟其不可道，然后在仁为仁，在义为义，在礼为礼，在智为智，彼皆不常而道不变，故常，不可道之能常如此。常道者，自然而然，随感应变，接物不穷，不可以言传，不可以智索，但体冥造化，含光藏辉，无为而无不为，默通其极尔。④

他将不可言说之道称为"大道"，因为"大道虚寂，玄理幽深"，所以"不可言道"，只能"以默契"，以人之"灵府"自悟。不可言说和可以言说是老子之道互相矛盾的两个方面，其矛盾之处在于：大道超越语言，但如果圣人自悟却默而不言，众人又无从知"道"，因此圣人只能勉强言之；然而，用语言表述的"道"会随着时代的更迭而变迁兴废，虽然属于大道的范围，却非恒常不变之大道本身。人们平常所说的仁义礼智就属于可道不可常之类，但是仁义礼智的运用又必须依照一定的法

① 《道德真经取善集》卷一，《老子集成》第四卷，第185页。
② 《道藏》第17册，文物出版社、上海书店、天津古籍出版社，1988年第141—204页。
③ 《道藏通考》："关于内丹侧面，李霖具有与全真教类似的发想，但其关于'精、气、神'的理解是独自的。"芝加哥：芝加哥大学出版社，2004年，第2册，第653页。
④ 《道德真经取善集》卷一，《老子集成》第四卷，第122页。

则，此法则不可道而能常，即李霖所谓的"真常之道"。"真常之道"有时又称"常道"，其"自然而然，随感应变，接物不穷"，既不能用语言传达，也不能用智慧获得，只有"体冥造化，含光藏辉，无为而无不为"，方能"默通其极"。

李霖注《道德经》第十六章"知常曰明。不知常，妄作凶"句时也谈到了"真常"："自道之外皆非常也。道虽真常，无形无名，非有自知之明，鲜有不为物蔽者矣。夫众不知道之真常，以妄为常，故欢乐用生，动而失之，寿命竭矣。所谓妄作凶也。"① 由于真常之道无形无名，众人多为物所蔽，"以妄为常"。"妄"即不真实，可见，"真常之道"的提出主要是为了突出道的恒常和真实两种属性。

关于道之"真"，李霖主要从体用的角度阐发，例如第二十五章注曰：

道之真体，卓然独立，不与物偶，历万世而无弊，亘古今而常存。道之妙用，无乎不在，靡不周遍，未始有极。《易》曰：变动不居，周流六虚。②

总结该章时，李霖又强调：

此章言混成之道，先天地生，其体则卓然独立，其用则周流六虚，不可称道，强以大名。虽二仪之高厚，王者之至尊，咸法于道。夫道者，自本自根，无所因而自然也。③

"道之真体"卓然独立，历万世而不变，亘古今而常存，具有超越万物、超越时空的特性。在他看来，"道法自然"就是这种超越性的体现："人法地之安静，故无为而天下功。地法天之无为，故不长而万物育。天法道之自然，故不产而万物化。道则自本自根，未有天地，自古以固存，无所法也。无法者，自然而已。故曰道法自然。"④ 另一方面，"道之妙用"表现为"周流六虚"，无所不在，即万物皆是道的体现。李霖注"道大，天大，地大，王亦大。域中有四大，而王居其一焉"时借庄子关于道的描述指出了道之用的特点："道，覆万物者也，包裹天地，至大无外，故曰道大。……夫道未始有封，而此言域中者，谓虽域不域，包裹无外也。"⑤ 道之用无所不在，因此"至大无外"。

---

① 《道德真经取善集》卷三，《老子集成》第四卷，第140页。
② 《道德真经取善集》卷四，《老子集成》第四卷，第150页。
③ 《道德真经取善集》卷四，《老子集成》第四卷，第151页。
④ 同上。
⑤ 同上。

与道之用"至大无外"相对，道之体"至幽则小"：

道复于至幽则小，而与物辨，显于至变则大，而与物交。与物辨，故覆万物而不示其宰制之功，而不为主，故常无欲可名于小。所谓复小而辨于物也。与物交，故包容万物而莫窥其归往之进，而不知主，可名于大。夫道非小大之可名也。云可名者，道之及乎物者尔。朴虽小，天下莫能臣。圣人抱朴常无欲，可名于小，所谓终不为大也。至于天下莫能臣，独成其尊大，故能成其大也。此章言道用无方，生成所赖，辨于物而为小，交于物而为大。是以圣人法道朴而为小，成至尊而为大。①

与物辨则小，与物交则大，因此道之体和道之用的区别在于是否超越于物。"朴虽小，天下莫能臣"，"朴"就是道体，李霖称之为"道之全体"：

朴者，道之全体，未始有物也。其朴可谓小矣，虽小，足以为万物之君。道者，万物之主，侯王守之，则不假威武劝赏，物不知其然而自宾矣。……有名者，道之散也。初制有名之时，即当知止，而复归无名之朴，则不随物迁，澹然自足，无复危殆。②

除了"小"和"无名"，"道之全体"还有什么特点呢？李霖注第十五章时说："前章论道之全体，此章言士之体道。"③我们看李霖的第十四章注文：

道非色，故视之不见。虽不见也，然能玄能黄，不可名之无色也，曰夷而已。……道无声，非耳所闻，故曰希也。虽不闻也，然能宫能商，不可名之无声，曰希而已。……道无形，故执持不得。虽不得也，然能阴能阳，能柔能刚，能短能长，能圆能方，能暑能凉，能浮能沉，能苦能甘，于无形之中而能形焉，故名曰微。三者谓夷、希、微也。不可致诘者，谓无色无声无形，口不能言，书不能传，当受之以静，求之以神，不可诘问而得之。混，合也。三名合而为一，三者本一体而人之所以求者。或视或听或搏，故随事强名耳。④

视之不见，又不能说无色；非耳所闻，又不能说无声；执持不得，又不能说无

① 《道德真经取善集》卷五，《老子集成》第四卷，第162页。
② 《道德真经取善集》卷五，《老子集成》第四卷，第159—160页。
③ 《道德真经取善集》卷三，《老子集成》第四卷，第137页。
④ 《道德真经取善集》卷三，《老子集成》第四卷，第136页。

形。也就是说，真正的道无法用感官获得，更不能通过语言和文字传达，只能体悟。

除了前文所述的"周流六虚"，道之用还体现为生育天地、产生万物，李霖在《道德经》第一章"无名，天地之始。有名，万物之母"句时说：

> 无名谓道也。道常无名，生育天地，故为天地之始，乃道之妙也。有名谓天地也。天覆地载，万物方立，故为万物之母，乃道之徼也。天地有形位，是有名也。万物母者，天地含气，生育万物，长大成熟，如母养子。[①]

道生育天地，而天地含气，生育万物。他将气作为道产生万物的重要环节。那么，道是如何通过气来生育万物的呢？李霖注《道德经》第五章："天地之间其犹橐籥乎"句曰："道无方体，以冲和之气鼓动于覆载之间，而生养万物。如橐以气化形，籥以气出声，气虚而待物，凡有形有声者，皆自此出，故比于橐籥也。"[②]道通过鼓动"冲和之气"，化物之形与声。"冲和之气"的提法源于《道德经》第四十二章："道生一，一生二，二生三，三生万物。万物负阴而抱阳，冲气以为和。"

这是老子宇宙生成论模式最经典的表述。李霖注"道生一，一生二，二生三，三生万物"句时没有发表自己的看法，而是直接将陆佃、李荣、谷神子的疏解录于句下：

> 陆佃曰：道生一，太极也。一生二，阴阳也。二生三，冲气也。有阴有阳，而阴阳之中又有冲气，则万物于是乎生矣。故曰：三生万物。
>
> 李荣曰：一生二，清浊分，阴阳着。二生三，运二气，构三才。三生万物，圆天覆于上，方地载于下，人主统于中，何物不生也。
>
> 谷神子曰：大道自然，变而生神，神动而成和，和散而气结，气结而成形，故曰：道生一，一生二，二生三，三生万物。一者，形变之始也。清轻为天，浊重为地，冲和之气为人。故天地含精，万物化生。[③]

三人的解释各有特色，但都以气论为基础。受他们的影响，李霖在"万物负阴而抱阳，冲气以为和"句注文中亦以气论解释万物生成的原理：

> 负，背也。抱，向也。冲，中也。凡幽而不测者，阴也。明而可见者，阳也。

---

① 《道德真经取善集》卷一，《老子集成》第四卷，第122页。
② 《道德真经取善集》卷一，《老子集成》第四卷，第127页。
③ 《道德真经取善集》卷七，《老子集成》第四卷，第175页。

有生者，莫不背于幽而向于明。然万物独阳不生，独阴不成，必有阴阳之中以和之，然后物生。庄子：至阳赫赫，至阴肃肃，肃肃出乎天，赫赫发乎地，两者交通成和，而物生焉。①

总结第四十二章时又说："此章言道生一气，一气生阴阳，阴阳生冲气。物得冲气以为和。"②可以看出，李霖对道生成万物过程的理解受到陆佃的影响更大一些。

三、虚静复性，体真常之道

上文中，李霖多次强调"真常之道"无法用感官获得，更不能通过语言和文字传达，只能体悟。那么，怎样才能悟道呢？李霖注《道德经》第十五章曰："前章论道之全体，此章言士之体道。微者彰之反也，妙者危之反也。玄则深远不测，通则变化无穷。古之善为士者，有此道而退藏于密不可测究，孰得而识之哉？故曰深不可识。"③体道之士往往展现出一副深不可测的样子，尽管如此，老子仍然试图为我们描述："夫惟不可识，故强为之容。豫若冬涉川；犹若畏四邻；俨若客；涣若冰将释；敦兮其若朴；旷兮其若谷；浑兮其若浊。"对此，李霖注曰：

> 冬者至寒之时，徒涉巨川，以见至人不好从事，于务出于不得已，常迫而后动，临事而惧也。故曰豫若冬涉川，既涉则无虑矣。而犹戒曰犹至人静密幽深，不出性宅，常若畏邻，敛而不纵，闲邪存诚，非物探之，其心不出，故曰犹若畏四邻。……夫水本无冰，通寒则凝。性本无碍，有物则结。有道之士，豁然大悟，万事销亡，如春冰顿释。④

"至人"即得道之人，"静密幽深，不出性宅"，李霖将"性"喻为家，突出了本根的意义。得道之人深居简出，不问世事，不与物交，避免了外物的干扰，因此其性如水一般纯净，状态也不会因为外界环境的变化而改变。他注"敦兮其若朴"曰："此言性之全也。《经》曰：复归于朴。"⑤如上文所述，李霖称"朴"为"道之全体"，此处又称体道之士"若朴"的状态为"性之全"。又注"旷兮其若谷"曰："此言性之虚也。《经》曰：上德若谷。"⑥通过类似的注解，李霖将性与道贯通起来。最后，他

---

① 《道德真经取善集》卷七，《老子集成》第四卷，第175页。
② 《道德真经取善集》卷七，《老子集成》第四卷，第176页。
③ 《道德真经取善集》卷三，《老子集成》第四卷，第137页。
④ 《道德真经取善集》卷三，《老子集成》第四卷，第138页。
⑤ 同上。
⑥ 同上。

总结说："此章言士之体道，深不可识，终之以不欲盈者虚也。虚则空洞无一物，世岂得而识之哉。古之保此道者，若大禹不自满假，孔子不居其圣已。独取虚者，老子也。实若虚者，颜子也。惟道集虚，于此可见。"① 说明虚以体道是儒道圣人都很重视的方法。接着，他在第十六章注中进一步说明了为什么虚静是体道最重要的途径：

致虚则若谷能受群实，无一尘之积，可谓极矣。守静则若水能应群动，无一毫之撄，可谓笃矣。吾者命物之我也。我以虚静之至，观万物之作，命物而不与物俱化，故曰吾以观其复。人生而静，天之性也。复性则静。归未至也，复则至矣。根未至也，命则至矣。复之所入深矣。……此章以归根复命为义，故首言虚静，终之以道乃久者，道以虚静为先，若拾此而入道，譬若舍舟航而济乎渎者，未矣。②

"道之真体"是超越于物的，体道之士只有进入"虚静之至"的状态，才能"命物而不与物俱化"。"人生而静"，"静"乃天赋予人之性，因此复性就是要使"性"回归"静"，而"复命"是"静"的最佳状态，有自知之明的人才能"归根复命"：

《经》言见小曰明。小者性之微。又知常曰明。常者命之正。人自知性命，归根复命，不为物蔽，可谓明矣。人徒知天地万物，而不自知其所由生，反命归本，是大不知也。③

在李霖看来，"知"不仅是了解天地万物，而是要"自知性命"。只有知道自己从哪里来，然后归根复命，"反命归本"，才称得上真正的"自知之明"。

老子的"见素抱朴，少私寡欲"，李霖也用性命学说进行解读："见素则见性之质而物不能杂，抱朴则抱性之全而物不能亏。私者，吾之身也。少私则不以巧利累其身。欲者，性之动也。寡欲则不以巧利乱其心。"④ 道赋予人的天性是"静"，是纯净的、完整的，一旦被外物干扰就会由静转动，私欲就出现了。人的身心被私欲负累，就无法体悟真常之道。他在注第一章"常无欲，以观其妙。常有欲，以观其徼"句时也将"欲"解释为离静之动：

《记》曰：感物而动，性之欲也。欲者离静之动，任耳目以视听，劳心虑以思为。

---

① 《道德真经取善集》卷三，《老子集成》第四卷，第139页。
② 《道德真经取善集》卷三，《老子集成》第四卷，第139—140页。
③ 《道德真经取善集》卷五，《老子集成》第四卷，第160页。
④ 《道德真经取善集》卷三，《老子集成》第四卷，第142—143页。

无欲，则静于以观天地之始，所谓妙也。故曰：常无欲可名于小。妙，则精而小也。有欲，则动于以观万物之母，所谓徼也。故曰：万物归焉而不知主，可名于大矣。徼则赢而大也。无欲之人，可以见道之精妙也。有欲之人，但见其道之粗徼而已。[①]

人性本静而无欲，动则有欲，那么无欲、有欲就是人性的两种状态。从这个角度来看，无欲、有欲的区别是明显的，但是从另一个角度来看，二者又有相通之处：

两者，谓有欲无欲也。同出者，同出人心也。而异名者，其名各异也。其名异，其实未尝异，其实未尝异，则有欲之与无欲同谓之玄也。玄之为色黑，与赤同乎一也。天之色玄，阴与阳同乎一也。两者同谓之玄，玄能阴能阳故也。《易》曰：一阴一阳之谓道，阴阳皆原于一。一者道所生也。玄者阴与阳同乎一也。又玄者道也。众妙者谓万物之妙也。万物皆有妙理，而皆出于道，故曰众妙之门。[②]

无欲、有欲"同出人心"，亦同属于道。不仅如此，阴阳、万物皆出于道。李霖认为，之所以有美恶的区别，主要是因为心为妄情所困："美恶生于妄情，善否均于失性。美者人情所好也。若知美之为美，是心有所美也。心有所美，于心为恶，斯恶已。若河伯欣然，自喜以天下之美为尽在已，不免望洋向若而叹，几是矣。"[③]之所以有善否的区别，主要是因为性有所欲："善者人之可欲也。若知善之为善，是性有所欲也。性有所欲，是离道以善，斯不善已。若伯夷见名之可欲，饿于首阳之下，均为失性，几是矣。"[④]真正的道是至美的、上善的：

盖道之美者，至美也。至美无美，淡乎无味。庄子曰：淡然无极，众美从之。道之善者，上善也。上善忘善，万善皆备。又曰：去善而自善矣。此章道通为一，恐人著于美善，不悟真常，故以此篇次之，与《庄子·齐物论》相似。[⑤]

至美让人感觉不到美，上善让人忘记了善，这才是美和善的最高境界。李霖认为老子的目的就是让人站在真常之道的高度看问题，道通为一，而不要执着于美恶善否的区别，只有体道的圣人才能做到这一点：

① 《道德真经取善集》卷一，《老子集成》第四卷，第 122 页。
② 《道德真经取善集》卷一，《老子集成》第四卷，第 123 页。
③ 同上。
④ 同上。
⑤ 同上。

为则有成亏，言则有当愆，曾未免乎累。是以圣人处事以无为，行教以不言，而事以之济、教以之行，而吾心寂然，未始有言为之累，天下亦因得以反常复朴。夫唯无累，故虽寄形阴阳之间，而造化不能移，彼六对者乌能扰之哉。《经》曰：不言之教，无为之益，天下希及之。今计物之数不止于万，而曰万物者，以数之多者云也。作谓动作也。万物动作，圣人各尽其性，不辞谢而逆止，以吾心空然无所去取故也。苟怀去取之虑，则物之万态美恶多矣，乌能不辞哉。万物自生，各极其高大。万物自为，各正其性命。圣人归功于物，不以三事为累，故曰：功成不居，有我则居，居则迁矣。帝尧成功，而自视缺然。……此章欲体真常之道，忘美恶，齐善否，不为六对之所迁，唯圣人知其然。故处事以无为，行教以不言，归功于物而不居，道常在我而不去也。①

圣人无为处事，不言行教，保持心中空寂，无所去取，忘美恶，齐善否，使天下万物自生自为，各正性命，反常复朴，可谓体悟真常之道。

综上所述，李霖认为只有做到"性命兼全，道德一致"才能理解《道德经》的真精神，他以"真常"释道，并以心性之学阐发体道理论，是宋元时期心性论成为时代思潮的体现。

---

① 《道德真经取善集》卷一，《老子集成》第四卷，第124页。

论牟宗三"道家玄理性格"

——兼论牟宗三对《道德经》首章的解释

高梦楠[*]

内容提要： 牟宗三先生认为，"中国哲学是以生命为中心"的哲学。对中国哲学的把握不仅要重视纵贯线上的本体论，更要把握住横贯线上的主观工夫实践。本文梳理了牟宗三先生对《道德经》第一章的注释，并对牟宗三对"有""无""玄"等概念的解读进行了分析。本文指出，牟宗三提出的"道家式的存有论"是寄托于"虚壹而静"的主观实践工夫来呈现的"道生万物"的本体论境界，区别于儒家实有形态的形上学，道家所特有的"不生之生"是一种境界形态的形上学。

关键词：《道德经》 有 无 纵贯横讲 不生之生

牟宗三作为当代新儒家的重要代表人物之一，他不仅对传统儒家哲学进行了创造性重建，而且也对道家哲学进行了新的诠释与发明。为了区别于儒家的"实有形态的形而上学"，牟宗三将道家的形上学称为"境界形态的形而上学"[②]。他对《道德经》的部分内容进行创新性地注释与说明，并对"有"、"无"、"万物"等重要概念之间的关系进行了新的诠释，用"纵贯横讲"这一崭新的方式，重新揭示出了道家思想的玄理之所在。

一

牟宗三首先提出了"横"与"纵"这一对重要的思想概念，在其话语系统中，

---

* 高梦楠（1997—）：吉林大学在读硕士研究生，主要研究方向为中国哲学。本文以楼宇烈校释的《老子道德经注校释》为本。[魏] 王弼注，楼宇烈校释：《老子道德经注校释》，北京：中华书局，2008 年。文中凡引用《道德经》的原文，均只标明章节。

① 牟宗三：《中国哲学的特质》，台湾：学生书局，1994 年，第 6 页。。
② 牟宗三：《中国哲学十九讲》，长春：吉林出版集团，2010 年，第 91 页。

"横"即为纬线，表征时间与空间层面的知识与经验，但对道家而言，"横"不只是停留于知识层面，而是特指其"虚壹而静"的修道工夫实践；"纵"就是经线，是位于知识、认知层面之上的一种超越的创生。牟宗三认为，中国的儒释道很重视修行的工夫的，而西方哲学则大体是以知识为中心展开的。所以在牟宗三看来，陷入西方哲学沼泽里的现代年轻人，渐渐淡忘了纵贯的文化背景与文化生命，无法感受到生命的"润泽提撕"[①]，更严重的是，他们也忽视了横向上的极为重要的修行工夫，由此才会对中国哲学产生认知上的偏差，从而产生了许多不相关的误解。牟宗三在对道家思想进行阐释时，就是从"纬"处着手的。他认为在道家这里，道与万物的关系是纵贯向的，它表现为一种创生的关系，但此种创生并非真有一"实有形态"的"道体"来生养万物，而是一种让万物自生之、自成之的"不生之生"。想要把"道生万物"说清楚，就只能横向也就是从"纬"处下手，即从道家的修行工夫下手。因此，要讲道家的境界形态的形上学就要将"纵贯的关系横着讲"[②]。

二

发端于先秦的"有无之辨"主要集中于"有"、"无"、"物"三者的复杂共属关系，牟宗三在《才性与玄理》一书中亦对"有"、"无"、"物"等重要概念进行了深刻地分析与说明，并以此为依托揭示了道家有无玄同的"玄理"之意蕴。这种阐释在其对《道德经》首章的解读中表现的最为明显。分句论述分析如下：

1. "道可道，非常道；名可名，非常名。"（第一章）

王弼《老子注》曰："可道之道，可名之名，指事造形，非其常也。故不可道、不可名也。"[③]牟宗三先生认为，若想彻底明了经文深意，必须先对"可道"与"不可道"，"可道"之"道"与"不可道"之"道"（名亦如此）进行规定与区分。于是他延续王弼注文的理论，认为"指事"之"事"表征具体的物事与特定的对象，而"造形"的"造"则是"造访"之意，亦可引申为寻、循、顺的意思。这里涉及一个"形"与"名"的关系问题。首先，在古人看来，万物的"形"和"名"是相应的，管子说，"物固有形，形固有名"[④]。凡是事物皆是有形才有名。而有形有象的东西必然是处在生灭变化的过程中的，因此"名"本性无常，故为"非常名"。其次，当某一事物被命名之后，它就不能再成为其他的东西了。例如，我们用"杯子"来命名这个东西，就不能再叫它"桌子"或者"凳子"，这个事物也就等于被限制住了，从

---

① 牟宗三：《中国哲学十九讲》，第 80 页。

② 牟宗三：《中国哲学十九讲》，第 102 页。

③ ［魏］王弼注，楼宇烈校释：《老子道德经注校释》，北京：中华书局，2008 年，第 11 页。

④ 黎翔凤撰，梁运华整理：《管子校注》，北京：中华书局，2004 年，第 771 页。

而失去了成为他物的可能性。因此，可以被言语表达出来的道理，是"可道之道"；可以用名称来定义的名，即可名之名也。而恒常不变的大道没有任何外在的特征，是不具备任何的规定性的抽象的存在，相对于杂多的、相对的万物，道是唯一的、绝对的，所以它"不可道、不可名"。

2. 无名，天地之始；有名，万物之母。（第一章）

无名与有名，是道隐与显的两个方面。在这里用第十四章王弼对"无状之状，无物之象"的注来解释比较好。他说："欲言无耶，而物由以成，欲言有耶，而不见其形。"① 意思就是，你说道不存在，但万物都是由它创生，你说道存在，但却看不到它的形象。在这里就体现了道的有与无、隐与显。牟宗三从王弼注中"凡有皆始于无"② 出发对这句话进行解释。他认为，"无名"即无形无名无状无相，实际上也就是"无"也。"有名"即有形有名有状有相，即是"有"也。所谓的"有形有名"与"无形无名"指的是"道"的两种形态，即道之"有性"与"无性"。

3. 故常无欲，以观其妙；常有欲，以观其徼。（第一章）

妙，细微，微小。王弼曰："妙者，微之极也"③，此"妙"也是指道而言，道是极微极隐、极深极远的，因此要时刻保持空虚无欲才能观道始物之妙，时刻处于虚灵的境界之中，以致通道体无。但是如何能够保证不永远停留在"无"的状态之中呢？牟宗三认为，这就要靠"有"的作用。道不仅有"无性"还有"有性"也即"徼向性"。正是在此"徼向性"之中产生了使万物"有形有名"的生物的端倪，从而使"道"不至于落入抽象的"无"之中。

4. 此两者同出而异名，同谓之玄。玄之又玄，众妙之门。（第一章）

"玄"字，《说文》认为其意指黑而有色者。玄色越染越黑，开始的时候赤色还隐隐可见，染到第七次的时候就看不见赤色，只能看见黑色了。这里是老子以"玄"形容道的幽远与无征兆，无边界。老子每次好像对于"道"若有所见，可再继续深入下去，而"道"却已遁入虚无。牟宗三认为，文中所谓"此两者"指的就是道的"有性"与"无性"。正是由于"道"是"玄而又玄"的，才使得其自身不落入"无""有"其中的任何一端。

三

从上文可见，在牟宗三对首章的注释中，已经触碰到"有""无""物"等概念之间的复杂关系，并从而总结出三个重要问题。这三个问题涉及《道德经》全文的

---

① ［魏］王弼注，楼宇烈校释：《老子道德经注校释》，第41页。
② ［魏］王弼注，楼宇烈校释：《老子道德经注校释》，第11页。
③ ［魏］王弼注，楼宇烈校释：《老子道德经注校释》，第11页。

主要精神主旨，不可不慎。问题分别是：第一，道家所谓的"无"如何理解；第二，如何在道家有无关系的背景下理解"有"；第三，"万物"作为杂多的表象，在道家哲学的整体结构中，具有怎样的意义。

首先，我们面临的问题是，如何理解道家提出的"无"？牟宗三认为，老子对于"无"的阐释是针对周文疲弊而发。所以，"无"并非认识论的概念，而首先应该是一个实践的概念。和同时代的孔子一样，老子哲学是一种"现世的哲学"，即其哲学思想是针对当时的社会现实而提出的。在春秋战国时代，随着贵族生命的衰落，周公所造的礼乐典章制度已经失去了其原有的生机与活力，当时的统治者试图通过礼乐规范来制约人们的欲望，然而这种僵化的规范性力量早已成了外在的、形式的空架子，用周礼的约束功能来限制奴隶主贵族是不可能的，在更甚的情况下，他们会直接用周礼来夺权，因此"礼"便难免成为"乱之首"。老子正是因为见到人间之大弊在有为、在造作、在干涉，因此以此为其特殊机缘，针对"有为"而提出了"无为"的思想。

牟宗三认为，"有为"就是有待，这种"有为""有待"导致了生命中原有的自然本性的磨损与脱落。但是"无为"也并不是什么都不做，而是针对"有为"的现实进一步抽象化、普遍化而往上反显出的一种"无"精神生活的境界，这种"无"的精神境界就是要返归自然。这里所说的"自然"并非是当代所谓的"自然界"，因为自然界中万事万物，都是与它物处在相互联系，相互依存关系中，因此它们也是"有对""有待"的他然物，是最大的它然。而老子所说的自然是一种无限制、无造作、无对待的自然而然的状态。老子讲"道法自然"，也并非于"道"上又安立了一个"自然"出来，而是说"道"本身就是自然。同样，道创生万物完全是一个自然的过程，遵循一个自然的原则。《道德经》第五章曰："天地不仁，以万物为刍狗"，大道的"无为"是自然流行的，它无情感、无欲望、无意志，它不产生造作，也不妄加干涉。王弼注第五章曰"天地任自然，无为无造，万物自相治理，故不仁也。仁者必造立施化，有恩有为。造立施化，则物失其真，有恩有为，则物不具存"。[①]"无为"就是要将这些都摒弃掉，让万物自相治理，自得其所这才显出"洒脱自在"的自然之意。也正因如此，当此种"无为"进一步抽象化为"无"时，绝不是一片空虚，而是一种不被时间、空间等现实因素所限制的，无依存、无对待的自然之意而已。

尽管老子提出"无""无为"，但其目的还是要应世，天下熙熙皆为利来，天下攘攘皆为利往，面对人心的躁动与人们对于欲望、利益的追逐，老子开始顺着"无"

---

① ［魏］王弼注，楼宇烈校释：《老子道德经注校释》，第23页。

的理论继续讲"有"。《道德经》第三十七章中说"道常无为而无不为",牟宗三认为,"无不为"是一种作用。"道"遵循自然的原则,对天地万物并不妄加干涉,只是让他们按其本性自由发展,从这个角度来讲,就是"无为"。另一方面,"道生万物","道"作为天地万物的最初本原,万物都是由它所"生"。同时,"道"生万物是不带任何意志与情感的,它只是为万物提供了一个生长发育的境域,在这个境域中,万物都能有所成,都能按其自然本性成为自己本来的样子,从这个角度讲,"道"又是"无不为"的。

于是便涉及了第二个层面的问题,即道家是如何通过"无"讲"有"的,"有"与"无"的关系又是如何? 牟宗三认为,如果我们把"无"说成是一种"纯粹的普遍性",讲"有"就是"由此种'纯粹的普遍性'接触到具体的内容"①,换言之,"有"是"无"的更进一步讲。

需要注意的是,"有"和"无"一样,都并非有一独立实在意义。"有"只是一种成物的"徼向性"。王弼《老子注》曰,"徼,归终也"②而牟宗三则把"徼"解释为"向","徼性"即"向性",道的这种"徼性"使其能拥有了"生物之妙"。牟宗三认为,"无"不是固定的、僵死的,而是一种灵活的心境,此灵活的心境只要有一徼就有一个方向,没有任何征兆的"无"就有了征兆端倪,从而根据这个"徼向性"来创造对象。于是在此处便有了"万有"。"常无欲以观其妙,常有欲以观其徼"说的便是不单单要在"无"的状态中,观道"虚灵明觉"之"神妙",也要常常在"有"的状态下,观"道生万有"的"徼向性"。既能无亦能有,此种"有性"和"无性"就是道的双重性。

牟宗三指出,在这里有一个问题,从"无"中发出的"徼向性",若心思不灵活,止步于"有",就不能再回转到"有"上。若要永远保持"有而不有即无,无而不无即有",就要体会玄的思想。牟宗三认为,道的"有性"和"无性",它们同出于玄。玄,本义为黑色,老子用它形容道的幽深与玄远。玄是个圆圈,它保证了"有"发自"无"的无限妙用,发出来又掉回到"无","有"与"无"永远在玄这个圆圈上转,亦有亦无,非有非无。此种深厚又神秘的玄,是道之"有性"和"无性"的根源,是一切众妙的要门。

"道生万物"是一种不生之生。于是便有了第三个层面的问题,"无"与"有"和天地万物的"物"的关系如何。《道德经》二十五章曰:"天下万物生于有,有生于无。"为什么说万物是生于"无"而不是生于"有"呢"? 首先,如果天地万物始于

① 牟宗三:《中国哲学十九讲》,第86页。
② [魏]王弼注,楼宇烈校释:《老子道德经注校释》,第11页。

有，"有"之前还有一个"有"，那就将不停地向前追问，从而无穷无尽，无法停止，因此天地万物要始于"无"。其次，"无"是万物之所以能产生的原因和条件，在"无"中蕴含着一种能生有的趋势和力量，也就是所谓的"微向性"。再次，《道德经》第十章中说："生而不有，为而不恃，长而不宰，是谓玄德。"这体现了道家的生之活动是消极地表示生的作用，正如王弼所注，"不塞其原，则物自生，何功之有？不禁其性，则物自济，何为之恃？"①不对万物的生长发育妄加干涉，只是让万物顺应自己的本性，自化自有，最终物自然会保存自己，成其自身。在这个过程中，"道"并没有施加任何作用，只是不限制、不干涉，这就是来自"无"的力量，这种"道生万物"的方式，牟宗三就叫它"不生之生"。

四

牟宗三认为，道家的修行工夫就是"致虚极、守静笃"（《道德经》第十六章），是虚壹而静的工夫。虚即灵，静即不浮动。道家通过"虚静"的工夫极力想要化掉的就是浮动、造作。这些造作在牟宗三看来，可以分为三个层面。最低层的，是对外界欲望的追逐，牟宗三说它是"自然生命的纷驰"。人们追逐外界物欲的过程中，耳、目、口、心等感官在与外物接触时肆意纵欲、无所节制。人们厚自奉养，沉醉于纸醉金迷、犬马声色当中，这不仅使人们丧失了原本内心的平静与自然，甚至对于生命本身也是一种戕害。再上一层，就是心理的情绪，即喜怒无常等。再往上一层属于思想，是意念的造作，即观念系统等的一些意见、偏见，即一些心机、智巧以及礼乐典章制度等。这些造作使得人的心灵被捆绑、束缚住了，道家就是运用"虚静"的工夫，通过"无"的无限妙用，为人的心灵"松绑"，化掉这些造作与浮动。

在"虚静"的工夫下，生命达到了纯一无杂的不浮动的虚灵境界，这时主观的心境就呈现出无限心的妙用，使得"夫物芸芸，各复归其根，归根曰静，是谓复命"（《道德经》第十六章），万物"各在其位、各适其性、各遂其生、各正其正"，②此时万物如此这般，才真的是其所是，在其自身真正达到了自然无待。此种静态的无限心的玄览、关照并非直接创造，而是让万物自己实现自己，因此是"不生之生"，是在横向上通过"虚壹而静"的修行实践工夫使得纵向的道以"不生"而"生"万物，使得万物自身得以保存，这就是"纵贯横讲"的方法。

此外，牟宗三指出，道家的价值重点虽不在知识层面，但也并非否定、抹杀知识。老子说："为学日益，为道日损。损之又损，以至于无为，无为而无不为。"（《道德经》第四十八章）"为学"与"为道"并不是互相排斥的。老子并不是彻底否认知

①　［魏］王弼注，楼宇烈校释：《老子道德经注校释》，第34页。
②　［魏］牟宗三：《中国哲学十九讲》，第107页。

识，他只是害怕小聪明、小智慧戕害了人的赤子之心。并且，《道德经》第四章说："挫其锐，解其纷，和其光，同其尘。"其意义在于强调要韬光养晦，勿露锋芒，要做到与天地万物混同，道是不能离开世间万物的，修道的实践工夫也不应遗世独立。这是一种道家式的圆融，也不乏一种积极的意味在其中。

结语

在汗牛充栋的《道德经》诠释史中，牟宗三以"纵贯横讲"的诠释进路独树一帜。在此进路下，牟宗三对道家之玄理系统进行了重新阐释，创造性地捻出了一个不同于儒家"实有形态的形上学"的"境界形态的形上学"，用静态的、观照的方式以一主观的冲虚之意，诠释了道家特有的艺术境界，为中国传统哲学提供了新的言说方式。在牟宗三看来，道家作为与"儒"、"佛"并称的大教，其特殊之处正是在于只关注于作用层面的"无"从而间接触及实有的纵贯创生，这种独特的哲学进路构成了道家的"玄理之性格"。

老子与外国哲学比较研究

"自然"是道家形而上学的奠基

——兼论道家"自然"与康德"自由"之异同

伍金霞[*]

内容提要： 经由康德道德形而上学之启发，我们认为，《道德经》中"道法自然"一句中"道"与"自然"之关系，或存在"自然高于道""道即自然"之外的第三种解释，即"自然"是道家形而上学的最终奠基。在道家哲学中，"自然"概念与康德的"自由"概念一样，都是超脱于因果律的存在，是一切问题的始基。与康德道德形而上学奠基的"自由"相比，"自然"有如下特点：一、"自然"于道家哲学来说，既是最终依归，也是最初起点，更是实现目的之手段；二、它天生带有整全意识，因此，它不止是道德的自由，更是境界的自由。因此康德的"自由"丰富了道家哲学的逻辑过程，而道家的"自然"通过内在体验来联结主客体的做法，呼应了康德之后西方学者对于"物自体"的探究。

关键词： 康德 自由 道家 自然 形而上学

《道德经·第二十五章》"人法地，地法天，天法道，道法自然"一句，"道"与"自然"之关系，成为道家思想中争辩不已的哲学难题。纵观古今，对于"道法自然"一句中"道"与"自然"的关系，不外乎两种：一是"自然"高于"道"，乃"道"所效仿的对象；二是"道即自然"，即将"自然"释为"本来如此"之意。然通过康德道德形而上学的启发，我们认为，道家思想中有关"道"与"自然"关系，或还存在第三种可能，即与康德道德形而上学以"自由"为奠基一样，"自然"亦可理解为道家哲学之奠基。

---

[*] 伍金霞（1986—），女，山东大学哲学与社会发展学院博士生，主要研究方向为近代道家道教。

一、道家"自然"义诠释

在康德哲学的语境中，"自然"是必然的，而"自由"则不在此之列，"自由"是超脱于"自然"而存在的，且是人特别享有的权力。他在《纯粹理性批判》的第三个二律背反的正题与反题中，明言二者之对立：

正题：按照自然律的因果性并不是世界的全部现象都可以由之导出的唯一因果性。为了解释这些现象，还有必要假定一种由自由带来的因果性。

反题：没有什么自由，相反，世界上一切东西都只是按照自然律而发生的。①

而康德正是意识到这种对立，于是"把我从独断的迷梦中唤醒，使我转到对理性本身的批判上来，以便消除理性似乎与它自身矛盾这种怪事"②。因此，邓晓芒先生认为："自由与必然的关系问题是康德考虑一切哲学问题所围绕的核心。"③俞吾金先生亦认为康德哲学的研究起点是"自然与自由的背反关系"④。通过揭示二者的对立，再对其进行贯通，是康德哲学的基本架构。而道家哲学显然与此略有不同。此不同在于，在道家的构架里，"自然"乃是一个本初的状态，他与万物共生共存，而非居高睥睨于万物。正是基于此，在道家的思想中，没有西方哲学中所谓的"原罪""模拟"等观念，也不会认为彼岸世界高于现实世界——我们可能没法认识完整的世界，但并不意味着现实世界不完满。因此道家虽然承认"道不可道"，却也同时承认"道物无际""道无所不在"。基于"道法自然"这一论断，而作为道家形而上学基础的"自然"，意义显然也与康德哲学的"自然"意义不同，而更接近于其"自由"义，此后将详论，此处省略不提。

"自然"一词对道家哲学来说，是一个颇为复杂的概念。根据中国古代复合词后出的惯例，对于"自然"义的考察，需要从"自"和"然"的单独释义开始考察。此一工作，已有许多学术成果，此处主要借用王博的观点。就"自"而言，王博分析：

老子乃至整个道家传统对于"自"的强调，我们可以在由"自"开始的若干词汇中得到直接印象。……如自知、自胜、自爱等是就侯王或圣人而言，强调的是权力的自我节制，和"无为"构成了一个连接的意义链。而对于百姓来说，自化、自正、自富和自朴和自然等则意味着获得了某种自主空间。

① 康德著：《纯粹理性批判》，邓晓芒译，北京：人民出版社，2009 年，第 374 页。
② 康德著：《康德书信百封》，李秋零译，上海：上海人民出版社，1992 年，第 244 页。
③ 邓晓芒：《康德自由概念的三个层次》，《复旦学报》，2004 年第 2 期。
④ 俞吾金：《康德批判哲学的研究起点和形成过程》，《东南学术》，2002 年第 2 期。

…………

从整体思想史来看，道家传统中"自"字构成的一系列词汇突出的是：（1）道作为本原的自觉；（2）排除了外在的强制状态的万物的存在方式；（3）拒绝一个外在的标准和价值来评判事物存在的合理性。①

就"然"的解释，他以《玉篇》"然，烧也，许也，如是也，应言也"为依据，认为：

"许也"和"如是也"明显是两个不同的角度，"许"代表着一种肯定和认同，具有明显的价值意义。"如是也"则偏重存在的层面，表现某物"如其所是"的状态。在一般对于"自然"概念的解释上，存在层面的含义是最被强调的。
……在存在意义之外，"然"的另外一个主要含义是价值领域的"许也"。"许"代表一种认可和肯定，即我们如何理解事物如此存在的意义。②

综合两方面，"然"有存在和价值两个层面的意义："存在意义上的'然'指事物自己如此的状态，价值意义上的'然'则是对此状态的认识和判断。"王博认为："'自然'的意义也应该在存在和价值两个角度来把握。"③

立足于存在的角度，"自然"的概念必然强调事物自己如此的状态乃是"自"的结果，而非来自任何的创造者或主宰者。
立足于价值的角度，"自然"概念必然承认事物的自我肯定和确认。换言之，事物自己就是该事物意义和价值的依据，而不必依靠事物之外的存在或者标准来衡量。④

"自然"是道家思想最重要的概念范畴之一。然而众人在辨析"自然"概念之时，往往与其他概念相混而言——似乎"自然"这一概念，难以用独立的语言，单独地对其进行释义。在与"自然"相关的文章中，或是以"自然"为定语、状语，做修饰作用；或是分析"自然"与其他概念之关系。即使是单独解析"自然"义时，也分层次与情况。如前言"自"时，"自"的第一层含义，权力的自我节制时，王博先

---

① 王博：《"然"与"自然"：道家"自然"观念的再研究》，《哲学研究》，2018 年第 10 期。
② 王博：《"然"与"自然"：道家"自然"观念的再研究》，第 43—53 页。
③ 同上。
④ 同上。

生就言："和'无为'构成了一个连接的意义链。"这使得"自然"这一概念在道家哲学体系中呈现出"长袖善舞"的特质，既难知其具体、准确的释义，也难以令其在道家概念群中定位。当然，这与老子提出"自然"观念所带的"不加一毫勉强作为的成分而任其自由伸展的状态"①意义有关。但要具体弄清楚"自然"于道家哲学之意义，则不能仅仅以"自然"为一实体概念。这一点，郑开有所辨析，他认为，以"自然"为名词，是一个值得推敲的问题：

> 实际上，古汉语语词"某然"往往是状态语词，不是名词，也不尽同于现代汉语之状语。……作为道哲学概念的"自然"表状态、表性质（本质属性）的核心意义始终没有被消解，……表明了老子以来的道家哲学之自然概念不能被理解为实体，尤其不能理解为质料实体。……西方哲学思考趋向且依赖于实体，道家哲学从来就拒斥实体（"道"始终是非实体化的）。②

而"道"与"自然"显然又有区别，"道"在某种程度上可以等同于"自然"，但"道"从来不会具体为某种性质、状态，性质、状态是对道的属性的形容。而抛开以"自然"为实体的部分，可知"自然"在绝大多数情况是以表状态、表性质的意义存在。因此，以"自然"为"道"、为"无"等为并列词，显然是混淆了道家哲学中"第一实体——道"与其"本质属性——自然"的关系，"自然"并不等于"道"，而是"道"之为"道"的根本属性。虽然郑开认为"道"非实体化，但以亚里士多德《范畴篇》对实体与属性的解释，"道"只能被理解为第一实体。③而在道家哲学中，"道"存在于万物之中，因此，"自然"便成了万物之属性。这也是"自然"之所以能与所有概念相提并论的原因——道家的"自然"概念首先是以性质存在，而非实体。

二、道家"自然"与康德"自由"比较

以"自然"为"道"之本性属性，显然可以解释为何"自然"可作为道家所有概念的万能胶。虽然郑开同时表示，道家哲学之"自然""与亚里士多德阐述的揭示物的属性乃至本质属性的being之哲学思考异趣"④。但很显然，郑先生是将"自然"

① 陈鼓应：《老子注译及评介》，北京：中华书局，1984年，第29页。
② 郑开：《道家的自然概念：从"自然"与"无"的关系角度分析》，《哲学动态》，2019年第2期，第46—55页。
③ 见亚里士多德《范畴篇·解释篇》第五章。
④ 郑开：《道家的自然概念：从"自然"与"无"的关系角度分析》，《超学动态》2019年第2期，第46—55页。

理解为"物的自然"，而非"道的自然"，他言：

> "物"可以诉诸名言或概念，描述其性质与特征，在思想世界中呈现"物"以及"物的规律"，进而认识和把握之。……然而，道家哲学之"自然"或者"万物之自然"却是不可被描述的。①

虽则如此，但郑开以"自然"先于语言、比"存有（being）"更进一境、其理论内在于"道德之意"等，都表明，郑先生对"自然"的分析，已经不再是简单的概念之间比较，而是对其进行层次、属性的分析。正是基于此，他提出疑问：

> 近代康德哲学中的物自体概念是不是也多少有点儿古代"自然"概念的影子呢？可见"自然"概念非常基础，具有哲学思考之前提概念的意义，然而"自然"概念似乎又只是一个理论预设而已，很难通过所谓的分析论证阐明之。②

郑开在这里明确提出，自然概念非常基础，具有哲学思考之前提概念的意义。而"自然"有此意义之原因是，自然"只是理论预设，不能分析论证"，而这正是康德"自由"概念的特征。他在《道德形而上学的奠基》中明言："自由必须被预设为一切理性存在者的意志的属性"，③即"自由"是预设的，且不能分析论证的：

> 现在我主张，我们必须把自由的理念也必然地赋予每一个将只在这个理念下行动的具有意志的理性存在者。因为，在一个这样的存在者中我们设想有一种理性，这种理性是实践的，即具有对于其客体的原因性。④

康德预设"自由"的目的，是为"理性"寻找依据。这种依据只能预设，因为"从关于人的自然本性的某些被以为的经验中并不足以阐明自由（……只能先天地加以阐明）"⑤。"自由"虽然无法逻辑地推出，但却可以在实践中体现。因此，康德的"自由"概念并非一种知识，而只是一种设想，一种从人们实践中体现出来的共同意识的"强名"，正是由于理性存在者有此意识，理性才能得以发挥。

---

① 郑开：《道家的自然概念：从"自然"与"无"的关系角度分析》，《超学动态》2019年第2期，第46—55页。
② 同上。
③ 康德著：《道德形而上学奠基》，杨云飞译，邓晓芒校，北京：人民出版社，2013年，第91页。
④ 康德著：《道德形而上学奠基》，杨云飞译，邓晓芒校，第92页。
⑤ 康德著：《道德形而上学的奠基》，杨云飞译，邓晓芒校，第91页。

康德的"自由"与道家之"自然"，之所以能施之于理性存在者，皆在于他们都有一个根本的人性或认知预设，即"善"。道家以"自然"为至善，一切合乎"自然"的东西皆善，"其有不善者，皆失其性命之情"（《庄子·骈拇》）。此"善"与康德开篇所谓：世界内外，"唯一除了一个善良意志以外，根本不能设想任何有可能无限制地视为善的"①有异曲同工之处。道家之"善"与康德之"善良意志"都是绝对的、无任何条件的。但是"自由"较"自然"概念的产生，则显然要审慎很多。与道家以"自然"为价值天成、不证自明的哲学根基相比，无论是"善良意志"还是"自由"，康德都只将其作为设想的完满概念。

之所以如此，在于康德"自由"与道家"自然"，乃是在完全不同的哲学架构下形成，虽然二者皆为各自哲学之基础。但无论康德哲学如何抛弃"原罪说"与"性恶观"，他所继承的大陆理性派传统，即"理性的纯知识精神"（牟宗三语）与牛顿物理学分析方法，使他在分析问题时，仍自觉地遵循由柏拉图以来的二分法，即先分解概念，然后再将分解的概念通过第三者缝合起来。即康德所言：

两个认识主体之间，通过与某个在其中双方都能被发现的第三者的联系而结合起来。积极自由的概念提供了这个第三者，这第三者不能像在物理原因的情形那样，是感性世界的自然本性。自由向我们所指明的、对它我们先天地就有一个理念的这个第三者是什么。②

由此可知，"自由"是一个独立的预设概念。虽然它的概念特征能同时在二个独立的认识主体间被发现，但"自由"这一概念，是康德为了两者产生交集而强行预设的，它是否真的存在并不能逻辑地论证，而只能设想。甚至它能跨越"感性"与"理性"两个世界，也是设定，而不能证明。在道家哲学中，虽然也将世界分为"可知世界"与"不可知世界"，但"不可知世界"也是一个完满的整体。其与西方的"理性世界"完全独立且超脱于现实世界，现实世界不过是"理性世界"的拙劣模仿全然不同，道家哲学中的"不可知"是基于人的认知局限，即人的认识"譬如耳目鼻口，皆有所明"，却"不能相通"（《庄子·天下》），人的理性天生的只能认识"道"的一部分，而不能认识整全的"道"，人的认识能力能认识到的那一部分，即"可知世界"，但其与"不可知世界"在同一个理性存在者那里，共同构成了一个整全世界，二者是相容的，而非对立。

---

① 康德著：《道德形而上学奠基》，杨云飞译，邓晓芒校，第11页。
② 康德著：《道德形而上学奠基》，杨云飞译，邓晓芒校，第90—91页。

康德哲学继承了西方传统"两个世界"的绝对二分法。正是基于二者对世界完全不同的认识，虽然他给予"自由"以至上荣誉，但"自由"在康德哲学中的作用，类似于黏合剂。与之相比，"自然"却用以表明世界的本初样子以及万物各自本来的样子，是兼感性世界与理性世界同时通用的概念。它本身的词义中或许有预设之义，但更是对现实、万物、"道"本质的反映。这种对现实世界本然样子的全然认同，是中国哲学的特色。因此，"自由"是被康德同时预设于两个世界中，而"自然"在道家哲学中，就是两个世界的本初样子，它内化于万物，也内化于人性，如郑开所言，"内在于'道德之意'"。因此，"自然"同样也是道家道德哲学之奠基。

清末学者刘咸炘曾言，《老子》一书之主旨，"可以二言括之曰：反本"。又曰："本即绝对，为其目的，书中称为常。言相对者，举末以形本耳。反即逆，为其方法，书中称为复。"① 故"反本"一词乃是兼本体与方法言之，此"本"为道之本体，道之内在根基，即"自然"，即为"道法自然"之真意所在。因此，道家之"自然"，即有世界本然之谓，亦是人间世之最终依归，所要达至的"逍遥之境"的境界之谓。前已有言，"自然"一词与"自由"之不同，在于二者的预设不同。"自由"是全然预设的，是先验的概念，无法论证。而"自然"则更多是从经验层面的演绎。因此，王中江认为：

"道法自然"的"自然"不是"道"的属性和活动方式，它是"万物"和"百姓"的属性和活动方式。作为结论，"道法自然"的准确意思是"道遵循万物的自然"。②

王中江之解释，或可以解释为何学者喜欢将"自然"与"无为"并列而论，"自然"在此处，是一种活动、一种功能，有手段之意义，言的是与"物"的关系。此层含义前言"自然"释义时王博已叙。因"自然"本身就兼两个世界而言，因此如童书业、刘笑敢所言之"道的本质是自然的"③ "'自然'是最高的道的原则或根本"④，与王中江所言之与"物"之关系之"自然"，皆为"自然"之概念范畴。由是可知，作为"道"之本质的"自然"，是世界之起点，万物之归属；而作为经验世界与"物"之关系的"自然"，则是万物回归本初之手段。因此，与赋予、预设的康德"自由"概念相比，由于道家特有的哲学架构，"自然"有较"自由"更为丰富的释义。

① 刘咸炘：《推十书》（增补全本，甲辑一），上海：上海科学技术文献出版社，2009年，第119页。
② 王中江：《道与事物的自然：老子"道法自然"实义考论》，《哲学研究》，2010年第8期第37—47页。
③ 童书业：《先秦七子思想研究》，济南：齐鲁书社，1982年，第113页。
④ 刘笑敢：《老子古今：五种对勘与析评引论》，北京：中国社会科学出版社，2006年，第288—291页。

三、"境界自由"是"道德自由"的最终依归

为了说明道家"自然"能与康德"自由"比肩讨论，我们还要强调，道家"自然"概念本身，即含有"自由"之意。有关这一点，在"自然"的释义中，已有提及，如"自"字所表现的"道"的某种自觉；"然"翻译中"许也、如是也"，两义所表现的肯定认同与"如其所是"的状态，都表现了一种无任何勉强，而任万物自由伸展的状态。道家"自然"向来直接被认定为一个"事实"，是不证自明的道理。在这方面，康德对于"自由"概念则严谨、审慎得多，他认为"自由"并没有来自直接经验的支持，而只是某种现实实现的可能性，故"自由"只具备实践上的实在性，而将认识与实践相对立。因此，康德哲学的核心，便在于如何使"自由"与经验世界的"自然"相贯通，这是康德将"自由"独立于"自然"之外，所必然面对的问题。而对于寓"自然"于万物的道家哲学而言，其挑战则是：

> 如何既保证万物之"自然"，又让事物在"自然"之中避免自我肯定引起的互相否认，或者更积极地说，如何让事物在肯定自我的同时，又肯定他者，从而建立起一种合乎"自然"的人间秩序。[①]

简言之，即一个是如何用"自由"将不相干的两个世界拼接起来而不破坏原来的秩序；一个是如何在万物都自然生化、各随其性自然伸展之时，使之"并育而不相害，并行而不相悖"[②]。二者所面临的挑战看似不同，其实为一，即如何摆脱经验世界的"因果性"问题，这也是康德以"自由"与"自然"为悖的原因所在。而他所要解释的"自然与自由的问题"，即在于以"自由"超越"自然"的因果性、必然性。为此，康德赋予了"自由"两个层面的内涵：

> 先验自由的内涵包含两个不可分割的方面。一方面它意味着对经验世界（包括感性冲动）的独立性，即摆脱一切机械因果性的约束，这是消极意义上的自由；另一方面它意味着自行开始一个因果系列的原因性，这是积极意义的自由。[③]

在康德之前的哲学家，都倾向于将人类行动看作是外界刺激后的反应，康德则认为，我们所认知的这个世界，是由人的理性所构筑，人是能动的主体，而非被动

---

① 王博：《"然"与"自然"：道家"自然"观念的再研究》，《哲学研究》，2018 年第 10 期。第 43—53 页。

② 原文"万物并育而不相害，道并行而不相悖"，出自《礼记·中庸》。

③ 邓晓芒：《康德自由概念的三个层次》，《复旦学报（社会科学版）》，2004 年第 2 期。

接受者。通过这种方式，虽然夯实了牛顿物理学的哲学基础，但此种知识只能限定于现象界，而不能对道德、上帝以及人类意志有确定知识。假若无法超越感官经验，也就无法超越"因果性"而达到"自由"。因此，作为存在于经验之先的心识主体，理性用以认识经验世界显然不够，但在康德看来，理性最值得尊敬的部分是"思考它自身"，即完全摆脱经验世界，而转向于人的内在体验，如此方能掌握通向自由的能力。

因此，康德赋予"自由"消极和积极两个层面的含义。消极层面的含义即在于理性完全摆脱感官经验，只向内求。而积极含义则是，人通过奠基于"自由"的理性，在经验世界进行自主而不盲目的实践活动。而康德哲学中，"自由"与"自然"的贯通，也在于此，即"以这个自由的先验理念为根据的是自由的实践概念"①。"在三个纯粹理性理念：上帝、自由和不朽中，自由的理念是唯一通过自由在自然中可能的效果而在自然身上。"②康德通过此种方式对"自由"与"自然"进行贯通，但实际上，这不过是"自由"对"自然"的单向指挥，"自由"处于绝对权威地位。虽然，在他的道德哲学中，他描述了一个由人类理性主导的世界：人们都把对方当作目的本身，而非手段。但这种完全自由的状态只存在于人的理性（本体）世界，而现象界的人仍要受制于"因果性"的自然法则。就此，康德本来用以贯通两个世界的"自由"概念，反而使人性与物性天渊悬隔，且人永难通过表象而达至本体。他虽然在晚年的著作，如《判断力批判》等书中，在人类思维与直观世界中，增加了审美力、想象力等概念使之相连，却并没有切实的理论推进。

而在道家哲学中，"可知世界"与"不可知世界"是针对人的认知能力而言。虽然道家哲学并不认为人能认识整全的道，但却认为，人只要不违背"道"，顺任自然，便能与道合一。这种"合一"，乃是境界上的"合一"。因此，道家哲学虽然以"理性"认知来划分二个世界，却并不过分推崇"理性"。"自然"的"自"，虽然本身带有"自主"，以自己为最终价值标准及本源之意，但其所强调的，一是"道"与"万物"本身之自觉；二是排除了万物强制之事物本身之存在，并无"理性"横亘其中。因此，"自由"的积极意义——开启一个新的"因果系列"的原因性，在道家哲学的"自然"概念中，是存疑的，或者是隐而不显的。道家认为，"道无终始，物有死生"，万物流变不居，而道在此变化之外，因而阐发出一套超脱于因果律的"循环变化"观。为了应对个体"自然"所带来的矛盾，老子在《道德经·八十章》言：

---

① 康德著：《判断力批判》，邓晓芒译、杨祖陶校，北京：人民出版社，2004年，第24—30页。
② 康德著：《判断力批判》，邓晓芒译、杨祖陶校，北京：人民出版社，2004年，第334页。

小国寡民。使有什伯之器而不用；使民重死而不远徙；虽有舟舆，无所乘之；虽有甲兵，无所陈之。使人复结绳而用之。至治之极。甘美食，美其服，安其居，乐其俗，邻国相望，鸡犬之声相闻，民至老死不相往来。

"小国寡民"一般被认为是道家的理想世界，在这个世界中，由于国小民少，人性得以自然伸展，这是道家前期对于"自然"矛盾在生存空间上的解决方案，而"少私、寡欲"等收敛欲望的行为，则是道家对于伦理、道德层面可能产生碰撞的解决方案。因此，道家的"自然"是在存在世界与价值世界同时推进的。其"循环变化"观的产生，也在于道家希望通过观察历史变化，掌握规律，能将人类世界停止于某个阶段——虽然事情不会再往前、再变好，却同时也不会退后、变坏。从这个层面而言，道家所奉行的"自然"，是康德的消极自由，即只将其独立、逃脱于因果性之外，而不会主动去开启另一个因果序列。

老子的解决方案，虽然在逻辑上自洽，却无法真正拦截历史发展之进程。因此，与康德类似，道家在老子之后，也开启了内向性的转向，即由关注外部、经验世界转而关注主体性、精神世界，其最杰出的代表是庄子。经验世界不会停留在某个阶段，正如康德之后的学者希望找到方法令人类心灵能直接洞察"物自体"一样，庄子也在探寻如何使每个个体，都能实现生命的根本价值。为此，他们共同转向了内向体验，"为走出康德的囚屋，德国出现了三条美学路径"，[①] 即费希特、谢林的"想象力"路径；弗里德里希·席勒的"审美"路径和施莱格尔兄弟的"浪漫主义"路径。庄子的哲学，则可全然视为美学，如李泽厚先生所言："他要求对整体人生采取审美关照的态度：不计利害、是非、功过、忘乎物我、主客、人己，从而让自我与整个宇宙合为一体。"[②] 这种无物我相隔的本真自然，正是康德之后的学者所欲走出的康德的困境，即"把人类的生活放到整个无限的宇宙中去加以体察，以此来探求人类精神达到无限和自由的道路"[③]，这是一种精神与境界的自由。

四、结语

康德在《奠基》中的道德自由，以及庄子的精神自由、境界自由，都是一种理想化的自由，是通过理论预设方得以超脱于"因果性"的自由，而非真正的现实的自由。老子曾有过精神与现实同步达至"自然"的尝试，虽没有成功，却开启了道

---

① ［美］弗兰克·M.特纳著、理查德·A.洛夫特豪斯编：《从卢梭到尼采：耶鲁大学公开课》，王玲译，北京：北京大学出版社，2017年，第191页。

② 李泽厚、刘纲纪主编：《中国美学史》（一），北京：中国社会科学出版社，1984年，第273页。

③ 李泽厚、刘纲纪主编：《中国美学史》（一），北京：中国社会科学出版社，1984年，第237页。

家哲学关注个体生命内在价值的进程。诚然,与康德精密推理、审慎预设相比,道家的"自然"仿若一个不假思索、随手抓来的概念,但这正是源于道家哲学"道物无际"的哲学理念。或者,正是因为"自然"这一道家哲学的奠基概念,方使道家哲学呈现出"即道即器""道物无际""人与万物浑然一体"之特征。康德之后的哲学家,为了解决"物自体"不可认识的问题,而展开了向生命内求的探索,希望借此以消除物我、人我之间的隔阂,达至在认识万物的同时,也认识自我,真正达至"自由之境"的目的。而这一工作,庄子在千年以前,便以一种"用心"方式的转变有所推进。

老子"日损"对萨缪尔森幸福方程式的破解

王　焱*

内容摘要：依照萨缪尔森的幸福方程式，提高幸福感有生命加法和生命减法两种路径。世人多以加法为武器，而老子以减法为法门。心理学家的大量研究表明，人们大大高估了加法对于提升幸福感的作用。时下的消费主义就是典型的加法，商业广告就是其生动文本，为受众设定了买买买就能幸福的心理陷阱。"日损"是老子开出的一剂医治我们这个时代急难的药方：当我们洗去欲望的迷雾，心将如镜般明澈，得见大道的生机。幸福需要生命加法与生命减法同时加持，需要在解决和解脱之间求得平衡。真正努力做过加法的人，才能甘之如饴地做减法。

关键词：老子　日损　萨缪尔森　幸福方程式

基金项目：广东外语外贸大学阐释学研究院 2019 年度创新项目"庄子审美超脱论的阐释研究"阶段性成果。

幸福是什么？诺贝尔经济学奖得主萨缪尔森有一个著名的幸福方程式：幸福 = 效用 / 欲望。"效用（utility）表示满足"[1]。简单地说，幸福就是欲望的满足程度，也就是"所获得的东西"与"所追求的东西"之间的比例关系。因此，提高幸福感有两种方法：一种是生命加法，即提高分子，增加所获得的东西；另一种是生命减法，即降低分母，减少所追求的东西，也就是欲望。世人多以生命加法作为获得幸福的武器，而老子则选择了生命减法作为破解幸福方程式的法门。

一、生命加法并非灵丹妙药

生命加法虽是人们实现幸福的主流方法，但并非灵丹妙药。

---

* 王焱（1981 年—），博士，广东外语外贸大学中国语言文化学院教授，阐释学院兼职研究员，广东省国学学会副会长，广东省高校优秀青年教师，广州市政府系统培训中心国学培训专家，主要从事道家文化研究。

① 保罗·萨缪尔森、威廉·诺德豪斯：《经济学》（上），北京经济学院出版社，1996 年，第 150 页。

　　首先，一个人要获得他想要的东西，并非由己掌控，而是取决于天时地利人和等诸多外在因素。其次，即使一个人幸运地获得他想要的东西，但由于欲望是无限膨胀的，而且总是先行于现实。人常言"梦想成真""万事如意"，可见欲望总是走在现实之前，因此生命加法并不必然提高幸福感。

　　心理学家布里克曼和坎贝尔揭示了一种名为"幸福水车"(hedonic treadmill)[①] 的普遍现象，即人们的经济水平虽然提高了，这意味着人们实现欲望的能力增强了，但随之人们的欲望很快就会适应这个新水平，因而主观幸福感并无改善，这就如同在跑步机上折腾了半天，发现自己还在原地。"幸福水车"现象的存在，表明幸福无法仅仅依靠生命加法而获得。

　　Myers 在 2000 年的一项研究发现，20 世纪末，整个美国社会的财富几乎比 1957 年时翻了一番，绝大部分家庭的收入都有了明显增加，但"非常幸福"的人数却从 1957 年的 35% 下降到 1998 年的 33%。离婚率翻了一倍，青少年自杀增长了 3 倍，暴力犯罪增长了 4 倍，抑郁症患者尤其是青少年患者的人数急剧上升。他把这种物质繁荣而社会衰退的现象称为"美国困惑"[②]。

　　通常认为，更多的经济收入会导致更高的幸福水平，尤其是主流经济学家会更加强调金钱对幸福感的决定意义。然而大量主观幸福感（subjective well-being, SWB）的实证研究表明，在一定范围之内，金钱对幸福感的影响较大，而一旦超出这个范围，金钱对幸福感就不产生什么大的影响或者根本不产生影响[③]。那这个范围的值究竟是多大呢？

　　中国社科院信息化研究中心的姜奇平在 2007 年的一项研究表明：中国改革开放 30 年来的统计结果显示，当人均年收入达到 3000—5000 美元后，经济发展与幸福水平的关系越来越脱节[④]。

　　心理学家卡尼曼与经济学家迪顿在 2010 年一项研究表明：年收入低于 7.5 万美元时，赚得越多，越感到幸福；高于 7.5 万美元，幸福感就不会和金钱成正比。2009 年美国家庭收入中位数为 4.9 万美元。

　　Diener 等在 2000 年的一项研究曾对 1985 年《福布斯》杂志公布的 100 位最富裕的美国人进行了调查，结果发现与一般的美国人相比，他们只是稍微幸福一点

　　① Kahneman D，Krueger AB，Schkade D.2006.Would you be happier if you were richer？A focusing illusion，*Science*. 320(30)：1908-1910.22.

　　② Myers D G，"The funds, friends, and faith of happy people". *American Psychologist*,2000,55(1):56-67.

　　③ 李静、郭永玉：《金钱对幸福感的影响及其心理机制》，《心理科学进展》，2007 年第 2 期，第 974—980 页。

　　④ 姜奇平：《互联网导向的价值分析》，《中国计算机用户》，2007 年第 32 期，第 65—66 页。

点①。

Heady 和 Wearing 早在 1989 年的研究就表明：收入对幸福感的影响是短暂的，内在的人格特质或认知因素对幸福感的维持起着关键的作用，收入的增加或减少，会在短期内提高或降低人们的幸福感，但是由于受到人格因素等的调节作用，人们最终会恢复到之前的幸福感的水平②。

Lanchman 和 Weaver 在 1998 的研究也发现：那些收入低但能够维持高度控制感的被试组报告的幸福感的水平几乎与高收入的被试组一样高③。

致力于"幸福学"研究的芝加哥大学教授奚恺元指出："经济越发展，非物质因素对幸福的影响就越来越大。"④

这些研究都共同表明，人们大大高估了生命加法对于提升幸福感的作用。

二、买买买：消费主义的心理陷阱

时下的消费主义，就是典型的生命加法，而商业广告就是消费主义的生动文本。我们可以看到，广告上的那些女星，都是那么的光彩夺目，美艳动人，而男星都是那么的风度翩翩，气宇轩昂，他们都在昭示着他们活得无比令人羡慕。他们为什么这么美丽？为什么这么有型？为什么这么幸福？那是因为他们使用了沙宣洗发水，戴上了周六福珠宝，穿上了柒牌男装，喝上了张裕干红。你想像他们一样闪耀吗？那么赶紧赚钱买买买吧！

不少商业广告都在为我们设定一个心理陷阱，将商品与幸福之间建立起简单的等同关系。这些广告想方设法塑造我们对现实的匮乏感，诱导我们：如若想要像明星一样幸福，就得去购买商品，拥有更多我们想获得的东西。这些广告不是在教我们如何爱自己，而是在教我们如何羡慕明星，从而否定自己。

消费主义首先不断刺激我们的欲望，然后鼓吹我们通过消费满足欲望，进而把消费更多、更昂贵商品作为生活的目的和人生的价值。在消费主义的逻辑中，人们消费的并非商品的使用价值，而是显示身份、品位的符号价值。人们之所以趋之若鹜地要买名包名表，更多的是购买一种高贵的身份、一种优越感。美国经济学家凡勃伦提出了凡勃伦效应：商品价格定得越高越能畅销，这正是人们的炫耀性消费心

---

①　Diener E, Horwitz J, Emmons R A. "Happiness of the very wealthy". *Social Indicators Research*,1985,16:263-274.

②　Headey B, " Wearing A. Personality, life events, and subjective well-being: Toward a dynamic equilibrium model". *Journal of Personality and Social Psychology*,1989,57(4): 731-739.

③　Lachman M E, Weaver S L, "The sense of control as a moderator of social class differences in health and well-being". *Journal of Personality and Social Psychology*,1998,74(3): 763-773.

④　戴廉：《幸福指数量化和谐社会》，《瞭望》，2006 年第 11 期，第 24—26 页。

理在作怪。

消费主义所要满足的，不是实际"需要"（needs），而是"欲望"（wants）。长期以来，人们都以为欲望是人的动物性，而事实上，欲望恰是人类特有的标志。"需要"是客观的、自然的、有限度的，所以野兽吃饱了之后不会去攻击人。而"欲望"则是一种被诱导、被塑造出来的主观感觉，因此在某种程度上可被称为虚假的需求，而且，欲望是无限度的。女人对钻戒、奢侈品手袋的渴望，男人对名表、豪车的追捧，都属于这种虚假的需求。

很多女人在他的未婚夫向她求婚的时候，都有一个愿望，希望能收到一枚钻戒，钻石的克拉越大，代表爱得越深。这个愿望就是典型的被商人和媒体合谋塑造的虚假欲望，并非人的真实需求。"钻石恒久远，真爱永流传"，这个广告词想必大家都不陌生。好像拥有的钻石，就能拥有永恒的爱情。这个广告词实在是可疑，钻石跟爱情之间到底有什么必然的关系？

消费主义给世人以虚妄廉价的承诺，仿佛只要买买买就能幸福，因为消费即意味着有能力满足欲望，然而，即便是那些多金的富人，也并未得到消费主义所承诺的幸福。因为在消费主义的刺激下，欲望会无限膨胀，正如一句广告语所宣示的那样："没有最好，只有更好"。由于攀比心理的存在，消费往往演变成为一场无止境的军备竞赛。

虽然我们已经告别奴隶时代，但我们仍然是奴隶，是欲望的奴隶。消费主义让欲望成为抽打我们前行的鞭子，让我们在对金钱的无止境追逐中，遗忘倾听生命的内在需求。心力交瘁而又难以自拔，这一切都构成了现代人生存的悲剧。

三、日损：治疗欲望煎熬的药方

老子认为，幸福真正的奥秘在于生命减法。生命减法能够超越生命加法的欲望之困。

《老子·第四十八章》说："为学日益，为道日损。"老子认为，一个人世俗意义上的进步，通常意味着一个"正"的加法的过程，即现在比过去"多"了点什么，比如多了些知识、多了些财富、多了些声望。而得道则刚好相反，得道的要诀在于去除、忘却、摆脱些什么。在老子看来，得道之人并不是比一般人多了什么，而是少了什么，少的一个重要内容就是欲望。心学集大成者王阳明也曾说过类似的话："吾辈用功，只求日减，不求日增。减得一分人欲，便是复得一分天理。""日损"这种生命减法的内心修炼工夫，正是老子开出的一剂治疗欲望煎熬的药方。《庄子》中著名的"心斋""坐忘""虚""吾丧我"，其实也都是这样一种减法的药方。

老子云："涤除玄览"，当我们洗去欲望的迷雾，心灵将会像镜子一样明澈空灵，得见大道的生机。道家的另一位先师庄子亦有一句名言可与此相互映照："虚室生白，吉祥止止。"① "虚"是庄子的生命减法。庄子认为，当我们用虚的功夫，将遮掩心灵的欲望驱散，大道的福善便会眷顾于我们，使内心生出无限的光明。这就好比太阳照进了一间干净的空房子，光芒熠熠，四壁生辉，澄澈清芬，温暖宜人。

"虚室生白"的"白"并不是单调乏味，而是绚烂至极归于平淡，是淡然无极而众美从之。当我们在风车上依次涂抹上红橙黄绿蓝靛紫，并让它快速旋转时，呈现出来的色彩正是白色。因此，白色其实是最丰富的颜色。中国古人讲究在画中留白，留白之处毫无呆滞之感，而是像雾像雨又像风，气韵生动，意境高远。

老庄告诉世人，不应让欲望蒙蔽心灵，让我们误以为实现欲望是人生的全部意义。我们应该明白，人生当中除了追名逐利之外，还有其他的很多乐趣；人生追逐欲望的脚步太快，会让我们来不及享用生命的美果；人的心灵装着太多的欲望，会让我们对简单朴素的快乐失去觉察。而当我们的兴趣爱好宽阔些、将心灵放空些，人生节奏从容些，生命的美好才有呈现的空间。

台湾大学张文亮教授有一首著名的诗叫《牵一只蜗牛去散步》：

上帝给我一个任务，叫我牵一只蜗牛去散步。

我不能走得太快，蜗牛已经尽力爬，每次总是挪那么一点点。

我催它，我唬它，我责备它，蜗牛用抱歉的眼光看着我，仿佛说："人家已经尽了全力！"

……

任蜗牛往前爬，我在后面生闷气。

咦？我闻到花香，原来这边有个花园。

我感到微风吹来，原来夜里的风这么温柔。

慢着！我听到鸟声，我听到虫鸣，

我看到满天的星斗多亮丽。咦？

以前怎么没有这些体会？我忽然想起来，

莫非是我弄错了！原来上帝是叫蜗牛牵我去散步。

诗中的蜗牛，就是孩子的化身。我们总是嫌孩子做事拖延、磨蹭，想必有很多人对孩子说过的最多的话就是"快！快！快！"但其实真的是孩子太慢，而不是我们太快吗？

---

① 文中庄子的引文皆出自郭庆藩：《庄子集释》，王孝鱼点校，中华书局，2004年。

有时，我们很羡慕孩子，因为孩子很容易快乐。孩子为什么那么容易快乐？因为他们的心灵没有被那么多追名逐利的欲望填满，于是快乐有了现身的空间。孩子可以从横着切的苹果中因发现果核部分的"五角星"而惊喜；可以从看蚂蚁搬家中、从拣地上的落叶中、从踩踏充满积水的泥坑中、从玩沙子和泥巴中获得极大的乐趣。孩子的兴趣爱好比我们广泛多了，感受快乐的心比我们灵敏多了，这是上天给孩子的礼物。其实这份礼物上天给了我们每一个人，只是我们被太过强烈的追名逐利的欲望蒙蔽，而把这份礼物弄丢了。

庄子云："其耆欲深者，其天机浅"，欲望的膨胀会使人远离本真的生命，进而对生命造成伤害。这正是对老子以下这段话的注解："五色令人目盲；五音令人耳聋；五味令人口爽；驰骋畋猎，令人心发狂。"

"五音令人耳聋"。我们总是习惯了快节奏的、高强度的流行音乐的刺激，以至于无法听到大自然最美的交响。你有否倾听过风吹过的声音？村上春树有本小说的名字就叫《且听风吟》；你有否倾听过潺潺的流水声、沙沙的落叶声、鸟鸣以及虫吟？古人写过多少关于"秋声"的诗？这些都是真正的天籁之音，而我们大多没有留意，因为我们的听觉被欲望太强的音乐败坏了。

"五味令人口爽"。这个我深有体会，我是湖南人，从小就是吃湘菜长大的，湘菜有一个特点，它的烹制方法多以煎、炸、熏、烤为主，放很多香料，比如辣椒、葱姜蒜，香辣突出，刺激性强，口味重。我来到广东之后，老吃不惯粤菜，总嫌口味太淡，其实粤菜更天然、更营养，最大程度地保留了食材鲜美的原味，但实在让我提不起太大兴趣，原因就在于我的味觉被欲望太强的食物败坏了。

"驰骋畋猎，令人心发狂"。一个放纵欲望，什么都想要的人，势必心神狂荡。一个学生曾向我诉苦，说自己挺累的。我问为什么累？她说她又想拿双学位，又想出国，又想考公务员，又想考研，又想当班干部，又想参加学生社团，又想谈恋爱，不知该怎么办才好。我就跟她说："逐二兔者不得一兔"，同时追两只兔子，最后连一只兔子都得不到，一个人的生命能量是有限的，一定要有所取舍。我们本想通过满足欲望而带来快乐，但最后却因欲望而迷失方向，感到人生茫茫。

这让我想到一则寓言。有个人去拜访一位部落首领。首领说，你从这儿向西走，做一个标记，只要你能在太阳落山之前回来，从这儿到那个标记之间的地都是你的了。太阳落山了，这个人没有走回来，因为他太过贪婪，走得太远，已经没有时间回来了。

在追逐欲望的旅途上，我们往往忘记了我们为什么要出发。这则寓言难道不是我们人生的警示。

四、破解幸福方程式

现在我们回到萨缪尔森的幸福方程式，通俗地说，幸福就是你手里拥有的除以你心里想要的。这个幸福方程式向我们揭示了幸福的秘密。幸福既需要生命加法，亦需要生命减法。一方面，我们要勇猛精进，拼搏奋斗，靠自己的智慧和努力去拿到我们想要的东西；而另一面，我们也要懂得将欲望节制在合理的范围内，懂得止步，为心灵留出空间。

世人常常调侃说，希望一夜暴富。但亿万富翁一定幸福吗？不一定，如果他的手里有 100 个亿，心里却想要 1000 个亿，100÷1000=0.1，纵然荣华富贵享之不尽，心里也是欠缺的。因此，老子说："知足者富"，懂得知足，才能真正富足。

我们的幸福需要生命加法与生命减法同时加持，缺少前者，幸福如镜花水月般虚幻；而缺少后者，再多的拥有都难以被贪婪的内心体验为幸福。

文化学者赵玉平说得好："能做加法叫解决，会做减法叫解脱。"幸福就是在解决和解脱之间找平衡。不同的年龄段，有不同的平衡之道。

在人生的上半场，我们自己都不知道自己的潜能有多大，大可以以抱负为帆，乘风破浪，一往无前地去攻城略地，拿下我们想要的；而在人生的下半场，有太多人被现实的一地鸡毛和獠牙多次"虐待"过，明白了人生中有太多的不可为之事，于是勇猛的英气消了大半，开始了悟灵隐寺的对联"人生哪能多如意，万事只求半称心"；还有些人即使在功成名就的繁华中也没有感受到人生的意义和乐趣，而是身心俱疲，内心空荡，于是向往"人闲桂花落，夜静春山空"的清凉与恬淡。

前面讲到，以消费主义为代表的生命加法把人对金钱的欲望空前地调动起来，使人成为欲望的俘虏，使人在对金钱的疯狂追逐中忘记初心，备受煎熬。而老子的生命减法则能够让深受欲望鞭打之苦的现代人静下来、慢下来、松下来。一个好的赛车手，功力不是体现在油门上，而是体现在刹车上。越是快的人，越应该懂得在恰当的时候让自己慢下来。

诚然，正如生命加法并不必然提高幸福感，生命减法亦不必然提高幸福感。因为一味强调从心灵层面用减法遏止欲望，会让幸福楼台缺乏坚实的现实土壤。其实，欲望并非一种必须根除的罪恶。对欲望的片面压抑，会稀释个人奋斗与社会发展的内在动力，进而导致物质文明的停滞甚至是倒退。在禁欲主义的中世纪，我们已经看到了历史的教训。

但我们这个时代的急难，不是欲望太低、大家不思进取，而是欲望太高，大家心力交瘁。老子的"日损"恰是能够医治我们这个时代急难的一剂良药。

南怀瑾先生在《论语别裁》一文中说：道家"像药店，不生病可以不去，生了病则非去不可。一个国家民族生病，非去这个药店不可。儒家的孔孟思想则是粮食店,是天天要吃的[①]。"儒家的积极进取虽是主食,但俗话说得好,人吃五谷杂粮,哪有不生病的。当我们的能力支撑不起我们的欲望的时候,当我们被自己的渴望和抱负压得疲惫不堪的时候,当我们的心灵生病了的时候,道家那或许是上好的医治的去处。不仅如此,道家的药店用来"治未病",进行心理的保健,也是上好的。但"是药三分毒",既然是药,也还是不宜当作主食来吃的。

另外,我们也不能只看到老庄的生命减法,看不到他们的生命加法。不能只看到老子用减法骑牛西出函谷关,当了"隐君子",看不到他用加法获得了他的才学和社会地位,做到了守藏史(相当于国家图书馆、档案馆馆长)、帝王师,写下了智慧无穷的《道德经》。不能只看到庄子用减法宁愿做泥里的一只乌龟,也不踏入仕途,看不到他用加法写下了传世之作《庄子》,用加法获得了他的才华和声望,以至于楚王要曾派遣大臣请他出任楚相。或许真正拿得起的人,才能真正放得下;而真正努力做过加法的人,才能甘之如饴地做减法。

---

① 南怀瑾著:《南怀瑾著作珍藏本》第1卷,上海:复旦大学出版社,2000年,第11页。

《道德经》与《奥义书》的神秘主义认识论之比较

——以《伽陀奥义书》为例

李春尧[*]

内容提要:《道德经》可以被视为"中国文化之根底",相应的,《奥义书》也是"印度文化之根底"。最为原始的《奥义书》有十三种,核心内容都是探讨"世界的终极原因和人的本质"。其中,《伽陀奥义书》的产生时间在公元前6世纪到公元前1世纪之间,与《道德经》的年代相去不远,二者同为"轴心时代"的思想巨著,在多个方面可以互相发明。就思想主旨而言,《道德经》主张"道生万物",理想的人生即是对"道"的效法;《奥义书》则主张"宇宙即梵,梵即自我",理想人生的目标,就是领悟"梵我一如"。这两种主张颇有相类之处。就认识论而言,两者都有很强的神秘主义倾向。《道德经》主张"绝圣弃智"的"玄览",而《奥义书》则提供了两种认识"梵"的方法,一是"数论",一是"瑜伽"。《伽陀奥义书》强调的是后者:智者必须"向内观看自我",由此领悟"梵我一如","瑜伽"是重要的方法。若将《道德经》与《伽陀奥义书》中认识论的部分稍做比较,不难发现:二者的共同点在于,它们都是内向的、直观的、神秘主义的;二者的不同点则在于,《奥义书》中认识论的内容更加丰富一些,尤其是它对"瑜伽"的论述为后来印度宗教修行提供了理论基础,《道德经》则敷衍铺陈,军事、权谋、政治、哲学无所不包。总而言之,同为东方古代智慧的结晶,《道德经》和《奥义书》代表了中、印两大文明不同的价值取向,中华文明是务实的,扎根于此岸世界的,印度文明则是缥缈的,企盼着彼岸世界的。二者各有特色,各擅胜场。

关键词:《道德经》 《奥义书》神秘主义 瑜伽

---

[*] 李春尧(1981年—),暨南大学中印比较研究所研究员,广东省老子文化学会理事。研究方向:中国传统文化、中印文化交流。

一、《伽陀奥义书》的认识论:"瑜伽"

如果我们可以把《道德经》视为"中国文化之根底",那么与之对应,《奥义书》便可以视为"印度文化之根底"。印度文化史上的各种宗教、各派哲学,甚至是两大史诗,其思想源头都可以追溯到《奥义书》。

和《道德经》不同的是,《奥义书》并不是一部独立的文献。《奥义书》(Upaniṣad)的原意是"坐在某人的身旁"①,即"秘传""秘授"之义。从经典的生成时间来看,古印度哲人先编撰了"四吠陀",即《梨俱吠陀》《娑摩吠陀》《夜柔吠陀》《阿闼婆吠陀》,这四部经典又被称为"吠陀本集"。为了说明"四吠陀",哲人又编写了"梵书":"僧侣们使用独特的笔法撰写了很多关于吠陀的说明文学。这些文学中蕴藏着数代僧侣的思想。后世将这些文学作品统称为梵书。"②"在梵书之后出现的是各种森林书和奥义书。这两类著作性质相近。"③总的来说,吠陀—梵书—森林书—奥义书逐级递进,思辨特色越来越重,而祭祀特色则越来越淡。《奥义书》虽然也有一些简单的情节,但基本上都可以视作哲理散文或者哲理诗。

从数量上看,《奥义书》据传有 108 种,但据现代学者研究,最古老的奥义书仅有十三种,"完成的年代是在公元前 1000 年到公元 1000 年左右"④。这十三部奥义书按照年代,可以分为三组:第一组是《大森林奥义书》等五部,用散文体写成,产生年代在佛陀(前 566—前 486)之前;第二组是《由谁奥义书》《伽陀奥义书》等五部,主要是诗体,产生年代在公元前 6 世纪到公元前 1 世纪之间;第三组是《疑问奥义书》等三部,亦为散文体,产生时间是公元初。⑤ 本文用来与《道德经》比较的《伽陀奥义书》属于第二组,成书时间与《道德经》相去不远,同样作为"轴心时代"的思想巨著,这两部经典在多个方面可以互相发明。

虽然成书时间相近,但《伽陀奥义书》与《道德经》在形式上略有不同。《道德经》更像是散文诗,整部经典并没有清晰的线索,更加没有叙事情节;而《伽陀奥义书》(共二章)大约一半是对话(第一章),一半是说理(第二章),有一条简单的故事线索贯穿起一套认知(修行)理论。

《伽陀奥义书》讲述了这样一个故事:那吉盖多是婆遮湿罗婆的儿子,婆遮湿罗婆在祭祀中施舍了自己的财富,希望可以获得善报,但是,那吉盖多认为父亲的施舍不足以换来善报,因此,他请求父亲把他也施舍出去,婆遮湿婆罗便把他的儿子

① 《奥义书》,黄宝生译,北京:商务印书馆,2010 年,"导言"第 4 页。
② 常磐大定:《印度文明史》,陈景升译,北京:华文出版社,2019 年,第 81 页。
③ 《奥义书》,"导言"第 3 页。
④ 常磐大定:《印度文明史》,第 81 页。
⑤ 参见《奥义书》,"导言"第 4—5 页。

施舍给了死神阎摩。那吉盖多带着对"生死轮回"的困惑，来到了死神阎摩的家中，阎摩将那吉盖多视为"尊敬的客人"，并许诺将给他三个恩惠。那吉盖多提出的第一个恩惠是"释放我回家"，阎摩同意了。那吉盖多提出的第二个恩惠，是请阎摩解说"天国之火"，阎摩便告诉他，"火是世界之源"，并且传授给他举行火祭（那吉盖多祭）的方法，凭借火祭，就可以到达天国。最后，那吉盖多请求阎摩给予他第三个恩惠，他请阎摩解答：死去之人究竟去了哪里？对于这个问题，阎摩不愿回答，他希望那吉盖多更换要求。那吉盖多没有让步，阎摩只好做出了回答。

阎摩首先赞许了那吉盖多对"至善"的追求："我认为那吉盖多渴求知识，众多的欲望不能动摇你。"[1]之后，阎摩告诉那吉盖多，至高的知识，就是领悟"梵"，但是，领悟"梵"是很困难的事情，"因为他不可思辨，比微妙更微妙"。[2]那么如何领悟呢？"依靠思辨不能获得这信念，依靠他人讲述，则容易理解。"[3]意即，只有先找到实现了"梵我同一"的人，然后才能依据他的讲述，领悟"梵"的真实。随后，阎摩就以觉悟者的身份，为那吉盖多指出了领悟"梵"的途径：自我瑜伽。他说："那位古老的天神难以目睹，深藏在洞穴之中，隐而不露；智者依靠自我瑜伽，沉思这位天神，摆脱快乐和忧愁。"[4]据黄心川先生的注解，阎摩的意思就是说："梵"实际上存在于心中（洞穴之中），想要领悟"梵"，只有通过沉思自我（自我瑜伽）才能达成。

此处，"自我瑜伽"可以理解为：修行者把注意力从外界转向内心，尝试在自我意识的内部建立一种联系，凭借这种联系，修行者可以约束自己的器官及其官能，从而领悟"梵我同一"。[5]这里的"瑜伽"，本质上是一种神秘主义的认识方式，类于《道德经》中的"玄览"，既非纯粹的感性认识，也非纯粹的理性认识，而是超越语言，超越逻辑的一种"直觉认知"。因此，准确地说，"自我瑜伽"并不是借助理性来"沉思自我"，而是以一种非分析、非主客二分的方法来领悟"自我"的存在。死神阎摩要表达的即是这个意思：作为一个生命个体，必须拒绝感官，以向内观察的方式来领悟自我与终极存在的关系，如此，才能真正从苦乐、生死中获得解脱。

那吉盖多向阎摩询问人死后去了哪里，阎摩并没有直接回答。作为死神，阎摩必然可以控制所有死者，但在《伽陀奥义书》中，阎摩没有刻意宣扬"轮回"，也没有向那吉盖多描绘死后的世界，而是直接向那吉盖多启示了实现永恒、"摆脱死神之

---

① 《奥义书》，第 266 页。
② 《奥义书》，第 267 页。
③ 《奥义书》，第 267 页。
④ 《奥义书》，第 267 页。
⑤ 关于"瑜伽"的几种含义，笔者另有专文论述。

嘴"的方法。这个方法就是借助"自我瑜伽"去领会"梵",去认识"原人"(即至高自我),由此,修行者就可以实现生命的永恒。① 阎摩向那吉盖多描述了"原人"的存在:"这自我深藏在众生心穴中,比微小更微小,比巨大更巨大;无欲望者看到它,摆脱忧愁,感官平静,认识到自我伟大。"② 但同时,阎摩也告诉那吉盖多,不能像认识一个具体事物一样去领悟"原人"的存在。首先,修行者要做到"无欲",然后,修行者将会以一种"被照亮"的方式,领悟到"原人"的实在。"获得这自我,不依靠言教,不依靠智力,不依靠博闻,那是依靠自我选中而获得,自我向他展示自己的性质。"③ 也就是说,对"至高存在"的认识有三个关键:第一是"无欲",第二是"弃智",第三是"被动"。这三个特质在《道德经》的认识论中也有所反映,本节暂止于此,后文再做展开。

阎摩教导那吉盖多之后,再次向他强调:"至高自我"是无上的,领悟它就可以摆脱死亡,这就是阎摩给那吉盖多的第三个恩惠。"知道它无声,无触,无色,无味,无香,不变,稳定,无始无终,高于伟大自我,永恒,他便摆脱死神之嘴。"④

《伽陀奥义书》第一章讲述了那吉盖多与死神阎摩的对话,第二章则以觉悟者的口吻,重申了认识"原人",摆脱死亡的要点。具体而言:第一,对"至高存在"的认识必须是向内的,而非向外的。"自生者向外凿通那些感官,因此人向外看,不看内在自我,然而,有的智者追求永恒性,他转过眼睛,向内观看自我。"⑤

第二,对"至高存在"的认识活动是静态进行的,而非动态的;或曰,是收束感官活动后进行的,而不能放纵感官活动后进行。简而言之,就是要"无欲",至少要"寡欲"。"愚人们追随外在的欲望,自己投身张开的死亡之网,然而,智者们知道永恒性,不在不稳定中寻求稳定。"⑥

第三,《伽陀奥义书》把摆脱死亡、认识原人的方法称为"瑜伽法"。"那吉盖多获得死神讲述的这种知识,完整的瑜伽法,摆脱污垢和死亡,达到梵,其他知道自我者也是这样。"⑦ 意即,所有实现解脱的人(那吉盖多和"其他知道自我者")都需要通过"瑜伽法"来超越生死,"达到梵"。

---

① 据笔者的肤浅理解,在《伽陀奥义书》中,"梵"与"原人"基本同义。
② 《奥义书》,第 269 页。
③ 《奥义书》,第 269 页。
④ 《奥义书》,第 272 页。
⑤ 《奥义书》,第 272 页。
⑥ 《奥义书》,第 273 页。
⑦ 《奥义书》,第 280 页。

二、《道德经》的认识论："玄览"

《伽陀奥义书》以故事开篇，通过那吉盖多和死神阎摩的对话，探讨了摆脱死亡、实现永恒的方法，即认识"原人"（至高存在）的方法。从这个意义上说，《伽陀奥义书》主要讨论了认识论的问题。大约同时代的《道德经》却与之不同，除了认识论之外，《道德经》还涉及了政治哲学、辩证思维、本根论等，从篇幅上看，有二十章左右的内容探讨了认识论，约占全经的四分之一。

就其思想体系而言，"道本论"是《道德经》的基础，老子认为，"道生万物"，道是抽象的，事物都是具体的，后者各有其规定性，而前者没有任何规定性，因此，"世界的终极原因和人的本质"即在于道。《奥义书》的核心内容一样是追求"世界的终极原因和人的本质"，不同的是，《奥义书》将其归结为"梵"（Brahman）。"梵"的词根有"增长""发展"的意思，"道"的基本含义则是"路"，两者的旨趣并不完全相同，但是，在追求"终极"这个问题上，《道德经》与《奥义书》的尝试是相似的，他们都采取了一种内省的方法，或者说，在认识论问题上，二者都是有神秘主义倾向的。

《道德经》中的认识论有以下几个特点。在第一章中，^①老子就指出，道是不可言说的，所以它是"深幽（玄）"的，无法轻易把握的，因此，人不可能用常规的方法来认识"道"，纯粹的感性认识或者纯粹的理性认识都是不可能把握住它的。简言之，道不可言说，认识道的方法也不可言说。"圣人"不是用常规方法认识"道"的，凡人仅仅知道，圣人已经"得道"。第四十七章说："不出户，知天下；不窥牖，见天道。其出弥远，其知弥少。是以圣人不行而知，不见而明，不为而成。""天道"何以得见？老子没有明说，因为这是不可言说的，所以他只能告诉读者，不要向外追求，向外越远，离"道"也越远。"圣人"得道的方式，绝不是依靠行动、寻觅、作为，这条路是走不通的。"为道"只能通过"日损"的方式，"损之又损，以至于无为"^②。

第二，如果一定要认识，只能用"涤除玄览"的方式。览，通"鉴"，即镜子的意思。涤除玄览，即洗去杂念，保持心灵的专注与纯净，把心灵变得像镜子一样，让"认识客体"自然呈现出来。"玄览"，强调了认识活动的"被动"与"静态"。"玄览"的过程，也就是第十六章中所谓"致虚极，守静笃。万物并作，吾以观复"。

第三，控制感官。第十二章说："五色令人目盲，五音令人耳聋，五味令人口爽，驰骋畋猎令人心发狂，难得之货令人行妨。是以圣人为腹不为目，故去彼取此。"意

---

① 本文所引《老子》章句，皆出自通行本。
② 《老子》，四十八章。

即，来自外界的各种刺激会扰乱感官，在这种情况下，人是不可能平静生活的。"道"是无形无象的："视之不见，名曰'夷'；听之不闻，名曰'希'；搏之不得，名曰'微'。此三者不可致诘，故混而为一。其上不皦，其下不昧，绳绳兮不可名，复归于无物。是谓无状之状，无物之象，是谓惚恍。迎之不见其首；随之不见其后。"① 即便是最大限度发挥感官的功能，也无法去捕捉"道"，更不必说放纵感官了。

第四，体认"道"不仅仅要控制感官（感性认识），而且要拒斥世俗的智慧（理性认识），因为世俗的聪明智谋，旨在争取可见、可感、可以思议的利益，这些与"道"是毫不相干的。这就是第十九章强调的："见素抱朴，少私寡欲，绝学无忧。"求道者不但要抵制私欲，还要弃绝世俗的智慧。在第三十八章中，老子将世俗的智慧称为"前识"，这种认识是肤浅和错谬的，因此要努力识别，并避免它干扰求道者的修行："前识者，'道'之华而愚之始。是以大丈夫处其厚，不居其薄；处其实，不居其华。故去彼取此。"

总而言之，《道德经》中的认识论表现出四个特点：第一，认识"道"的方法不可言说，既不是感性认识，也不是理性认识。第二，认识"道"的方法可以被勉强描述为"涤除玄览"，即，保持内心纯净，让"道"自然呈现，对修行者来说，这个认识过程是"静态"和"被动"的。第三，在认识"道"的过程中，感官是无用的，但修行者要避免感官带来的副作用，即，要努力控制感官，不能让感性认识干扰"求道"的过程。第四，世俗的智慧（理性认识）是狭隘的、虚假的，与"道"无关的，修行者不能误以为真实。

三、"玄览"与"瑜伽"之比较

如前所述，《道德经》的神秘主义认识方法可以勉强归纳称"玄览"，而《伽陀奥义书》中所揭示的认识"梵"的方法则是"瑜伽"。同样是东方文明的产物，两者之间有很大的相似；但同时，由于产生于不同的文化背景，两者也有或多或少的区别。以下尝试论之。

二者的共同点之一在于，这两种认识方法都是"向内的"。道家强调"其出弥远，其知弥少"，鼓励修行者向内心深处探寻；《伽陀奥义书》则教导修行者说："自生者向外凿通那些感官，因此人向外看，不看内在自我，然而，有的智者追求永恒性，他转过眼睛，向内观看自我。"也就是说，二者都认为，向外追求是普通人的认知方式，修行者必须转变关注的方向，才有可能发现"至高存在"。

共同点之二，对"最高存在（道或梵）"的认识活动是"静态的"，修行者完成

① 《老子》十四章。

认识的方式是"被动的"。《道德经》将这个特点表达为"致虚极，守静笃，万物并作，吾以观复"；《伽陀奥义书》则将其表达为："获得这自我，不依靠言教，不依靠智力，不依靠博闻，那是依靠自我选中而获得，自我向他展示自己的性质。"从言辞来看，老子也有一段与之类似的表达："圣人不行而知，不见而明，不为而成。"

共同点之三，认识最高存在必须控制感官，做到无欲，至少是寡欲。老子说，求道者应该做到"见素抱朴，少私寡欲"；《伽陀奥义书》则说："愚人们追随外在的欲望，自己投身张开的死亡之网，然而，智者们知道永恒性，不在不稳定中寻求稳定。"

共同点之四，认识最高存在不能依靠世俗智慧（理性认识）。老子把世俗智慧贬低为"前识"，"前识者，'道'之华而愚之始"。《伽陀奥义书》强调，领悟"梵我同一"只能依靠他人的指导（比如阎摩），不能自己靠"思辨"来达成。"不依靠他人讲述，也没有出路，因为他不可思辨，比微妙更微妙。依靠思辨不能获得这信念，依靠他人讲述，则容易理解。"①

那么，两者之间有哪些区别呢？窃以为，至少有以下两个显著不同。

首先，《伽陀奥义书》虽然探讨的是"终极问题"，但这个问题的表现形式是"生死之谜"。《伽陀奥义书》讲述的是那吉盖多与死神的对话，他向死神求教的问题是："有个关于死去之人的疑惑：人们或说存在，或说不存在；我想要知道这个，请你指教！"② 死神没有正面回答这个问题，而是向那吉盖多讲述了摆脱死亡的方法，即，通过"瑜伽法"实现"梵我同一"。但是显而易见，在古印度人的观念中，"终极存在"的问题始终是与"生死"相联系的。这一点在《道德经》中并没有太强的体现。虽然后世的修道者热衷探讨肉身的不朽，但是老子对这个问题似乎兴趣不大，只是在某些篇章中以"不失其所者久，死而不亡者寿"（三十三章）、"善摄生者，陆行不避兕虎，入军不被甲兵；兕无所投其角，虎无所用其爪，兵无所容其刃"（五十章）之类的观点来展示自己对死亡的态度。相反，老子非常热衷对国家政治、社会治理问题的探讨，提出了"小国寡民""无为而治"等一系列政治观点，这些内容不仅在《伽陀奥义书》，甚至在所有的《奥义书》中都没有体现。这个差异，反映了中印两种文明对现世的关注有不同的焦点：中国文明关注社会的治乱，印度文明关注个体的生死。

第二，《伽陀奥义书》强调，修行活动是师徒授受的。这是古印度的一个传统，在吠陀时代，宗教活动是被祭司垄断的，奥义书的产生，反映出祭司不再能垄断知

---

① 《奥义书》，第 267 页。
② 《奥义书》，第 263 页。

识的传播，但是，师徒之间的授受关系依然较为清晰，因此，我们读到那吉盖多向阎摩求教，阎摩特别强调"不依靠他人讲述，也没有出路"；"依靠他人讲述，则容易理解"。这个传统，发展到后来就是印度的"古鲁"特色，即便是现代哈他瑜伽的修习者，也往往会有自己的"灵性导师"。而这个传统在中国，至少在老庄道家传承之中，是很难看到的。所以，我们并没有在《道德经》中发现什么"皈依圣贤"的言论，也没有感受到老子想让《道德经》泽被后世的宏愿。至于尹喜求经，如果以历史眼光来看，那即便不是传说，也多半只是尹喜的一厢情愿罢了。

论老子之"道"对海灵格"内在之旅"思想的影响

肖 兵*

内容提要：海灵格十分推崇老子"道"的思想，在他创立的家族排列疗法中，他的治疗原则就是与道合一。"内在之旅"作为家族排列疗法的深入发展，海灵格更是把与道合一作为"内在之旅"的终极目标。通过借鉴吸收老子虚静无为和生死观的思想，他创造了独特的"内在之旅"治疗法，开启了西方心理治疗方式的新篇章。深入探讨海灵格的道家式治疗思想，有助于更好弘扬中国古代先贤的思想，造福世界。

关键词：老子之"道" 海灵格 与道合一 虚静无为 生死观

全球著名的德国心理治疗师、身心灵大师伯特·海灵格被誉为"西方的老子"，他非常推崇老子《道德经》思想。在他的心理工作室里，他的治疗遵从了老子"无为"理念：在治疗中只做最小的干预和介入，让事物顺其自然发展，回归本心。他也不主张通过笔记录入自己的工作内容，以防成为教条，让他人错误的解释主体本身。是以"故有之以为利，无之以为用"（《道德经》第十一章），只有突破旧的，才能达到新的体悟。即便如此，海灵格的道家式思想仍然影响深远，他的"家族系统排列"治疗法有重要的现实意义。但学术界对海灵格与老子之道的联系的研究尚缺乏系统的论证，往往倾向于关注心理学上的意义，未深入探讨《道德经》对海灵格"家族系统排列"治疗法的影响。"内在之旅"作为"家族系统排列"治疗法的深入发展，是海灵格独特的静心之术，汲取了老子"道"的思想。因而，海灵格"内在之旅"究竟从老子之道中获得了哪些智慧？老子之道又给予了海灵格哪些启迪？本文试就这些问题做一探讨。

---

* 作者简介：肖兵（1993—），男，湖南湘阴人，中南大学哲学专业博士研究生，主要研究方向：中国传统文化，佛道哲学。

一、海灵格对老子思想的尊崇

海灵格非常尊崇老子的思想。他的心理治疗方法借助"道的力量",遵从了"中国老子的智慧"。在《活出内在的力量》一书中,海灵格分析了"内在之旅"的引导者。他明确指出,"道"在引导"内在之旅","道"为我们打开通往内在的道路,一切生命都是"道"的运作。[①] 显而易见,海灵格遵从了老子"道"论思想,老子认为,"道"是一切存在的根源,"道生一,一生二,二生三,三生万物"(《道德经》第四十二章)。显现了"道"创生万物的过程。海灵格在践行"内在之旅"心理疗法时,进一步将"道"的本源性称为道的力量。他强调:"内在的旅途上我们会体悟到这一点——有一股运作力量将掌控我们,我们只是放下,并与其合一。这是道的力量,唯有道的力量能如此深刻地掌控我们,让我们最终与其归于和谐。"[②] 通过与道和谐共存,达到与其他人和谐一致。在海灵格的著作中,充满着对《道德经》思想的推崇,家庭系统排列治疗将老子"无为"思想运用到心理治疗领域:尽可能减少干预,只对治疗做最小的介入,然后顺其自然让事物依照其本来面貌发展。海灵格在《谁在我家——海灵格家庭系统排列》中贯彻了老子的无为原则,《道德经》第二章讲:"圣人处无为之事,行不言之教;万物作焉而不辞,生而不有,为而不恃,功成而弗居。夫唯弗居,是以不去。"海灵格指出,心理治疗帮助的原则就是要遵循老子的无为而无不为,借助无为,在无所欲求的主观活动中积聚能量,从而有所为。换言之,无为的心理治疗原则并不是退缩,而是让治疗师有意识不进行干预,从而更容易找到解决问题的办法。当然,海灵格也明白达到老子无为境界难度很高,但他始终坚持把老子"道"的思想贯彻到心理治疗之中,发展出独特的家庭系统排列治疗方法。

海灵格曾多次来中国进行"家庭系统排列"治疗法的宣传。尤其是其首次来华讲学受到了北京心理卫生协会的隆重接待,其主持的家庭系统排列在与会的心理学工作者和爱好者中引起极大共鸣。海灵格家庭系统排列治疗法的魅力不仅在于其独特的"内在之旅"静心术,也在于他的这种治疗理念深受中国老子思想的影响。每次在海外课堂讲解心理治疗术,他都会提及《道德经》对他的启发意义。正如将海灵格系统排列引入华人世界的周鼎文评论道:"十五年来,在我与海灵格的对话中,他好几次提到孔子与老子为他带来了深远的影响。因此,我们可以发现海灵格所发展的系统排列,其内涵与中国传统文化的核心思想不谋而合。"[③] 换言之,海灵格通过心理静修术,将中国传统文化的精华用心理排列方式呈现开来,实现其系统排列的

---

① 伯特·海灵格:《活出内在的力量》,叶劲廷译,广州:广东经济出版社,2011年,第38—39页。
② 伯特·海灵格:《活出内在的力量》,第44页。
③ 伯特·海灵格:《这一生为何而来——海灵格自传·访谈录》,陈丽芬译,周鼎文审定,广州:广东经济出版社,2012年,序三。

和谐自在。

二、"与道合一"是海灵格"内在之旅"的终极目标

海灵格"内在之旅"的哲学基础是老子的"道"论思想。在论证"与道合一"是海灵格'内在之旅'的终极目标之前，我们需了解老子关于"道"的相关论述以及老庄与道合一的思想。"道"作为老子哲学的最高范畴，《道德经》开篇便点出"道可道，非常道"。"道"虽不可言说，但陈鼓应先生认为："老子的道既是实存意义的道，又是含有规律性的道，也是包含生活准则的道。"① 可以说《道德经》八十一章中，每一章的主旨都指向"道"。具体而言，道有多种意蕴：第一，"道"是真实的存在。"有物混成，先天地生，寂兮寥兮，独立而不改，周行而不殆，可以为天地母。吾不知其名，字之曰道。"（《道德经》第二十五章）道在浑朴的状态下，能够成为完满的和谐体。它是一个绝对体，本身独一无二，长存而永不休止。第二，道生万物。《道德经》五十一章说："道生之，德畜之，物形之，势成之。是以万物莫不尊道而贵德。"集中展示了万物生成的过程，即万物由道而生，道生万物后顺势发挥万物各自的本性。当然，老子倡导的"道"的含义还包括：道是万物运作的规律，道可以作为人类行为的准则等等。与道合一的学理依据就是老子的"道"论思想。作为一种人与万物相通的最高境界，与道合一正是发挥了物我相融的精神，万事万物在道中合而为一，达至"绳绳兮不可名，复归于无物"（《道德经》第十四章）的状态。庄子继承并发展了老子与道合一的思想，提出"逍遥天放"的自由境域，他用"游乎天地之一气"（《庄子·大宗师》）展示了与道同在与万物合一的超然之境。

那么，海灵格如何将与道合一的思想融入"内在之旅"中？这位"西方的老子"在其独特静心课中称："大道的运作，是支持我们成就一切的力量。"② 内在之旅的追寻，就是追寻大道的过程，海灵格指出，当我们开启内在之旅的门时，唯一要做的是静守，自会有"道"的力量牵引着我们。他的家庭系统排列过程分为三个阶段：系统排列的第一阶段即呈现来访者记忆和内在画面，以展现出背后的隐藏的运作动力；第二阶段的工作便是不断试验，寻找新的画面，但这个画面需符合爱的法则，才能引出解决办法，存有治疗作用；最后阶段是让排列的画面在爱的隐藏和谐状态下，家庭成员皆有适当的归属。所有的困难在这股运作面前消散，"我们会深深地与天地融合，天与地，也在我们内在合一"③。他强调，要达到与道合一的效果，必须臣服于这股力量的引导，放下自我而行动，放下即是无为而为，往往也是最有

---

① 陈鼓应：《老子译注及评介》，北京：中华书局，2015年，第12页。
② 伯特·海灵格：《活出内在的力量》，第20页。
③ 伯特·海灵格：《活出内在的力量》，第11页。

力的行动和真正的力量。那么，如何找到这股力量？海灵格从心理治疗的角度指出，通过内在之旅，就与这股伟大的力量和谐一致；或把个人行动同这份和谐联结，与这股力量一致，然后再行动，这样在内在之旅中，那股力量有时就会凝结成精辟的洞见，让我们接收。海灵格强调，系统排列中的一些画面，如同过去与未来的快照，真相往往被隐藏。那么最好的态度就是"不要故意去做什么事情，而只是让新的画面自己发挥影响。允许发生的事情给自己带来惊奇"①。这即是无为之治，治疗师并没有告诉受助者过去发生过什么，只帮助其识别系统中运作的力量。运用老子无为的原则，海灵格指出，在无所欲求的主观活动中聚集动力，达至无为而无不为之境。他进一步表明，无为不是撤回或退缩②，在治疗的进程中，有时治疗师有意识的"不作为"，当事人会更容易寻到解决问题的关键。当然，海灵格明白无为的境界并不是很容易达到，但是却可以指导治疗师不要用干预来控制当事人做一些事情。

可见，与道的运作和谐一致，有利于化解内在之旅的危机，达到宽容随顺的心理治疗效果。海灵格认为当一个行动偏离其应有的方向，就会产生危机，譬如过于执着于某个目标，而失去平衡，内在之旅可以使其放下执着，转化危机。他进一步强调："如果能与道的运作和谐一致，我们就会发现，道能够作用于各式各样的层面，当然也包括了内在之旅以外的途径。"③他分析了三种宽容：1.原谅他人行为，不回头计较；2.仅仅是出于懦弱，为了图个清静；3.凝视过往，让它和我们自身一起消散。内在之旅要追求的是第三种宽容，因为只有这种宽容与伟大的心灵和谐一致，随顺善念，随顺生命和爱。

那么，海灵格认为什么是"道"呢？他认为"道"不可说。借用心灵来说明"道"的运作，海灵格指出，心灵一方面将肉体与所处的环境联结起来，另一方面也联结了我们与他人。而只有当我们与心灵同在时，才能体悟到"道"，这个时候，我们身体才会有所觉知，感受"道"的温暖，证明"道"的存在。他也和老子一样，从宇宙论上说明："一切生命的运作都是道的运作。只有在无尽的相互运作里，生命才有可能进展。"④虽不是每个人都能觉察到"道"的力量，但人们仍能够成长，因为"道"超越了我们的理解，需要用一种灵性的方式呈现。海灵格强调，道的运作

---

① 伯特·海灵格：《谁在我家——海灵格家庭系统排列》，张虹桥译，北京：世界图书出版公司，2017年，第257—258页。

② 海灵格认为老子在《道德经》里完美地描述了无为的原则，他以《道德经》第二章为例，做出自己的注释：得道之人以无为作为处理事务的准则，从不喋喋不休地说教。一切顺其自然，不按自己的意愿引导；促成一切事物不是为了自己的需求；做一切事情不是为了炫耀自己的本领；取得成就后不会得意忘形。正是因为不沾沾自喜，从而保持了清醒的头脑，减少了失误。参见《谁在我家——海灵格家庭系统排列》，第215页。

③ 伯特·海灵格：《活出内在的力量》，第33页。

④ 伯特·海灵格：《活出内在的力量》，第39页。

是创造性的，它既来源于超越身体和心灵的彼岸，同时也来自超越灵性的彼岸。关于"道"到底是什么？海灵格尝试以西方人的思维猜测：道是神的灵魂吗？道的运作是否如上帝造物一般？当然，他深知"道"的内涵高深莫测，因而把理论重点放在与道合一之中。他划分了四种不同的感觉，即原生感觉 (primary feelings)、派生感觉 (secondary feelings)、系统感觉 (systemic feelings)、超然感觉 (meta feelings)，其中超然感觉是纯粹的能量，包括谦恭（接受世界本来面貌的意志）、平静和满足感等。超然感觉伴随着睿智，能在既定情况下决定何为适当，何为不适当。个人不能促使超然感觉的出现，但它会在特定情形下自己到来，类似于马斯洛的高峰体验："处于高峰体验中的人有一种比其他任何时候都更加整合（统一、完整、浑然一体）的自我感觉。"[1] 因而，超然之爱体现了道之生命力，与道同行，就是与爱同行。

身、心、灵含有不同层面的爱，一般而言，海灵格认为人无法单独体验到其中某一种爱，因为它们共同在运行。海灵格还区分了身、心、灵之间爱的质与量，身之爱主要存在于亲密的男女之间；心之爱是一种内心的善意，包括助人之心、同理心等，这种爱也需要一个对象，汇入彼此之间的爱；而灵性之爱超越身之爱和心之爱，"灵性之爱与道之爱同行，它在万事万物中照见道之爱的运作"[2]。这是海灵格对老子"道法自然"的运用，在内在之旅的探索过程中，海灵格的治疗宗旨就是让自己的行动与道和谐一致，这样，被道之爱包围，灵性之爱受道的牵引，与之合一时，就会变为有行动的爱。海灵格的灵性之爱服务道与道之爱，只有这样，内在之旅才能成功。那么，这样的灵性之爱是否和一般的道德认知相差甚远？海灵格强调，如果了解它（灵性之爱）早已超越善恶的是非判断，同道如实地爱着一切，就不会有这样的疑惑。灵性之爱使所有人平等如一，融入道之爱。而爱，亦要跟随自然法则并为之服务。

老子说："道生一，一生二，二生三，三生万物。"（《道德经》第四十二章）描述道生成万物的过程，这个过程由简至繁，每个新的和谐体就孕育在这个状态中。海灵格对"一"这个概念理解也很深刻，他注意到"二"或"多"合而为一时，"二"或"多"仍保留在"一"里面，"一"通过"二"或"多"才完整，"多"在"一"之中也不会消失，因为它同时也是"一"。海灵格把"一"概念运用在家庭以及人的内在之旅中，用爱作为"多"合"一"的方式，因为他意识到唯有通过爱，"多"才能如实的保存原有的"一"。海灵格看到，"二"与"多"通过爱而成为"一"，通过这份爱，它们可以同时相异地存在着，也得以相异地保持下去。同时，海灵格也解

---

① 马斯洛：《自我实现的人》，许金声、刘峰等译，北京：生活·读书·新知三联书店，1997 年，第 257 页。

② 伯特·海灵格：《活出内在的力量》，第 42 页。

释了中国"天人合一"这个理念，在他看来，我们感受到自己与天地万物深深相连，又不失自身内在的凝聚，这即是"天人合一"之境。[①]他认为，这种境界也会出现在内在之旅中，并提醒人们这种境界和"与多合一"相对立，因为"与多合一"的同时，个人仍需保持独立。据此，海灵格得出结论，这种境界最后只会使我们变得更软弱。结合相关"天人合一"概念的研究资料，我们可以知道，海灵格对"天人合一"概念的理解是不准确的，"天人合一"固然有与万物融合一体之义，但与万物深深相连，并不是说要消解个体的独特性，也并不排斥矛盾的普遍性与特殊性，而是强调对立统一。[②]因此，海灵格所谓凝聚的爱并不会在这种境界中消失，反而会更加接近道之爱。

三、虚静无为对海灵格的启示

虚静无为思想对海灵格深入发展期家族系统排列疗法理论具有象征性意义。按照海灵格自己的概述："内在之旅是静心的另一种说法，而所谓的静心则是对奥秘的观照，也是这趟旅程的目的。"[③]这里的"奥秘"是隐而不显的、引导人们通往一切旅途的"道"。故而，我们先从老子的虚静观角度探讨老子之道与海灵格"内在之旅"的联系。

"虚""静"思想是老子形而上之"道"的一大特性，老子说："致虚极，守静笃"（《道德经》第十六章），表明老子看到人世的纷扰带来的不稳定，希望通过提出这一主张使人世安稳，致虚守静。同时，"虚"也蕴含了无穷的力量，万物从虚空之处涌现，正如老子用"谷"象征"虚"，《道德经》第四十一章提道："上德若谷"，以"虚"隐喻内在的德性。在人生实践中，老子也要求人需静心修德，动静结合，如"孰能浊以静之徐清，孰能安以动之徐生"（《道德经》第十五章）就充分肯定动静相依之理。

海灵格对于生命的思考、人世的安稳明显受到老子虚静无为思想的影响，在其《心灵活泉》一书中，他指出："老子曾有一句关于使命的格言，意思是说'当人完成任务后，就应该忘记过去的种种，并且马上迎接新的任务'这是一条非常好的原则。"[④]其实，海灵格所说的这条原则，即"致虚极，守静笃"。从心理学的角度分析，老子是想让人们放下过去，向前迈进。而海灵格则是在其家族系统排列治疗中，持着退守的态度，无为而治，让对方走进内在之旅，治疗师可以感知到他们，与之达

---

① 伯特·海灵格：《活出内在的力量》，第52—53页。
② 张岱年：《天人之道辨析》，《中国文化研究》1998第3期，第6—7页。
③ 详细参见伯特·海灵格：《活出内在的力量》，导言部分。
④ 伯特·海灵格：《心灵活泉》，霍宝莲译，广州：广东经济出版社，2011年，第246页。

到融和境地。这种以虚静退守达之整体的境界，正是道学对立统一思想的体现。海灵格把个体与个体之间的相互对抗归于个体的起源，而这个起源是孕育万物整体的源泉，这个源泉最终也就指向"道"。他强调在人际关系中，必须舍弃善恶的分别，放下执念，回归内在的中心，才能禅悦善恶的对立，使矛盾得以和解。回归内在之旅，所需做到只是本着一颗没有目的的心，"这种处事态度早已被描述，老子与孔子都曾指出这种态度"①。海灵格还将西方神秘主义与道家的"空"进行了对比，在他看来，西方神秘主义的三个方向：追求净化、追求悟道、追求合一，而道家对"空"的境界的画面，"是完全的宁静，当人置身在这虚空之中，无须行动，便与万物达到和谐"②，成就"无为而无不为"的效果。在进行心理治疗时，海灵格承认有时也不知如何进一步深入把握来访者的内心想法，但他采取的方法非常道家式：以退守，不行动为主，进入虚空的境界，等待引领画面的出现，然后再跟着行动，进行下一步工作。因为他相信，当静心等候、保持退守时，会有决定性的东西出现。在运作家族系统排列的过程中，海灵格还把"止步退守"的活动称为"现象学的活动"，指出现象学的求知途径要求的是一种万象虚空的精神状态。因而治疗师要保持不作为的紧张体验状态，守住这份"紧张"，以退守的态度，让已经进入灵魂的东西安静下来，不要拥有过分好奇心，因为好奇心有时会破坏治疗，以致失去某些珍贵的信息。也必须阻止同情，以不介入的态度静静守候。

同时，海灵格亦强调心理治疗师保持谦恭态度的重要性，这也正是老子所强调的三宝之一"不敢为天下先"。"不敢为天下先"并非甘居落后，不思进取，而是即告诫施教者或管理者不能自以为高明，随意发号施令，而必须以谦下的态度了解实情，听取他人的意见，在集思广益的基础上制定计划或行动方案。同样，在海灵格看来，在解决方案未显现前，治疗师不能自己创造解决方案。必须维持现状，相信系统排列过程会自己进行下去。与世界的一切现象处于和谐，这样才能达到助人者与受助者共同的和谐。

海灵格的内在之旅是对心的追寻，心敲动了灵性，也就找到自己的核心和本质。内在之旅是达到心与灵合一的必由之路，复归于宁静。即使存在现实的不平等，但差别往往在于时间，而时间也并非绝对，"有时候，晚起步的人也可能超前，不是因为他们走得快，而是因为他们收到道的力量的带领。不过，最后我们会发现，一切还是要归于平等"③。对于海灵格而言，接纳平等是静心内在之旅的前提，而且要和他人一起处于居下位置，保持谦卑，这样内在之旅才会带着爱前进。

---

① 伯特·海灵格：《心灵活泉》，第10页。
② 伯特·海灵格：《心灵活泉》，第15页。
③ 伯特·海灵格：《活出内在的力量》，第48页。

四、老子生死观在家族排列治疗中的应用

老子哲学的最高范畴"道"本质上便含有对生命的思考。《道德经》第三十三章曰："不失其所者久，死而不亡者寿。"第五十章提道："出生入死。生之徒，十有三；死之徒，十有三人之生，动之于死地，亦十有三。"皆体现出老子对生命存在的终极价值思考，即通过认识生死、辩证地看待生死，返朴归真，才能达到超越生死之境。海灵格在家族排列工作中，也时常遇到来访者惧怕死亡的问题。他意识到人们不愿意面对死亡是因为一旦死亡出现，一切将不复存在。受老子生死观的影响，海灵格提出一种"凝聚的状态"，类似于道家修炼方式，他要求失去亲人的来访者暗示自己其实过世的亲人并没有真正离去，而是以某种方式继续存在。然后通过凝聚的方式，指出来访者可以短暂地"漫游于生死之间"，不再只是着眼于目前可以看得到的事物。

当然，海灵格更多的是希望用老子"辩证的生死观"来进行其心理治疗。"人之生也柔弱，其死也坚强"（《道德经》第七十六章），生与死是对立统一的，可以相互渗透与转化。海灵格认为，敬重死亡的人，死亡便能引领他；逃避死亡的人，死亡一定会抓住他。活着的人是仍未得到完整的，死去的人才达到完整阶段。在《再见耶稣》一书中，海灵格更加直接点出要辩证地看待生死，他说："我们将生与死放在相对的位置上，而我们的生命中又有哪些对立，是与此息息相关的？"[1]海灵格认为生命来源于潜藏的未知，死去的人也归属于潜藏的未知，如果生命尚未完结之人，错过生命的节奏，太早放弃生命或紧握不放（如用不正当的方法祈求健康长寿），这就违背了生命的本意——回归道之源。那么，我们活着时，如何有意义地处理死亡？海灵格认为，有意义地处理死亡的前提是用何种方式处理死亡，生存是有优先权的，但这并不意味生死不平等，当生命尽头到来，坦然面对就足够了。因为活着的时候时常想到死亡，会影响生命的质量。海灵格进一步指出，如果是病重的人接近生命的尾声，更需要有向死亡鞠躬的勇气，这样，死亡会赐予他极大的力量，在生命尚余的时间中，得到真正的圆满。死亡与生命需要"和解"，在家族系统排列中，海灵格以"和解"之义，对失去亲人的来访者进行对话，用一种近似冥想的心理暗示，使来访者心理达到虚静状态，感受去世的人对他的支持。最终的目的是要让来访者正视死亡，实现生命的和谐。例如，当一个孩子认为死去的亲人仍然活着，并在自己心中存在，那死去亲人的归属权仍会得到肯定。孩子也能体会到爱，回归完整的家庭成员之中。

返朴归真，复归于婴儿。这是对生的重视与珍惜，对于老子而言，名利得失都是无足轻重的，因为"贵生"是大道践行的重要原则。海灵格在《成功的人

---

① 伯特·海灵格：《再见耶稣》，张钧雯，林逸柔译，北京：世界图书出版公司，2016年，第5页。

生——系统排列中的隐秘力量》一书中指出："在我们的生命中，最首要也最关键的成功，就是'出生'。"① 要做到返朴归真、复归于婴儿，首先需要清心寡欲。海灵格认为爱是纯净的，爱以包容取代排挤，使内在之旅变得纯净。当自己认为的身体病痛（实则是心理的伤痛）迫使自己主动去求医时，这是没有看到"当我们和伟大心灵的运作达成和谐一致时，这种运作会净化我们的灵魂，并且涤除那些使我们心或者身受病的妄想和企图"②。海灵格认为净化的产生需要通过关注，而心灵的运作关注一切，如实的关注所有人，那些在家庭失去位置的人与我们心与灵有了联结，我们心灵得以回归序位，发挥疗愈作用，才能保证身体健康。他提出独特的重生疗法，让当事人与母亲的联结（幼儿时期尚未成功）通过重生治疗仪式建立联结，从而使当事人得到帮助。重生疗法的具体做法是把握好时机，让当事人回忆生命的时间长廊，顺其自然地到达想要停留之处。当事人会将治疗师带入其出生经历中，而治疗师需给予其温暖和安全感，并进行重生疗法的最后一步——邀请当事人看着自己母亲或父亲朗诵"生命之处的祈祷"：

> 亲爱的妈妈，
> 我接受你给我的一切，
> 所有这一切，还有全部后果。
> ……
> 亲爱的父亲，
> 很高兴你接受母亲做你的妻子，
> 你们两个是我真正的父母。③

出生之后能被接受的经历，需要治疗师和当事人一起重新进入其创伤之处，带其重新审视创伤经历，直至完成整个重生治疗过程。重生疗法的意义在于能让当事人对以前的创伤性事件存有正视的勇气，并且当事人不是一个人在战斗，他有可以分享且能和给予帮助的治疗师一起体验重生之路。

其次，返朴归真要做到柔弱处下。在海灵格的"内在之旅"中，他强调要把自己交付给"道"，把它当成一个爱的对象，与之合一。痛苦会折磨人，当它发生时，我们甚至找不到源于何处。通过内在之旅，把自己与道和谐一致，那么我们就能跟

---

① 伯特·海灵格：《成功的人生——系统排列中的隐秘力量》，蔡凯文译，北京：世界图书出版公司，2016年，第3页。

② 伯特·海灵格：《活出内在的力量》，第65页。

③ 详见伯特·海灵格：《谁在我家——海灵格家庭系统排列中的隐秘力量》，第279-280页。

随道的力量与关注，带着觉醒与爱，去追寻痛苦的源泉和意图，将痛苦真实融入我们的生命里。海灵格认识到，每个人都有一种想要回到母亲怀抱的欲望，因为这是我们个体生命的起源，而更根本的欲望可能是追寻所有生命和存在的起源，这是返朴归真的最高体验——追寻永恒的"道"。正如美国心理治疗师克里希那南达所言："当我们回归中心时，会觉得和自己、生命以及存在是合一的，会感受到爱、信任、朝气蓬勃、纯真无邪、趣味盎然、沉静稳定和深深的放松。"①

最后，返朴归真是一种内心的"观照"。老子说："故以身观身，以家观家，以乡观乡，以邦观邦，以天下观天下。吾何以知天下然哉？以此。"（《道德经》第五十四章）从修身到治国皆可使用观照。海灵格结合"道"之理念，提出内在之旅需进行"灵性的观照"。内观让觉知远离外界，又远离内在，是一种从事物中抽离的状态，远见遥指前方，望向未来。海灵格还认为观照是一种实实在在的等待，这是一种被赋予力量的等待，在观照中等待，就是对生的向往，就是爱的存在。在观照中，放下执念和所有的企图是拥有道的力量、与道合一的关键要素，在观照及观照之后，可以去奢去欲，感到最终的平静。在观照之中，是一种纯粹的生活——活在当下，与爱同行。值得思考的是，内在之旅最终会走向哪里？海灵格给出了回答："一体"（Einssein）。所谓"一体"，即"一个我们会在自身完全凝聚下来的地方，一个我们在自身里和万物联结、与万物合一的地方"②。因而，内在之旅不仅能使我们内在合一，而且也能使其他的万物与我们一起同在。万物最终的联结深藏在其中，亦是一切的开始与结束。

五、结语

海灵格的家族系统排列理论从提出到不断深入发展，一直吸收老子的"道"的力量。他开创了独具一格的心理治疗新天地，从"家族系统排列"到"心灵活泉""静心之旅"，再到"与道同行"，"海灵格就像现代的老子，将深奥的宇宙法则与哲理清晰地描述"③。他独特的静心（内在之旅）心理治疗法使更多西方人了解到老子这位东方圣人"道"思想的博大精深，有利于中国传统文化在西方的传播与发展。同时，也启示我们应更加重视古代先贤留下的智慧。试想，一个西方的心理治疗师，在借鉴吸收老子"道"思想之后，他所创造的心理治疗法居然风靡全球，在中国都有一定影响力。这就说明我们需进一步挖掘道学（中国哲学）的现代价值，并且树立独特的中国哲学话语体系，促进中国文化更好地服务于国人心灵诉求，造福世界。

---

① 克里希那南达，阿曼娜：《拥抱你的内在小孩》，方志华等译，桂林：漓江出版社，2011年，第2页。
② 伯特·海灵格：《活出内在的力量》，第97页。
③ 详见伯特·海灵格：《谁在我家——海灵格家庭系统排列中的隐秘力量》，审定者序。

老子与军事、政治研究

老子"无为而无不为"治国之道及其积极影响

陈大明　陈　辰*

内容提要："无为而无不为"治国之道是老子博大精深思想体系的有机构成。老子系统阐述了"无为而无不为"的前提是体认和把握"道"，在治国理世进程中运用辩证之道、修身之道、用兵之道，贯彻"至柔"观、"虚""无"观、"不争"观、"守中"观、"自然"观、"重静"观，达到"无为而无不为"的"善治"境界。这一"善治"境界对社会治理，民心凝聚，历史进步产生了积极影响。

关键词：老子　无为　无不为　治国之道　影响

老子的治国之道内涵丰富，博大精深。他曾慨叹自己的一番政治抱负因天下纷扰、社会污浊而不为权贵们所用，最终是"被褐怀玉"，郁郁寡行。可以说，老子是带着这种巨大的遗憾和不被世人理解的千年孤独，在作完了《道德经》后，西出函谷关，默默地走完人生旅程的。随着时间的推移，老子治国之道的真理光辉终于穿透历史的重重帷幕，折射在中国社会发展的时代长廊里，给人启迪，教人智慧，发挥着经久不息的作用。

一、治国之道的基本内容

老子生活在春秋末年，这时，中国各地，尤其是黄河流域，仍陷在局部的战争之中，征战不休，兵戈时举。一切传统的道德与思想都已被打得粉碎，政治上社会上的矛盾冲突也已达于极点，在社会发展的大趋势中，诸多政治观点和新创的治国之道便应运而出。有的人表露出消极厌世的思想；有的人欲以仁爱及实用之学，来挽救这种时世的扰乱和民间的疾苦；有的人则更欲以严明的政治及法律来统辖这种

---

* 陈大明（1957-），全国老子道学文化研究会常务理事、华夏老子学研究联合会副会长、中国老子文化研究中心执行副主任、秘书长，老子研究院研究员主要研究方向。陈辰（1989-），中国老子文化研究中心副研究员、鹿邑县党校图书馆助理馆员。主要研究方向：老子道家思想、图书文献管理。

纷扰局面。当此之时，老子针对政治龌龊、言治者纷然出而天下愈扰的现状，旗帜鲜明地主张"无为"、主张"无治"。他不喜欢强力，而以谦下与柔弱为至德。他说："江海所以能为百谷王者，以其善下之，故能为百谷王。"①又说："天下莫柔弱于水，而攻坚强者莫之能胜，以其无以易之"②。

老子的治国之道集中表现在五千精妙《道德经》中。其中，有总领，有展开分析阐述，有结论，通篇连贯，一气呵成，浑然天成，无论从哪个方面解读，都能给人以启迪，给人以强烈的震撼力和说服力。

具体说来，在《道德经》中，老子以十一章（第1、4、6、14、21、25、32、34、40、42、51章）从宏观上阐述治国之道。这种阐述尽管具有间接性，但老子明确提出把握治国之道的重要前提是通过认识"道"与"大道"，探索并把握天地的总根源、万物的总奥秘，以及天地万物运行发展中人们必须遵循的客观规律。这种认识与分析问题的角度是非常独特的。老子明明白白地告诫治国者："大道氾兮，其可左右。万物恃之以生而不辞，功成而不有。衣养万物而不为主，可名于小；万物归焉而不为主，可名为大"③。也就是说，自处微小，不妄自为大，就能够掌握、施行天下"大道"，就可以成为明君、圣人。

老子以十四章（第17、18、19、20、35、38、46、53、57、58、72、74、75、80章）直接阐述治国之道。一要善于把握治国的"大道"。认为："执大象，天下往。往而不害，安平泰"，如若不然，治国者沉湎于"乐与饵"，则"过客止"④。二要真正把握治国的要旨。即"以正治国，以奇用兵，以无事取天下"，这样的好处，诚如先代圣人所云："我无为，而民自化；我好静，而民自正；我无事，而民自富；我无欲，而民自朴"⑤。三要追求治国者道德修养的极至——"上德无为而无以为"。他认为："下德"、"上仁"、"上义"、"上礼"之人都不及"上德"之人，因而提醒治国者要"处其厚，不居其薄；处其实，不居其华"⑥。四要引导人们树立正确的信念，即"见素抱朴，少私寡欲"⑦。五要师法自然，善于引导。他认为："太上，下知有之"，亦即最好的君上，是法自然而顺天道，像自然法一样无为无不为，自然地引导百姓，百姓觉不出有君上发号施令，人们仅仅知道他。只有这样，才能收到"功成事遂，百姓皆谓：'我自然'"⑧的治国效果。六要追求"天下有道"的理想政治境界，树立正确

① 陈鼓应：《老子今注今译》，北京：商务印书馆，2003年，第308页。
② 陈鼓应：《老子今注今译》，第339页。
③ 陈鼓应：《老子今注今译》，第203页。
④ 陈鼓应：《老子今注今译》，第205页。
⑤ 陈鼓应：《老子今注今译》，第280页。
⑥ 陈鼓应：《老子今注今译》，第215页。
⑦ 陈鼓应：《老子今注今译》，第147页。
⑧ 陈鼓应：《老子今注今译》，第141页。

的祸福观，即"其政闷闷，其民淳淳；其政察察，其民缺缺""祸兮福之所倚，福兮祸之所伏"①。七要建设"小国寡民"的理想国，使百姓"甘其食，美其服，安其居，乐其俗"②。只有这样，才能显示治国者的"大道之行"，收到治理国家的理想效果。当然，为了实现理想国的境界，老子在第20、46、53、72、74、75章中，指斥当时污浊的社会风气，告诫治国者："咎莫大于欲得，祸莫大于不知足。"③因此，要轻徭薄税，让利于民，决不能以酷刑苛法治理国家，因为"民不畏死，奈何以死惧之"④？真可谓言之凿凿，振聋发聩。

老子治国之道的内涵相当丰富，在上述七方面总体阐述基础上，老子从当时所处的诸侯割据，征战不已，社会纷扰的实际出发，围绕治国者的用兵、修身养性、驾驭纷扰社会等方面，进行专题阐述，进一步揭示了治国之道的内涵。

首先，阐述用兵之道。用九章议论治国者用兵的道理（第30、31、36、61、67、68、69、73、76章）。老子提出"谦下说"。认为："小邦"的友谊，是靠"大邦"的"谦下"争取到的，动用兵伐是下下之策。老子提出"三宝"说，认为："一曰慈，二曰俭，三曰不敢为天下先。"在"三宝"中应首推"慈"，做到"慈"便能够"以战则胜，以守则固。天将救之，以慈卫之"⑤。老子提出以柔克刚说。他反对穷兵黩武，倡言"柔弱处上"，告诫治国者谨慎用兵，因为"兵强则灭"。在万不得已需要用兵时，老子认为，理想的为帅之道是善于运用众人之力，并对客观环境、所具条件有透彻了解，认为，这是"古之极也"⑥。老子认为："祸莫大于轻敌，轻敌几丧吾宝"⑦。在战略上不能轻视敌人，在战术上提倡"微明"，认为应以柔克刚，"将欲歙之，必固张之；将欲弱之，必固强之；将欲废之，必固兴之；将欲取之，必固与之"⑧。尽管老子对用兵之道体悟甚深，但他仍然强调，"夫兵者，不祥之器，物或恶之，故有道者不处""战胜以丧礼处之"⑨。因此，文武官员要"以德佐人主，不以兵强于天下"，并且一定要功成身退，因为"物壮则老，是谓不道，不道早已"⑩。总之，"天网恢恢，疏而不失"⑪，治国用兵者需牢牢记取。

---

① 陈鼓应：《老子今注今译》，第284页
② 陈鼓应：《老子今注今译》，第345页
③ 陈鼓应：《老子今注今译》，第245页
④ 陈鼓应：《老子今注今译》，第328页
⑤ 陈鼓应：《老子今注今译》，第310页
⑥ 陈鼓应：《老子今注今译》，第313页。
⑦ 陈鼓应：《老子今注今译》，第315页
⑧ 陈鼓应：《老子今注今译》，第207页
⑨ 陈鼓应：《老子今注今译》，第195页
⑩ 陈鼓应：《老子今注今译》，第192页
⑪ 陈鼓应：《老子今注今译》，第326页

其次，阐述修养之道。用九章（第8、10、12、13、44、47、48、54、62章）阐述治国者修身养性的重要性。一是把"不行而知，不见而明，不为而成"①作为治国理世者修身养性的最终目的，只有得道之人才能够达到这种境界。老子认为，"道"是先于人的主观的东西，但又逻辑玄妙，形态恍惚，不能靠实验证明来认识，须靠体悟联想来了解。"体道""悟道"的过程，是治国者通过日积月累，不断强化自身修养的过程，自身修养达到一定程度，就能够通事明理，知情明道，并最终取得成功。二是把"无为而无不为"作为治国者修身养性所应达到的胜境。到了这种境界，什么事情都能够做成。三是把四戒、四追求作为治国者修身养性的基本途径。"四戒"即一戒感官之伤；二戒宠辱若惊；三戒不知足、不知止；四戒把"道"作为谋事的工具，而不把它视为做人的根本。"四追求"即一追求"不私不欲"的品行；二追求"上善若水"的境界；三追求"载营魄抱一"的性情；四追求"善建者不拔"的品质。

再次，阐述辩证之道。用九章（第22、24、29、33、45、63、64、71、78章）论述治国者养成辩证思维方法的必要性。老子以美、恶之辨引出辩证观点，认为："有无相生，难易相成，长短相形，高下相倾，音声相和，前后相随"，大化宇宙、茫茫自然、人类社会中的辩证现象无处存在，无时不有，所以"圣人处无为之事，行不言之教"②。老子指出，万事万物既对立，又统一，既要在对立中把握统一，又要在统一中看到对立。只有把正反两方面统一起来，并以此来治理天下，才能收到预期效果。老子还把辩证观引入观察事物、为人处事以及治国者的自身修养之中，指出："大成若缺""大盈若冲"、"大直若屈，大巧若拙，大辩若讷"③。看问题要全面，不可以偏概全。认为，天道不盈，"持而盈之，不如其已；揣而锐之，不可长保。金玉满堂，莫之能守；富贵而骄，自遗其咎。功遂身退，天之道也"④。指出："自见者不明；自是者不彰；自伐者无功；自矜者不长"⑤；"知人者智，自知者明"⑥；"知不知，尚矣；不知知，病也"⑦。强调治国者"慎终如始，则无败事"⑧。

二、"无为而无不为"是老子治国之道的最高境界

老子以十六章（第3、5、7、11、23、26、29、37、43、49、59、60、65、66、

---

① 陈鼓应：《老子今注今译》，第248页。
② 陈鼓应：《老子今注今译》，第80页。
③ 陈鼓应：《老子今注今译》，第243页。
④ 陈鼓应：《老子今注今译》，第105页。
⑤ 陈鼓应：《老子今注今译》，第167页。
⑥ 陈鼓应：《老子今注今译》，第201页。
⑦ 陈鼓应：《老子今注今译》，第320页。
⑧ 陈鼓应：《老子今注今译》，第301页。

77、79 章）集中阐述"无为而无不为"。

老子先是回答何谓"无为而无不为"。认为："不尚贤，使民不争；不贵难得之货，使民不为盗；不见可欲，使民心不乱。"同时，"虚其心，实其腹，弱其志，强其骨，常使民无知无欲。使夫智者不敢为也"。这就形成了"圣人之治"，达到"为无为，则无不治"①的最高治理境界。老子的"无为而无不为"，看似无为，实际是对治国者更高的要求。只有以不懈的修身养性，达到至道至纯的境界，以身行大道的大德之行感染人、影响人，才能使百姓人心归附、安居乐业而没有非分欲求。联系第三十八章所说的"上德无为而无以为"，亦是要求治国者崇奉"上德"，尊重客观规律，应道而动，顺其自然，不以主观意志强求自然，强迫百姓，如此才能"无不为"而成就大事。因此，"无为"含义深刻，实质上是要求治国者在修身养性达到一定程度后，在治理国家、处理政务中有"大为"。同时，老子将"无为而无不为"归结为"圣人之治"，归结为"上德无为"，这里的"圣人""上德"之人决非等闲之辈，皆是有"大为"之人。老子又从"至柔"、"虚无"、"不争"、"守中"、自然、"重静"六个方面深入阐释，丰富了"无为而无不为"的内涵。接下来，老子阐述了治国者施行"无为"之治应具备的基本操守，亦即治国者要具有"后其身"、"外其身"的献身精神；"以百姓之心为心"的民本思想；"重积德"的修养之道；"镇之以无名之朴"的无私胸怀。为了把"无为而无不为"的主张变成治国理世者的实际行动，老子认为，要掌握"无为"之治的基本方法。一要"去甚，去奢，去泰"②；二要"不以智治国"；三要行"天道"；四要以"烹小鲜"的方法治国，不要来回折腾；五要"损有余而补不足"。

老子认为，要达到"无为而无不为"的最高治理境界，治国者必须具备一个大前提，亦即达到把握天下大道，并进而"得道"。那么，治国者如何"得道"呢？老子以十一章（第 15、16、27、28、41、50、52、55、56、70、81 章）回答这个问题。

第一，回答如何认识和把握"道"。老子提出的基本途径是见微知著，他认为："见小曰明，守柔曰强"，既要认识"天下母"（天下的母体本源），又要把握"其子"（其间的子系万物）。通过见微知著的工功，"既知其子，复守其母"，则"没身不殆"，他告诫治国者："用其光，复归其明，无遗身殃；是为袭常"③。

第二，提倡通过"致虚守静"来认识和把握"常"，认为，"常"（规律）的作用甚大，"复命曰常，知常曰明。不知常，妄作凶"④。亦即把握事物发展的规律就能明

① 陈鼓应：《老子今注今译》，第 86 页。
② 陈鼓应：《老子今注今译》，第 188 页。
③ 陈鼓应：《老子今注今译》，第 188 页。
④ 陈鼓应：《老子今注今译》，第 134 页。

达事理，不懂规律，逆道而行，就难免招致祸患。所以，认识和把握住了规律就会宽容、公正、周全，就能在治理国家过程中顺其自然，达到长治久安的目的。

第三，进一步深化治国之道中的几个重要观点。一是提出治国者"无为"的程度是"善行无迹"，即因势利导，顺其自然而驭民。二是提出治国者"谦下"的程度是"知其雄，守其雌，为天下谿"①，这样就不会失去永恒的德行，就能复归于"道"的浑朴。凭这种德行制订政策，治理天下，出发点就不是割裂人们的形神，而是引导人民都回复到浑朴的状态。三是提出治国者"以百姓心为心"②的程度是"善执生者"，即做一名顺天体道、与物齐一、志厚气和、邪不可犯的人，使天下百姓都愿意与之友好相处，谁也不想置他于死地。四是提出治国者"上德""有德""建德不拔"的程度是"德比赤子"，从不逞强。认为，逞强是自找衰老，是不合天道，不合天道就会早死。五是提出治国者"不争"的程度是"无积"。拿天道与人道相比，认为，二者是相通的。天道是利于万物而与它们无害，人道是帮助万物而与它们无争。天道人道相合，就能形成自然和谐、社会安定、人性纯真、百姓畅快的大好局面。六是提出治国者"自是者不彰"③的程度是"解纷玄同"。一般的有道之人能够做到"自是者不彰"，但治国者要立足于"得道"利民，达到堵塞欲之漏洞，关闭私之门户；收起争之锋锐，化解斗之纷扰；上和光荣，下同尘俗的"玄同"境界。这样，才能被天下人所珍重和爱戴。七是认为，既然"天道不盈"，那么治国者要做"善为道者"，其特点也是"不盈"。此乃"人道"，只有行"不盈"的"人道"，在治理过程中经常除旧布新，才能推动社会不断进步。

第四，坦言自己是"被褐怀玉"，虽然生活窘迫，穿着粗布衣裳，但却胸怀着宝贵的真理。正因为真理掌握在得道的少数人手中，所以才不为污浊纷争的社会所容，不被贵族官僚所取。但老子对自己的见解终将为世人所用充满信心，认为："知我者希，则我者贵"④。

第五，阐述"道"之深远广泛和治国者悟道、体道、得道后将受益无穷。认为："道隐无名"⑤，它就隐藏在千千万万难以名状的事物之中，人们听不到、看不到，但它又确确实实存在着。只有通过修身养性，才能悟道、体道，加上"勤而行之"、坚持不懈的日积月累功夫，最终进入"得道"的境界。治国者到了这个境界，便认识到了规律性的东西。把握住了天下"大道"，就会至真至纯，能够自然而然地生发一

---

① 陈鼓应:《老子今注今译》，第 183 页
② 陈鼓应:《老子今注今译》，第 253 页
③ 陈鼓应:《老子今注今译》，第 167 页
④ 陈鼓应:《老子今注今译》，第 318 页。
⑤ 陈鼓应:《老子今注今译》，第 229 页

切、成就一切了。

通览《道德经》，贯穿其中的是作为大哲人的老子对治国治世认识的朴素的唯物辩证观点，从这些观点出发，老子全面、系统地阐述了朴素的社会历史观，论证了朴素的治国之道。洋溢在字里行间的是入世用世，积极进取；是企盼君主圣明，得行大道，百姓安居乐业，国家长治久安。老子是以简约的语言，阐述自然界、人类社会的辩证哲理，谈论治国者的为政治国之道，揭示做人处世之理。

既然老子是在阐释治国治世之道，是积极的、入世的，那么历代封建统治者为什么不取道家，而取儒家呢？根本原因是《道德经》中所提出的"圣人之治"很少有人能达到。他把治国者列为"上德"之人、"下德"之人、"上仁"之人、"上义"之人、"上礼"之人五类，而不少封建统治者能达到"上礼"之人的作为就不错了，也不会朝"上德"之人上追求，因此老子的治国之道很不合他们的口味，倒是孔子的"仁、义、礼、智、信"之类更合他们的胃口。历代封建统治者无心学"道"悟"道""体道"，无意于"得道"，便只有师法孔子了。如此一来，儒教大行于天下，统治中国封建社会达 2000 多年之久，也就不奇怪了。对此，连老子自己也不讳言。他是一位头脑清醒的大哲人，清楚地认识到在当时忠奸不辨、美丑不分、是非不清的污浊纷扰的社会中，"我独异于人，而贵食母"①。即太相信道德的本原力量，太追求社会的完善和谐，太遵奉人性的天真浑朴了，这样的"贵道""异于人"，自然不见容于污浊社会，封建统治者也是不会施行的。在第七十章里，老子说得更明白："吾言甚易知，甚易行。天下莫能知，莫能行。""夫唯无知，是以不我知。"他认为，自己说得很好懂，也很好做，可贵族官僚不可能认识它，也不可能去做。因为他们不理解作者的志向，也不理解作者做的事情，根本就不了解作者，所以老子慨叹："圣人被褐怀玉。"②尽管不被理解，在当世行不了大道，但是，真理终究是掌握在自己手里，也终将被人们所认识、所施行！

三、老子治国之道对中国古代治国之道的影响

老子运用一系列内涵丰富的概念，推及演绎深邃细密的观点，构成治国之道系统、严谨的体系，张一门之帜，成一家之言，形成中国古代治国之道的源头，并对后世产生了全面而又深刻的影响。

首先，由老子的"无为而无不为"思想推及开来，古代思想家、政治家提出约束君权、防止滥用的"无为"之道，对治国理政积极意义甚大。一是无私心、无私为之"无为"。"无为"即在"为"中无私志、无私欲，"不为私为之为"《淮南子》，

---

① 陈鼓应：《老子今注今译》，第 150 页。
② 陈鼓应：《老子今注今译》，第 318 页。

指出："何谓无为？智者不以位为事，勇者不以位为暴，仁者不以位为患，可谓无为矣。"[1]在因循自然，顺势循理，从民之愿的作为中，不掺入私志私欲，不图名，不谋官，不居功，不自大，不以己私害公道枉正术就叫"无为"。这种"无为"，主要指人臣学子，自然也适用于国君，但对于国君，还有更高的要求。二是君道无为，臣道有为。道家首先明确将"无为"界定在君道上。《管子》说："国君殊形异势"，他的地位太独特了，应该行"不言"、"无为"之"道"。"上下无分，君臣共道，乱之本也。"[2]就连《庄子·天道》也说：君臣不能同德同道。"上无为也，下亦无为也，是下与上同德，下与上同德则不臣；下有为也，上亦有为也，是上与下同道，上与下同道则不主。上必无为而用天下，下必有为为天下用，此不易之道也。"[3]那么，君与臣怎样"异道"？《管子》指出："有道之君，正其德以莅民，而不言智能聪明。智能聪明者，下之职也。所以用智能聪明者，上之道也。"[4]"人主者，擅生杀，处威势，操令行禁止之柄，以御群臣，此主道也。人臣者，处卑贱，奉主令，守本任，治分职，此臣道也"。[5]《庄子》："本在于上，末在于下；要在于上，详在于臣。"[6]《吕氏春秋》："有道之主，因而不为，责而不诏，去想去意，虚静以待，不伐之言，不夺之事，督名审实，使官自司。"[7]《淮南子》则强调臣以自任为能，君以用人为能；臣以能言为能，君以听言为能；臣以能行为能，君以能赏罚为能。"可见上述君道、臣道，近似君臣分工了。如此分工之"无为"，不过是以无为为有为，它是臣下有为的制衡与补充。可见，"无为"论的主要目的在于约束君权，防止滥用，避免暴君暴政，减少失误，杜绝国君的瞎指挥。同时淡化和限制为臣者、为学者的功名权力欲，少些假公济私，不搞拔苗助长，更不要"藏仁以要人"。如果国君真能够这样"无为"，为臣为学者也能够这样"无为"，那么对于国君，是不难受到少犯错误，少上当受骗之益的。而对于为臣为学者，也会少些违反自然，违背客观规律的无效有为、有害的有为，至于对于社会，则会避免灾难性的有为之害，从而有益于社会的稳定。而这种稳定又是有益于自然经济的恢复和发展的，文景与贞观之治，是再好不过的正证，而秦皇汉武的多欲政治，又是再好不过的反证。所以，对于无限制的君主制来说，"无为"论是一种进步，也不失为封建国家长治久安之策。

其次，由老子的"圣人常无心，以百姓心为心"推及开来，古代思想家、政治

---

① 刘文典：《淮南鸿烈集解》，北京：中华书局，1989 年，第 570 页。

② 黎翔凤：《管子校注》，北京：中华书局，2004 年，第 1208 页。

③ 郭庆藩：《庄子集注》，北京：中华书局，1961 年，第 469 页。

④ 黎翔凤《管子校注》，第 553 页。

⑤ 黎翔凤《管子校注》，第 1208 页。

⑥ 郭庆藩：《庄子集注》，第 472 页。

⑦ 许维遹：《吕氏春秋集释》，北京：中华书局，2009 年，第 456 页。

家在"民惟邦本"观点，形成民本思想。"民惟邦本"思想在夏朝就已出现，《夏书》的佚文就有"后非众无与守邦"的说法。随着夏、商和西周的灭亡，特别是春秋战国时期大批诸侯的灭亡和部分诸侯国的兴起，人们逐步认识到君主和国家虽处于统治人民的地位，人民为其所属，但人民对他们的存亡也有制约作用。孔子指出，君主因为百姓的拥戴而存在，也因为百姓的反对而灭亡。孔子还曾形象地说，"君者，舟也；庶人者，水也。水则载舟，水则覆舟"①。孟子提出"民为贵，社稷次之，君为轻"的"民贵君轻"②说。荀子民惟邦本的思想在以法家思想为指导的秦王朝遭到摒弃，但通过秦末农民大起义和秦王朝的速亡，人们开始对这一思想加以肯定。西汉的政治家贾谊总结秦灭亡的教训，为巩固汉朝的统治，提出了民本思想，他认为，"闻之于政也，民无不为本也。国以为本，君以为本，吏以为本。"并告诫统治者与民为敌者，民必胜之。隋王朝在隋末农民起义下被摧毁，这种历史事实对李世民教训很深，他看到民众的巨大力量，以为民心可畏，要维护统治，必须重民、保民。进而总结出为君之道，必须先存百姓的道理。

　　民本思想反映了古代思想家、政治家在从政治国实践中看到了统治者与被统治者的相互依存关系。这种看法并非认为国家应以人民为主人，而是为了更好地维护以君为主的统治。它在一定程度上提出了如何正确处理民众、国家、君主三者之间的关系问题，对维护君主的统治有重要指导作用，是确定统治方法的重要理论基础。这种思想在实际政治生活中影响较大，曾经成为促进封建盛世形成的指导思想和抑制专制君主暴虐无道、残害百姓的思想武器。

　　再次，由老子的重"积德""建德"，追求道德修养的极致——"上德无为，而无以为"③，实现"以正治国"④推及开来，古代思想家、政治家提出修齐治平，为政以德主张。《礼记·大学》指出："古之欲明明德于天下者，先治其国；欲治其国者，先齐其家；欲齐其家者，先修其身；……身修而后家齐，家齐而后国治，国治而后天下平。自天子以至于庶人，壹是皆以修身为本。"⑤《大学》所述将"修身"视为根本，放在首位，是对老子提倡的"得道"必须先经过自身悟道、体道的修养过程和孔子倡导的"政者，正也，子帅以正，孰敢不正"⑥和"修己以安百姓"⑦观点的系统发挥。以个人修养为基础的修齐治平理论有两种含义：一是从控制每一个人、每一家

① 王先谦：《荀子集解》，北京：中华书局，1988年，第642页。
② 方勇译注：《孟子》，北京：中华书局，2011年，第289页。
③ 陈鼓应：《老子今注今译》，第215页。
④ 陈鼓应：《老子今注今译》，第280页。
⑤ 陈晓芬、徐儒宗译注：《论语·大学·中庸》，北京：中华书局，2011年，第250页。
⑥ 陈晓芬、徐儒宗译注：《论语·大学·中庸》，第145页。
⑦ 陈晓芬、徐儒宗译注：《论语·大学·中庸》，第181页。

庭出发，以达到强化封建统治的目的；二是告诫治国者要以身作则，推己及人，以达到天下太平的目的。南宋的朱熹作《大学章句》，并将《大学》列入《四书》，使之成为修己治人、化民戒欲的政治教科书，使修齐治平理论产生了广泛的影响。

在老子积德、建德基础上提出的为政以德，对中国古代治国之道的影响也是非常深刻和久远的。观照整个中华民族的朝代更迭史及其相应的政德思想传统，政德作为从政的关键一直保持着三个不变：政治须以德为先的指导思想不变；为政者须以德修身的立世态度不变；以德帅才的选人、用人、育人的原则和标准不变。一是认为："为政以德，譬如北辰，居其所而众星拱之"①。即用德来治国安邦的为政者，犹如北斗星被群星拱托一样，能倍受广大人民群众的拥戴。二是认为：其身正，不令而行，其身不正，虽令不从。桃李不言，下自成蹊。道德修养对为政者来说，无疑是第一位的因素。三是认为"才者，德之资也；德者，才之帅也"（司马光语）。要求治国者要正确认识"德"的地位和作用。

复次，由老子对百姓意见"善者吾善之，不善者吾亦善之""信者吾信之；不信者吾亦信之""百姓皆注其耳目，圣人皆孩之"②推及开来，古代思想家、政治家提出"言路者，国之命也"，因此治国者必须广开言路，并以此构成中国传统治国之道的一个极其重要的方面。

一是通过广开言路，充分了解实情。治理国家，处理政务，耳聪目明是最基本的条件。晋代人傅玄指出听谏纳言是防止上下阻隔、闭目塞听的途径。因为了解情况，靠执政者一人之目所见、一人之耳所闻，毕竟是有限的。如果能大开言路，兼听广纳，有谒必达，至者勿拒，就等于"人之耳目尽为我所用，则我之聪明无敌于天下矣。是谓人一之，我万之；人塞之，我通之"③。则贵臣不得壅蔽，而下情得以上通也。"这就叫做"不恃己聪明而兼人之聪明，自然无我而兼天下之我。

二是通过广开言路，及时发现和改正错误。君也好，臣也好，有过而不自知，是人之通病。这就需要有人经常提醒、规劝和批评。这种规劝和批评好比是镜子，观于明镜，则疵瑕不滞于躯；听于直言，则过行不累乎身。它又好比是饭食，人君之待谏以正，犹人之待食以生也。绝食则死，拒谏则亡。即使是所谓"圣贤"也不例外，古之明主，讵能无过？从谏而已矣。古往今来，无数事实证明：乐闻过，罔无兴；拒谏，罔不乱。不闻其过，凌迟至于土崩。在专制制度下，即使是最杰出的皇帝也难免逐渐走向腐败，但在他一步步走向蜕化的过程中，正是由于国人和朝臣舆论的监督与制约，才大大延缓了他们走下坡路的进程。所以明智的治国者总是担

---

① 陈晓芬、徐儒宗译注：《论语·大学·中庸》，第15页。

② 陈鼓应：《老子今注今译》，第253页。

③ 魏征等编：《群书治要》北京：北京理工大学出版社，2013年，第613页。

心自己处尊位而不闻己过。

三是通过广开言路，博采众议，使决策正确。唐贞观名臣魏征提出了兼听则明，偏听则暗的著名论断，要求唐太宗广咨博取，兼听纳下。《资治通鉴》也要求执政者要善于博览兼听，谋及疏贱。三国名相诸葛亮在北伐前写给后主刘禅的《出师表》中，谆谆告诫刘禅要咨诹善道，察纳雅言，"宫中之事，事无大小，悉以咨之，然后施行"。他们之所以强调执政者在听政时要"兼听纳下"，既是因为国家政事很重要、很复杂，而执政者的智慧毕竟有限，岂一人之智所能独了！也是由于博览兼听有利于集众思，广忠益，能够裨补阙漏，做到事无遗策，所以才能减少和防止决策上的失误。

四是通过广开言路，奖掖忠贤，斥退群小。清康熙朝吏部尚书孙嘉诠指出，多数皇帝所喜欢的是："出一言而盈廷称圣，发一令而四海讴歌"，这样做的结果，朝廷哪有正人直士的立足之地呢？宋朝名臣范仲淹指出，衡量一个朝廷是贤人当政还是奸人立朝，从君主每天所听到的话就能判断出来："但日闻美言，则知佞人来去，此国家之可忧也；日闻直谏，则知忠臣左右，此国家之可喜也。……美言者得进，则佞人满朝，直谏者见疏，则忠臣避也。"对于这一规律，许多古人早就认识到了。宋代许洞《虎钤经》云："将拒谏则英雄散，策不从则谋者去。"诸葛亮《便宜十六策》云："人君拒谏，则忠臣不敢进其谋，而邪臣专其政。"问题还不仅仅如此，执政者喜谄谀、恶正直，实际上起着一个导向作用，等于迫使和诱导众人都去效仿奸佞之人的谄媚行为。正如司马光所言，君恶闻其过，则忠化为佞；君乐闻直言，则佞化为忠。

五是通过广开言路，树立威信，安定政局。很难设想，人民会爱戴和拥护一个刚愎自用、妄自尊大的治国者；也很难设想，一个讳疾忌医、拒谏饰非的领导人会有什么权威可言。治国者如果只知道推行"强权政治"，民众必然是压而不服，一旦矛盾爆发，局面便不可收拾。因此，让人讲话也是缓解矛盾，安定政局的一剂良药，大开言路，所以成天下，安兆民也。

最后，由老子行天道娱民，不以机巧治国，而以善心善行待民，使之"甘其食，美其服，安其居，乐其俗"推及开来，古代思想家、政治家提出教民、注重社会教化的主张。

历代专制政权都把教化作为主要行政内容之一，即实现秦始皇泰山石刻所谓"训经宣达，远近毕理，咸承圣志"的理想。社会教化是地方官的重要职责，基层政权和基层行政人员即所谓"乡官"的作用尤其受到重视。《汉书》记载十里一亭，亭有长。十亭一乡，乡有三老，三老掌教化。西汉时的乡官三老备受朝廷恩宠，皇帝往往亲自下令赐予钱帛酒肉。《唐律》规定德礼为政教之本。教化的主要内容是封建伦理的基本原则，如忠、孝、仁、义、礼、信，等等。对教化即道德伦理力量的重视，可以说是中国传统政治文化的突出特色之一。在教化中，历代治国者都注重并致力于德化。《韩非子》有"圣人之德化"[①]语，主张通过正面的宣传和感化，使民众思想不超逾一定的规则，使文化在预先限定的范围内发展，被历代统治者视为理想的风范，这标志着意识形态管理的最高境界的成功，除了宣传的技巧外，历代治国者还注意借助其他力量实现"德化"。这包括宗法宗族的制约、传统道德的影响、天帝鬼神的威慑，等等，风火交加，于是逐渐铸造出以忠、孝为精神主体的服从心理，使人们产生温、良、恭、俭、让这种出自内心的严格的自我约束力。

---

① 王先慎:《韩非子集解》，北京：中华书局，1998年，第380页。

老子用兵之道探赜

陈 林[*]

内容提要：老子哲学当中充满了丰富的辩证法思想，其核心思想体现在"道"。老子以道为本的思想是其军事哲学的逻辑起点，认为战争与自然无为、天道尚慈法则相违背，兵是不祥之器，不论是胜利者还是失败者都要付出惨重的代价，因此统治者不能以兵强于天下。春秋战国时期，社会剧烈动荡，军事战争难以避免，老子提出"守柔用弱"的军事战略思想，其中蕴含的柔弱胜刚强、不武、不怒、不与、不争都是老子军事思想不同层面的阐发和运用。落实到战术层面，老子提出"以奇用兵"这一颇具影响的战术思想，强调后发制人、知雄守雌、避实击虚原则。虽然老子并没有对军事辩证法做深入且具体的阐释，但其总结的独特的用兵之道，对后世政治哲学和兵学理论的发展均具启发意义。

关键词：老子 道 战争 军政关系

春秋战国时期的时代特点是"天下大乱，礼崩乐坏，诸侯割据，百家争鸣"，加之戎狄等外族入侵与骚扰，整个春秋战国的历史，似乎成了一部战争史。先秦时期人们重视战争，"祀与戎"被视为"国之大事"。[①] 先秦诸子身处剧烈的历史变革当中，面对王道式微、诸侯干政，诸子异说蜂起，百家各以崇尚，论道议政。《老子》一书虽仅有五千余言，却集哲理之大成，融哲学与政治于一体，其中亦不乏璀璨的军事智慧之光。《老子》是一部充满思辨的政治哲学经典之作，书中蕴含着丰富的军事思想，但也绝不能简单将其视为军事著作。《老子》的军事辩证思想在"道"的统合之下展开，而道的基本精神就是自然无为，因此老子的战争思想、战略体系、战术安排均以"止战"作为目的，这是《老子》区别于诸子百家兵学思想的显著特点。

---

* 陈林（1990—），男，蒙古族，内蒙古通辽人，中国政法大学政治与公共管理学院博士研究生，中共通辽市委党校讲师，主要研究方向：儒家政治哲学与政治文化。

① 《左传》成公十三年载："国之大事在祀与戎。"杨伯峻编著：《春秋左传注》，北京：中华书局，2018年，第737页。

一、以道为本的非战军事思想

"道"是老子政治哲学的理论核心，"抽去了道，道家就失去了脊梁"①。道的内涵极为庞大且复杂，哲学史家们普遍认为无法以明确的定义界定道的含义，故通常采用分层的方式对道的内涵进行区分。唐君毅先生将老子的道区分为六种情形：通贯异理之用之道、形上道体、道相之道、同德之道、修德之道及其他生活之道、为事物及心境人格状态之道。②陈鼓应先生将道归纳为：实存意义的道、规律性的道、生活准则的道。③刘泽华先生认为道是一个多层次概念，将道分为：代表宇宙和事物的本原、事物的总规律、指代自然和人事的具体规律、事物的道理。④总体而言，"道"涉及宇宙、万物、自然、生活等等方面，"道是一种在天地万物生成之先就已独立自存的浑朴状态，它既是化生天地万物的本始根源，亦是天地万物恃之以生的宗主母体，而最终道是要落实到人类的生活实践当中去的"⑤。面对战争频仍的春秋乱世，如何将道落实到战争实践当中，以引导人们清静无为，"不以兵强于天下"（《老子·第三十章》）成为老子思考的重点。

老子以"道法自然"为逻辑起点，推导出人类社会的政治秩序应是和谐的、宁静的、稳定的，主张"无事取天下"的积极的政治理论，进而得出"战争"是逆自然法则而动的破坏人类社会和谐宁静秩序的非理性行为。⑥在老子看来，战争即以"战"相"争"，这与"自然无为"法则背道而驰，与"天道尚慈"法则极不协调，战争是"有为"的行径，违背"道"的自然状态，因此战争是失道的非理性行为。"夫兵者，不祥之器，物或恶之，故有道者不处。"（《老子·第三十一章》）锐利兵器的用途在于战场上杀人，因此它是不详的器具，一般人都会厌恶它，有道的圣人也不会使用它，而战争所造成的死亡远远超过锐利的兵器，因此，不应发动战争来解决问题。"天下有道，却走马以粪。天下无道，戎马生于郊。"（《老子·第四十六章》）陈鼓应先生认为，《老子》第四十六章反映出当时兵马倥偬、互相杀伐的惨烈情况，该章与三十、三十一章都含有反战思想，沉痛攻击当时的武力侵略，给百姓带来灾难。⑦春秋战国时期，战争频仍产生的原因在于统治者的贪婪和野心，老子沉痛地揭示了诸侯相互兼并称霸引发战争所造成的罪恶，同时警告这些无道的国君，"咎莫大

---

① 刘泽华：《中国政治思想通史》（先秦卷），北京：中国人民大学出版社，2014 年，第 313 页。

② 唐君毅：《中国哲学原论》（导论篇），北京：中国社会科学出版社，2005 年，第 224—234 页。

③ 陈鼓应：《老子今注今译》，北京：商务印书馆，2006 年，第 23—35 页。

④ 刘泽华：《中国政治思想通史》（先秦卷），第 313—314 页。

⑤ 林存光：《政治的境界——中国古典政治哲学研究》，北京：中国政法大学出版社，2014 年，第106 页。

⑥ 李承、宋新夫：《老子军事人道主义政治观刍议》，《军事历史研究》2006 年第 3 期，153 页。

⑦ 陈鼓应：《老子今注今译》，第 247 页。

于欲得，祸莫大于不知足。故知足之足，常足矣"（《老子·第四十六章》）。作为统治者，必须懂得节制欲望，贪得无厌一定会招致灾祸，一味穷兵黩武、连年征战，最终往往身死国灭、祸国殃民。

"兵"何以成为"不祥之器"？发动战争势必三军扰动，民众的生活受到打扰，农事遭到荒废，田园必定荒芜。两军交锋，兵刃相见，杀戮众多，最终一定是荆棘丛生，民不聊生，正所谓"师之所处，荆棘生焉。大军之后，必有凶年"（《老子·第三十章》）。战争是人类解决争端最愚昧和残忍的方式，战争的惨烈触目惊心，对于战争双方来说，是没有赢家的。失败者伤残累累、国破家亡；胜利者代价也极其惨重，陈鼓应先生称之为"口中含灰"式的胜利，[①]武力横行最终只会自食其果、自取灭亡。老子不赞成凭借军事逞强施威，战争违背"道"的本质要求，在人的有为操控之下，才有可能出现强大的军事力量，这与自然的发展相违背，老子对恃强凌弱的侵略战争及其发动者，抱有强烈的批评态度，滥用武力、欲以兵强于天下，虽然气势上占据一定优势，但是因其不合自然之道，最终一定会招致政治上的失败甚至国家的灭亡。

老子以"道"立论，坚持"胜而不美"的主张，胜利不值得夸耀，武力更不值得炫耀，穷兵黩武、兴师动众必然招致灾难性的后果。所谓"乐杀人者，则不可以得志于天下矣"（《老子·第三十一章》）。上天有好生之德，大地有载物之厚，《尚书》有云："与其杀无辜，宁失不经；好生之德，洽于民心。"[②]天之道不以杀人为乐，破坏此道则灾祸必随之而来；人之道亦不以杀人为乐，破坏此道则天下兵祸连连、永无宁日。战争不是有道之君所从事的，而只是出于保家卫国不得已而使用的手段。因此即使战争取得了胜利，也不要把胜利当成美事，得意扬扬，以杀人为快乐的人，是不可能得志于天下的。胜利时候，不要举行什么庆祝典礼，毕竟战争都是以人的生命作为代价的，因此要以丧礼处置，"言以丧礼居之"（《老子·第三十一章》）。同时，有道的君主在战争进行到一定程度时便适可而止，不会对敌人穷追不舍、彻底歼灭、穷追猛打、杀人不止，做到胜而有果，胜而则止。

老子所处时代礼崩乐坏、天下大乱，诸侯之间相互征伐，民间"朝甚除，田甚芜，仓甚虚"，而统治者却"服文采，带利剑，厌饮食"（《老子·第五十三章》）。面对这些现象，老子深感人世间缺乏慈爱，

　　我有三宝，持而保之。一曰慈，二曰俭，三曰不敢为天下先。慈故能勇；俭故

---

①　陈鼓应：《老子今注今译》，第 194 页。
②　王世舜、王翠叶译注：《尚书》，北京：中华书局，2012 年，第 359 页。

能广；不敢为天下先，故能成器长。今舍慈且勇，舍俭而广，舍后而先，死矣！夫慈以战则胜，以守则固。天将救之，以慈卫之。（《老子·第六十七章》）

　　"慈"是老子之道的精神，"天道尚慈"是老子军事人道主义政治观的法理依据①，"慈"不是一味忍让懦弱，而是与大道相和相通，"慈"与"善"内涵相互关联，"天道无亲，常与善人"（《老子·第七十九章》）。道以自然为体，和世间万物没有特殊的亲属关系，都是一视同仁的，这是道的自然规律。在这一规律之下，"善人"为何能够得到客观规律的扶持和帮助呢？就在于善人行善，与天道保持一致，而"慈"与天下万物具有内在一致性，以"慈"引导战争，便能获得战争胜利。因此，国家以慈对待百姓，百姓便热爱国家，上慈下爱，上下同心，即便是遇到外敌入侵，百姓也能奋起反抗，直至战争胜利；反之，则会面临国破家亡的惨状，这便是"天道不争而善胜"的体现，更是止战的良方。老子从天道尚慈出发，认为人的生命是不可剥夺的权利，进而印证了"不以兵强天下""无为而治"的非战军事思想。

　　老子主张以道佐人主，不以兵强天下。老子言兵与兵家有着巨大的差异，老子以天地之道的法则，比附于用兵之道，进而主张战争要契合自然之道，主张"不以兵强天下"，这种军事战争思想，不仅深刻揭示了战争的本质和严重后果，而且为规训后世统治者穷兵黩武、好大喜功提供了坚实的理论基础。

　　二、守柔用弱的军事战略思想

　　老子认为战争是不可消除的，非战的军事思想并不是掩耳盗铃式的漠视战争，而是希望以谨慎的态度对待战争，因此研究战争、战略、战术是十分必要的。

天生五材，民并用之，废一不可，谁能去兵？兵之设久矣，所以威不轨而昭文德也，圣人以兴，乱人以废，废兴存亡，昏明之术，皆兵之由也。②

　　面对当时社会的剧烈变动，新旧势力激烈斗争的现实情形，老子认识到作为弱者，想要战胜并取代强者，就不能与强者硬碰硬，而是要采取以柔克刚、以弱胜强、不战而胜的战略策略，由此，老子提出了"柔弱胜刚强"的谋略。

人之生也柔弱，其死也坚强。草木之生也柔脆，其死也枯槁。故坚强者死之徒，柔弱者生之徒。是以兵强则灭，木强则折。强大处下，柔弱处上。（《老子·第

---

① 李承、宋新夫：《老子军事人道主义政治观刍议》，《军事历史研究》2006 年第 3 期，第 154 页。
② 杨伯峻编著：《春秋左传注》，北京：中华书局，2018 年，第 982—983 页。

七十六章》)

柔弱与刚强相比，明显更加具有生命力，因此更加不可战胜。"天下之至柔，驰骋天下之至坚。"（《老子·第四十三章》）柔弱与坚强并没有绝对的界限，老子之所以要"守柔"，是因为"柔"更接近于"道"，因此只有强化"柔"在战争当中的作用，才能使己方战无不胜，立于不败之地。"天下莫柔弱于水，而攻坚强者莫之能胜。"（《老子·第七十八章》）水是天下最柔弱不过的事物，但是却能穿山透地、无往不利，老子以水来形容柔能胜刚的道理。

在老子的政治哲学当中，刚强表现为"有为"，与"道"相悖，而柔弱恰接近于"道"，往往能够发挥意想不到的效果。老子取法自然，故尚"柔弱"。以水为例，水面平静，舒缓而柔和；但是当水积蓄了能量，以洪水的方式爆发，却又无坚不摧，没有任何力量能够遏制，柔弱当中蕴含着无穷的力量，而这些力量却是来自人类所忽视的"柔弱"。人类应效法自然，以"柔弱"修身、治国、用兵。守柔用弱的军事战略思维在历史上也曾起到一定的影响，《孙子兵法》强调"能而示之不能，用而示之不用"[1]，即为此一思想的发展。《史记·白起王翦列传》记载王翦以"柔弱胜刚强"的谋略战胜楚军[2]更是这一思想的成功应用。因此，老子以"柔弱"用兵，乃是大道的体现，不仅不是生性怯懦，恰恰相反，是至刚至强的表现，以柔弱的外表积蓄力量，当力量达到一定程度时，柔弱便能够战胜刚强。

老子从"不以兵强于天下"的基本立场出发，明确提出在战略上应追求的最高境界为"善胜敌者不与"。其要云："善为士者不武，善战者不怒，善胜敌者不与。"（《老子·第六十八章》）不武、不怒、不与皆是不争的表现形式，老子的"不争"是以不争为争，不争只是实现争的一种手段，所以不争是弱用的实现方式之一。

所谓"善为士者，不武"，王弼注："士，卒之帅也。"[3]"不武"即不崇尚武力，不耀武扬威，也就是统帅士卒的将帅应该收敛其威势而使人不能看到其威势，深藏其勇气而使人不能嗅到其勇气，统帅外表温文尔雅，使人无法窥探其深浅，但其胸中自有成竹。此一致思路向与《孙子兵法》"不战而屈人之兵"相和，《尉缭子》引申了老子这一观点，提出：

---

① 黄朴民：《黄朴民解读孙子兵法》，北京：国家图书馆出版社，2018年，第51页。

② "王翦果代李信击荆，荆闻王翦益军而来，乃悉国中兵以拒秦。王翦至，坚壁而守之，不肯战。荆兵数出挑战，终不出。王翦日休士洗沐，而善饮食抚循之，亲与士卒同食。久之，王翦使人问军中戏乎？对曰：方投石超距。于是王翦曰：士卒可用矣。荆数挑战而秦不出，乃引而东。翦因举兵追之，令壮士击，大破荆军。至蕲南，杀其将军项燕，荆兵遂败走。"司马迁：《史记》（第七册），北京：中华书局，1963年，第2341页。

③ 王弼注，楼宇烈校释：《老子道德经注校释》，北京：中华书局，2016年，第172页。

凡兵有以道胜，有以威胜，有以力胜。讲武料敌，使敌之气失而师散，虽形全
而不为之用，此道胜也。[1]

在战争当中，想要战胜敌人，取胜之道分为不同的类型。最佳的途径是为"道
胜"，又被称之为"庙胜"，即"高之以廊庙之论，重之以受命之论，锐之以逾垠之
论，则敌国可不战而服"[2]。朝廷的决策要高明，将帅的选用要慎重，进入敌国要迅速，
这便可以不经战斗就使敌国屈服。"不武"的另一层含义即"不以兵强于天下"，倡
导注重道德教化，"以道佐人主"，这对于战争来说意义非凡。《左传》记载："宋人围
曹，讨不服也。子鱼言于宋公曰：文王闻崇德乱而伐之，军三旬而不降，退修教而
复伐之，因垒而降。"[3] 如果不修己德而只是凭借武力而取胜，即便是战胜了敌人，国
家的危机也并没有解除，因为敌人会随时准备反击报复。

所谓"善战者，不怒"，一位高明的将领能够很好控制自己的情绪，不会轻易发
怒。"将不可愠而致战"，怒火是内心烦躁的外在体现，如果将领失去理智，以武力
使人屈服，是无法达到目的的。而"主不可怒而兴师"，一时冲动终将置国家与军队
于不利境况之下，最终带来灾祸。[4] 激将法是世界战争史上最频繁使用的策略之一，
历史上将帅因怒而遭受军败身亡的例子比比皆是，因此老子指出"清净为天下正"
（《老子·第四十五章》），静能观其变，思虑致远，终将有益于战争的发展。

所谓"善胜敌者，不与"，不与就是"不争而善胜"，即避免与敌人做正面的冲
突，以"无为""不争"的方式来实现战略上的全胜。[5] 一方面，不正面交锋，敌人
抱着破釜沉舟、决一死战的态度，此时展开正面较量势必造成重大的人员伤亡，要
等待敌人虚弱，寻求战争的胜机，换言之，即创造条件使对方失败。另一方面，使
敌人难以按照其原定计划作战，打乱敌人作战计划，寻找战机，一举歼灭敌人。

不武、不怒、不与都是"不争"在战略不同层面的表现，老子认为当人产生贪
欲的时候，就会出现争的心态与行为，但是争却并不是获得资源的最佳途径和方式，
因为争的行为有可能会失败，"夫唯不争，天下莫能与之争"（《老子·第二十二章》）。
李汉相认为："所谓不争，就是不想争，不能争，没有争，不愿意争，保持这样一颗
单纯、素朴的心态，则天下莫能与之争。"[6] 如果不恪守不争之德，就会违反天道，简

① 《尉缭子·战威第四》，《武经七书》（上），北京：中华书局，2015年，第210页。
② 《尉缭子·战权第十二》，《武经七书》（上），第260页。
③ 杨伯峻：《春秋左传注》，第326页。
④ 参见黄朴民：《黄朴民解读孙子兵法》，第300—317页。
⑤ 黄朴民：《先秦两汉兵学文化研究》，北京：中国人民大学出版社，2010年，第65页。
⑥ 李汉相：《浅论老子的和合思想》，《中州学刊》2004年第4期，第147页。

单的以暴制暴，属于"有为"的方式，无法真正解决问题。

守柔用弱是老子军事战略思想的核心主张，除善用柔弱、不争之外，为之于未有，治之于未乱、防微杜渐、知盈处虚、居上谦下、以曲求全等等皆能在军事领域找到应用的可能。老子对弱在矛盾双方中的地位和作用进行了充分的阐述，极大丰富了中国古典政治哲学的内容。但是客观而言，老子过分强调了弱在矛盾当中的贡献，"在充满矛盾的社会生活中，仅仅依靠弱是很难立足的，只有当弱成为强的一种补充时，才可能显示出它的真正力量，也才可以化保守为进取"①。

三、以奇用兵的军事战术思想

军事战略是指筹划和指导战事全局的方略，军事战术是指进行战斗的方法。良好的战略设想需要有效的战术安排执行，否则战略很难达到预期的效果和目标。老子的军事思想以道为依归，提出守柔用弱的战略思想，虽然老子从根本上反对战争，但是在春秋战国时期，"国之大事在祀与戎"，战争是一个无法回避的问题，任何一个关心社会现实、民生疾苦、国家祸福的思想家都必然面对战争这一话题，老子亦然。君子不得已而用兵，虽然战争是不得已的选择，但是如何取得胜利？老子提出"以奇用兵"的战术安排。

老子曰："以正治国，以奇用兵"（《老子·第五十七章》），这一战术思想在后世兵学发展过程中起到了重大的影响，"一个奇字冲破了战争上的一切教条主义，把战略战术引导到一个崭新的领域"②。奇正思想被称之为"用兵之钤键，制胜之枢机"。孙子阐释为："凡战者，以正合，以奇胜。故善出奇者，无穷如天地，不竭如江河。"③《尉缭子》称："正兵贵先，奇兵贵后。"④"奇正"这一辩证概念的意涵极为丰富，一般来说，常发为正，变法为奇；在兵力的使用上，用于守备、相持、钳制的为正兵，用于机动、预备、突击的为奇兵；在作战方式上，正面进攻、明攻为正兵，迂回、侧击、暗袭的为奇兵；在作战方法上，循规蹈矩、按一般原则进行作战的为正兵，采取特殊战法破敌的为奇兵；在战略态势上，堂堂正正下战书，然后进兵交锋为正，突然袭击，出其不意，诡诈奇谲为奇。⑤老子的"奇正"的辩正思想改变了西周以来"旧军礼"的传统，并开始触及军事斗争的内在规律，具有重要的理论价值。

老子的哲学思想充满辩证色彩，天下的事物，有正有反，有弱有强，矛盾双方

---

① 刘泽华：《中国政治思想通史》（先秦卷），第333页。
② 刘泽华：《中国政治思想通史》（先秦卷），第326页。
③ 黄朴民：《黄朴民解读孙子兵法》，第128页。
④ 《尉缭子·勒卒令第十八》，《武经七书》（上），第274页。
⑤ 黄朴民：《黄朴民解读孙子兵法》，第131页。

可以转化，正可以适得其反，强可以被弱制服。战争当中，常人往往习惯于先发制人，猛攻猛打之后，也许能够占得先机，胜敌于一时，但是不能彻底让敌人臣服，只要敌人力量恢复，势必复仇，永远也达不到弭兵的意图。鉴于此，老子在以奇用兵的战术思想基础上，展示了如何运用奇正思想。

老子对于事态发展的分析有一个显著的特点，就是认为"物极必反""势强必弱"。当事物发展到一个极限的时候，它必然会向相反的方向运转。

> 将欲歙之，必固张之；将欲弱之，必固强之；将欲废之，必固兴之；将欲夺之，必故与之，是谓微明。（《老子·第三十六章》）

想要战胜敌人，首先要实施退却防御，使对手骄傲自满，忘乎所以，然后再寻找战机予以打击，一举破敌。老子主张后发制人，如果贸然主动进攻，便会遭受彻底的失败，"舍后且先，死矣"（《老子·第六十七章》）。老子是中国历史上首位从"不敢为天下先""后发制人"这一角度阐发军事战术的思想家，从军事哲学的角度看待，确有高明之处。但是战场局势瞬息万变，一味拘泥于后发制人的原则，只重防御和不敢在有利条件下寻求主动进攻的机会，会使战争失去良机。

世人都喜欢展示力量，显示己方占据阳、雄的一面，但是老子却与众不同，他持有另外一种观点："知其雄，守其雌，为天下溪。"（《老子·第二十八章》）"知雄守雌"并不是迫于无奈的退缩或回避，而是主动选择执持"雌"的一面，但是这并不意味着"雄"的一方就会被彻底放弃，雄与雌皆在掌控之中。老子的道理是，不与人一较长短，用兵之道更是如此。人之所长，我必以避之，我之所长，亦必隐之，方可制胜敌人。"善有果而已，不敢以取强。果而勿矜，果而勿伐，果而勿骄。果而不得已，果而勿强。"（《老子·第三十章》）"果"字的含义即为"胜"，老子不断地提醒战胜者，切勿因取得了暂时的胜利就骄傲自满，骄兵必败的例子不绝于史册。老子还提出："故抗兵相加，哀者胜矣。"（《老子·第六十九章》）圣人发动战争乃是出于不得已，所以不能轻易使用战争。如果敌人来袭，且双方势力相当，敌人必然不能持久作战，其勇气也会逐渐枯竭，最终会自行退去。因此，不要与敌人产生正面的冲突，应该居后、后退，以慈哀的精神对待战争。很显然，老子"哀者胜"的分析把问题过于简单化了，因为两兵交战，需要考量多重复杂的因素，哀兵并不一定获得最终的战争胜利。

作战中要避实而击虚[①]。老子说："图难于其易，为大于其细。"（《老子·第六十三

---

① 孙守领：《老子的军事辩证法思想探析》，《江苏科技大学学报》（社会科学版）2017 年第 1 期，第 13 页。

章》)事物都是由多个维度构成的，处理困难的事情要从容易的开始，实现远大的目标要从细微处着手。在战争中也是同样如此，军队力量的构成同样是多元的，任何一支军队都有强项和弱势，敌人从整体上较为强大，那么便要寻找它的弱项和短板，所以在与强大的敌人作战时，就要避实击虚，在敌人最为薄弱的防线寻找缺口，就像水"驰骋天下之至坚"(《老子·第四十三章》)一样，我方严阵以待，但却不让敌人找到踪迹，攻防之间互为转换，化难为易、化繁为简，化强为弱，一步步削弱敌人，直至敌军彻底被消灭。

老子以奇用兵的战术思想并不是要教人们阴谋权术抑或征伐杀戮，奇正、刚柔、正反等等辩证的关系都是老子"道"的表现，人应该顺应自然，不能够违背天地法则而自以为之。天地之道没有生杀之心，老子又岂会教人斗来斗去。以奇用兵是在战争不可避免发生时，灵活多变地应对各种局面的手段，这里有不少充满智慧的深刻洞见，但是却也有明显的局限性。正如刘泽华先生所评价的:"《老子》是一部奇书，它把真善美、伪恶丑融为一体，在许多格言式的论断中，既有深邃的思想，又有浅薄的空论；乍然看去，充满了辩证思维，揭开了另一面又露出了形而上学；看起来荒唐，细琢磨其中又包含着真理的成分。"[1] 老子的战略和战术思想，亦夹杂着真理与荒谬的双重成分。

四、结语

无论是否将《老子》看作一部兵学著作，《老子》都在客观上启发了兵家的理论阐释，这一点是毋庸置疑的。老子的军事思想具有非常鲜明的时代特色和极为明显的个人色彩，老子反对战争，批判当时诸侯争霸的乱世局面，深切表达了对饱受战争摧残百姓的哀怜。老子主张以道为本的非战军事思想，认为兵是不祥之器，战争违背自然无为的法则，与天道尚慈的观念亦相违背。但是老子也清醒地意识到，战争却是不可消除的，当国家不得不面临战争的时候，要坚持守柔用弱的军事战略，老子从"不以兵强于天下"的基本立场出发，提出"不争"的策略，这些观念无不展示了老子对政治的深刻关切。落实到具体的战术层面，老子提出以奇用兵的战术原则，这一点对后世兵学发展产生了巨大的影响。

老子的军事哲学具有明显的朴素辩证法特点，但是却也存在过分夸大矛盾一方的作用和力量的问题，如柔弱在战争中的地位，后发制人对战机的贻误等等，这些问题在某种程度上也使得一些军事理论命题失去了生命力，为后世兵学发展留下了遗憾。《老子》寥寥五千言，如书中随处可见的辩证法一样:"如果你相信它，那一定

---

① 刘泽华:《中国政治思想通史》(先秦卷)，第334页。

会上当；如果把它抛到一边，那就又抛掉了智慧之花。所有这一切都同政治思想连在一起。最后，我们要说一句:《老子》没有引导人们向前看。"①

---

① 刘泽华:《中国政治思想通史》(先秦卷)，第334页。

老子的世界秩序观：道、国与天下

文卫勇　晏　拥[*]

内容提要： 老子对世界秩序的构想体现在其天下秩序观，以"道"为核心的天下秩序是维持世界和平的根本。在老子看来，天下是否有道取决于国与国的关系，和平则有道，战争则无道。国家是国际关系行为体的基本单位，以大国和小国相区别，实力则是区分国家大小的重要标志。国家间的良性互动是维护和平的关键：大国谦下，小国谦顺，天下则辑睦。老子的天下秩序还体现在"共同体"理念，"天下"是其最大的"共同体"，与超越民族国家的"世界"是一致的。老子实现国家间永久和平的设想是"小国寡民论"，有助于制止国家间暴力，彻底消除战争。在现实上则强调国家之间的自然和谐相处。基于"道"的自然、和谐、和平的国家关系理念，不仅是老子实现"天下有道"的根基，也成了当今构建人类命运共同体的重要推动力。

关键词： 老子　道　天下　自然

一、道与自然

"道"与"自然"关系的描述与阐释是理解《道德经》最为重要的步骤之一。"道"是宇宙万物之所以存在的总根源和总根据。在"道生一，一生二，二生三，三生万物"（《老子·四十二章》）论述中，老子认为，世间万物皆是"道"的派生物，"道"则是宇宙万物的本原性实在。但关于"道"是什么，却引起了一些疑问。老子曰，"道可道，非常道；名可名，非常名"（《老子·一章》），关于"道"的解释，非常之玄。其实，在探究"道"究竟是何物的问题上没有必要过于执着。在《道德经》五千言当中，"道""大""一""朴"名称是经常相互混用的。[①] "吾不知其名，字之

───────────

[*] 文卫勇（1971—），男，江西吉安人，南昌大学公共管理学院民族宗教研究所所长、教授，研究方向：中国政治、民族宗教、人权理论、社会保障。晏拥（1996—），男，江西高安人，南昌大学公共管理学院硕士研究生，研究方向：中国政治。

[①] 董平：《老子之"道"与宇宙秩序》，《新世纪图书馆》，2016 年第 7 期。

曰道，强为之名曰大"（《老子·二十五章》），"道常无名，朴虽小，天下莫能臣也"（《老子·三十二章》）等表明，老子将世界的本原与终极实在命名为"道"，仅仅是起到"指涉"的作用，故而是"不知其名"。

"道"是世界本原的同一性存在，但"道"有其所遵循的原则，即"道法自然"。"自然"，按照中国古文的基本义为"自然而然"或"本来如此"。在现代语境中，"自然"一词很容易联想到"自然界"以及由"自然界"所产生的没有人类文明的状态。但在先秦时代，"自然"并无"自然界"之意。在西方语境下，"自然"或被理解为霍布斯的"自然状态"假设，即"一切人反对一切人的战争"，这显然与老子的原意相悖。老子所处时代为春秋动乱期，周礼秩序崩坏后，老子"去周著书"，[①] 其书所言之主旋律应是如何恢复或建立某种稳定的天下秩序。在刘笑敢看来，"自然"其实是"人文自然"。他认为，"自然"是美国神学家蒂利希所言的"终极关切"，是一种最高价值，表达了老子对人类以及人与自然及宇宙关系的终极状态的关切。[②] 关于"人法地、地法天、天法道、道法自然"的描述印证了"自然"的最高价值观点。在"人、地、天、道"中，"人"是最基层的，其次是"地、天和道"，且是层层递进关系，而"道"最终要效法"自然"。所以，"自然"是可以被理解为一种中心价值，或者"终极关切"。从另一个逻辑来考虑，"人"是最基层的，但其在法"地、天、道"之后，最终仍是要落实到"人法自然"的"人"身上。因此，"道法自然"的"自然"，其实是人的生存状态，人要效法的不是自然界，而是人类自然而然的、和谐而有秩序的状态。[③] 换句话说，违背了"自然而然的、和谐的有秩序"的状态，便是违背了"道"，也即违背了人类应享有的社会价值。

二、道与国际关系

"道"所推崇的是自然而然。于天下万物而言，"道"是本体，它赋予天下万物以本性，予其以生命；万物则从"道"那里获得其生命，并谓之"德"。王弼《注》曰，"德者，得也"。所以老子"尊道而贵德"，且"道"为体，"德"为用，使"德"以养育万物，则"夫莫之命而常自然"（《老子·五十一章》）。因而，采取自然而然而非任意干涉的原则，是万物自然化成，和谐相处的本然所在。

由此推之，国家 [④] 作为万物的表象存在，应该做到国家间的和谐相处，效法"自然"。为此，老子提出了实现国家间永久和平的治世良方，即"小国寡民"与"民至

① 司马迁：《史记》（第七册），北京：中华书局，2013年，第2591～2592。
② 刘笑敢：《老子之人文自然论纲》，《哲学研究》，2004年第12期。
③ 刘笑敢：《人文自然与天地自然》，《南京师范大学文学院学报》，2004年第3期。
④ 老子所处春秋时期，特指"诸侯国"。

老死不相往来"(《老子·八十章》)。此中道理在于，只要取消国与国之间的往来关系，就可以消除一国对他国的欲望，彻底告别国家间战争，实现"天下有道"(《老子·四十六章》)。对于老子的"小国寡民"，大多作"国小民寡"解，将其描述为老子的理想国度与复古状态，甚至自封闭塞。特别是从"邻国相望，鸡犬之声相闻"，民众之间却"不相往来"中，推出老子想回到万国林立的时代。但是，"邻国相望"也并不一定意味着国之领土面小，也可以是指邻国距离之远近。况且，老子曾担任周王室史官，其所思所想应为王侯考虑，《道德经》也多次涉及"王""圣人""天下"等用语。因此，"小国寡民"之"小、寡"并非作形容词用，而应是形容词的使动用法，即"使…小（化），使…寡（化）"①。春秋之期，诸侯国之间兼并愈演愈烈，各诸侯国争夺土地、城池与子民，扩大国家实力。诸侯争霸不仅使战地民不聊生，天下混乱，而且极大地挑战了周天子的权威。因此，"小国寡民"之意在于削弱诸侯国的土地和人口，维护周天子的权威，巩固"天下共主"的局面。至于"民至老死不相往来"，应该与前提条件"甘其食、美其服、安其居、乐其俗"相承接，意在告诫统治者要使百姓安居乐业，温饱平安。如此，百姓便再无必要从本国逃亡他国谋生，实现不相往来。最令人困惑之处也许是"使人复结绳而用之"，认为老子最终是要恢复"上古结绳而治"(《易传·系辞传下》)。然而，老子之意或许只是与"使有什伯之器而不用"相对应。当时，天下"甲兵什伯"之乱，使得天下无序。老子以"结绳治理天下"，只是想借之反对"以刀兵治理天下"，并不是真正想返回上古时代。因为，上古时代思想显然与老子作为周王室史官以及在混乱时代实现天下有道的理想所相悖。故而，"小国寡民论"的真正逻辑是：以"自然"之法，使天下之国各"甘其食、美其服、安其居、乐其俗"，最终可实现"不相往来"与永久和平。即，各诸侯国禁止其扩张的欲望，去使百姓安居乐业，维护自然而然的社会秩序，如此则民众安乐且不必他国谋生，最终消除国与国之间相互欲望，实现天下太平。

"小国寡民论"是老子实现国家间的永久和平主张，但在春秋时的趋势是诸侯国日益做大，老子对此提出的国家间相处之道是国家间的良性互动，即自然而然的互动："大国者下流。天下之交，天下之牝。牝常以静胜牡，以静为下。故大国以下小国，则取小国；小国以下大国，则取大国。故或下以取，或下而取。"(《老子·六十一章》) 在老子看来，国家是"国际关系"行为体的基本单位，以"大国"和"小国"相区别。对于"大国"与"小国"之间的互相作用方式，王弼在六十一章《注》曰："小国修下，自全而已，不能令天下归之。大国修下，则天下归之。故曰'各得其所欲，则大者宜为下'也。"因此，老子认为，能够使天下归于一的关键在于"大国"。

---

① 张腾宇：《〈老子〉"小国寡民"之义辩证》，《哲学研究》，2017 年第 12 期。

但究竟何为大国呢？在当今世界，联合国五位常任理事国被公认为世界大国，是因为它们享有强大的政治、军事以及经济地位。但老子所言大国不是"平行性"的，而是"阶梯性"的。"大国"与"小国"的区分在于国家间实力对比，因而是相对的。例如，齐庄公欲伐晋，崔杼谏曰："臣闻之，小国间大国之败而毁焉，必受其咎。君其图之。"（《左传·襄公·二十三年》）尽管齐国曾为春秋霸主国，但此时由于齐国国力渐衰，相对于晋国而言，实为"小国"。又如，齐宣王问孟子"交邻国有道乎"？孟子对曰："有。惟仁者为能以大事小，是故汤事葛，文王事昆夷。惟智者为能以小事大，故太王事獯鬻，勾践事吴。"（《孟子·梁惠王章句下》）其中，"以大事小"与"以小事大"和《老子》所述"大国以下小国"与"小国以下大国"相似，表明"大国"与"小国"取决于当时的实力对比，也就是说，"大国"之上还有"大国"。此外，"小国修下，自全而已；大国修下，则天下归之"，其实就是周礼制度得以创立和维持的关键。老子作为陈国人而仕于周，不仅是因为周最具正统性，而且周所领王畿之国应为最大之"大国"。因此，由周之"大国"重建天下秩序最为"自然"，是老子实现天下有道的最初构想。① 不过，后来，周室既衰，老子去周著书。但是，老子重建天下秩序的关键仍然在"大国"（但并不一定是"周"），且大国谦下，小国谦顺，才能实现天下辑睦。

三、道与天下秩序

"天下"是超越国家（诸侯）实体之上的"共同体"概念，与当今民族国家之上的"世界"概念相类似。在《老子》第五十四章中有"修之于身，其德乃真；修之于家，其德乃馀；修之于乡，其德乃长；修之于国，其德乃丰；修之于天下，其德乃普"。可见，"天下"是老子在"家、乡、国"之外的更大单元实体。在中国的官方对外文件中，"天下"概念常以"world"的一般形式出现。② 西方学者在理解"天下"时也是以"世界"为参照。因此，老子的天下秩序是类似于世界秩序的。

基辛格将世界秩序描述为"一个地区或文明所持有的关于公正安排的性质和被认为适用于整个世界的权力分配的概念"，并补充道，"世界秩序取决于两个组成部分：'一套公认的规则，规定了可允许行动的限度；一套权力平衡，在规则失效时实施约束'"。③ 按照该定义，老子的天下秩序关于公正安排的性质的原则便是"道"与

---

① 李若晖：《老子基于大国关系的天下秩序观：钩沉及建构》，《云南师范大学学报（哲学社会科学版）》，2016 年第 3 期。

② Nadège Rolland, "China's Vision for a New World Order", the National Bureau of Asian Research, January 2020.

③ Henry Kissinger, "World Order", September 2014. Quoted Robert D. Blackwill and Thomas Wright, "The End of World Order and American Foreign Policy", The Council on Foreign Relations, May 2020.

"自然"，对于权力平衡方面则寄托于"大国谦下，小国谦顺"，以基于实力的某种动态平衡来实现天下的和平有序。在老子看来，天下是否有道取决于国与国的关系，和平则有道，战争则无道。如有，"天下有道，却走马以粪。天下无道，戎马生于郊。祸莫大于不知足，咎莫大于欲得"（《老子·四十六章》）。由此可见，老子是反对战争和霸权的，因为由"不知足"而孳生的欲望导致国与国战争，以"强力"破坏了"自然和谐"的原则和状态，违背了人类群体对生存状态的理想和追求，致使天下无道。同时，老子的天下秩序与儒家的天下秩序也有所不同。儒家的天下秩序带有强烈的等级结构，即"普天之下，莫非王土；率土之滨，莫非王臣"的"王——臣"等级；老子的天下秩序虽然也存在某种等级（大国——小国结构），但这种等级是"自然而然"的没有强制的秩序。因为"道"作为宇宙万物的总根源，其本身的状态是自发的、自然的和谐状态，没有任何可强加于"道"。

关于战争与和平的问题，老子有具体而清晰的表述，即明确反对霸权和战争，强调"不以兵强天下"。老子认为："师之所处，荆棘生焉。大军之后，必有凶年。"（《老子·三十章》）军队所到之处，"贼害人民，残荒田亩"。对于"物壮则老，是谓不道，不道早已"一句，王弼《注》曰："壮，武力暴兴，喻以兵强于天下者也。飘风不终朝，骤雨不终日，顾暴兴必不道，早也已。"由此可见，老子认为战争无道，反对以兵强夺天下。同时，《老子》第三十一章有"夫佳兵者，不祥之器，物或恶之，故有道者不处"，表明武器为人所恶，有道之人不会使用它；又有"杀人之众，以悲哀莅之。战胜，以丧礼处之"，表明老子厌恶杀人，以丧礼对待所有人的人道主义关怀；同时又指出，"夫乐杀人者，则不可得志于天下矣"！

老子虽然反对"以兵强天下"，但并不反对以另一种形式"取"天下。王弼在五十七章《注》曰："以道治国则国平，以正治国则奇兵起也。以无事，则能取天下也。"因此，只要能做到"以道治国"，通过"无为"或"无事"的手段，即可"取天下"。换言之，取天下有"道"则可取，取天下无"道"则不可取。此外，在老子看来，"无为"并不是什么都不做。相反，它需要做事，"辅万物之自然"（《老子·六十四章》），辅助世间万物之自然发展，让一家一户、一乡一邑、一邦一国乃至整个天下都有正常发展的环境和空间。因此，"无为"是需要有所为的，但其所为是合乎"自然"的辅助性行为，而非强制性或干涉性行为。故而有"我无为而民自化，我好静而民自正，我无事而民自富，我无欲而民自朴"（《老子·第五十七章》），最终实现"无为而无不为"。

简而言之，老子反对国家的扩张与侵略行为，反对暴力与战争，试图以"道"为根基，通过"自然、和谐与和平"等秩序理念，构建起一个符合所有国家和所有人的天下秩序。

四、以道为基，构建人类命运共同体

老子的"道"是世界本原的同一性存在，其所效法之"自然"表达了其对人类以及人与宇宙关系的终极状态的关切。在老子的"共同体"概念中，"天下"是超越于国家之上的最高"共同体"，因此，老子在关于人类社会之未来命运与发展亦有其重大思考。

一是"无为"与"不争"。首先是"无为"。"圣人"（统治者）应以"道"治国，以"无事"取天下。作为统治者，自己要做到"无为""好静""无事""无欲"，才能使民"自化""自正""自富""自朴"。以此观之，在国际社会中，处于世界主导地位国家不应该控制和干涉他国，侵犯他国主权，使各国能够自然发展。其次是"不争"。老子认为，圣人"欲上民，必以言下之；欲先民，必以身后之。是以圣人处上，而民不重，处前而民不害，是以天下乐推而不厌。以其不争，故天莫能与之争"（《老子·六十六章》）。"圣人"（统治者）若处于谦下，天下人都愿意拥戴他，实现"不争而争"。因此，在国际社会中，大国应该以谦下待小国，才能真正获得小国的尊重与推崇。同时，争夺霸权、霸权主义与强权政治应该加以摒弃，应该致力于塑造一个基于全人类利益的和平与稳定的世界秩序。

二是"自然"与和谐。最好的统治者是"下知有之"，其次是"誉之""畏之""侮之"。故而，"居无为之事、行不教之言"，却能"功成事遂，百姓皆谓我自然"（《老子·十七章》）。这表明，圣人通过自然而然的管理方法和原则，实现了自然的和谐和自然的秩序。此外，在日益复杂的国际政治经济事务中，还需要"辅万国之自然"。为了建立国际政治经济新秩序，改变现今国际秩序的主导国压迫他国的"非自然"状态以及国际政治的"霍布斯理论"话语，需要重构基于"自然"与和谐的国际价值观，让"自然"与和谐的理念成为推动国际关系民主化的力量，实现国际社会的健康与和平。同时，也应该维护和创造一切有利于实现自然秩序的国际法、国际规范与国际行为准则，使国际社会更加自然、公平与正义。

三是人的自由发展。"人"既可以指每个个体，也可以指整个人类。无论是国内还是国际上，老子向来反对干涉、强制与压迫，以及限制他人或他国和人类的自由发展。换言之，老子支持的是包括人与人、国与国等一切事物之间的自由发展与和平共处，主张人与人、国与国之间的互不侵犯与互不干涉。"辅万物之自然"，则进一步体现了其对一切生存个体的尊重和关切。而且，在"天下"这个最大"共同体"中，实现每一个个体的全面自由发展是老子"道"之所在的应有之义。这不仅与马克思的"自由人的联合体"思想相一致，也是当今人类实现命运共同体的重要精神财富。

老子对世界秩序构想的核心要素是"道"及其所效法之"自然"，通过国家间的良性互动，以基于实力的某种动态的权力平衡来实现天下的和平有序。在当今大国竞争的背景下，如何避免"大国政治的悲剧"以及"修昔底德陷阱"成为时代最为重要的课题。面向未来，老子试图以"道"及其"自然、和谐与和平"等秩序理念，构建起一个符合所有国家和所有人的天下秩序。这不仅是老子对人类未来命运的重大思考与终极关切，也成了当今构建人类命运共同体的重要推动力。

先秦时期南北文化的差异关键

——"大道废，有仁义"

周美华　周敏华*

内容提要：孔子问学于老子之前，先秦时期南北文化的差异，不仅是儒、道两家思维的最具体分别，也是视野究竟落于"属天"或"属地"的极鲜明界限。问礼于孔子后，老子的"不言之教"竟完全感染了孔子，使孔子的视野及见识皆被彻底改造，不仅以"致于道"作为其学术总纲，甚至领着门生周游列国，非但不因无数的艰难而弃绝大道，反倒更以身体力行来印证"同于道者，道亦乐得之"。果然孔子的生命已完全"与道合一"了，庄子最能体察，故以"六十而六十化""千转万变而不穷"来赞扬及点出孔子不仅将南北文化的差异给完全化解，也使中华文化能量终奠基在"天人合一"的道统上。

关键词：儒家　道家　老子　孔子　庄子

基金项目：2019 年度黄冈师范学院博士基金项目"法律推行初期的重要利器——军功爵制所发挥作用之探讨（以刘邦至吕后时期为例）"（2042020002）."先秦礼法之原貌与内涵探究"（2042020003）阶段性研究成果。

前言

　　鲁昭公二十五年（BC517），是我国文化史上的一极重要转折点。来自北方华夏文明顶尖代表的孔子，带着满怀期待，与南宫敬叔前往东都洛阳，向南方楚学泰斗的老子问礼。但老子非但没授其礼学，来时及临别，却皆只给了孔子相当严厉的棒

---

　　* 周美华（1971—）黄冈师范学院，研究方向：秦汉简牍、先秦诸子及先秦礼法。
　　周敏华（1971—）黄冈师范学院，研究方向：秦汉简牍、先秦诸子及先秦礼法。

喝^①。奇妙的是，孔子返鲁后不仅以最超越的"龙"来称颂老子，就连整个学术体系，也都完全受其"大道"所影响^②。这个文化史和学术史上的重大转折，不仅影响了儒家道统的确立，更是整个中华文化体系，得以被完整建构并可传承至今的重要枢纽。本文并不打算对老子给予的两段赠言进行分析，反倒更关注的是孔子返鲁后，竟以最超越的"龙"，来形容和颂扬老子。如此称颂，究竟是赋予着何等重大意义，对孔子日后的生命境界及其道统之建立，乃至施政的落实，都起着极大的影响。这些影响，既凸显了南北文化之差异，也体现出何以周文必走向疲弊，华夏地区也必礼崩乐坏的最至要关键。

南北之学的具体差异

有关南北之学的具体差异，笔者拟从孔子以"龙"颂扬老子，来作为探索的起点。因这既是南北之学的分界，也是孔子所以要终身以道为尊，并以"大道"来重新调整礼法，及最终建构其学术总纲的最至要关键。这亦是导致北方文明受南方文化影向，以至于走向完全融合的起点。

一、老子是属天眼界的龙

自洛阳返回鲁国后，孔子便迫不及待地想和门生谈起这趟问学之行，但论及对老子的印象，孔子却做出了超乎常人的陈述：

> 鸟，吾知其能飞；鱼，吾知其能游；兽，吾知其能走。走者可以罔，游者可以为纶，飞者可以为矰；至于龙，吾不能知，其乘风云而上天。吾今日见老子，其犹龙邪^③！

孔子明确地说：任何万物都能被人掌握，唯独"龙"是"乘风云而上天"，即便

---

① "子所言者，其人与骨皆已朽矣！独其言在耳。且君子得其时则驾，不得其时，则蓬累而行。吾闻之，良贾深藏若虚，君子盛德，容貌若愚。去子之骄气与多欲，态色与淫志，是皆无益于子之身。"《史记·老子韩非列传》，卷63，第2140页。又："辞去，老子送之曰：……聪明深察，而近于死者，好议人者也。博辩广大，危其身者，发人之恶者也。为人子者，毋以有己；为人臣者，毋以有己。"《史记·孔子世家》，北京：中华书局，1965年，卷47，第1909页。

② 杨翰卿："孔子儒学与老子思想，作为春秋末期同时代的两个异质性观念体系，尤其是孔子儒学能够积极地吸纳老子思想的精神内涵，使孔子儒学以仁、礼为核心内容的道德观念，浸染着老子思想的谦下精神，这种现象揭示了孔子儒学理论融摄、兼取为和的学术道德意义。儒、道思想不仅在源头就存在着观念渊源和思想背景的汇合，在其创始中更是融道于儒、和会儒道，这是儒学兼和的理论品质。"《孔子问礼于老子的道德意义》，《哲学动态》，2014年第7期，第48页。

③ 司马迁：《史记·老子韩非列传》，卷63，第2141页。

他已遍读了经史，也还是不能探究。在此孔子点出了一最至要关键：龙是会飞上天的，视角及眼界跟"地下"都是天差地别。他所饱读的经史，也还只是地下之物，当然是不能参透可飞上天的龙！

以天的高度，万物没有不在其下的，况老子所倡导的"道"，是比天还更高也更超越。老子是直接进到源头，故能看清万事万物，这是读破万卷书也无法企及的，自然要大大震撼着孔子。

在《道德经·第四十二章》中，老子已言："道生一，一生二，二生三，三生万物。"① 只有创生万物的"道"，才能深知万物的一切属性。因此，孔子既想救世，自然就还得从创生万物的"道"中去探究，才会真正看见乱源。

《庄子·养生主》中的庖丁，"依乎天理""因其固然"十九年虽解牛数千，却依旧能"刀刃若新发于硎"②。因庖丁所追求，不是地下所发展具有偏限性的"技"；"技"是熟能生巧，充其量也只能发挥到"良庖岁更刀，割也"。即便再精进，也还是"遁天倍情"，依旧会导致"刀"与"牛"间的互伤。

如此我们便可理解，何以老子不教授孔子周礼。因那既不是创生万物的根源，便绝对无法理出可突破及消灭乱源的确据。唯有能怀抱宇宙，光耀已超乎日月，始终"独立而不改，周行而不殆"的"道"，才能"虚室生白"地光照出"莫若以明"的智慧。

孔子所以用"龙"来比拟老子，关键还在老子的眼界，是早已从地下的物质世界中给彻底抽离。他是立足在"视之不见""听之不闻""搏之不得"，已完全超越感官，是"万物之始"，更为"万物之母"，能"无以观其妙""有以观其徼"的大"道"中，去探知万事万物的总原理。故老子才能最理智又最科学地总结，对万物最大之助益，乃是得先除去余食赘行的"有为"，并返回于道。

孔子前来所求问之礼，不是"天道"，还只停留在知识面，与文惠君所乐道的"技"无异，只会沦于"生也有涯，而知也无涯；以有涯随无涯，殆已；已而为知者，殆而已矣"的局面。无怪乎老子非但不肯传授，甚至还直言："子所言者，其人与骨皆已朽矣！独其言在耳。"③

显然选择属天或属地，是决定让万物迈向"生"或是"死"的极重要关键。故在《道德经·第五十章》里，老子才会特别强调，俗人皆遁天倍情，结局只能"出生入死"④；唯有"上士闻道，勤而行之"，方能去除死地。

---

① 范应元集注：《宋本老子道德经·第四十二章》，北京，国家图书馆出版社，2017 年 3 月，第 173 页。
② 庄周著，郭庆藩集释：《庄子集释·养生主》，北京，中华书局，2016 年 4 月，第 119 页。
③ 司马迁：《史记·老子韩非列传》，第 2140 页。
④ 范应元集注：《宋本老子道德经·第五十章》，第 196 页。

二、取法属天的必要原因

何以要取法属天？除了是为让万物脱离"死"，以迈向"生"；此外，看似藐小的人类，只要一与天地参，便同样也能超越时空偏限，而成为域中之"四大"。这段精彩论述，被载于《道德经·第二十五章》：

道大，天大，地大，人亦大。域中有四大，而人居其一焉。人法地，地法天，天法道，道法自然①。

这段内容，亦可视作人类为万物之灵的最佳注脚。大道之浩瀚，何等无穷无尽，藐小之人类，为何可与之相提并论？宋人范应元诠释得最到位，其曰："(道)虽极乎无极而不可穷，然复在吾身之中，而于日用之间不可离也，故曰反。人能究此，则知本心乃浑沦也。"②苏辙也言："自大而求之，则逝而往矣！自往而求之，则远不及矣！虽逝虽远，然反而求之，一心足矣！"③人之所以可贵，是人心竟可法地、法天，乃至于法道。尤其是"法道"，会让人的视野与胸襟，与"大曰逝，逝曰远，远曰反"的"道"同步扩张，形成与天地参的穷通皆乐生命。这便是孔子困于陈蔡，所体现出的"穷达以时"。

何谓"穷达以时"？用庄子的诠释，便是"孔子行年六十而六十化"。依郭象《注》，"化"是"与时俱也"④，只要志于道，就必会在不同阶段，呈现着一再超越的生命境界，此亦是孔子所自述"吾十又有而志于学，三十而立，四十而不惑，五十而知天命，六十而耳顺，七十而从心所欲不逾矩"。

困于陈蔡，令孔门全陷入困境，子贡及子路皆视这场逆境为耻辱，唯独孔子，却心平气和并"弦歌不辍⑤"。为何？唐人玄成英《疏》说得最到位。其曰：

夫阴阳天地有四序寒温，人处其中，何能无穷通否泰耶！故得道之人，处穷通而常乐，譬之风雨，何足介怀⑥！

道之运行宛如四季，总有寒暑更替；同理，人之际遇亦也如此，无不也皆在穷通否泰中。因此，与道合一者，视穷通必如四季之更替，不因大地回春便窃喜；也断不因隆冬而哀恸。孔子周游天下，既宣扬大道，也身体力行，但若没历经逆境，

---

① 范应元集注：《宋本老子道德经·第十八章》，第107页。
② 范应元集注：《宋本老子道德经·第二十五章》，第105—106页。
③ 范应元集注：《宋本老子道德经·第二十五章》，第106页。
④ 庄周著，郭庆藩集释：《庄子集释·寓言》，第952页。
⑤ 庄周著，郭庆藩集释：《庄子集释·秋水》，第952页。
⑥ 庄周著，郭庆藩集释：《庄子集释·让王》，第983页。

如何测知境界。今正逢此劫难，孔子却处之泰然，毫无自怜自惜，方察觉自己早已境界提升。门生还正为处境而情绪低落，孔子却为已战胜环境而深切庆幸；[①] 关键便在，孔子已对大道的落实和体悟中，升华至"不以好恶（而）内伤其身"[②]，这亦是到了对"宠辱若惊"的完全超越。

《道德经·第二十三章》："飘风不终朝，骤雨不终日。"范应元曰："飘风暴雨乃是天地也，天地尚不能久为飘暴，而况人而暴戾可以久乎。"[③] 老子这是从属天以上的"道"，去看待飘风及骤雨；也是从创生万物总源头的"道"，以总结"天地尚不能久，而况人乎"！这便是人何以在"道"中，可以"穷达以时"的关键。任何局势都有定时，就像飘风、骤雨是有侷限性，只要紧随着"道"继续往前迈进，便一定会出现"故从事于道者，同于道"的美好反馈。

孔子用其一生在印证这结果，使他在志于道的过程中，能逐渐拥有更超越常人的毅力，直到周游天下近十四年，正欲前往楚国的陈、蔡路上，楚国老子所教会他的"道"，竟给完全融通了。比孔子年轻数十岁的门生，几乎已体力不支且心量不足的地被环境给击倒，唯独年近七十的孔子，却呈现着"与道合一"的安定。这即完全印证了，唯有"道"，才能"浊以静之徐清安以动之徐生"，最终所呈现的生命，就是最超越的"敝而新成"。

在"道"中的"敝而新成"，与"其人与骨皆已朽矣"的礼法，两者恰巧是"属天"与"属地"的区别，也是"生"及"死"的不同归宿。孔子绝对能心神领悟，故对周王朝所设计的"礼法"，才会专注致力于"质"的改良。孔子要将礼法所固有的原始精神进行提炼，使"礼法"能体现出最活泼的生命，以促进人类社会的和谐。这个极重要的历史变革，是问礼于老聃后，眼界已被大道开启，才可呈现出的创造力。

显然，属天或属地的视野，是决定我们生命质量的极重要关键。若不能与天地参，纵然有人的形体，也是没资格列入"域中四大"。只有成为"域中四大"了，眼界和生命才能随着"道"，一同去突破时空所局限。一切所为，也才能随着永无止境的大道，而有着绵延不绝的崭新生命。

三、贯通"天道"便再无死地

精通北方华夏文明的孔子，来到洛阳，从老子的严厉棒喝中，初次学到南方楚人所特有的天道，使他整个学术体系，都得到极大幅度的启发和影响。即便孔子仍

---

① 庄周著、郭庆藩集释："陈蔡之隘，于丘其幸乎！"《庄子集释·让王》，第982页。
② 庄周著、郭庆藩集释：《庄子集释·德充符》，第221页。
③ 范应元集注：《宋本老子道德经·第二十三章》，第98页。

继续传承北方的华夏文明，但他却用一生，在实践和教导所崇敬及向往的"大道"。故孔子才会总结："大道之行也，天下为公。"这是《道德经·第十六章》"知常容，容乃公，公乃王，王乃天，天乃道，道乃久，没身不殆"①的最佳脚注；也是印证唯有在"道"中，才能真除去具破坏性的私心和有为，使一切导致世界败乱的根源，都能在"道"中完全消弭。

孔子三十四岁前来问学，五十一岁正式为官，五十四岁挂冠离去后，便领着弟子周游天下，一走就走了十四年。这十四年间，孔子历经了"再逐于鲁，削迹于卫，伐树于宋，穷于商周，围于陈蔡，杀夫子者无罪，藉夫子者无禁"②之种种逆境。尤其困于陈蔡，已年近七十，即便"七日不火食，藜羹不糁，颜色甚惫"，孔子依然能"弦歌于室"，丝毫不觉困窘。但平日最英勇的子路，和自视甚高的子贡，却反倒在这场近尾声的遭遇中给彻底击垮。关键是因此刻，"道"在孔子身上，已完全被升华至最高点。孔子终于可跳脱属地眼界，老子的"大道"已完全化入他生命，故弟子视这场遭遇是"穷"，孔子却以为是"乐"。原因何在？子曰：

> 君子通于道之谓通，穷于道之谓穷。今丘抱仁义之道以遭乱世之患，其何穷为！故内省而不疚于道，临难而不失其德，大寒既至，霜雪既降，吾是以知松柏之茂也。陈蔡之隘，于丘其幸乎！

孔子这段话，将唯有"道"才能呈现的突破，给一语道尽。属地所看待的"穷""通"，是带着功利和效益；属天的"穷""通"，则是有无贯通无穷之大道。已贯通，便能如藐姑射之山的神人，"乘云气，御飞龙，而游乎四海之外"③，胸襟可"旁礴万物以为一"，看待万事万物，才皆能"燕处超然"。这是"大泽焚而不能热，河汉冱而不能寒，疾雷破山而不能伤，飘风振海而不能惊"④的超越境界。能至此，生命就终于找到了活路，这亦是老子所强调的："陆行不遇兕虎，入军不被甲兵。兕无所投其角，虎无所措其爪，兵无所容其刃。何故也？以其无死地焉。"⑤

年近七十老迈之躯的孔子，在陈蔡之困的层层压迫中，非但没被击垮，表现还胜过了比他更青壮的那群弟子。这既是唯有"道"才能"敝而新成"的最佳印证，同时也是柔弱方足以胜过刚强的最佳写照。陈、蔡即便以大兵压境，也无法迫使孔

---

① 李耳撰，王弼注，楼烈宇校释：《老子道德经注·第十六章》，第39页。
② 庄周著，郭庆藩集释：《庄子集释·让王》，第981页。
③ 庄周著，郭庆藩集释：《庄子集释·逍遥游》，第28页。
④ 庄周著，郭庆藩集释：《庄子集释·齐物论》，第96页。
⑤ 李耳撰，王弼注、楼烈宇校释：《老子道德经注·第五十章》，第139页。

子丢弃以"道"救世的决心。这是孔子情愿用生命，来证实南方属天之大道，绝对胜过北方的属地思维；也是孔子用行动来印证，"大道废，有仁义。智慧出，有大伪。六亲不和，有孝慈"。一离开"道"，一切美好都绝不可能真正落实，必只会诈伪百出；唯有在"道"中，才是对全人类的最大福祉，故而才又感慨："朝闻道，夕死可矣！"除了"道"，便再无一物值得人用尽一生去追求，惜太多人未曾听闻，孔子才情愿处处领受困境，也要宣扬以道救世的决心。孰料，最艰难又最刚强不已的处境，反倒被看似最柔弱不堪又年近七十的孔子给胜过，这岂不更印证了柔弱必胜刚强，"清静"才是"天下正"。

四、贯通"天道"方可成真儒

我们甚至可斩钉截铁地说，孔子才是老子最真传的门生。自问礼于老聃后，孔子虽返回了礼崩乐坏的鲁国，但心中所思，却是那辽阔无边的"大道"。于是孔子才会用其一生，致力于追求及力行"大道"；他的学术总纲，才会总结为："志于道，据于德，依于仁，游于艺。"这是从属天视野出发，才能令属地事物，可被呈现到最美好状态。因悟"道"了，才有最高智慧；依此最高智慧所采取之行动，才会最"善利万物"，且处处体现"居善地，心善渊，与善仁，正善治，事善能"及"动善时"[①]的"致中和"[②]。

庄子对年过六十的孔子甚为赞扬，除了以"六十而六十化"称许他，甚至还说："吾且不得及彼乎[③]！"庄子为何要这般高举孔子，关键还在孔子已完全贯通于"道"，儒学在他手中，才能被彻底转为可"事至而断"。儒者再也不只是纸上谈兵的装饰品，不仅要学以致用，还要能知行合一。这个重要的历史见证，被载于《庄子·田子方》：

> 庄子见鲁哀公，哀公曰："鲁多儒士，少为先生方者。"庄子曰："鲁少儒。"哀公曰："举鲁国而儒服，何谓少乎？"庄子曰："周闻之，儒者冠圜冠者，知天时；履句屦者，知地形；缓佩玦者，事至而断。君子有其道者，未必为其服也。为其服者，未必知其道也。公固以为不然，何不号于国中曰：'无此道而为此服者，其罪死！'"于是哀公号之五日，而鲁国无敢儒服者，独有一丈夫儒服而立乎公门。公即召而问以国事，千转万变而不穷。庄子曰："以鲁国而儒者一人耳，可谓多乎？"[④]

---

①　李耳撰，王弼注、楼烈宇校释：《老子道德经注·第八章》，第22页。

②　朱熹《四书章句集注·中庸章句》："致中和，天地位焉，万物育焉。"，中国书店，2015年8月，第50页。

③　庄周著，郭庆藩集释：《庄子集释·寓言》，第952页。

④　庄周著，郭庆藩集释：《庄子集释·田子方》，第717—718页。

玄成英《疏》："一人，谓孔子。孔子圣人，观机吐智，若镜之照，转变无穷，举国一人，未足多也。"[1] 儒生是知识分子，学富五车若只为装饰，真到用时却束手无策，岂不可悲！华夏文明最富代表的鲁国，唯独贯通"大道"的孔子，才真能临事决断。这岂不证明：愈是"众人皆有余"，离真道将愈远。

孔子三十五岁前往齐国，齐景公十分赏识，本欲封尼溪之地给他，却遭晏婴劝阻，曰："夫儒，浩居而自顺者也，不可以教下；好乐而淫人，不可使亲治；立命而怠事，不可使守职；宗丧循哀，不可使慈民；机服勉容，不可使导众。"[2] 晏婴对儒者之评论，便是庄子笔下那群只着儒服却毫"无此道"者。其傲慢无比，只依己意行事，哪能教导百姓？喜好礼乐，只为迷惑世人，岂能从政？以天命观推诿职责，岂可担任职守？特重久丧，自然无心爱民。头戴高冠却故作谦卑，既虚伪至极，岂能领导群众？这全是缺乏"道心"，只爱"服文彩，带利剑，厌饮食，财货有余"的"盗夸"[3] 生命。孔子对此最是厌恶，故而要创办私学；只因儒者已沉沦过久，才致使他遭晏婴所误解。

这不过是孔子人生的一段小插曲，他若停留在属地，遭遇便会成为阻力；若眼界提升到属天，且致力于道，体悟"道不可须臾离也"，所迎来便将是从"道"而来的助力。所幸这是发生在问学于老子之后，对孔子的生命，当然是助力，而非阻力。

问学于老子后，孔子一生所专注，便全是"致（力）于道"。故孔子才言："谁能出不由户，何莫由斯道也。"[4] 想安身立命，就一定得立足于"道"，这是唯一的一条门径。正因如此，孔子才会更果决地说："朝闻道，夕死可矣！"[5] 在孔子心中，"道"已胜过世间之一切，故早晨已听闻"道"，纵然傍晚得死，也心满意足。正因孔子已用一生在专注于"道"，才使他能对曾子明确地说："吾道一以贯之。"孔子一生的学术及生命，全只在"道"中贯通，无怪乎鲁举国上下，竟唯有孔子一人，才可"问以国事，千转万变而不穷"。

终其一身的"志于道"，使孔子在五十岁以后，体悟到："死生存亡，穷达贫富，贤与不肖毁誉，饥渴寒暑，是事之变，命之行也"，"故不足以滑和，不可入于灵府"。[6] 有限的知觉，确实是难以掌握各项遭遇，但若从属地的眼界跳脱，以高于穹苍之上的"道"去俯视，便不会扰乱本性的平和，更不致侵扰心灵之平静。正因如此，孔子才能迈向耳顺，而体悟："唯之与阿，相去几何？善之与恶，相去何若？"

---

①　庄周著，郭庆藩集释：《庄子集释·田子方》，第719页。
②　孙诒让撰，孙启治点校：《墨子闲诂·非儒下》，北京，中华书局，2001年，第299—301页。
③　李耳撰，王弼注、楼烈宇校释：《老子道德经注·第五十三章》，第145页。
④　刘宝楠撰，高流水点校：《论语正义·阳货》，第232页。
⑤　刘宝楠撰，高流水点校：《论语正义·里仁》，第139页。
⑥　庄周著，郭庆藩集释：《庄子集释·德充符》，第212页。

困于陈蔡，才能自在地"弦歌于室"，体现穷通皆乐。这是已达"上善若水"的境界，自然智慧饱满，成为可"千转万变而不穷"的真儒。

五、"以道莅天下"才是治国良方

老子将最合乎"道"的境界称为"玄德"。何谓玄德？"生之畜之，生而不有，为而不恃，长而不宰"①。"道"生养万物，是让"万物皆根于道而生，本于德而养"，生之，"不以为己有"；为之，"不恃其功"；长成，也"不为之主"，"故万物各得其所，而不知所以然"②。万物皆在四季的替换中，生生不息地滋长；虽有无数的花开花谢，天地间却从未减损过一丝装扮，始终是"青山依旧在，几度夕阳红"。关键还在："非以其无私邪，故能成其私。""道"从不存私心，才能"独立而不改，周行而不殆"地成就着"天长（和）地久"。

既如此，治世及救世便可简单了，《道德经·第五十七章》：

以正治国，以奇用兵，以无事取天下。吾何以知其然哉？夫天下多忌讳而民弥贫，民多利器而国家滋昏，人多知巧而奇物滋起，法令滋彰而盗贼多有。是以圣人之言曰：我无为而民自化，我好静而民自正，我无事而民自富，我无欲而民自朴。③

老子明确地指出，天下所以昏乱，关键全来自上位者。上位者只要"无为""好静""无事""无欲"百姓便能"自化""自正""自富"和"自朴"，根本无需设立一堆章程，这就是无为而治。

何以上位者"无为"，便可天下治？关键还在"以正治国"的"正"，王弼注："以道治国则国平。"④显然"以正治国"，就是"以道治国"，若如此，天下便可"根于道而生，本于德而养"，岂需在"道"外又另倡礼法。故宋人范应元总结："爱民者，非区区爱之，但不害之，即爱之至也。治国者，非区区治之，但不乱之，即治之至也。"⑤

毕竟"道者"，乃"万物之奥也，善人之宝也，不善人之所保也"⑥。整个宇宙穹苍全被道所涵盖，又有何物能不在其范畴？故"大道废，有仁义。智慧出，有大

---

① 李耳撰，王弼注、楼烈宇校释：《老子道德经注·第十章》，第25页。
② 范应元集注：《宋本老子道德经·第十章》，第42页。
③ 李耳撰，王弼注、楼烈宇校释：《老子道德经注·第五十七章》，第154页。
④ 李耳撰，王弼注：《老子王弼注·第五十七章》，影印武英殿聚珍本，东京文求印行，下篇，第23页。
⑤ 范应元集注：《宋本老子道德经·第十章》，第39页。
⑥ 李耳撰，王弼注、楼烈宇校释：《老子道德经注·第六十二章》，第166页。

伪"①，一旦从属天的大道中抽离，一切行事便全只能落在道所创生下的物质层面，无论原始立意多美好，之后都难免不被局限下的视野，转成为欲望所操控的"智慧"和"大伪"。这既是南北文化之最大差异，也是周文必走向疲弊，也必得发展成礼崩乐坏的关键。

返鲁后，孔子对周礼重新检讨，注入"道"的新生命后，一切的礼便将不再只流于形式，反倒更多是落在对自我的管束和要求。故对颜渊曰："克己复礼为仁。""非礼勿视，非礼勿听，非礼勿言，非礼勿动。"对施政亦提出："苟正其身矣，于从政乎何有。不能正其身，如正人何？"②季康子问政，孔子也答复："政者，正也。子帅以正，孰敢不正。"③对"无为而治"，孔子更是深切赞同，强调："无为而治者，其舜也与！夫何为哉？恭己正南面而已矣！"④

显然老子的"以道莅天下"，已全然为孔子所继承；孔子虽立于北方的华夏传统，但却将整个华夏文明做了最彻底的翻转，成了以"道"为主体，将过往只流于"文胜质则史"，既缺乏生命力，也缺乏创造性的一潭死水，给釜底抽薪地转成"文质彬彬，然后君子"的卓越道统。

孔子初仕中都宰，即已"长幼异食，强弱异任，男女别涂，路无拾遗，器不雕伪，……行之一年，而西方之诸侯则焉！"⑤中都邑在孔子治理下，一年内便能呈现"老者安之"和养生丧死皆无憾的最高理想，无怪乎西方各诸侯国，要来纷纷效仿。此岂不更明证，老子的"以道莅天下"绝非只是理想，乃是真可践履的务实之道。也正因孔子已亲身见证这事实，故而领弟子周游天下，无论历经多少险阻，他也仍是坚定地要宣扬大道。仪封人见过孔子后，自然要感慨地赞扬："天下之无道也久矣，天将以夫子为木铎！"⑥显然孔子不仅眼界已被大道提升至天上，连整个生命所落实，也全只与"天道"攸关。他已追随老子，只如龙一般地乘飞云而上，故可完全不计个人得失，只愿"下学而上达"地将大道给贯彻地推行于天下。

结语

自周王朝建立后，对南方楚地一向是以荆蛮而鄙夷，孰料至春秋晚期，掌握北方华夏文明最富代表的孔子，竟驱车前去洛阳，向楚国的老子问学。这项历史之举，

① 李耳撰，王弼注、楼烈宇校释：《老子道德经注·第十八章》，第46页。
② 刘宝楠撰，高流水点校：《论语正义·子路》，第421页。
③ 刘宝楠撰，高流水点校：《论语正义·颜渊》，第505页。
④ 刘宝楠撰，高流水点校：《论语正义·卫灵公》，第488页。
⑤ 孔安国撰，王盛元通解：《孔子家语通解·相鲁第一》，北京，北京联合出版社，2015年7月，第2页。
⑥ 刘宝楠撰，高流水点校：《论语正义·八佾》，第130页。

开启了南北文化交流，及相互融合的大局面；使南方所崇尚创生万物的"大道"，及以属天俯视万物的超越视野，能在《道德经》成书之前，即已被明确地彰显。这个关乎全宇宙的最重要原理，被北方的学术泰斗孔子给完全吸收，既成为他终身力行的至要准则，也成了他重建学术道统，并促使中国传统文化，得以转向活泼生机的最重要历史时刻。

从属天的大道出发，不仅可出生入死，还能拨乱反正，这是治理天下的唯一良策，也是人人得安身立命的关键。这个学习震撼着急欲救天下于水火的孔子，促使其返鲁后，对老子的崇敬，自然是更升华到最高点，故而与门生谈论，才会以最超越的"龙"来称颂。

然孔子对老子的大道，绝非只停留在称颂的层面，其不仅已成了孔子所最景仰的生命境界，也成为他一生致力所倡导的唯一治世准则。这两项属天的美好，既在孔子的生命里完全流露，也在他施政的四年中，得到最充分的落实及印证。这是北方华夏文明向南方道统学习后的文化大融合，也是中华文化传统，得以跃升为世界之最的最重要历史关键。

孔子显然是最深知"大道废，有仁义"，故而他的学术总纲，及一生所最极力倡导的，便只有"志于道"。这是他吸收南方大道后，对北方文化所进行的改造，使北方的文化道统，终能从"周文疲弊"，以转向"文质彬彬，然后君子"。这个重要的历史转折，虽在孔子晚年才完全成就，但起点却是始于他三十四岁时的问礼于老子。

试论《道德经》语境中"无为"的政治理性

黎在珣 *

内容提要:《道德经》是论"道"的经典之经典。在《道德经》中,道有"生一"之总"道",还有万物之分道。《道德经》中"无为"是顺应人、物与事的规律去行事,不妄为。顺道之"无为"不是废除和限制治理,而是保护和扩大治理,因而具有动态生成、生机无限的特征。"无为无不为"具有超越特定时空的广泛普遍性。如果不只是对着讲,还接着讲,就会发现这里蕴含着丰富的历久弥新的治理智慧,包括主体意识、专业精神、简政意识、平等意识、和合意识等。这些理念遵循理性的逻辑,具有实用理性的显著特征:在行为上主张以道(理)节欲,勇于担当而不胡乱作为;在本质上属于注重实用、实际和实行的经验论的思维方式或思维层次。这类理性具有"为维护民族生存而适应环境、吸取外物的开放特征","是中国民族维护自己生存的一种精神和方法"。

关键词:《道德经》 政治理性 主体 专业 和合

  《道德经》是说不尽的经典。作为宇宙万有之本源之道虽然看不见、摸不着、听不到,也无法借助现有的科学手段来观察,却无所不在,无时不在。作为一个抽象的理念,"道"是具有通向无限的趋向。它本身不可尽言,难以命名,却是一切可言之物的本源。我们可以观察它,接近它,但不可具象它。

  "道常无为,而无不为。"①(第三十七章)这是说,顺天道,尊自然,就能举重若轻:看似毫无作为,但无一不是它所为。老子的这一思想源自他对宇宙、自然、人生的洞察。《道德经》一书有 13 次提到"无为"。"无为"不是没有原则的妥协、退让,不是没有底线的屈从,而是有条件的不作为,或者说有条件的有为,亦即顺道

---

  * 黎在珣(1964—)男,安徽宿松人,文学学士,安徽省宿松中学高级教师,安徽省文艺评论家协会会员,安庆市文艺评论家协会理事;安庆市禅宗文化研究会理事。研究方向:中国哲学。
  ① 本文《道德经》中引文及部分解读来自:陈鼓应《老子今注今译》,北京:商务印书馆,2003 年。

之有为，有为之顺道。在张岱年看来，"老子的道论是中国哲学本体论的开始，这是确然无疑的。……在中国哲学本体论的发展过程中，道家学说居于主导地位"①。

在"道"所具有"有"与"无"二重性中，"无"更为基础，更为根本。"道常无名""道常无为""道法自然"等说法中的"道"都无情感，无意志和目的，无主宰万物的冲动，也没有掌控宇宙万有的预设。"道"之"无为"建立在"万物"的"自然"之上。因此，治理者不仅要知"道"，体"道"，更要行"道"。

虽然《道德经》在"道"这个体系里既没有设置全知、全能、全善的"君"，也没有预设只会接受计划、指令、安排的"民"，但是，它还主要是站在权力拥有者的角度谈道论德的。高亨认为："老子之言皆为侯王而发，其书言圣人者凡三十许处，皆有位之圣人，而非无位之圣人也。言我言吾者凡十许处，皆侯王之自称，而非平民之自称也。'为天下溪''为天下谷''为天下贞'等等，皆侯王之口吻，而非平民之口吻也。故《老子》书实侯王之宝典，《老子》哲学实侯王之哲学也。读《老子》书者宜先明乎此，兹揭而出之。"②换句话说，《道德经》语境中的天地宇宙并没有独立之义，不过是治理哲学的隐喻，"老子是为侯王常保富贵出谋划策，他的清静无为是常保富贵的手段"③。这说明《道德经》并不乏入世或救世之思想资源，只不过其救世的方法、路径与众不同罢了。这是本文从政治哲学的角度来讨论《道德经》政治理性的底气。

政治理性是一种实用理性。在《漫说"西体中用"》一文中，李泽厚对实用理性下过定义：

所谓"实用理性"就是它关注于现实社会生活，不作纯粹抽象的思辨，也不让非理性的情欲横行，事事强调"实用""实际"和"实行"，满足于解决问题的经验论的思维水平，主张以理节情的行为模式，对人生世事采取一种既乐观进取又清醒冷静的生活态度。④

只要人类存在，还在生活和发展，就会与周边的环境发生形式多样的关联，亦即不存在毫无作为的人类活动，因而绝对意义上的无为是不可能存在的。以此不难推断，《道德经》中的"无为"只能是特称判断，而不可能是全称判断。在《道德

① 张岱年：《道家在中国哲学史上的地位》，《道家文化研究》第6辑，上海：上海古籍出版社，1995年。
② 高亨：《老子正诂·老子注译》，北京：清华大学出版社，2004年，第99页。
③ 顾准：《顾准文集》，上海：华东师范大学出版社，2014年，第137页。
④ 李泽厚：《中国现代思想史论》，北京：东方出版社，1987年，第320页。

经》里，"是以"含有总结、归纳、推断、规范等内涵，"是以圣人"之后的内容很多是基于经验逻辑基础之上的应该如此行事的建议和要求，如："是以圣人处无为之事，行不言之教"（第二章），"是以圣人去甚，去奢，去泰"（第二十九章），"是以圣人……无执"（第三十七章）等。这些说法中的"无""不""去"等否定性表达表明《道德经》主张限制治理者的冲动和作为，以抑制他们全能主义的自我想象和自我膨胀。不过，《道德经》虽然倡导治理者少为，无为，但又称"圣人"为"官长"，还说"大制不割"（第二十八章），"圣人欲上民""圣人处上"（第六十六章），因此，老子并没有否定"圣人"、"官长"、"制"（政治）的存在及其必要作用，他关注的是圣人的行为及其方式和边界。"辅万物之自然而不敢为"（第六十四章）是说，圣人要因应万物之性及其生长环境的变化而随顺辅助。辅助之功已成后，圣人应"生而不有，为而不恃，长而不宰"（第五十一章），亦即"利万物"（第八章）之成而不争，更不该居功自傲。简而言之，治理者必须约束自己的政治冲动，严守治理边界，充分让民自为，这就是"无为"。"无为"的结果是"无不为"，没有一件事不得力它的所为，这是不妄为所产生的效果。"无为无不为"五个字就是《道德经》四十七章"不为而成"之意，即：不妄为，就没有什么事做不成。

对"无为"形而下的简略考察，不难发现现实"无为"政治具有李泽厚所说的实用理性的特征：在行为上主张以道（理）节欲，勇于担当而不胡乱作为；在本质上属于注重实用、实际和实行的经验论的思维方式或思维层次。当然，与本质上是工具理性主义的美国实用主义不同，《道德经》语境中这种实用政治理性是一种建立在中国传统的天道和人道之上的世界观模式和行为规范。这种理性远离抽象的思辨，排斥非理性的信仰因素和情感因素，因而不妨碍推陈出新、除旧布新。这种实用理性如李泽厚所言，具有"为维护民族生存而适应环境、吸取外物的开放特征，是中国民族维护自己生存的一种精神和方法"[①]。

"道常无为，而无不为。侯王若能守之，万物将自化。"（第三十七章）侯王若能持守，亦即依此准则，万物就会自生自长。那么，怎样才能做到守无为，亦即顺天道、尊自然呢？老子认为，要寡欲。只有寡欲，心才能清净；只有心清静，人心才能与道心相通。而"不欲以静，天下将自正"（第三十七章）是说，统治者若是不起贪欲、不越界限、不行乱政，社会就会趋于宁静无为，天下自然归于安定。《道德经》："其政闷闷，其民淳淳；其政察察，其民缺缺。"（第五十八章）其明确地指出，民之淳朴与狡黠取决于是清静无为之政，还是繁苛有为之政。在《道德经》看来，制度仪节是祸乱的开端："夫礼者，忠信之薄，而乱之首。"（第三十八章）从仪节制

---

① 李泽厚：《中国现代思想史论》，第322—323页。

度上找原因，足见《道德经》对社会洞察之敏锐，思考之深入。

如果不只是对着讲，还接着讲，就会发现这里蕴含着丰富的治理智慧，那些日久弥新的治理智慧，包括主体意识、专业精神、简政意识、平等意识、和合意识等。

主体意识

《道德经》说："夫唯道，善贷且成。"（第四十一章）只有道，善于辅助万物并使他们彰显、完成。"道常无为，而无不为。"（第三十七章）若行无为之政，民会"自化""自正""自富""自朴"（第五十七章），"天下将自正"（第三十七章）。既然道有如此妙用，治理成本又如此之低，以此理念治国理政也就在情理之中。这些反复出现的"自"突出了《道德经》积极肯定民之自为、自主、自力等主体性的思想。民能自生、自我化育、自我成长、自我成就的"民自化"思想是《道德经》主张治理者"无为"，无需强权铁腕、专制集权的理论依据，或者说，《道德经》无为治国理政的思想源于"道"之于万物的影响，源自民有自化的、自发自觉意识及其能力，社会有自组织的能力。

正是基于对天地万象的洞察，《道德经》提出下面这一主张："是以圣人处无为之事，行不言之教，万物作而不为始，生而不有，为而不恃，功成而弗居。"（第2章）"处无为之事，行不言之教"是主张圣人要依循天地间人、物、事自然演进的规律，从旁协助形成并积极维护适合不同人、物、事更好地展开其独特而丰富内涵的环境。而万物之中人的"作""生""为"表明《道德经》并不反对，甚至可以说积极主张人发挥自己的主观能动性，去贡献自身所有，以成就大众。这里实际上蕴含着掌权者要努力使百姓成为自己主人，亦即民众自主管理、自主发展的思想。

因此，《道德经》中的"无为"主张统治者应该有条件地亦即有限地不作为，含有认可并尊重民众的主体意识、主体作为、主体精神的思想资源。

专业精神

《道德经》中"无为"是顺应人、物与事的规律去做事，不妄为，亦即合道之为。"道，让每物做它自己能做的事。"① 之所以要让不同之物做它们自己能行之事，这是因为宇宙万物各有其生存、运行、演变之道。自然界，飞禽走兽有其道，花草树木有其道，山川河流有其道。人类社会，人有人道，事有事之道，而且不同人事又各有其不同之道：种田有种田之道，植树有植树之道，生活有生活之道；同性有同性交往之道，异性有异性交往之道；各个行业各个群体不同地域有各自不同的运行之

---

① 冯友兰：《中国哲学简史》，北京：北京大学出版社，2016年，第100页。

道。拿人来说，五官有五官各自之道；呼吸系统有呼吸系统之道，消化系统有消化系统之道，神经系统有神经系统之道。因此，《道德经》中"无为"思想蕴含着深刻的专业精神、界限意识。

《庄子》里庖丁杀了十年牛，刀刃如初，因为他了解牛的结构特征，并能熟练地"依乎天理"操刀。也就是说，庖丁之所以具有难以想象的高超解牛技艺，源于他不仅掌握牛的"天理"，还在于他经年累月地循此"天理"行事。

《庄子·杂篇·徐无鬼》中有这样一则寓言：

> 郢人垩慢其鼻端若蝇翼，使匠人斫之。匠石运斤成风，听而斫之，尽垩而鼻不伤，郢人立不失容。宋元君闻之，召匠石曰："尝试为寡人为之。"匠石曰："臣则尝能斫之。虽然，臣之质死久矣！"

从前，郢地有个人的鼻尖上有如蚊蝇翅膀似的白色泥土。他让一个巧匠用斧子给削掉。匠石应声挥动起手中的斧子，在呼呼作响中，白色泥土瞬间消失而鼻尖毫发无损。郢人站在那里好像什么都没发生过似的。这一绝活得以成功，有两个不可或缺的条件：一是匠石高超的技艺，一是在如此险象环生的情形下搭档能处事不惊、镇静自若。从这里我们看到现代科学精神的影子。看似同一个人做同样的实验，且实验构成要素也看似同样，匠石、斧子、搭档，人鼻子上的白色泥土，但是，顶级专家匠石很明白，这是一个精确度很高的专业实验，搭档这个实验条件发生了变化，实验很难或者说不可能取得先前那样理想的效果。于是，他果断地放弃了这次实验。

伴随着科学精神而来的有边界或者说界限意识。万物之分道就是专业之道，循专业之道顺势而为，合道之为亦谓无为。不同的行业、不同的岗位，需要的人才不尽相同，甚至是很不同。具体到君主和圣人之类的统治者或治理者身上，在自己的团队和治域内要分工明确合理，让人才各就各位，各负其责，力争做到人尽其才，物尽其能。换句话说，让专业之人做专业之事，非专业之外行（包括君子和圣人自己）不得介入内行专业之事；下级固然不能僭越，上级亦不能越俎代庖，这样才有可能达到无不为的目的。现实中许多问题就是伴随着权力任性越界带来的。边界意识是专业精神的应有之义，也是现代政治的重要内容。现代治理，决策要有专业精神，落实需要专业精神，评估需要科学专业精神，宣传也需秉持专业精神。可以说，在高度发达的现代社会，无专业无有效治理。在新冠肺炎病毒防控期间，具有很高专业素养的医护人员既担当政府制定应急治理的高参，又是奋战在抗疫前线的勇士；那些抓铁有痕的专业举措能够帮助人们缓解紧张情绪，为整个社会营造平和理性的氛围。简而言之，专业精神的彰显、专业主义的凸显是构建社会治理现代化体系的重要内容。

专业主义和精神需要积极主动地习得和修炼，人们才有可能养成专业思考专业行事的习惯。这就要求掌权者"无为"，给专业人员以充分施展才能的机会和舞台，通过他们的有为而实现"无不为"。一个优秀的集体、一个成熟的社会，是专业主义精神生成的土壤，也是专业主义者大显身手的舞台。

简政意识

无论是统治国家，还是治理天下，《道德经》都主张素朴、"绝智"。"绝智弃辩，民利百倍；绝伪弃诈，民复孝慈；绝巧弃利，盗贼无有。"（第十九章）也就是说，如果热衷智巧、伪诈、巧利，难以治理国家。《道德经》还说，"以智治国，国之贼。不以智治国，国之福"（第六十五章），用智巧治理社会，是社会、国家的灾祸，反之，则是国家、社会之幸福。而那些所谓的"智者"虽然自以为聪明，实则大迷糊（"虽智大迷"）。而要治理好天下，就必须使民"有所属：见素抱朴，少私寡欲"（第十九章）。之所以如此，是因为"为无为，则无不治"（第三章），只要依照无为的原则去处理各种事务，就没有处理不好、治理不善的。因此，需要有必要的措施"使夫智者不敢为"（第三章），让那些自作聪明者不敢妄为。

《道德经》第十七章根据"民"的反映，将统治或社会治理分成四个层次："太上，下知有之；其次亲而誉之；其次畏之，其次侮之。"最理想的社会国家，统治者对人民的行为没有野蛮的干涉、强制，人民只是感到统治者的存在；其次，人民亲近他赞美他；再次，人民畏惧他；最坏的，人民轻侮他。《道德经》主张让"民自化"，自利，自富，"甘其食，美其服，安其居，乐其俗"，（第八十章），过着自足自乐的生活。而要实现这一理想，治理者必须"无为"。《道德经》所谓的"无为"侧重于节制和约束统治者的权力。认为统治者应该弱化自己的角色，最理想的"为"是克制自己"为"的冲动而能"为无为"（第三章）。

《道德经》中无为不是主张绝对意义上的不作为，而是主张适当作为，顺性顺势而为，合乎人、物、事各自逻辑各自规律合情合理合法地作为。这就是"为无为，事无事"（第三十三章），亦即以无为的态度去作为，以不搅扰的方式去做事。冯友兰认为："按照'无为'的学说，一个人应该把他的作为严格限制在必要的、自然的范围以内。'必要的'是指对于达到一定的目的是必要的，决不可以过度。'自然的'是指顺乎个人的德而行，不作人为的努力。"[1]要摒弃种种粗暴干预、破坏、强制、侵犯的冲动，而不让自己的欲念、行为超出必须、必要和可能的范围。"无为"之政之

---

[1]　冯友兰：《中国哲学简史》，北京：北京大学出版社，2016年，第98—99页。

所以必要，是因为能够取得司马谈所说的"事少而功多"（《史记·论六家要旨》）的治理效果。

从统治或治理的角度观照《道德经》，"愚"是无论如何都绕不过去的。《道德经》语境里的"愚"并非愚昧愚蠢之意，更多的是指"淳朴和天真"的状态。六十五章说："非以明民，将以愚之。"王弼说："'愚'，谓无知守真，顺自然也。"①《河上公章句》上说："古之善以道治身治国者，不以道教民明智奸巧也，将以道德教民使质朴不诈伪也。"②高延第解释道："愚之，谓返朴还淳，革去浇漓之习。"③这些注疏阐释都说"愚"是淳朴，而与之相对的是《道德经》要弃绝之"智"，亦即一种心术、诡诈。正是基于这种意义之上，《道德经》不仅主张"愚民"，还主张"愚君"，亦即主张君民同愚，张岱年说过，"老子是主张君民皆愚"④。《道德经》不只主张君民皆愚，还"愚己"："众人皆有余，而我独若遗。我愚人之心也哉！"（第二十章）老子说自己真是"愚人"的心肠啊。王力先生指出"老子之愚民也，与之同愚……先愚己而后愚人。"⑤所以，老子既愚民，也愚君，还愚己。

当然，我和圣人之愚是自觉"勤拭尘埃"、"求其放心"，亦即自觉修养的结果，因而"它比知识更高，比知识更多，而不是更少"⑥。这也说明《道德经》并非一概反对作为。这样，"无为而无不为"从某种意义上可以置换成"无为而有为"。刘笑敢认为："无为之所以能够无不为，是因为万物能够自然而为。"⑦在君民关系上，《道德经》主张限君、虚君，甚至"无君"，而对"民"则有所伸张，鼓励其"自然"，倡导其"自化"，推动其"自正"。越界的粗暴干预、强制、侵犯往往会祸己害人害国，哈耶克曾引用赫尔德林这样一句话："总是使得一个国家变成人间地狱的人事，恰恰是人们试图将其变为天堂。"⑧

与"愚"相应的是知足知止知戒。《道德经》说："祸莫大于不知足，咎莫大于欲得。故知足之足，常足矣。"（第四十六章）"知足不辱，知止不殆，可以长久。"（第四十四章）知戒常成，知止则安，知足则久。无论是平民，还是统治者，都要有知足知止意识，要学会知足知止，努力知足知止，能无为时绝不乱为。

《道德经》主张为政者要能够处下、居后、谦卑："贵以贱为本，高以下为基。是

① 楼宇烈：《王弼集校释》，北京：中华书局，1980年，第167页。
② 王卡、点校：《老子道德经河上公章句》，北京：中华书局，1993年，第254页。
③ 冯达甫：《老子译注》，上海：上海古籍出版社，1991年，第149页。
④ 张岱年：《张岱年学术文化随笔》，北京：中国青年出版社。1996年，第217页。
⑤ 王力：《老子研究》，上海：上海书店出版社，1992年，第42页。
⑥ 冯友兰：《中国哲学简史》，北京：北京大学出版社，2016年，第99页。
⑦ 刘笑敢：《老子新诠》，台北：台湾东大图书公司，1997年，第123页。
⑧ 哈耶克：《通往奴役之路》，王明毅、冯光元等译，北京：中国社会科学出版社。

以侯王自称孤、寡、不谷。"如若不争，天下就没有人可以与之争："夫唯不争，故天下莫能与之争。"（第二十二章）"以其不争，故天下莫能与之争。"（第六十六章）在现实生活中，不争意味着做事，包括行使权力要界限要分明，名利分配也要界限分明。不争强好胜，不在其位不谋其政，否则责任权利难以分清，会影响整体治理效能。德国沃尔法特认为，道家语境里"正确的行动就是对情景的反应。他们没有跟从那个时代的道德主义者，即希望用各种规则约束人的儒家。对道家来说，好的生活是自然的生活，没有实用的目标，与意志没有关系"。[①] 顺性顺时顺势而为，人们生活得自由自在，统治者就能"无为""取天下"。《道德经》里说，治理者若是无为、不争，人民会自我化育；治理者若是好静，人民自然会走上轨道；治理者若是不搅扰人民，人民会自然富足；若是治理者不起贪欲，人民会自然朴实。[②] 无为不仅行政举重若轻，成本低，而且有四两拨千斤之效能。

在《谏太宗十思疏》中，魏征从用人与制度健全等角度这样理解无为而治："文武并用，垂拱而治。何必劳神苦思，代百司之职役哉？"柳宗元在《种树郭橐驼传》里让专业种树能手郭橐驼借种树经验谈到繁政给人民带来的灾难："吾小人辍飧饔以劳吏者，且不得暇，又何以蕃吾生而安吾性耶？"百姓连一餐饭都吃不安逸，又怎么能让百姓繁衍生息、人心安定呢？又怎么会有民众有自主行事、自由创新的积极性和主动性呢？用《道德经》里的话说"民之难治，以其上之有为，是以难治"。人民之所以难治，是因为统治者妄为，过度作为。哈耶克说："通往地狱的道路通常是由善意铺就的。"努力减少外在不必要的强制和干预，既能使人民的个性和能力得到充分的发展，也能使社会得到充分的发育。因此，《道德经》中"无为"思想蕴含着反对繁政、主张简政的思想资源。

俗语说，一个篱笆三个桩，一个好汉三个帮。给他人舞台，也是给自己机会。在汉高祖刘邦看来，他之所以能成就不朽之功业，是因为他能够提供张良、萧何和韩信等大显身手的舞台，让这些"人杰"各就各位，各尽其才，各显神通。用他的话说，张良能运筹帷幄，决胜千里；萧何能镇国家，抚百姓，给馈饷，不绝粮道；韩信能连百万之军，战必胜，攻必取，这才是他刘邦能够一统天下的原因。没有刘邦的简政，恰当的放手，哪有张良、萧何和韩信等人各尽其能？没有张良、萧何和韩信等人各尽其能，又焉有名传后世的汉高祖？换言之，刘邦能够美人之美，实现美美与共，才能一统天下。

---

① G. Wohlfart / Tuchan (France)：《道家精神的时代意义——从普遍道德回归道家的"上德不德"》，肖涵露译，陈鼓应编：《道家文化研究》第 22 辑，北京：生活·读书·新知三联书店，2007 年，第 278—280 页。

② 《道德经》五十七章："我无为而民自化；我好静而民自正；我无事而民自富；我无欲而民自朴。"

从功用的角度看，每个人都有其他人难以甚至无法替代的价值，关键在于有没有让他们实现理想、施展才华、彰显能力的舞台和机会，因而掌权者所要做的就是努力让人尽其才，物尽其用。现代治理中有不少将简单复杂化的情形，这是现今许多问题之所在。结果在行为之中，我们的行为铸就了我们未来的命运。从这个角度看，无论是个人，还是集体，其命运都是自己选择，自身所为之结果。"不知常，妄作凶"（第十六章），不知道"常"，不认识客观规律，轻举妄动；或粗暴地践踏常规的、普遍的规则和法则，亦即不按"道"来办事，就会出乱子。如同在神奇的自然面前我们应该怀有敬畏之心一样，面对纷繁复杂的人类社会，人类，尤其掌权者应该节制自己的贪欲，不只是己所不欲勿施于人，就是己之所欲亦勿施于人。

由上可见，无为、反对繁政主张简政的无为而治并非毫不作为。顺道之"无为"不是废除和限制治理，而是保护和扩大治理。美籍学者史华慈认为："严复还把老子的君主'无为'而治的思想解释成圣贤之治可使民独立干事，凡是民的德、智、体得到最大限度发展的地方，即使没有君主的经久不变的能动性，也能获得富强。"[①] 简而言之，无为之政含有"对权力的节制，对自发性、民间性、创造性的鼓励，对'民自化'这种让每个人自由发展的理想的追求"[②]，能够让治域内的人最大限度地打开自己，充分发挥自己的主观能动性，给个人和社会、国家带来更多更丰富的生成发展可能性，因而具有动态生成、生机无限的特征。

平等意识

植物的种子虽然是变化的内因，但土壤、阳光、雨露等外因却为种子的生根发芽、开花结果提供种子无可替代的条件，亦即做自己独特的贡献。缺少这些必备外因中的任何一个外因，再好的种子也无法发芽、生长，更不用说开花结果。在这个意义上，它们和种子是平等的，都具有不可或缺的必要性。

"天地不仁，以万物为刍狗；圣人不仁，以百姓为刍狗。"（第五章）圣人和天地一样，都无所偏爱：天地任万物顺性自然生长，圣人任百姓自然发展。这里，圣人没有自我中心意识，更没有唯我独尊的做派。王弼认为："天地任自然，无为无造，万物自相治理，故不仁也。仁者，必造立施化，有恩有为。造立施化则物失其真，有恩有为，则物不具存。"[③] 天地不仁，乃在于天地没有对万物的生长强加干涉，而是让它们"无为无造，万物自相治理"。钱锺书说："刍狗万物，乃天地无心而不相关，

---

① 史华慈：《寻求富强：严复与西方》，南京：江苏人民出版社，1996年，第188页。
② 陈霞：《屈君伸民：老子政治思想新解》，《哲学研究》2014年第5期。
③ 楼宇烈：《王弼集校释》，北京：中华书局，1980年，第13页。

非天地忍心而不悯惜。"① 也就是说，对天地间的刍狗万物，天地无心无情而"不相关""不省记"，不存在天地忍心"异心"而不悯惜这一情形。

在现实世界，不同的人、财、物，在各自的岗位上起着不同的作用，往往是独特的不可替代的作用，成为有机整体不可或缺的一部分。因而在纷繁复杂的社会系统里，各具特色、各有其用的人、财、物享有平等的权利和义务，包括自由发展的权益。"圣人常无心，以百姓心为心。"（第49章）"圣人"没有要强加于"民"的意志、目的、规划，遵循百姓的意愿任其自由发展。这里有对"百姓"主体性的尊重，对他们自主作为的承认，甚至可以说，这些阐说蕴含着"百姓"是目的，而不是手段这一极其宝贵的思想资源。《道德经》中不少阐述蕴藏平等、自由这些弥足珍贵的思想资源。

"善者，吾善之；不善者，吾亦善之，德善。信者，吾信之；不信者，吾亦信之，德信。圣人在天下，歙歙焉，为天下浑其心，百姓皆注其耳目，圣人皆孩之。"（第四十九章）圣人抱一守朴，不会以自我为中心，不会建立、强化以自己为中心的秩序。他们以善心对待一切人，无论他们善还是不善；以诚心对待所有人，无论对方守信与否。有了这样的善，有了这样的诚心，有了众生平等的理念，圣人就能让人尽其才，物尽其用②。落实到治理方面，在人财物等方面，要防止那种过分强调主次、轻重的繁政作为。

历史上，虽然管仲才绝当世，按照鲍叔牙的说法，在安抚百姓、礼乐教化、治理国家、军事外交等方面都比自己强，是齐桓公成就霸业的必要条件，但也只是必要条件，而不是充分条件。如果没有鲍叔牙的自知知人，全力帮助齐桓公的赤胆忠心和甘居管仲之下的积极配合，没有齐桓公捐弃前嫌的胸襟，没有齐桓公知人善用，给他提供施展才华的舞台，历史上的管仲会是这样子？因此，从某种意义上说，是鲍叔和齐桓公成就了管仲。而就齐桓公来说，他能成就"九合诸侯"的霸业，离不开他集众人之智、力，合众人之心，亦即离不开他、鲍叔和管仲等君臣的优势互补和精诚合作。因此，将视野拓宽些，就会发现他们君臣相互成就。简政开放的治理给予社会和社会中的个人更加广阔的发展成就空间，而多样化的个体发展也充盈着社会的气质内涵。

和合意识

《道德经》是论"道"的经典之经典。第四十二章有言："道生一，一生二，二生

---

① 钱锺书：《管锥编》第2册，北京：中华书局，1986年，第419页。
② 《道德经》第二十七章："是以圣人常善救人，故无弃人；常善救物，故无弃物。"

三，三生万物。"这就意味着"道"有"生一"之总"道"，还有生万物之分"道"。前者是宇宙自然之根源，具有普遍性、单一性；后者是万物生存、生长、发展之规律，具有独特性、多元性。从方法论的角度看，后一种"道"是宇宙万物顺应自然之道各自生存、生长、发展的规律、途径。宇宙万有、自然万物各行其"道"，并生共存，正是总"道"的核心内容。总"道"意味着"差别共存与相互尊重"，亦即事物多样性的统一。因此，《道德经》蕴含着深厚的和合思想资源。

虽然道体现的是规律、本质和必然，但是，道的表现形式却是处在不断生成状态中的鲜活具象，具有各具特色的差异性。换句话说，道和思想是保守的，而术和工具理性往往是新鲜的。这里含有当代现象学思维范式，那就是特定主体在与环境与他者的互动中都会有一定的改变，并在持续的改变中不断生成新的形态。这也是从现代政治理性的角度考察《道德经》"无为"论的逻辑依据。因此，《道德经》"无为"论不仅蕴含主体意识、自主意识，还含有他者原则，不确定的互动原则。这种思维方法落实到社会实践中，就是强调他者视角，"而他者首先是不同于自我的、以差别为基础的对象"①。与此同时，总"道"对个体差异性，对国家或民族特别属性的超越，对时空的突破，则意味着走向对普遍性原则的发现和担当，因而具有超越时空、特定个体特定群体特定地域的广泛性和普遍性。

庄子认为老子的思想是"以濡弱谦下为表，以空虚不毁万物为实"（《庄子·天下》），亦即包容和合的道论意味着万物共存并生。"无为而无不为"这一适应宇宙自然一切之道的理念蕴含着《道德经》无滞无碍、圆融通明的大智慧。那些看似互相矛盾之说只是因应不同事物不同时势不同时空罢了。

---

① 乐黛云：《文明因交流互鉴而多彩》，《人民日报》2016年7月18日，第16版。

老学史研究

《道藏》本与日抄本《道德真经广圣义》版本对比探讨

王 卉*

内容提要： 唐末五代著名"道门领袖"杜光庭在天复元年（901 年）作《道德真经广圣义》，以唐玄宗《道德经》注疏的"圣义"而发挥己意。《广圣义》体例为经、注、疏、义，即《老子》经文、唐玄宗注、唐玄宗疏、杜光庭释义文。日本藏有《广圣义》手抄本，本文通过对《道藏》本和日手抄本《广圣义》在版本、内容等方面进行比较，认为日手抄本为宋嘉定本，与刘惟永《道德真经集义》所载《广圣义》应为同一底本。

关键词： 杜光庭 《道德真经广圣义》 版本

基金项目： 江西省社会科学"十三五"（2018 年）规划项目"重大传统节日中宗教仪式的规范与引导"（项目编号：18ZK10）

杜光庭（850—933）博学善属文，一生著述甚丰，所著科教仪范、经诰注疏、章词表式、诗歌杂文等有数百卷之多。在杜光庭的著述中，经诰注疏类最具有代表性的是他于天复元年（901 年）发挥唐玄宗注疏圣义的《道德真经广圣义》。《广圣义》的作者、年代、真伪历来学界并无争议，据日本学者岛田翰、森立之记载，日本藏有古抄本《广圣义》，本文主要对《道藏》本《广圣义》和日本古抄本《广圣义》做一比较。

杨守敬先生有《日本访书志》，是杨守敬先生于光绪庚辰之夏，"应大埔何公使如璋之召，赴日本充当随员"时"旋交其国医员森立之，见所著《经籍访古志》，遂按录索之"。据载："《访古志》所录明刊本，彼以为罕见，而实我国通行者，如刘节之《艺文类聚》，安国、徐守铭之《初学记》，马元调之《元白集》之类，今并不载。

* 王卉（1973—），女，甘肃武威人，宜春学院宗教文化研究中心副教授，北京大学哲学博士，研究方向为道家与道教。

亦有彼国习见，而中土今罕遇者，又有彼国翻刻旧本而未西渡者，兹一一录入。"① 然不知为何老先生并未收录此手抄本《广圣义》，后王重民辑之《访书志》补，亦未收入。考及王重民《老子考》，虽遗憾没有全文，对此抄本却有详细的记载，分别录入岛田翰《古文旧书考》（亦称《汉籍善本考》）和森立之《经籍访古志》对抄本《广圣义》的详细描述，吾等才可以了解其真貌。

日本森立之先生《经籍访古志》载：

《道德经广圣义》三十卷，（旧抄本求古楼藏）蜀杜光庭撰。首有新编《连相搜神广记》及"按语"二条（并后人所加）。次唐《开元御赞》，次真宗皇帝《御制像赞》并《序》，次《老君度关铭》并《序》，次孝宗皇帝《御制原道论辨》，次侍讲程尚书《易老通言提要》，次嘉定甲申周观复《序》，（以上当宋时刊行时所加）。次杜光庭《进广圣义状》，次杜光庭《自序》，次王洞应《后序》。（卷首至此，《道藏》本所无）一卷叙《经》大意，解《疏序》所引，老君应迹；第二卷叙老君事迹，氏族，降生年代，圣唐册号；第三卷释《御疏序》上；第四卷释《御疏序》下，释题训，明体用；第五卷以下释《经》文。尾有永平三年任知玄《广圣义印板后序》，后列张延光等官衔，又有嘉定中徐天麟、韦兴宗、张洽等各《跋》。（《后序》以下，亦《道藏》本所无）每半页十四行，字数不整。卷中"祯"字缺笔，盖从宋椠传录者。按是书卷数与《宋志》所载合，《道藏》本分为五十卷，非光庭之旧。②

据杨守敬《日本访书志》，求古楼为日本狩谷望之之藏书楼，狩谷望之为日本藏书家，号"掖斋"，"日本文政间学人之最，其藏书之富，又过于官库"，"博极群书，其求古楼所藏秘本，为日本之冠"。

日本岛田翰《古文旧书考》记载：

《道德经广圣义》三十卷（旧抄本，附《道藏》本）蜀杜光庭就明皇《御注老子》及《讲疏》所下疏义者。《广圣义》之成，在唐天复元年，而其《表》上之，则在蜀永平三年。天复之际，王氏尚未叛唐氏，故避唐讳"世"字、"民"字，作"代"字、"人"字，避"恒"作"常"；（第十六章）改"渊"字、"治"字，作"泉"字、"理"字，而犹称之于《广圣义》也。《宋志》《郡斋读书志》《国史经籍志》同，秘府《道藏》本五十卷，而不载《书录解题》《菉竹堂》《绛云楼》《也是园》《四库总目》等。

① 杨守敬：《日本访书志》，沈阳：辽宁教育出版社，2003 年。
② 森立之：《经籍访古志》，《汉籍善本书志书目集成》第一册，北京：北京图书馆出版社，2003年，第 332—333 页。

焦氏《老子翼》虽引之，其卷帙则作"五十卷"，"五十卷"者，即《道藏》本之篇卷也，是焦氏实未见光庭原帙。而《经籍志》之作"三十卷"，乃据《旧志》所载著录之也。是篇则庆长以上抄本，若"贞"、若"树"、若"匡"、若"衡"、若"祯"皆避阙，盖从宋本所传抄也。①

森立之《经籍访古志》和岛田翰《古文旧书考》所载《广圣义》内容基本相同，后者更详，应为同一版本。根据以上日本学者所记录《广圣义》古抄本，和《道藏本》比较有以下一些不同：

一、书名不同

《道藏》本为《道德真经广圣义》，日抄本为《道德经广圣义》。

据史料记载，本书书名有三种：一为《道德经广圣义》，其二为《道德经广圣义疏》，其三为《道德真经广圣义》。

《崇文总目》、《通志》、《文献通考》、日本森立之《经籍访古志》、岛田翰《古文旧书考》均著录为《道德经广圣义》，英国汉学家龙彼得（Van der Loon, Piet.）先生的《宋代收藏道书考》亦记载为《道德经广圣义》②，此名应为杜光庭之旧题。《宋史·艺文志》著录为《道德经广圣义疏》，不知所据。今本《道藏》著录为《道德真经广圣义》，后明朱睦㮮《万卷堂书目》、王重民《老子考》、严灵峰《周秦汉魏诸子知见书目·老子书目》（下文简称严灵峰《老子书目》）、丁丙《善本书室藏书志》、《天一阁书目》均从《道藏》本，著录为《道德真经广圣义》。

二、卷数不同

《道藏》本为五十卷，日抄本为三十卷。

根据前贤记载该书卷数主要有两种，一种为三十卷，一种为五十卷。据任继愈主编《道藏提要》：《道德真经广圣义》五十卷，唐末杜光庭撰。卷前有唐昭宗天复元年（901年）杜光庭《自序》云：纂成《广圣义》三十卷。书当成于此时。另据《崇文总目》、《通志·艺文略·道家》、《文献通考·经籍考》、《宋史·艺文志》、旧抄本《道德经广圣义》亦著录为三十卷，《道藏》本析为五十卷，非光庭之旧③。

胡孚琛主编《中华道教大辞典·〈道德经〉及诸子书》著录：《道德真经广圣义》

---

① ［日］岛田翰：《古文旧书考》北京：北京图书馆出版社，2003年第195页。

② Piet van der Loon.Toist Books in the Libraries of the Sung Period，London：Ithaca Press, 1984.

③ 任继愈《道藏提要》，北京：中国社会科学出版社，2005年，第158页。

唐末杜光庭撰，约成书于天复元年（901 年）。原为三十卷,《道藏》本析为五十卷。①

陈国符《道藏源流考》谈到《正统道藏》已将所收道书分卷，原有道书短卷者，数卷并为一卷②。虽没有明确说明原有道书长卷者，一卷析为数卷，但考之《正统道藏》多有此种情形。③卢国龙认为这样做是因为《正统道藏》每卷的版面都是固定的④。由此看来杜光庭纂成《广圣义》一书时应为三十卷，后收入《正统道藏》时被析为五十卷已成不争的事实。

三、作者名号不同

《道藏》本作唐广成先生，而日抄本作广德先生。

关于杜光庭的名号，史上记载各异。

《十国春秋》有：

杜光庭字宾至，缙云人，一曰长安人，为人性简而气清，量宽而识远，方干见之谓曰此宗庙中宝玉大圭也。唐咸通中应九经举不第，遂入天台山学道，长安有潘尊师者道术甚高雅为僖宗所重，时时以光庭为言，僖宗因召见大悦。已而从幸兴元竟留于蜀，事高祖为金紫光禄大夫谏议大夫封蔡国公赐号广成先生。

《浙江通志》有：

蜀主王建初赐号广德先生进号广成先生。

《蜀中广记》有：

续博物记云，广德先生杜光庭，处州人，仕唐为内供奉，避乱入蜀王氏，爵为师臣，尝撰《道教灵验记》二十卷，隐青城山白云溪，卒年八十五，颜貌如生，众以为形解，有文千余首皆本无为之旨。

后蜀何光远《鉴戒录》卷五云：

① 胡孚琛主编：《中华道教大辞典》，北京：中国社会科学出版社，1995 年，第 317 页。
② 陈国符：《道藏源流考》，北京：中华书局，1986 年，第 174 页。
③ 如《茅山志》原为十五卷，收入《正统道藏》时被析为三十三卷；孙思邈《千金方》原为三十卷，收入《正统道藏》时被析为九十三卷；陈景元《道德真经藏室纂微篇》，据《宋史》《通志》等载为二卷，收入《正统道藏》时被析为十卷。
④ 卢国龙：《中国重玄学》，北京：人民中国出版社，1993 年，第 458 页。

王蜀广德杜先生光庭。

北宋僧文莹《湘山野录》有：

蜀先主开建初，赐道士杜光庭为广德先生，户部侍郎。

南宋李石《续博物志》有：

广德先生杜光庭处州人，仕唐为内供奉避乱入蜀。

元代赵道一《历世真仙体道通鉴》卷四十也有记载，而且较为详细，谓：

蜀主王建初赐号广德先生，又欲优于名秩，询于故事，毛文锡献言：唐武德初
祁平定为金紫大夫，开元中尹愔居谏省，于是以为谏议大夫，封蔡国公，进号广成
先生。

据日抄本《广圣义》，光庭作于永平三年（913年）龙集癸酉正月《道德经广圣
义自序》和二月五日的《进广圣义状》，均题为"广德先生臣杜光庭"[1]，据此，则杜
光庭此时已被蜀主王建赐号为"广德先生"。《资治通鉴》卷二六八记载："乾化三年
（蜀永平三年）六月丙子，蜀主以道士杜光庭为金紫光禄大夫左谏议大夫，封蔡国公，
进号广成先生。光庭博学善属文，蜀主重之，颇与议政事。"则此时光庭才被进号为
"广成先生"。

杜光庭《广成集》卷十二有"永平四年十月，谨遣金紫光禄大夫左谏议大夫广
成先生蔡国公杜光庭等"。《蜀梼杌》卷上，前蜀天汉元年(917年)蜀主"以广成先
生杜光庭为户部侍郎"，为此杜光庭曾进《谢恩除户部侍郎兼加阶爵表》："臣某言，
伏蒙恩敕，除授光禄大夫、尚书户部侍郎、上柱国、蔡国公、广成先生者。"且作于
前蜀乾德二年(920年)的《道德真经元德纂序》署："乾德二年庚辰降圣节戊申日，
广成先生光禄大夫尚书户部侍郎上柱国蔡国公杜光庭序。"这亦可为证。则"广德先
生"为杜光庭的"赐号"，而"广成先生"为"进号"，均为蜀主王建所赐。

---

[1] ［日］岛田翰：《古文旧书考》，北京：北京图书馆出版社，2003年，第215、216、217页。

四、版本不同

岛田翰先生根据个别文字推测手抄本"是篇则庆长（1596 年）以上抄本，若'贞'、若'树'、若'匡'、若'衡'、若'祯'避阙，盖从宋本所传抄也"。根据日抄本记载，《广圣义》曾经过三次雕版刻印。初任知玄刻之，起武成己巳，终永平癸酉之春，共成四百六十余版。宋布衣道士王洞应再刻之于宋初，崇福观周观复三刻于嘉定甲申。岛田翰先生推断，此抄本"则从嘉定刻本所传抄"。

关于《道藏》本《广圣义》的版本，岛田翰断言："《藏》本亦自嘉定本出，而分析卷帙也。"日抄本有真宗皇帝御制像赞并序，孝宗皇帝御制《原道论辨》，有嘉定十七年李刘、嘉定癸未徐天鳞、嘉定甲申韦兴宗及建洽各《后序》，则抄本为宋嘉定本应无异议。然《藏》本是否"亦自嘉定本出"还有待考证。

日本中岛隆藏先生在《从现存唐代〈道德经〉诸注看唐代老学思想的演变》一文中谈道："杜光庭把六十余位的《道德经》注释家的姓名登在《道德真经广圣义》卷二上，可是在六十余家姓名中看不见刘进喜的姓名，只是在卷五《宗趣指归》上看得见。杜光庭的记录态度没有一贯性。是以怀疑杜光庭的记录有没有可信性。"①②

考及《道藏》本《广圣义》和日本手抄本，六十余家姓名登在《序》中，并非卷二，而且所载六十余家姓名中均有刘进喜的名字，不知是中岛先生疏忽了还是在日本果有另一版本的《广圣义》存在，还需进一步考证。

五、内容不同。

据岛田君载日抄本《广圣义》首有淮海秦子晋编《新编连相搜神广记》，次颜真卿书《唐开元御赞太上老君》，次真宗皇帝御制《太上老君混元上德皇帝瑞像》《赞》并《序》，次大中祥符四年辛亥《老君度关铭并序》，次孝宗皇帝《御制原道论辨》（均见于《混元圣纪》第九卷），次侍讲程尚书大昌《易老通言提要》，次嘉定甲申周观复《道德经广圣义序》，次永平三年广德先生杜光庭《进道德经广圣义状》，次蜀永平三年癸酉广德先生杜光庭《太上老君道德经广圣义序》，次王洞应《再雕道德经广圣义·后序》，次天复元年辛酉杜光庭《序》。又卷尾有永平三年特进检校太保前守眉州保胜军团练使上柱国乐安县开国子食邑五百户任知玄《广圣义印板·后序》，后列左街天长观内殿讲论大德赐紫张延光、右街内殿讲论首座鉴微大师赐紫唐洞卿、左街内殿讲论首座得一大师赐紫张茂卿、左街道门威仪弘微大师赐紫何冲微、左街道门威仪紫虚大师赐紫任可言官衔。次有嘉定十七年李刘、嘉定癸未徐天鳞、嘉定

---

① ［日］中岛隆藏：《从现存唐代道德经诸注看唐代老学思想的演变》，《宗教学研究》1992 年第 1~2 期，第 20 页。

② ［日］岛田翰：《古文旧书考》，第 199 页。

甲申韦兴宗及建洽各《后序》。此书卷首王《序》以上，卷尾《李跋》以下，是嘉定重雕时所增入。天复辛酉杜氏《序》，《全唐文》亦收之，而其异同多与《道藏》本符，知其本于《道藏》也。光庭《状》《序》则是杜序之旧，收入《道藏》时被删去。

卷端题《道德经广圣义》卷第几，下署广德先生杜光庭述。每半页十四行，行十九二十字，《疏》《义》并同。《经》文大书，首载《经》文，次明皇《注》，次明皇《疏》，次光庭《义》，以"经""注""疏""义"等字圈围判之。

据岛田君记载：

是书视《道藏》本间有异同，亦不甚多，《藏》本大题道德下有"真"字，又广德先生藏本作唐广成先生。其中有《藏》本优而旧抄本所缺者：卷一"比之秋毫万分未"下，《藏》本有"得其一也，《礼记》云：道也者，不可须臾离，可离非道"十九字；第二十一章注："甫本始也"下，《藏》本有"言至道应用度阅，众物本始各遂生成之用疏。阅，度阅也。甫，本始也"二十六字；第三十章注："非果以取强"下，《藏本》有"疏，夫果于止故者非好胜而凌人也，但前敌来侵，事不得已，故云果而不得已止也，用兵应敌，是非求胜，能如此者胜，不恃强，故云果而勿强"五十五字；第三十八章"德为之而有以为"条，义文全缺，《藏》本曰："义曰：下古德衰心迹明者，其君知有为为非，知无为为是，有为则浇薄，无为则淳和，有此分别，故韬心藏用，行此无为之事，制彼有为之为。故云为之心欲于无为游行无为于迹乃涉矜有也。知无为为美，有为为恶，舍恶从善，慕此无为以分别，故是有所以而为也。"①

另据岛田翰记载：

旧抄本多避唐讳，而《藏》本多改之，如第十六章"不常其德"，《藏》本"常"改"恒"；第三十六章"鱼之处泉也"，《藏》本不避唐讳"泉"改"渊"；旧抄本"治"皆作"理"，《藏本》改作"治"；（第六十章二见、第六十四章一见、第七十五章二见。）又避"民"作"人"，而《藏》本多改作"人"，（第六十章二见、第六十八章一见、第七十四章一见、第七十五章一见、第七十六章一见。）而宋讳回避者皆与旧抄本符②。

---

① ［日］岛田翰：《古文旧书考》，第199—201页。。
② ［日］岛田翰：《古文旧书考》，第201页。

考之《道藏》本，岛田所载多有不实：如岛田说旧抄本"治"皆作"理"，《藏本》改作"治"；其实《藏本》出现"理"共有九百多处，而"治"仅有27处。又如岛田说抄本避"民"作"人"，而《藏》本多改作"人"，此话本身有误，既然改作"人"就和抄本同，何谈"改作"，若说改作"民"更有问题，《藏》本"民"字出现309次，而"人"字出现3038次。

《道藏》本洞神部玉诀类刘惟永《道德真经集义》收有《道德经》七十六家注，其中包括杜光庭《广圣义》，遗憾的是缺佚太多，原书三十一卷，现仅存《大旨》三卷，《集义》十七卷至"三十辐"章而止。该书还收有程大昌《易老通言》中之老子概论部分。岛田翰先生《古文旧书考》详细录入了抄本《广圣义》中有而《藏》本没有的内容，其中就有程大昌《易老通言撮要》，通过对照所录文字和刘惟永《集义》所录除了个别字外，大体一致。由此似乎可以推出日抄本《广圣义》和刘惟永所看到的《广圣义》为同一时期的本子。

然据岛田翰先生记载，《广圣义》内容有"藏本优而旧抄本所缺者"①，如卷一"比之秋毫万分未"下藏本有"得其一也，《礼记》云：道也者，不可须臾离，可离非道"十九字。考之刘惟永《集义大旨》亦有此十九字。

《持而盈之》章第九，"金玉满堂，莫之能守"句杜光庭义释，"故窃盗之人，恩夺之矣"下《道藏》本原缺一百八十字，而考之刘惟永《道德真经集义》卷十四可将其补全。则刘惟永本比之日抄本和《道藏》本更优，只可惜刘惟永《集义》佚失甚多，不能看到其全貌。

通过比较我们看到，日本岛田翰和森立之先生所藏手抄本《广圣义》的书名、卷数、作者名号、版本、内容都和《道藏》本不同，尤其是版本和内容，岛田翰先生《古文旧书考》还详细录入了抄本《广圣义》中有而《藏》本没有的内容，为我们研究、校正、补佚杜光庭《广圣义》提供了非常宝贵的资料。

---

① ［日］岛田翰：《古文旧书考》，第200页。

敦煌写本《老子化胡经》民国时期研究述略

朱银宁 *

内容提要：《老子化胡经》是研究佛道关系等问题的重要文献，在民国时期较受关注。本文以历时顺序详细梳理了敦煌写本《老子化胡经》自清末出土至1949年间的学术研究，概括每种研究的内容、特色与意义，具体揭示相互承袭与发展的脉络，归纳不同阶段学术史的面貌。近代研究主要以文献学研究为主，大致分为两个时期：清末至1920年，乃《化胡经》学术史之奠基期；1921—1949年《老子化胡经》研究取得了长足的发展，对于版本、断代等重要问题反复推敲，推陈出新，形成了学术对话，研究视野广博，从《化胡经》切入思想史、宗教史、诗歌史、民俗史等。

关键词：《老子化胡经》民国 研究述略

"老子化胡"的说法，指老子出函谷关西行教化胡人之事，所谓的"胡"涉及佛教、摩尼教，故自西晋成熟以来，以《老子化胡经》为代表的伪经饱受争议、屡遭禁毁，而以唐、元两季为最，是以今但有存目，不见传本。1908年，法人伯希和首先于敦煌莫高窟藏经洞发现《老子西升化胡经》，编号为P.2007(卷一)、P.3404(卷八)、P.2004(卷十)；又有英人斯坦因收集品《太上灵宝化胡经》，编号 S.1857(卷一)与S.6963(卷二)，使唐写本《化胡经》重见天日，凡四卷。伯氏在入洞之前即已关注到了《老子化胡经》，并做了文献辑佚工作。1909年10月，伯希和造访北京，随身携带精心挑选的少数敦煌文献，其中就有《老子西升化胡经》，向京师一批学者展示。北京学界随后在六国饭店公宴伯希和，达成影印刊布法藏敦煌文献的口头协定。[①]随即，民国学者展开了《老子化胡经》的学术研究。

---

* 朱银宁（1994—），华东师范大学博士研究生，研究方向为中国文学批评史。
① 王冀青：《伯希和1909年北京之行相关事件杂考》，《敦煌学辑刊》2017年第4期，第167—176页。

一、清末 –1920 年《老子化胡经》研究

1909 年，罗振玉与蒋斧合编的《敦煌石室遗书》①刊行，首次刊布了《老子化胡经玄歌卷第十》（P. 2004）与《老子西升化胡经序说第一》（P. 2007）两卷。罗振玉对其进行了详细的校勘，并作《校勘记》②；又从作于唐武德四年傅奕请废佛法时的《辩正论》辑出四条，从俞正燮《癸巳类稿》中辑出一条，以成《化胡经轶文》③。同刊的还有蒋斧《老子化胡经考》④、罗振玉《老子化胡经补考》⑤两篇考证，是国内最早的《化胡经》研究专论。蒋斧按照时代顺序，勾稽了关于《化胡经》的史料，并以按语的形式指出："老子化胡之说滥觞于后汉，成书于西晋，极盛于北周，唐初议废佛之时，虽有甄鸾、法琳着论诘难，终不能遏其焰；及唐高下诏焚弃，其势稍衰，而尚未尽绝，故武周时，惠澄又以为言。而宋初，莫高窟中尚藏此卷。元起朔方，专以宗教绥怀，属地佛教最盛，而他教亦所不废，道士遂思复张其余焰。然至元一炬，是经遂绝迹于天坏，此亦道士所不及料者矣。"蒋先生侧重于史料勾稽，简要总结了化胡说的发展史，后来学者之论述基本不出其框架。罗振玉《老子化胡经补考》则从四个点对蒋斧进行补充：1. 概述灭两次后化胡经的存目情况，指出元本已非唐本之旧。2. 考定《化胡经》作者王浮确为晋人而非刘宋。3. 指出将《议化胡经状》附于《化胡经》之后并行的现象始于宋代。4. 认为《老子消冰经》自为一书。罗先生侧重于版本目录，且前三点论断颇得后学祖述，故被王重民先生全文引用于《敦煌古籍叙录》⑥中以介绍《老子化胡经》。

同书刊载的唐写本《摩尼经残卷》后，有蒋斧《摩尼教流行中国考略》及罗振玉《牟尼经残卷》，开启了国人利用《老子西升化胡经序说第一》（以下简称"伯藏本第一卷"）研究摩尼教的先河，此后《化胡经》便成了摩尼教研究者不得不关注的史料。蒋斧只是节录了《化胡经》中老子化身摩尼的段落，但没有用于考证，其提出摩尼教在北周至隋传入中国、唐代依附佛教流行的结论，与《化胡经》史料无关。罗振玉则根据《化胡经》考证摩尼教传入中国之时间，以《化胡经》作者王浮为晋人，又文本述及了老子化摩尼的时间，认为摩尼教东渐于晋武帝泰始元年乙酉。王重民先生评价此二人"立言时有未当"⑦，盖因敦煌写本不能确定为王浮原本，《化胡经》又非信史，不足为证。

---

① 参见罗振玉：《罗雪堂先生全集》三编第六册，台湾：大通书局，1989 年，第 1977—2326 页。
② 罗振玉：《罗雪堂先生全集》三编第六册，第 2283 页。
③ 罗振玉：《罗雪堂先生全集》三编第六册，第 2262 页。
④ 罗振玉：《罗雪堂先生全集》三编第六册，第 2263 页。
⑤ 罗振玉：《罗雪堂先生全集》三编第六册，第 2279 页。
⑥ 参见王重民：《敦煌古籍叙录》，北京：中华书局，2010 年。
⑦ 王重民：《敦煌古籍叙录》，第 273 页。

此时，也开始有日本学者关注研究《化胡经》。早在 1909 年 11 月 28—29 日，京都帝国大学史学会的第二届年会上，就展出了内藤虎次郎、狩野直喜从罗振玉处得到的《化胡经》写本照片，由桑原陟藏负责介绍。1910 年，桑原于《艺文》第 9 号刊载《〈老子化胡经〉小论》一文，提出《化胡经》由王浮造作于晋惠帝永康元年前后，由此《化胡经》的作者与成书年代问题屡受日本学者聚焦。1947 年 2 月 11 日，此文由方今兹翻译发表于《文史周刊》[①]。

王国维对敦煌文献的整理研究，始于 1909 年协助罗振玉校理刊印《敦煌石室遗书》及翻译斯坦因的《中亚细亚探险记》。1911 年罗、王二氏赴日寓居后，敦煌文献逐渐成为王氏治学的重要对象。1919 年，王国维作《唐写本〈老子化胡经〉（残卷）跋》，载录于下：

> 巴黎国民图书馆藏《老子化胡经》卷一、卷十两卷，卷一首残缺数行。此英伦博物馆所藏《化胡经》卷一，比彼本多十一行，而首行《老子化胡经序》下纪撰人姓名处尚存一"魏"字。案：赵希弁《郡斋读书后志》载"《老子化胡经》十卷，魏明帝为之序"。此卷《序》题下尚存一"魏"字，则下所缺当是"明帝"二字，即希弁所见本矣。《序》作四言韵语，为他书序所未见。巴黎本卷首有缺佚，得此本校补，序文略可读矣。[②]

王国维通过敦煌遗书与传世文献对《化胡经》序文校补，显然体现出其使用"二重证据法"的研究特点。后学关于"假托魏明帝作序文"问题的论述即在王国维文献校补的基础上展开。

综观清末至 1920 年，乃《化胡经》学术史之奠基期。民国学者主要以跋语、提要、辑佚、校注为形式对《老子化胡经》进行整理和研究，罗振玉、蒋斧、王国维三位先生各有不同的治学侧重与特色，所涉及的作者问题、断代问题、版本问题等观点影响深远，尤以罗、蒋二位具筚路蓝缕之功。罗先生校勘的伯藏本，成了后学研究的主要版本；蒋先生勾稽的史料，勾勒了社会历史背景与"化胡说"源流兴衰的主要线索。二位又开创了《化胡经》与摩尼教关系研究的视角，虽论断偏颇，但为后学提供了新思路。

---

① 桑原骘藏：《〈老子化胡经〉小论》，方今兹译，《文史周刊》1947 年第 38 期。
② 王国维：《王国维手定观堂集林》，杭州：浙江教育出版社，2014 年，第 424 页。

二、1921—1949 年《老子化胡经》研究

1923 年，陈垣《摩尼教入中国考》[①] 在第七章中聚焦了唐写本《化胡经》的版本系统与断代问题，并结合摩尼教的流行背景反推唐写本之年代，可与法国学者沙畹与伯希和的《摩尼教之流行中国考》[②]（以下简称法著）相比较。第一，陈先生注意到伯藏本第一卷中所出现的国家，其中大食国，在唐永徽二年始见于史，故唐写本年代上限在此。无独有偶，法著同样用了以国家为准基的断代思路，认为第一卷所载中印度与中亚诸国之名与玄奘西游之国名相似，故唐写本上限是七世纪下半叶。第二，陈先生以宋《佛祖统纪》存目十卷本第一卷为说化罽宾胡王事与唐写本第一卷内容不同，故唐写本非十卷本系统。法著指出，斯坦因所获《太上灵宝老子化胡妙经》一卷，似为十卷本系统，而非王浮原本；又，十卷本见目于《日本国见在书目》，故断代十卷本下限为唐末。第三，陈先生以唐写本作自开元天宝之后，是时乃唐代两次灭《化胡经》以后，且摩尼教正盛中国时，"或认此（指唐写本）王浮原本，以其中有依托摩尼语，遂谓西晋时摩尼已流行，失考之甚。须知摩尼之卒，亦在西晋初年，其教断不能流行中国如是之速也"。陈垣其著考明摩尼教始于唐武周长寿二载（694 年）传入中国，故对《化胡经》的断代是参考了自己的摩尼教研究结论的，同样法著以摩尼教流行于八世纪，因此十卷本《化胡经》应增补于八世纪。此外，陈垣"或认此……"之言并未指名道姓，其实为反驳蒋斧《摩尼教流行中国考略》之观点，形成了学术对话。

按沙畹、伯希和其著成书于 1909 年，至 1931 年由冯承钧汉译了下半部。就《化胡经》相关论述而言，陈垣与法著的观点虽然不同，但研究内容与方法如出一辙，窃疑法著在 1931 年汉译之前，即在北京学界流传。检 1921 年王国维所作《摩尼教流行中国考》[③]，谈及蒋斧、罗振玉之摩尼教研究等如下："上虞罗叔言参事印行京师图书馆所藏摩尼教经一卷，法国伯希和教授译之，后复附《摩尼教考》，并增宋世摩尼教事实，较蒋君所考（按：指蒋斧《摩尼教流行中国考略》），甚为赅博。伯氏书用法文，余曩曾抄撮其所引汉籍，数年以来，浏览所及，颇有增益。"可知王国维得览法著，给予了高度评价并抄录了所法著所引用的汉籍。陈垣时在北京，然是否经眼法著，并无确证。

至此，利用唐写本《化胡经》研究摩尼教的格局已经成熟，而不仅局限于唐写本《化胡经》的是，以《老子化胡经》为代表的"化胡说"相关史料的价值，已渐

---

① 陈垣：《摩尼教入中国考》，《国学季刊》1923 年第 1 卷第 2 期，第 215—217 页。
② 沙畹 (E.Chavannes)：《摩尼教流行中国考》，冯承钧译述，北京：商务印书馆，1931 年，第 85—92 页。
③ 王国维：《摩尼教流行中国考》，《亚洲学术杂志》1921 年第 2 期，第 1-12 页。

为学界重视。1934 年，中国道教史开山之作，许地山的《道教史》，在绪说中提及了
"化胡说"，标志"化胡说"入于道教学术之主流：

 总而言之，古初的道家是讲道理，后来的道教是讲迷信。而道士们每采他家之说
以为已有，故在教义上常觉得它是驳杂不纯。《史记·太史公自序》说："道家使人精
神专一，动合无形，瞻色着物。其为术也，因阴阳之大顺，采儒墨之善，撮名法之要，
与时迁移，应物变化，立俗施事，无所不宜。约旨而易操，事少而功多。"可见汉时底
道家已经有这种倾向。太史公极赞道家，以为它有临机应变之术。我们可以看出后
来道家或与神仙方士合在一起，或与祭醮符水之天师道合在，或与佛教混合起来，或
与摩尼教混合（说摩尼为老君之化身，见《化胡经》及《佛祖统记》)，到清初所成之
《真仙鉴》，又将基督教之基督及保罗等人列入道教之祖师里。现在又有万教归一之
运动，凡外来之宗教无不采取。古来阴阳五行、风水、谶纬等等民间信仰，所信底没
有一样不能放在道教底葫芦里头，真真够得上上说，"大道氾今，其可左右"了。[①]

 同年，佛学界的"化胡说"研究取得了重大成果。北大研究生王维诚于 1934 年
发表了毕业论文《老子化胡说考证》，利用了伯藏敦煌本《化胡经》与传世文献相比
较，论文前附有导师汤用彤的《王维诚〈老子化胡说考证〉审查书》，评价恳切，全
文如下：

 老子化胡乃妄人所伪造之故事。然其在中华佛教历史上，实有甚重大之关系。两
汉之际佛法始来，直至前魏，其历史记载缺乏，真相颇不明了。然汉魏之世佛教与中
国方术似本为一家（用宋翔凤《过庭录》语），汉时有"方仙道"（史记·封禅书》)、
养气不死之"道家"（《论衡·道虚篇》）、"黄老道"（《后汉书·王涣传》）、"五斗米
道"、"太平道"（《三国志注》引《典略》）及"鬼道"（《后汉书·刘焉传》）诸名辞。
而"佛道"之名屡见于牟子《理惑论》。彼论且曰："道有九十六种，至于尊大莫尚佛
道也。神仙之书，……大道之所不取。"神仙之书乃指百七十卷之《太平道经》）。牟
子虽黜方术，固犹认佛法为道之一也。至若襄楷上疏劝桓帝好"正道"，则其所献之
《太平道经》自为正道。而其杂引佛经、《老子》似实诠释其所谓正道。并指黄老浮
屠之祠为"此道"，则汉时佛道混杂盖甚显然。夫异族之神不宜为诸华所信奉，则老
子化胡之说，在后世虽为佛家所痛恨，而在汉代想实为一般人所以兼奉佛老之关键。
观乎现在所保存甚少之汉魏佛教史料，而化胡之说竟一见于朝廷奏疏（《后汉书·襄

---

 ① 许地山：《道教史》，长沙：岳麓书局，2010 年，第 9 页。

楷传》)，再见于史家著作（《三国志》注引鱼豢《魏略》)，则其说大有助于最初佛教之流行可以想见也。至若后世佛教徒对于老子化胡之说深恶痛绝，在历史上往往扇动极烈之宗教情绪，引起重大之纷扰。如北周之毁佛法，元代之焚道经，则其尤显著者也。今日吾人对于道教历史知识甚为幼稚。然观王君所推测长春真人以逾七十之年万里西征，亦为此故事所欣动，则其关系固不仅在佛教史上也。作者取材论断均甚得法。材料搜集甚广。并能务追求其本源。推论于证据甚少处亦颇知谨慎。文中下列诸项均见心得：

（一）边韶《老子铭》之援用。

（二）马融《樗蒲赋》、杜挚《笰赋》之援用。

（三）《正诬论》引经之推断。

（四）《西升经》有二种。

（五）《笑道论》之疏讨。

（六）北周僧勔撰述之疏讨。

（七）敦煌本《化胡经》之年代。

（八）宋以后《化胡经》本之异同。

（九）化胡说与佛生年代之关系。

（十）长春真人西游动机之推测。

总之，经作者之努力，对于此佛教史上甚重要之公案，吾人已渐了然其经过及其相关之问题。较之蒋斧所作考证，自为长足之进展也。[①]

下面对汤用彤之评语稍加解释与补充，以明王维诚之重要观点及学术史上之承启：

1. "老子铭"是《化胡经》经文所本，"世为帝师"的主旨自"老子铭"开始源远流长。此启汤用彤对"老子铭"的关注。

2. 第一次援引马融《樗蒲赋》、杜挚《笰赋》，认为老子作樗蒲本老子化胡说而来。此二则文学材料为现代学者多次征引。

3. 汉魏时，"化胡说"侵凌佛教，但佛教势弱，未见反抗。这一看法同于前人学者，而此后方萌其他看法，如汤用彤的"相得益彰"说、黄华节的"佛教攀附"说。

4. 比较文字异同，介绍《西升经》晋初以前有，在唐代至少有两种版本，主要差别在佛道何者为师，是唐代佛道论衡的工具。这是第一次梳理"化胡说"的不同版本系统，并指出有佛教徒篡改《化胡经》的现象。

---

① 王维诚：《老子化胡说考证》，《国学季刊》1934年第4卷第2号，第2—3页。

5. 东晋佛法大盛行，有佛教徒伪作"化华"经说以抗衡，背后是夷夏之辩，如"元人崇释排老，亦不无种族之见"。这是第一次专门将"化胡说"放置到思想史中拈出"夷夏之辩"问题。

6.《笑道论》成书背景具体为：甄鸾奉北周武帝敕令定佛道先后，多引《化胡经》并加以反驳。通过对比引用的部分、他书引到部分及唐写本文意，推测《化胡经》不同版本，认为其所引用的是经过佛教徒改窜的化胡经。

7. 晋代王浮首作《化胡经》，故魏明帝序文盖为道士假托，这一推断基于王国维的补校。

8. 唐昭宗年间，藤原佐世《日本国见在书目》载《化胡经》十卷，是最早的流传海外见载者，可见唐末《化胡经》之流行。这是第一次根据《日本国见在书目》存目做出的传播推断，与陈垣之推断一致。

9. 宋《佛祖统纪》记《化胡经》为十一卷，比《郡斋读书志》《通志》多一卷，盖加入了《议化胡经状》，这一说法沿袭了罗振玉"从宋代开始两者并行"。

10. 就佛陀与老子的生年问题做专题论述，指出双方不断把教主生年推到远古与化胡争论有关。论文梳理了历代说法，多不属实，最后提出自己的判断：佛陀生年以《众圣点记》的说法最近实，而老子尚无定论。

11. 第一次指出长春真人西游的动机乃模仿老子化胡之心愿，成了后学多次提及的材料。

王维诚的《老子化胡说考证》是民国时期第一部，也是唯一一部对《化胡经》与"化胡说"系统深入研究的论文，材料充分，考证扎实，具有极大的参考价值，堪称是"化胡说"研究史上里程碑式的成果。

1935 年，刘国钧在《金陵学报》第 4 卷第 2 期上发表了《老子神化考略》[①]，第一次从教派角度论及《化胡经》，揭示了"五斗米道"与《化胡经》一书的复杂关系。他指出《化胡经》作者王浮是米教祭酒（按：祭酒是教派职称），"又二百年，以道授张陵"之言，与三张教推崇老子为教主，且发明米教乃老子亲传相符合。《化胡经》中的老子形象是神灵化的，神灵化老子也是三张派的中心思想。因此，《化胡经》是三张派的工具。又参考陈垣对于摩尼教在唐代流行的结论，认为唐写本《化胡经》不是王浮原本而是唐人改本，唐写本《化胡经》非王浮原本之问题基本成为定论。刘先生最富创见之处当属断代问题，他突破了前人以第一卷断代的方法，而发现唐写本第十卷第二首诗歌被《笑道论》引用，因此"十歌"年代在北周以前。后逯钦立关注第十卷，根据引用情况认为唐写本下限在齐周以前，即从此出。

---

① 刘国钧:《老子神化考略》,《金陵学报》1934 年第 4 卷第 2 期, 第 61—87 页。

1936 年 6 月，黄华节《老子化胡经的公案》[①]，指出东汉佛教初传时，可能出于依附攀援道教而产生"化胡说"。他综合了前人之研究进行概述，属于普及性质，推动了大众的关注度，但学术价值不高。

1938 年，由商务印书馆出版的汤用彤《汉魏两晋南北朝佛教史》[②]论及《化胡经》，标志"化胡说"进入佛教史主流研究。汤先生结合佛教发展背景，第一次关注地域问题，指出化胡故事最初产生的地点，必在东汉时期《太平经》与佛教已经流行的地域，如并习佛道的襄楷所在的东海齐楚地域。对于佛道关系，汤先生创造性地指出，汉代佛法初传，道教萌芽，因此均借助化胡说汇通双方教理，相得益彰，遂至于帝王列二氏并祭。另外，从边韶《老子铭》以解释"化胡"说以"老子"为行为主体的原因，是基于王维诚对《老子铭》的注意。又，30 年代初，汤用彤有佛教史略讲义，至 1982 年方由儿子汤一介协调中华书局出版为《隋唐佛教史稿》[③]，书中也简介了唐代化胡经的禁毁公案。

同年，牟润孙在《辅仁学志》发表《宋代摩尼教》[④]，考察了唐写本《化胡经》与唐代官方道经的渊源以及与宋代摩尼教的关系，指出巴黎图书馆"3404 号，化胡经受道卷第八，后题奉敕对定经本"，又唐道藏编于开元中，与十卷本出现在开元十九年，毁禁之后，时间吻合，故唐写本《化胡经》已列入唐官方道藏；又根据宋代摩尼教经对《化胡经》的引用情况与时间关系，认为唐写本应该也入了宋道藏。牟先生观察细腻，视角独特，是利用摩尼教反证《化胡经》的成熟运用，也是第一次揭示《化胡经》入官方道藏之问题。

1946 年，谏侯于《图书月刊》发表了《关于老子化胡的故事——跋巴黎藏敦煌卷子老子化胡经》，现被收录于《中国敦煌学百年文库文献卷》[⑤]，然察其文，学术价值并不高。谏侯认同化胡故事的正式成立完全在于道士，出于打击佛教；《化胡经》本身是"道教没落的悲辛"，道教不如佛教有哲学价值，只好编故事苟延残喘，《化胡经》杂糅佛道，弄得"不佛不道"……其价值判断比较主观，然或可一窥时人对《化胡经》之看法。

1947 年 2 月 11 日，方今兹翻译的桑原骘藏《〈老子化胡经〉小论》发表于《文史周刊》第 38 期，标志着民国学者逐渐注意并开始介绍国外敦煌研究领域的最新成果。

① 黄华节：《老子化胡经的公案》，《海潮音》1936 年第十七卷第六期，第 28—35 页。
② 汤用彤：《汉魏两晋南北朝佛教史》，武汉：武汉大学出版社，2008 年 12 月。
③ 汤用彤：《隋唐佛教史稿》，武汉：武汉大学出版社，2008 年 12 月。
④ 牟润孙：《宋代摩尼教》，《辅仁学志》1938 年第 7 卷第 1—2 期。
⑤ 谏侯：《关于老子化胡的故事——跋巴黎藏敦煌卷子老子化胡经》，《图书月刊》1946 年第一卷第 4 期。

1947 年，逯钦立在《中央图书馆馆刊》复刊第 2 号上发表《跋〈老子化胡经玄歌〉》[①]，对唐写本第十卷进行了断代研究。逯先生指出第二首、第十三首诗歌含有北魏太武帝灭佛的背景因素，故推断此卷的上限为北魏太武帝太平真君七年；又根据引用情况，可知是齐周以前的作品，且去文成时不远，这推进了刘国钧先生的结论。逯先生又从"歌诗皆在经末"的编纂体例角度切入版本问题，由于《笑道论》所引《化胡经》之诗不见于唐写本第十卷，则或在第十一卷。因此，今唐写十卷本为《北山录》所谓"十一卷本"之残本。后来，他从 1940 到 1964 年编纂的《先秦汉魏南北朝诗》，将《老子化胡经玄歌》所含的 38 首诗悉数收入《北魏诗》，依据即为这一研究成果。

综上所述，1921—1949 年《老子化胡经》研究取得了长足的发展。学者们在前人研究的基础上不断细化与深化，从 20 年代《化胡经》与摩尼教关系研究成熟开始加速；30 年代出现了系统性研究专著并进入佛道两学界之主流，可谓学术史上第一次飞跃；40 年代研究以逯钦立先生为最佳，进入了平稳期。学者们对于版本、断代等重要问题反复推敲，推陈出新，形成了学术对话；研究视野广博，从《化胡经》切入思想史、宗教史、诗歌史、民俗史等。但是，《化胡经》诸多问题尚无定论，理论性研究亦尚欠深入，为现代学者的进一步研究提供了空间。

---

① 逯钦立：《跋〈老子化胡经玄歌〉》，《中央图书馆馆刊》1947 年复刊第 2 号第 15—16 页。

老学当代价值研究

找回失落的密码

——试论老子道学文化的思想内涵及其当代意义

刘雄峰 *

内容提要： "道"是老子道家哲学思想的最高范畴，它既代表了宇宙的最高本原和本体，又体现着宇宙和人类社会的发展规律。"道"的本性是自然，因此，"道"是揭示天、地、人之内在规律的自然之道，社会中的一切礼教制度的出现，即意味着自然之道的堕落。要想回归自然之道，恢复自然之道的本来面目，就必须抛却和超越这些社会观念的束缚和蒙蔽。人们之所以无法挣脱这些外在的障碍，去体悟到"道"的自然本性，乃是解读"道"之本性的密码的"失落"之故，即社会礼教制度的出现就是密码的失落。道教遵依道家的哲学指导，形成了以宗教实践来进行体悟"道"之本性的宗教文化。而由道教的宗教文化中的内丹学演变形成的丹道生命科学，则是从人体生命科学的高度，通过探索人体的奥秘，开发人体生命的潜能来获得对自然大道的体悟和契合的思想。道家文化、道教文化和丹道生命科学文化构成了老子道学文化的有机整体，老子道学文化的创立，为人类"找回失落的密码"，回归自然之道，体悟自然之道，进而实现与"道"契合、同一，提供了方法论的指导和实践的基础保证，而特别是老子道学文化创新的丹道生命科学与人体科学研究的结合，更为老子道学文化的走向世界、走向未来，迈出了坚实的一步。

关键词： 失落的密码 老子道学文化 思想内涵 当代意义

前　言

老子曾在《道德经》中提出过"小国寡民"的理想国思想，然而，长期以来，

---

* 刘雄峰（1963— ），历史学博士，四川省社会科学院宗教翻译与研究中心主任，教授，主要研究方向：宗教学。

本文所引《道德经》为朱谦之：《老子校释》，北京：中华书局，1984年版。

人们在理解和评述这一思想时，都认为老子在这里是要回到"原始"的社会状态中去，是在"复古"和倒退。这种观点无疑是将"进化论"的思想机械地硬套于社会历史领域所导致的偏激的错误认识，其立足点就是把社会历史的演进看成了"今胜于昔"的线性发展的片面的观点。事实上，若将"小国寡民"的观点放入老子道学文化的整体思想体系中观之，就会发现，就如同"道"概念的提出一样，其乃是通过对宇宙和人类社会的发展变化之规律进行深刻思考和亲身体悟之基础上的哲学概括和超越。所谓的"原始社会"的具体状况究竟如何，今天已经不得详知，但从大量地下出土的文献资料中，已经证明了中国古代社会的发展状况并非如人们想象中的那么"原始"与"落后"。后来人们对它认识的偏颇和缺乏，乃是由于"识别密码"的失落所致，而老子道学思想的出现，就成为寻找和解读密码的最为重要的工具。因此，如果说道家的思想还只是为寻找"失落的密码"提供了理论前提的话，那么，由道家、道教和丹道文化所组成的道学文化①及其创新，就为实现找回"失落的密码"并从而解读密码建立了理论和实践的双重保障基础。

一、密码的失落与道家思想的创立

从人类社会的发展历史看，在距今大约4000多年和5000多年间，在地球上出现了多个人类文明的中心。随着这些中心向周边扩展以及中心之间的相互影响，有的变得相当的繁荣兴旺，有的则走向衰落，从而被新的更加充满生机的社会所替代，而对于中国来说，这就是伏羲、黄（炎）帝时代。羲、黄时代可以说是中华文明的最早的繁荣时代，尽管其史料大部分是以传说和神话的形式留存于世，但如果我们不以"进化论"的先入为主的思维定式去做出结论，那么，单从这些神话与传说所反映出来的当时状况来看，无论是社会的发展抑或作为社会主体的人的发展，都达到了空前的水平。

随着历史的发展，到了中国社会的春秋战国时期，在这一时期除了中国以外，世界四大文明古国的希腊、印度和以色列"都曾先后经历了一个'哲学突破'的阶段"。②而这种"哲学的突破"最直接的导因就是对传统社会之解读密码的失落。这是由于，随着阶级和国家的产生，为了保障社会制度的运转和维护统治者的利益，各种礼教宗法制度出现了，社会从此失去了往日的那种自然纯朴的和谐发展状态。这些礼教宗法制度的出现，不但规定了社会发展的式样及其方向，而且也限定了人的行动和思想的发展空间。这些宗法礼教虽然在形式上对规范社会行为促进社会之发展起到了一定的作用，但从实质上却遮蔽了社会及人的自然本性，导致"后世之

---

① 参见胡孚琛等：《道学通论》（增订版），北京：社会科学文献出版社，2004年，第7页。

② 胡孚琛等：《道学通论》（增订版），第15页。

学者，不幸不见天地之纯，古人之大体"。[①]

这一"哲学的突破"最直接的结果，便是出现了诸子百家竞相争鸣的文化繁荣局面。其中，最能体现这种"哲学的突破"的成果的，就是老子道家学说的创立。老子说："道生一，一生二，二生三，三生万物。"（《老子·四十二章》）又说："有物混成，先天地生。寂兮寥兮，独立而不改，周行而不殆，可以为天下母。……人法地，地法天。天法道，道法自然。"（《老子·二十五章》）在这里，老子把传统的宗教创世思想提升到了哲学的高度，提出了以"道"为最高范畴的形而上学的思想体系。在老子看来，"道"不仅是宇宙万物的本源和本体（道生万物），"为天下母"；同时，"道"又是万物发展变化的规律和本质。道的本性为"自然"，人的本性为"道"，亦为"自然"，所以"道"的本性也就是人的本性。这样就不但实现了对传统思想文化体系的"哲学的突破"，同时也体现了对同时期西方哲学思想的内在"超越"。因为，"哲学"的概念为西方的"舶来品"，在西方的哲学理念中，"无"是不能产生出"有"的，"无中生有"在逻辑上是悖论的，在现实中也是荒谬的。而老子的有生于无的思想，则从更高的层次对宇宙的本体做出了"超越性"的概括和界定，即"无，名天地之始；有，万物之母"（《老子·第一章》）的"道"的特质。而且，就古希腊德尔斐神庙门楣上的"认识你自己"的格言，老子的人性及"道"性的思想，也具有"超越性"意义。古希腊的"认识人自己"的思想开启了近现代西方注重人的改变和创造自然能力的以人为本的"人类中心主义"；而老子的人、道皆"法自然"的思想，则强调的是人性与"道"合一，与"自然"和谐同一的以自然为本（即以"道"为本）的"人类中心主义"。

"道"的自然特性，决定了其对一切强加和笼罩在自然本性上的赘物的摈弃和反对。因此，老子说："大道废，有仁义。智慧出，有大伪。六亲不和，有孝慈。国家昏乱，有忠臣"。（《老子·十八章》）又说："故失道而后德，失德而后仁，失仁而后义，失义而后礼。"（《老子·三十八章》）可见，道家是把仁义、礼智看作对大"道"的荒废和背离，这种对"道"的背离和荒废，即意味着"密码的失落"，是一种退步。因此，要回归自然，恢复自然之道的本来面目，就必须超越这些礼教制度，进而超越社会的一切观念体制，方可回归到"道"的自然本体状态，达到与"道"的同（统）一。因此，可以说道家学说的创立，就成了人类找回"失落的密码"的理论依据和方法论指导，而以道家、道教和丹道文化所组成的道学文化及其创新，又为其增添了实践的内容和基础。

---

① 《庄子·天下篇》，王夫之著，王孝鱼点校：《庄子解》，北京：中华书局，1964年，第279页。

二、老子道学文化及其创新的思想内涵

胡孚琛先生在其力作《道学通论》中，把老子道学文化界定为以老子的道的学说为理论支柱的——包括道家的哲学文化、道教的宗教文化和丹道的生命科学文化——文化系统，可以说是对老子道学文化的高度逻辑性的概括和完整系统性的总结。从道家的哲学文化→道教的宗教文化→丹道的生命科学文化，这是一个依次的逻辑展开过程，既体现了逻辑学和认识论的统一，也体现了逻辑的发展和历史的发展的统一，从而达到了逻辑学、认识论和历史观的辩证统一。

首先，道教的宗教文化是将道家思想中的道为最高信仰并杂糅其他方术、文化和思想而形成的具有中国特色的宗教的文化。因此，可以说，道家是道教的哲学支柱，而道教则是道家的宗教形式。如前所述，就"百家争鸣"时期的"哲学的突破"而言，儒家是"以因循沿革的温和方式对传统宗法礼教进行了突破。其学说守先以待后，寓开来于继往，所以对周代巫史承传的礼教文化斧凿之痕最浅"，[①] 由此，也就使儒家思想深深打上了"温和的现实主义"之烙印，因此，它被批评为"……极端的保守性，往往墨守成规，……不情愿有任何的革新。儒学思想主要是现世性的，由于局限于现实主义而显得缺乏想象力"[②]。而对于道家来说，只有对社会的一切礼教制度进行完全彻底的"革新"和"超越"，以至"坐忘"，才可实现对"道"的自然的回归，进而获得与"道"体的合一。道教正是秉承了这一宗旨，以对生命之最高境界——不朽的追求，来实现与"道"的合一。不同于佛教所企求的摆脱轮回、涅槃成佛而将现世视如苦海，在道教看来，不朽乃意味着现世人生存在的延续，亦即"长生久视"。于是，道教形成了一系列以练养、服食为特征的追求肉体成仙，从而与"道"长存的修行法则，以实践对"道"的回归。虽然其中的外丹术，并未能获得真正的"成功"，但其对中国古代的科学技术的贡献，却是举世公认的。而随后内丹学的渐渐兴盛，则体现出道教文化的"人本主义"之转向，从追求肉体的永生而转为精神的不朽与长存，标志着丹道生命科学文化的诞生。

其次，丹道生命科学的建立，无论是在哲学意义上，抑或在生命科学的意义上，都是一种理论和实践的突破和超越。从哲学的层面讲，宇宙间的一切事物（包括有生命的和无生命的）都是相对的、有限的和暂时的，唯有那代表宇宙本原和规律的"道"才是绝对的、无限的和永恒的。因此，以有限的、具体的存在去求得无限的、抽象的"道"，那是完全不可能成功的，唯有以精神的不朽才能体悟到永恒之"道"的存在。而随着科学技术的不断发展和进步，生命科学越来越成为科学发展的尖端

---

① 胡孚琛等：《道学通论》（增订版），第15页。
② 杨庆堃著，范丽珠等译：《中国社会中的宗教》，上海：上海人民出版社，2007年，第212页。

和核心，探索人体生命的奥秘，拓展生命的潜能，遂成为未来科学技术发展的重要内容。因此，内丹学以修心、尽性以至于命的修持方法，不仅为道教的发展，增添了活力，同时也开辟了一条使道教文化走向未来的康庄大道。

再次，将丹道生命科学从内丹学中提炼出来，并与现代人体生命科学接轨，既是丹道生命科学的历史必然，也是对老子道学理论思想体系的创新和发展。正如司马谈在《论六家要旨》中所言："道家使人精神专一，动合无形，赡足万物。其为术也，因阴阳之大顺，采儒墨之善，撮名法之要，与时迁移，应物变化，立俗施事，无所不宜，指约而易操，事少而功多。"道家的思想中，本来就蕴含着"与时迁移，应物变化"的灵魂，因此，将丹道生命科学应用于人体科学的研究，不但为找回"失落的密码"建立了理论与实践有机结合的基础和条件，同时，也是老子道学文化时代特色的集中体现。

三、老子道学文化及其创新的当代意义

地球是包括人在内的所有生物所共同赖以生存的自然家园，按照现代科学的测算，地球的寿命已达四十六亿年。由于资料所限，我们无法知晓人类出现前的地球的详细状况，但自从人类出现后，由于人所具有的天然的"劳动"本能，不但使人类自身发生了改变，而且也使其所生活的环境发生了巨大的变化。尤其是近代以来，随着科学技术的不断发展和"进步"，人类对自然的改造也愈来愈变本加厉，从而获得更多来自大自然的回报。然而，"回报"并不总是优渥，大自然在给予人类慷慨馈赠的同时，也毫不客气地施予了人类同等的惩罚，如，气候变暖、生态失衡、环境污染、灾害频发等等。也就是说，人类在充分地享受着"工具理性"作用于大自然所带来的福利的同时，正吞咽着由此而导致的生存危机的苦果。对此，老子的"道法自然"的思想给出了深刻的警示和指导。老子说："故道大，天大，地大，人亦大，域中有四大，而人居其一焉。"（《老子·二十五章》）虽然在宇宙中，"道"与天、地、人共为四个最重要的元素，但人只是其中之一，人并不可以任意所为，"人法地，地法天，天法道，道法自然"。无论是天、地、人和道，都必须崇尚自然，自然既是道的本性，亦是天、地、人的本性。只有回归自然，与自然为友，和谐相处，才能得到大自然的优渥与厚爱，同时也才是人的本性的复归与显现。因此，道学文化崇尚自然的思想，正确地解决了人与自然的关系，对人类的可持续发展，具有方法论的指导意义。

道教文化乃是以道家的哲学文化作为指导，以修行、锻炼等行为来体验和实践"道"的最高境界的宗教行为文化。如果说，道教的外丹术，曾经为中国古代科学技术的萌芽与发展做出过巨大的贡献的话，那么，经过转向而渐趋成熟的内丹学，则

无疑会给今天人类的精神生活、心理健康乃至社会行为产生重大的影响。道教内丹从追求肉体的不朽转向保持精神的永恒，主张修身要从修心开始，至性、至命，强调"穷理尽性以至于命"（《易·说卦》），从而达到与"道"相通，进入至真、至善、至美的"仙人"境界。修心就是要保持善良、平和的心理状态，面对纷繁复杂、争斗蜂拥的当今世界，保持"平和"的心态是至关重要的。心平世界平，心和世界和，每个人都有了平和的心，世界自然会变得宁静、和谐。追求价值是人的自然本能亦是人的社会本能，而生命价值则是人类的终极追求，道教所标榜的仙人境界，就是最能体现人类生命价值的最高精神境界。

有人说，二十一世纪是生命科学的世纪。不可否认，由于分子生物学的突破性成就，二十世纪后半叶生命科学各领域均取得的了巨大进展。进入二十一世纪后，生命科学更是以惊人的速度蓬勃地发展。为了探索人体的奥秘，分子生物学与遗传学的结合将用 10—15 年测定出人类基因组 30 亿个碱基对（遗传密码）的全序列，人类基因组的"工作草图"迄今 20% 的测序已达 99.99% 的准确率和完成率。如果说生命科学曾得益于引入物理学、化学和数学等学科的概念、方法与技术而得到长足的发展，那么，未来生命科学无疑将会结合和吸收更多的其他学科的成果而得到更加充足的进步和发展，这其中作为老子道学文化之创新的丹道生命科学与人体科学的结合，自是题中应有之义。丹道生命科学是中国古代学者以独特的修持方式，将老子的"道"的哲学运用于探索人体生命奥秘的生命体验，经过数千年的实践经验所形成的人类文化百花园中的一株奇葩，是人类探究宇宙自然法则与人体生命科学的智慧结晶，它的运用必将为人类打开宇宙和人体之奥秘的生命科学的研究，增添新的活力和内容，带来突破性的进展，从而造福于全人类。相信，人体生命之奥秘破解之日，就是"失落的密码"找回之时，也是与"大道"契合，步入至真、至善、至美的最高精神境界之始。

结　语

综上所述，"道"乃是宇宙及其人类发展的最高本体和终极追求，"道"的本性是自然，人的本性也是自然，"道"的本性就是人的本性，也是宇宙万物的本性，因而"道"也是宇宙及人类发展的最高规律。随着历史的进程，社会和人的发展渐渐地偏离了这一规律，因而"道"的本性和人的本性被遮蔽了和扭曲了，人类失去了自然的本性，同时也失去了体道、悟道的密码。而老子道学文化的建立和创新，不但为我们找回"失落的密码"提供了方法论的指导，而且其所包含的道教文化、丹道生命科学文化无疑还是极好的实践平台。特别是，丹道生命科学的发展，更是为人类充分发挥生命的潜能，实现生命的可持续发展，走向至真、至善、至美的最高精神境界指出了一条康庄大道。老子道学文化及其创新——这一中华传统文明智慧的结晶，在全球化的进程中，正以充满无限活力的态势，走向世界，走向未来，在人与自然的全面而又和谐的发展中，日益发挥着巨大的作用。

"道"与人生的自导成长

——动态人生学之"文化围棋"教育模式探讨与实践

李晓红　金万学 *

内容提要：中国在 2020 年全球化病毒疫情中的出色应对，充分体现了中华民族独有的智慧，即老子"道"文化的智慧。老子之"道"是中华文化智慧大成，人类走在"位五破十"的路上，在愚见中渔愚而破愚，永恒地走在清"愚"寻"道"的路上。清愚寻"道"通玄妙，文化与人如影随形，破愚之路与智慧相生，道化入身，点化破愚，以清为本。本文通过笔者独创的"文化围棋"教育模式开发出了"文化围棋状态""文化围棋棋训""中汇宇宙流"等等，在教学中让学生正视浮躁，虚极守静，生静气而清，远戾气生志气，胜不骄败不馁，通玄悟道，步步为营，走向人生自导成长之路。我们不懈地捕捉中华文化之脉络，面对中华民族文化复兴而面临的教育需求，面对中华文化滋养下的个体人生智慧需求，面对中华文化及国家强盛久远的需求，面对中华文化智慧源远流长之需求，面对我们对文化、生命和使命的追求，更加敦促我们破玄悟道，动静聚裂，寻道而简，用自己有限的生命来践行，去敲开众妙之门。

关键词：道 文化围棋 自导成长 通玄悟道 中汇宇宙流

2020 年，注定是一个特别的年份。在信息和科技如此发达的时代，或许此时人类正在沾沾自喜成为地球主宰的时刻，地球村里的人类整体正密切接触来自大自然的生死博弈对手——"新冠肺炎病毒"。2020 年的"病毒全球化"，是人类应该铭记的事件，"活下去"成了彼时人们的口头语。仅仅历时半年，全球病毒侵袭的人数暴

---

　*　李晓红（1966—），山西太原人，山西大学马克思主义学院副教授，从事马克思主义理论教研工作，兼任文化及应用。中国马克思主义哲学史学会理事，主要研究方向：马克思主义理论，动态人生学。

　　金万学（1964—）山西太原人，教育学学士，动态人生学工作负责人，主要研究方向：动态人生学，《道德经》文化及应用。

增，感染人数已经突破三千万（本文成文时），遍布全球各个角落。在地球村落家园里生存的人类，面对来自大自然生死博弈对手的升级，由方寸地域间的风雨雷电加海啸地动，人为的环境污染，发展到肉眼不见的全球化病毒。你活我也要活，大自然与人类的博弈成了人类生存发展乃至如何活下去的课题。而中国在 2020 年全球化疫情中的出色应对，则充分体现了中华民族独有的智慧。中华民族这独有的智慧，就是老子的"道"文化的智慧。

老子的"道"之经文为《道德经》，亦称《老子五千言》。笔者常常手捧《老子五千言》，在沉思中追寻老子"道"的智慧体系结构；常常立而仰望星空，卧而与大地相融，盘膝而致虚极，守静，悟道生而一，一生二，二生三，三生万物的人生智慧。生命有限，道之永恒。"上善若水。水善利万物而不争。"[1] "孰能浊以静之徐清？孰能安以动之徐生？"[2] 强烈的使命感敦促我们在实践中探讨、找寻，如何守住中华文化智慧之根，使"道"文化进入人们日常生活中，人人得以自导成长，破玄悟道，得道践行。

一、道化破愚

1. 老子之"道"是中华文化智慧大成

探讨中华文化，河图洛书的存在源远流长。大约万年前，伏羲氏在黄河得河图创古易，距今万年。传说，龙马跃黄河，献河图；神龟浮洛水，呈洛书。河图洛书是中华文化的源头，也就是中华人生文化的源头。

河图由一至十的数字组成，横为八三四九，竖为六一二七，闭十包五居中。洛书由一至九的数字排为三排组成，由上而下为：左四三八、中九五一、右二七六，乃九宫图。

河图洛书是中华的先祖们给我们留下来的联络图，乃中华民族万年智慧。河图为方（大地）的智慧，存在着方圆五行之理。洛书是圆的智慧，就像智慧库，存储着人类得到的智慧；人类对文化永恒追寻的智慧积累，是点、虚、实的三合一；不断变化的理念，充实的就是这个圆。洛书如果运化成利器，就似人类永恒的智慧追寻之剑。河图，闭十包五居中。伏羲氏在万年前，似河图之五位，居中静坐，顿悟出四面八方六合之理，生古《易》。伏羲氏依龙马之图画出了乾、兑、离、震、巽、坎、艮、坤为内容的卦图，后人称为伏羲八卦图。点化成图，图而为文，文以载道，源远流长。

河图洛书就像无字书，其数字点化传承着中华民族"万年智慧"。河图洛书是点

---

① 老聃著，张光裕编著：《老子（附庄子）》，北京：北京燕山出版社，2000 年，第 15 页。
② 老聃著，张光裕编著：《老子（附庄子）》，第 20 页。

的结构，"动态人生学"①里的河洛图解是对点的解读。动态人生学的"河洛图解"为："宇宙虚极实归日月周始动静道根源"；"人类文化智慧生命营续生成德福通"；"方圆渔随中汇文化聚裂虚实慧术智"。

从伏羲顿悟了河图之中华民族之万年智慧开始，发展到先秦时期，产生众多学派，百家争鸣。此时，老子出散关遇尹喜，留经五千字，成《道德经》。老子开创了中华智慧学说，《道德经》其理论体系完整具体，简为"道"，似在人类头顶上放了一颗"明珠"，对世界的影响是根源性的。何为道，道何以动？如《道德经》言："有物混成，先天地生。寂兮寥兮，独立而不改，周行而不殆，可以为天下母。吾不知其名，强字之曰'道'，强为之名曰'大'②"道，先天地生，道可以为天下母，先天地生。茫茫星空，道动而融，生一。孤独而渺小的人类点融日月，日月生态体系维持着人类的存亡，道动而生，"道生一，一生二，二生三，三生万物"③也。这是老子对宇宙之理"道"的终极探讨，人类对"道"的永恒追寻，就是人类智慧的永恒积累，是人类生生不息的积累：虚极而静，道出生一。

老子之"道"是中华文化智慧大成。老子所论之道，是人类智慧生成的思考和追寻。

2. 人类在清"愚"寻"道"的路上

人类之"愚"是伴随人类永恒存在的，人类之智慧遇"愚"而破之，亦是永恒的。其实，老子之"道"就在这里。"反者，道之动，弱者，道之用。天下万物生于有，有生于无。"④"无"乃智慧之道，反之动无之用，无中生有，万物生于有，三生万物，有则三，三合一乃道之动，初始为道之动，道生一也，二生三，三生万物。道反之动无之用，生万物。智慧之无有所悟，道生一二三之动，智慧积累虚实清。

未知的永恒无限吸引着人类的追寻。近百年来，科学技术发展飞速，上天下海追星星，人类的梦想开始逐步变为人类现实理想。虚极守静，冲破人类的"闭十包五"，人类之"愚"，依然"愚不可及"。宇宙之边，大而无形，人类愚不可及；粒子之踪，小而细，细而微，无踪无影，人类愚不可及；穷之理，无穷无尽，人类愚不可及。就连地球的深处现今人类也愚不可及。牛顿，开普勒，电磁，暗物质，大爆炸，宇宙是循环的理论（宇宙在"膨胀—收缩—大反弹"的循环中振荡；未来宇宙的走向本质上是斥力与引力的博弈，宇宙中有30个点是黑洞蒸发之后留下的痕迹点）；现代物理，尤其是量子力学的发展，认为时空是量子的，有测不准定律等等，

---

① 李晓红：《九态三步——人生的自导成长》，北京：中国商业出版社，2009年第1版，第20页。
② 老聃著，张光裕编著：《老子（附庄子）》，第27页。
③ 老聃著，张光裕编著：《老子（附庄子）》，第38页。
④ 老聃著，张光裕编著：《老子（附庄子）》，第36—37页。

薛定谔的猫如果没有人类自己的观测研究需求会在叠加状态中生死不明……

人类就这样勇敢无畏地走在"位五破十"的路上，在愚见中渔愚而破愚，永恒地走在清"愚"寻"道"的路上。

3. 文化的积累，道化入身，点化破愚

文化是人类的文化，文化是成为人的根源性标识，文化传承是人类独有的。"文化是人类区别于宇宙中他类的根源性标志，是人类在日月生态体系中对构建理想社会自由、自觉、自省的永恒追求，是人类智慧的积累传承。由此也决定了人类个体是文化的载体，每个人类个体肩负着文化使命。"① 文明，是文化在人类生活中的实化，是智慧在时空中的准备和修正。因此，文明是时代性的，文明又具有智慧的不确定性。钱穆先生说："文化即人生，人生有其长成之过程。在此过程中，时时变者为生活。而有一不变者贯注其中，此之谓常，乃生命。惟生命有长有成，乃生活之目的。而生活则仅为生命长成之手段。此一不变者，中国人谓之性。"②

文化，人类独有的文化，是人类的认识和积累的过程。文化初始过程，一点，一点；一维，二维，三维，三而合一生万物，人类的认识也从无边的大地意识到了日月地的生态环境，看到了星辰和无际的宇宙，知道了四维，悟到了五维虚极实归，最终形成了智慧的积累。老子通过五千言阐述了"中华民族智慧"乃至"人类智慧"是如何构成的！"道生一，一生二，二生三，三生万物。万物负阴而抱阳，冲气以为和。"③ 文化积累和修正生成智慧，智慧即"破时空"，时空之无智慧来；具体地说就是每个人对生死间的文化理悟。

"道"破时空，显维度。"人的维度"也是 2015 年国际哲学大会的主题。老子曰："古之善为士者，微妙玄通，深不可识，夫唯不可识，故强为之容：豫兮，若冬涉川；犹兮，若畏四邻；俨兮，其若客；涣兮，若冰之将释；敦兮，其若朴；旷兮，其若谷；混兮，其若浊；澹兮，其若海；飂兮，其无止。孰能浊以静之徐清？孰能安以动之徐生？"④ 致虚极，守静，人类永恒的智慧汇聚成点，道也，道利万物而不争。

渔"愚"而破生智慧，清愚寻"道"通玄妙，众妙之门悟道斋；文化与人如影随形，破愚之路与智慧相生。道化入身，点化破愚。

二、道化入身，自导成长

面对人类之愚，面对人类个体人生之有限，必以清为本。

---

① 李晓红：《九态三步——人生的自导成长》，第 3 页。

② 汤一介主编：《中国文化与中国哲学》，北京：生活·读书·新知三联书店出版，1988 年，第 27 页。

③ 老聃著，张光裕编著：《老子（附庄子）》，第 38 页。

④ 老聃著，张光裕编著：《老子（附庄子）》，第 20 页。

　　身不由己、人云亦云，人生之不可取也。千万年来，人类社会产生许多共识，或可曰为人类社会之"公理"：一是人类社会的利益分配是不公平的。二是人类社会的组织发展是不平衡的。三是人类社会在动态中永恒地追寻整体的公平和平衡。四是地球村落的形成，人类进入第二生态体系即日月地生态体系，标志着人类进入智慧人时代。五是寂静的宇宙中，地球上人类是孤独的；人类生生不息的虚静永恒，导引着人类的慧术智及其个体生命的人生智慧。道化入身自导成长，关于道化入身，动态人生学提出"三轴五维之人生成本十五诀"；关于自导成长，动态人生学提出"九态三步自导成长理念"。虚极生慧，道化入身。如果人生是一次商业行为，投入就是成本，成本大于产出，人的回报就是负值。动态人生学是研究人的显能的。显能之核是"身情理"，人生投入什么，是显能之核发出的，核之散，人无形，无始终。动态人生学的人生成本"十五字诀"：身轴——点面层境化，情轴——文功曲求谢，理轴——方界体园愚。"身情理"三轴中之个轴的五个维度清化，是人生成本的降低。身情理十五字诀，全变成智慧晶体入身而化，导引人生。

　　动态人生学九态三步——人生自导循环积累成长理念，就像每个人在上山路途中不断努力向上攀爬的内在动力，"九态三步"则是每个人内在的智慧推动力。"人就是一个点，点的智慧是无踪、无形、无尽的三合一，个人之点在方圆维度内的动静聚裂就是文化的点化，个人之点融入人类这个点在宇宙中永恒地清愚是慧虚之实，个人之点感谢时代也就有了人生的价值了；人是一个点，点就不是那个数学的点了，点的智慧加上人就是点虚实，点化入身、清愚为理、感谢通情，点虚实引导身情理三轴合一动静聚裂，点的人生方园使命也就'清'了，每个点也就入了人生的'化境'；人生就是生死间点虚实的动静聚裂。"① 人，每个人，人人都有九态：自爱、自知、自强、自信、自立、自助、自律、自动、自如。九态三步是每个人终生的九态点位内化。

　　"人生九态是一个人引导自己生命活力在聚集能量中不断成长的智慧点位。九态的错乱和短缺是人生、事业失败的根源；完整、序列、随身的九态在思想、行动、积累的人生三步循环中，形成在身、情、理三轴合一而动的九态理悟、点化，才能达成每个人有限生命的方圆使命。"② 人生九态在三步过程中每个自导点位的实化逐步成为九态合一的自导教化。恰如无穷、无尽的智慧晶体入身而化，无踪、无形随身动静。

　　如何传承中华文化智慧，同更多的人共享老子的"道"与动态人生学"九态三

---

　　① 李晓红：《九态三步——人生的自导成长》，第 21 页。
　　② 李晓红：《九态三步——人生的自导成长》，第 27 页。

步"人生的自导成长理念,"文化围棋"是非常合适的选择。

三、动态人生学之"文化围棋"教育模式探讨与实践

笔者钻研中华文化及教育传播数十年,创立了"动态人生学"人生体系,并且作为公共造修课进入大学课堂已有十年,六年前在教学研讨实践中又独创性地提出"文化围棋"的理念,并将其付诸实践。"文化围棋"是将中华文化智慧体系"道"、动态人生学理论尤其是自导成长理念"九态三步"和围棋技能教学三者相融合的教学模式。在本文起意构思时,七月初惊闻一职业棋手患有抑郁症(据说是缺少血清素等)身亡,经与个别医学专家沟通,得知亦有文化价值迷茫因素。西医说抑郁症是缺少了血清素和多巴胺,中医则认为抑郁症是阳气不足或者闭阳,至肝气郁结而成。天地万物由阳气而生,阳动阴静,阳绝而亡;形不动则精不流,精不流则郁,生命活力乃动静聚裂,化郁而生。在研习中华医学文化的博大精深过程中增添了本文成稿意义,亦更坚定了本文的起意和预期目标。人生之选择,其内核之"一分为三":活力、活理、活法,内核之动"活力、活理、活法"三合一,三之清生万物;人生于万事万学中得失成长,方圆通玄悟道,不见其长,日有所长。

1.围棋里有什么

四千年前的尧帝是现在围棋业内人士一致认为的发明者,即:尧造围棋以教子丹朱。丹朱之善弈,尧帝发明围棋用于教子丹朱,围棋从诞生之时就蕴含着强大的教育使命。围棋自诞生距今已有四千多年,有烂柯、坐隐、手谈、木野狐、乌鹭、黑白、方圆、通玄、忘忧、博弈,弈等等多种别称。围棋叫法别称之多,于其内在的东西有关。

围棋规则简单易学,就是"活下去"。博弈双方以黑白棋子在棋盘的361个点上活下来的多少为胜负标准。四千年来,对弈的棋盘和具体规则在变化,但"两只真眼"为活棋的内核规则没有变过。这就是说,尧帝初创围棋就结合了人类活下去的条件,"有的吃和有的住"这两只真眼来推演人类"活下去"的复杂变化。怎么"有的吃和有的住",人类面对的难题很多很多;围棋里自身的变化无穷无尽,千古无同局,人类也需自导成长,道也。围棋对弈者在争什么?人与人对弈,人与自然对弈,人与未知对弈……人和道的相融和谐,是任何一种对弈"活下去"的永恒主题。

学道之人和围棋如两极相吸,围棋常常与仙的形象相随;有人曾经以弈者博弈好饮博彩、因戏无度、痴迷误事来批评下棋;也有人一度以棋局中杀戮死活拒绝围棋。说到底,"棋如人生",决定一个人选择的,是他的价值取向。从弈者对围棋的不离不弃,我们看到了什么……围棋里的道,道也。宇宙中的星星点点,如棋盘中的点。人类与病毒对弈,"胜天半子"的豪情,天地何在?在围棋里面。尧帝从"活

下去"的教育出发创造了围棋。但是，尧帝具体怎么设计的，又是怎么把中华智慧放到了围棋里，众说不一。有观点说，天圆地方，北极星为"天极"，是天上唯一不动的一个点，是围棋中的"天元"，天元是"道"在现实中方圆的实化，是太极，围棋体现了道家文化，天元周围代表八卦，黑白两色棋子是无和有；有的说围棋里有361个点是圆的，棋盘棋子圆融了日月星辰和春夏秋冬；也有说，围棋是河图演化说；还有说围棋是解释《易经》的工具等等。

2. 胜负、文化、求道

尘世间流动的截图，就是围棋……

近20年围棋人口的增多，金字塔尖上的是职业棋手。在职业棋手激烈的胜负世界里，有断舍离的痛苦，有舍得的修炼。得失是围棋取胜的秘诀；舍得是人生成功的智慧；有舍才有得，会舍才会得；舍得之道，乾坤奥妙。

竞技围棋的导向是残酷的竞争，是某个比赛的胜负，带来更多的是名利诱惑。胜负世界的大师，人类自己的对弈，名利双收的诱惑，一手棋，一盘棋上百万和名气的收获干扰，会远离对棋道的追寻……尤其是这几年智能围棋的升级，仿效似乎代替求道。古有围棋九品：一曰入神，二曰坐照，三曰具体，四曰通幽，五曰用智，六曰小巧，七曰斗力，八曰若愚，九曰守拙。清朝大国手范西屏淡泊名利之洒脱令人窒息，连皇帝的应招下棋都敢放"鸽子"，惊呆一群吃皇家饭的"棋待招"，唯有一个棋力和范西屏相当的国手"棋待招"施盛夏知其举止为何。可见，"活理、活力、活法"之不同，棋如人生，人生如棋；飘然而去的范西屏，令人想象无穷……

围棋，是一种没有标准答案的，以至于没有答案的智慧活动，围棋成为悟道有效之途径。显然，金字塔塔尖下更多的人不应该是竞技导向，而应该是对围棋内在文化需求。求道，追求极致可以放弃胜利，有规则，有情怀，追求实地的极致，追求宇宙虚的极致。

当寻求围棋中的"道"时，围棋就不是一场比赛的胜负，围棋就不是游戏，而是一个场所，仿佛是虚实汇聚的场所，通玄而悟道——通玄悟道斋，围棋即成了思考"怎么活"的智慧载体。

3. 文化围棋教学模式探讨与实践

"文化围棋"是将中华文化智慧体系"道"、动态人生学理论尤其是自导成长理念"九态三步"和围棋技能教学三者相融合的教学模式。"文化围棋"不以竞技目标为导向，融围棋对弈在通玄悟道之中，通过日常修炼训练提升个人整体素质达到人生自导成长为目的。数年来，"文化围棋"教学紧紧抓住围棋进而发挥其强大的教育功能，在教学实践中通过"文化围棋状态""文化围棋棋训""中汇宇宙流""实战技能和复盘"和"目标设定引导"（动态人生学目标倒定顺施法在文化围棋教学中的运用）等等多个有机衔接的教学实践环节来完成"文化围棋"教育模式及其教育教学目标。

首先，"文化围棋"要求学生对其独有的棋训，从熟读到背诵，并且能够熟练运用。例如"文化围棋"棋训二：《棋如人生，人生如棋》——"动态人生，人生动态。成长之路，九态三步，静下来想一想，自爱自知和自强；动起来不落后，自信自立和自助；多积累不停步，自律自动和自如。九态三步多循环，时时伴我生智慧，动态人生有九态，成长之路稳稳行！"比如：善胜者不争，善阵者不战；善战者不败，善败者不乱。夫棋始以正合，终以奇胜。……随手而下者，无谋之人；不思而应者，取败之道。……下到玄微通妙处，笑夸当日烂柯仙。再如，"文化围棋"棋训三：《中汇宇宙流》——中汇宇宙流传广，人机大战变理念，千年定式化乌有，棋理追宗三合一，宇宙动静求变化……文化围棋传智慧。

"实战技能和复盘"：布局，死活，谋略，得失，判断，选择，收官，胜负，复盘……等等，通过对弈、棋盘讲解、电脑复盘进行棋力提升训练。

其次，"文化围棋状态"之"静精境"的日常修炼。虚极守静，宁静以致远，通过打围棋棋谱、背诵棋谱的多项打磨使每个学生都能生静气而清，远戾气生志气；静而精，万事三思而后行，计算棋局的变化；静精而境，得失之道境也，以中华智慧不争不战不败不乱等来对弈时，处于围棋之境也。久而久之，这些环节的实施对每个人的提升必定是多方面的。在"文化围棋"教学与实践中，我们面对着的是活生生的中国文化的种子，每个人都能通过"文化围棋"接收到中华智慧。"静精境"的日常修炼，一个字"静"，静下来做自己该做的事，受而化之，形成自身的内在之力。学生们在一个一个的小目标完成之后的喜悦中，自动带领自己逐步走进"文化围棋"的"围棋状态"，初步具备"静精境"的理性状态。"文化围棋"教育模式通过"文化围棋状态"之"静精境"的日常修炼，使每个学生逐步达到知道自己要什么，以及为什么要……多年来，学生们就是在这样的状态下学习"文化围棋"的。学生们通过"文化围棋"在对弈、修炼、训练中，精确计算，变化之道，取舍自如，大小选择，全局排阵不战，局部得失不争，方寸冲突不败，逆境中不乱……逐步完成九态三步"自导成长"的内化，形成习惯，静而虚，精而阵，境而化。

第三，独创"中汇宇宙流"布局及其教学研究与实践。布局时采取天元、五五、三三的配合，就是"中汇宇宙流"布局。"灵动的五五"，"变化的三三"，"道化的天元"；三合一思考方式超越俗称的天地人"三才"，在一局棋局中的追求是"势目地"。中汇宇宙流是求道，运用道来求胜负；求生、求道和求胜，以道来求胜求生。中汇宇宙流在棋局中运用之妙，存乎道，弃取之道，变换自如，太极推手，节奏律动，图而谋……水善利万物而不争，无为之道。这里"文化围棋"教学和实践有目的开展慧根教育、慧根启迪，开发智慧库，人生自导成长形成素质习惯……智能围棋的兴起，如人和汽车飞机不再比速度，人和智能机器的发展正在变化，变化之理，变化之力，变化之根；智能之力，棋之理，人之利……围棋恰恰又是这样一个训练场、实验基地、演示平台。围棋，是没有标准答案的，以至于没有答案的智慧活动，"文化围棋"成为悟道有效之途径，"中汇宇宙流"是"文化围棋"通玄悟道的重要一步。"中汇宇宙流"在静精境的理性状态下博弈，虚实动静，旋转无常，吃棋，生与死，活下去……

一盘棋就是人生活着的截图。每一盘棋都在帮助我们成长……千古无同局，如何应变，如何得到变化之道，围棋是"活理"的发生器……围棋使我们知道，该要什么，为什么要……我们的对手在变化，不断发展到影响我们的世界……"文化围棋"具有强大的自我教育功能，使学生在学棋中逐渐磨性子、去情绪、提升专注力；然后生静气、勤训练、步步为营，正是我们通玄悟道的最好助手，"文化围棋"对活理的追寻正是通过各个有机衔接的环节自我教育而悟道。

"文化围棋"教育模式开发出了"文化围棋状态""文化围棋棋训""中汇宇宙流"等等，教学中让学生正视浮躁，虚极守静，生静气而清，远戾气生志气，胜不骄败不馁，通玄悟道，步步为营，走向人生自导成长之路。

本文通过以上"文化围棋"的生成机制、教学理念、实践环节等几个方面阐述了老子的"道"与人生的自导成长，动态人生学之"文化围棋"教育模式探讨与实践。围棋是人与人的博弈，人类在地球村的生存发展是人类和大自然活下去的博弈。本文所述之"道"，个人之自导成长与文化围棋，更加敦促我们不懈地捕捉中华文化之脉络。面对中华民族文化复兴而面临的教育需求，面对中华文化滋养下的个体人生智慧需求，面对中华文化及国家强盛久远的需求，面对中华文化智慧源远流长之需求，面对我们对文化、生命和使命的追求，亦更加敦促我们破玄悟道，动静聚裂，寻道而简，用自己有限的生命来践行，去敲开众妙之门。

路漫漫其修远兮，吾将上下而求索。

书评

老学海外传播研究的一部力作

——《〈道德经〉在英语世界的传播与接受研究》评介

杜学元*

摘　要：杨玉英教授所著的《〈道德经〉在英语世界的传播与接受研究》2019 年 11 月由学苑出版社出版。这是她多年潜心学术研究的又一巨著，是对《道德经》研究及老子学术研究宝库做出的重要贡献。其著体系磅礴，内容丰富；观点正确，启发性强；文献丰富，史料价值高；研究思路清晰，研究方法得当；创新性明显，学术价值和应用价值高。其著让人欣赏到了"他者"视角下的老子，是一本难能可贵的对《道德经》在英语世界的传播与接受研究成果最系统的再研究，在较多方面有自己独到的见解，弥补了前人研究的不足，值得广大读者品读。

关键词：老子;《道德经》《〈道德经〉在英语世界的传播与接受研究》评介

杨玉英教授在导师曹顺庆先生的引领下从 2008 年 9 月开始即进行"中国经典在英语世界的传播与接受"系列研究，先后主持完成了"英语世界的郭沫若研究""英语世界的《孙子兵法》英译研究"《孙子兵法》在英语世界的传播与接受研究""比较视野下英语世界的毛泽东研究""英语世界的《道德经》英译研究""马立安·高利克的中国现当代文学研究""中国俗文学史"等课题的研究任务，出版了九本在国内外较有影响的学术专著和译著，发表了一批具有较高学术价值的学术论文。《〈道德经〉在英语世界的传播与接受研究》是其多年潜心学术研究的又一巨著，我为此贺！

《道德经》是中国哲学思想的本源之一，其哲学不论在本体论、认识论层面，还是社会实践层面，都蕴含着丰富的、具有重要启迪意义的哲学思想和文化价值观，对汉代以来中国社会甚至西方社会产生着重要的影响，成为世界哲学宝典之一。德

---

* 杜学元（1964—），男，四川仁寿人，乐山师范学院二级教授，武汉大学博士研究生导师，教育学博士。主要从事教育学原理、教育史、高等教育学的研究和文化教育史料整理等工作。

国伟大的哲学家之一海德格尔（Martin Heidegger）就力图从《道德经》中吸取思想资源，曾与我国台湾学者萧师毅共同翻译了《道德经》，试图通过翻译道德经实现与我国先贤的对话 ①。美国作家麦克·哈特（Mack Hart）在《影响世界历史 100 名人》一书中，将老子列为第 75 位。哈特的评语是："假如老子李耳的确是《道德经》的作者，那么他的影响确实很大。这本书虽然不到 6000 字，却包含着许多精神食粮。"②哲学史家威尔·杜兰特（Will Durant）评价道："或许，除了《道德经》外，我们将要焚毁所有的书籍，而在《道德经》中寻得智慧的摘要。"③ 1955 年，美国著名学者蒲克明（Raymond B. Blakney）在其《道德经》英译本"序言"结尾肯定地说："这本书中所蕴含的信息仍然引起人们的普遍关注。并且在当今，在对世界的旧的划分被'大同世界'的理念如此动摇的时代，这本书显得尤其重要。在这个未来的'大同世界'里，《道德经》将是家喻户晓的一本书。"④ 英国学者约翰·詹姆斯·克拉克（John James Clarke）指出，市场经济思想的真正鼻祖不应是英国人亚当·斯密（Adam Smith），而是提出"无为而治"思想的中国老子⑤。俄国大文豪托尔斯泰 (Lev Tolstoy) 曾说："我的良好精神状态归功于阅读孔子，而主要是老子。"⑥ 李政道是华人中第一个获得诺贝尔奖的物理学家，他曾说："道生一，一生二，二生三。三生万物。"最复杂的就是最简单的，最简单的也就是最复杂的。假如我们能将众多复杂的问题，简化为最简单的，我们的探讨才更深刻，也更有意义。这些充分说明，在科学家眼中老子思想的意义 ⑦。

　　由于《道德经》对社会影响的巨大，人们对《道德经》的研究持续不断，仅就英语世界的《道德经》研究来看，就相当积极、踊跃。《道德经》英译文本达 143 个，新世纪的《道德经》应用研究成果更是一个接一个相继面世。在 ProQuest 硕博论文库中输入关键词 Dao De Jing, Tao Te King, Lao Tzu, Lao Zi, Daodejing, Lao-tzu, Laozi, Tao Te Ching, Tao Te Ching，可检索到与《道德经》或"老子"相关的硕博论文 34 篇。此外，英语世界还有 151 篇学术期刊论文、15 篇会议论文论及《道德经》或"老子"。

---

① 刘军平：《西方翻译理论通史（第 2 版）》，武汉：武汉大学出版社，2019 年，第 310 页。
② 王晓江主编：《传统文化国学经典导读》，长春：吉林大学出版社，2011 年，第 186 页。
③ 威尔·杜兰特著：《世界文明史》第 1 卷《东方的遗产》，台湾幼狮文化译，成都：天地出版社，2017 年，第 551 页。
④ "The message of the book is still of general interest, and that is important in a day when the old compartmentalization of the world is so shaken by the idea of 'One World'. In 'One World' the *Tao Te Ching* would be quite at home." Raymond Bernard Blakney trans. *The Way of Life: A New Translation of the Tao Te Ching*. New York: New American Library, 1955, p.56.
⑤ 王晓江主编：《传统文化国学经典导读》，长春：吉林大学出版社，2011 年，第 186 页。
⑥ 张炳玉：《老子与当代社会》，兰州：甘肃人民出版社，2008 年，第 321 页。
⑦ 何小刚：《〈道德经〉与当代青年的文化自信》，《青年学报》2018 年第 1 期。

但国内关于英语世界的《道德经》研究之研究的成果却不容乐观。从收集到的资料来看，相关研究专著仅有辛红娟根据其 2006 年同名博士论文改编的《〈道德经〉在英语世界——文本行旅与世界想象》（2008）和易鸣的《从接受理论视角看〈道德经〉在英美的翻译》（2006）等两种涉及英语世界的《道德经》英译研究情况。此外，从不同切入点研究《道德经》英译的硕士论文有 36 篇，如曹宏的《从阐释学角度分析〈道德经〉多译本现象》（2008）、崔莹的"论意识形态对译者的操纵——《道德经》两英译本对比研究"（2011）、李怡青的"从后殖民女性主义角度看《道德经》的三个英译本"（2010）、梁萍的"《道德经》第三十三章的英译个案研究：翻译原型取向"（2011）等涉及英语世界的《道德经》英译研究情况。但这些研究涉及的英译本都不完整、系统、准确。此外，期刊上还有陈师瑶的《从功能对等看〈道德经〉中'名'的英译——以 Arthur Waley, D. C. Lau, Victor H. Mair 三个英译本为例》（2010）、焦艳的〈道德经〉英译研究综述》（2011）、吴宾凤的《道德经四种英译本之误译辨析》（2011）、辛红娟的《追寻老子的踪迹——〈道德经〉英语译本的历时描述》（2008）、袁臣的《〈道德经〉中文化负载词英译对比研究》（2011）、周岷的《〈道德经〉首章四种英译本述评》（2010）等 29 篇涉及英语世界的《道德经》英译研究情况。由中国社会科学院文学研究所主办的"中国文学网"上陈才智的文章《〈老子〉研究在西方》提及英语世界的《道德经》英译尝试 34 种，其中有译著、硕士论文、学术期刊论文。而对《道德经》在英语世界各领域的应用研究成果的系统整理，至今完全是一片空白。

英语世界的《道德经》研究之研究的情形就更不如人意。到目前为止，只有 2008 年出版的阿莱斯特·克罗利和德怀特·戈达德的学术专著《〈道德经〉的六个全译本》评介《道德经》的六个英译文本。期刊上仅见德尔克·博德 1954 年发表在《美国东方学会会刊》上的《〈老子〉的两个新译本》、吴光明 1993 年发表在《东西方哲学》上的《梅尔、拉法格、陈对〈道德经〉的解读》、多米安·贝尔和香农·费拉 2000 年发表在《亚洲哲学》上的《对〈道德经〉英译本的比较与分析》以及史蒂芬·尚克曼 2006 年发表在《中国哲学季刊》上的《菲利普·艾凡赫的老子〈道德经〉与莫斯·罗伯茨的〈道德经〉：道之书》。另有德国波恩大学教授汉斯·穆勒在其专著《〈道德经〉之哲学》中简略提及《道德经》的 14 个英译本。

除这些研究成果外，总体的研究几乎没有，更不用说有专著出版。杨玉英教授勇敢承担起了《道德经》在英语世界的传播与接受研究的重任，经过数年艰辛的努力，饱含其心血的大作——《〈道德经〉在英语世界的传播与接受研究》终于由学苑出版社于 2019 年 11 月正式出版了，这是她为《道德经》研究及老子学术研究宝库做出的重要贡献。

阅读该书，我认为有如下特点：

第一，体系磅礴，内容丰富

该书以英语世界的《道德经》英译文本和应用研究成果为主要研究对象。除序、附录、后记和翔实的参考文献外，正文分为两个部分共四个章节。

第一部分为《道德经》在英语世界的传播研究，共两章。第一章"《道德经》在英语世界的英译研究"，分三节，分别对 19 世纪英语世界的《道德经》英译研究、20 世纪英语世界的《道德经》英译研究和 21 世纪英语世界的《道德经》英译研究情况做了翔实的梳理，并对每个时期具有典型特征和重要影响的译本做了重点译介。第二章"比较视野下英语世界的《道德经》传播研究"从七个方面呈现了《道德经》的英译比较研究成果，如以马王堆汉墓出土的《道德经》帛书本为底本的、以郭店楚墓出土的《道德经》竹简本为底本的和以王弼《老子注》为底本的研究成果。

第二部分为《道德经》在英语世界的接受研究，共两章。第一章"《道德经》在英语世界的应用研究"，从八个方面展示了《道德经》在政治、领导才能、经营管理、教育、宗教、医学、社会和谐以及日常生活等各个领域的应用研究情况。第二章"比较视野下英语世界的《道德经》接受研究"，分九个小节，从比较的视野梳理《道德经》与其他西方经典的相似性，或是《道德经》对其他西方经典的影响，或是《道德经》与其他西方经典对后世各个方面的影响。

结语《他山石为错》强调，在我们借鉴英语世界的《道德经》研究成果时，应该听别人说，走自己的路。把别人的经验、教训、成果拿来，然后根据自己的实际情况和需要以及所处的时代、社会等大环境，选取符合自己实情的"他山之石"来作为可资借鉴、可为自己所用的攻玉之石，可以让我们少走弯路、错路，最终达到事半功倍的效果。四个附录为该成果的重要组成部分，向读者展示了郭店楚墓出土的《道德经》竹简本中的《太一生水》原文及译文。

第二，观点正确，启发性强

在全球化日益加深的今天，中国和西方都需要从自身的传统和对方的视角来客观、全面地认识自己。异质文化、异质文明间只有通过互相不断的交流、对话，才能真正做到了解与沟通。"中国经典在英语世界的传播与接受研究"对异质文化语境中中国经典的传播与接受研究的系统研究能开阔国内外相关领域研究者的视野，让我们听到来自异域"他者"不同的声音，促使我们从不同的视角对自己的文化与学术研究进行反思。

第三，文献丰富，史料价值高

该书基于广泛的文献进行研究，从参考文献看，该书文献十分丰富，参考的中文文献著作 7 部，参考的英语世界的《道德经》英译本达 143 部。另外，相关英文著作 72 部，英文硕博论文 41 篇，学术期刊英文论文 55 篇。可见，该书作者所搜集整理的文献是十分完整、丰富的。许多文献具有稀缺性和代表性，如 1. Frederic Henry Balfour trans. *Taoist Texts, Political and Speculative*. London: Trubner & Co., Shanghai: Kelly & Walsh, 1884；2. Walter Gorn Old trans. *The Book of the Path of Virtue, or A Version of the Tao Teh King of Lao-tsze*, with an introduction and essay on the Tao as presented in the writings of Chuang-tsze. Madras: Theosophical Publishing Society, 1894；3. G. G. Alexander. Lao Tsze: *The Great Thinker: With a Translation of His Thought on the Nature and Manifestations of God*. London: Kegan Paul, 1895；4. Roger T. Ames and David L. Hall trans. *Dao De Jing "Making This Life Significant": A Philosophical Translation: Featuring the Recently Discovered Bamboo Texts*. New York: Ballantine Books, 2003 等等，因而该书史料价值高。

第四，研究思路清晰，研究方法得当

该书的一大特点就是多学科性。《道德经》在英语世界的传播与接受时间较长，横跨三个世纪，研究成果丰硕，涉及政治学、宗教学、哲学、美学、语言学、教育学、文学、医学、翻译学、传播学、社会学、历史学和管理学等众多领域，对其展开全面、系统的研究必然要求借鉴相关学科的研究方法，进行多视角、多层次的系统研究。除为老子学、宗教学、海外汉学和传播学的研究学者提供一份系统、翔实、完整的资料参考外，对《道德经》在英语世界的传播与接受研究的研究成果进行系统研究，有利于反思我们自己，从而为全面建构具有中国特色的老子学、宗教学、海外汉学和传播学的研究框架和学术体系提供参考与借鉴。作者在研究中采用了比较文学的实证性研究方法、译介学理论方法和变异学理论方法，从多方面展开研究，更能使我们客观揭示《道德经》在英语世界的传播与接受情况，因而研究方法得当。

第五，创新性明显，学术价值和应用价值高

《道德经》在英语世界的传播与接受研究是国内外老子学研究、宗教学研究、汉学研究和传播学研究的弱项，本书作者所关注的是长久以来并没有受到国内外相关领域研究者足够重视的内容，作者广泛搜集了《道德经》在英语世界的 143 个英译文本和众多应用研究成果，在文献材料上具备了原创性、稀缺性、完整性与权威性，为国内外学者提供了大量珍贵的第一手材料，亦为国内与海外的老子学、宗教学、汉学和传播学研究者搭建起了一座汇通之桥。作者借鉴了比较文学的研究范式，从系统、整合研究的角度出发，在大量阅读第一手英文资料的基础上，采用文本细读法、微观分析法、变异性研究以及跨文化比较研究的理论与方法，对《道德经》在英语世界的传播与接受研究成果做了系统的介绍与梳理。本着客观、科学的态度，运用比较研究的方法，从异质文化的视角以及异质文化间的差异与互补作用于语言和思想文本来分析探讨《道德经》在英语世界传播与接受研究过程中的发生、发展与变异。因而研究的创新性明显。

在全球化日益加深的今天，中国和西方都需要从自身的传统和对方的视角来客观、全面地认识自己。异质文化、异质文明间只有通过互相不断的交流、对话，才能真正做到了解与沟通。该书一是对异质文化语境中《道德经》的传播与接受研究的系统研究能开阔国内外老子学研究者、宗教学研究者、汉学研究者和传播学研究者的视野，让我们听到来自异域"他者"不同的声音，从而促使我们从不同的视角对自己的文化与学术研究进行反思。二是该书全面搜集、整理了《道德经》在英语世界传播与接受研究的第一手英文文献资料，为其他老子学研究者、宗教学研究者、汉学研究者和传播学研究者做了很好的学术准备。三是该书借鉴比较文学的研究范式，尤其注重从中西文化的异质性、文本流传过程中读者对异质文化的接受、过滤、误读与误解等方面来分析西方研究者对选题的取舍、美学的诉求以及中西老子学研究的互动与借鉴，对拓宽中国经典研究的领域，促进国内外中国经典研究的交流与发展有相当的积极作用。因而学术价值和应用价值高。

正如厦门大学新闻传播学院教授、博士生导师谢清果对该著作给予的评价，该书"犹如一幅优美的画卷，向我们娓娓道来那来自遥远国度的学者对《道德经》的沉思。那些英语世界中的译著，多数没有在中国出版，也极难寻觅英文版的踪迹，光是要找到这些译本都是颇费功夫的。……正因为有她作为学者的不懈努力，我们才能够欣赏'他者'视角下的老子"[①]。该书确实使我们充分欣赏到了"他者"视角下的老子，更增强了我们对于中国传统优秀典籍的敬畏与珍视。我们因有老子而骄傲，因有《道德经》而更加对我们的文化充满自信，也为该书作者的辛勤笔耕而钦佩。

总之该书是一本难能可贵的对《道德经》在英语世界的传播与接受最系统的研究，在较多方面有自己独到的见解，弥补了前人研究的不足，具有重要的学术价值，特予推荐。

---

① 杨玉英：《〈道德经〉在英语世界的传播与接受研究》，北京：学苑出版社，2019，序第 IV 页。